浙大史学精粹第二辑

中国古代史卷

刘进宝——主编

古代史

Zheda Shixue Jingcui Dierji

Zhongguo Gudaishi Juan

ZHEJIANG UNIVERSITY PRESS
浙江大学出版社

目　录

陶磊

陶磊，男，1972 年生，江苏盐城人。中国社科院研究生院历史学博士，哈佛燕京学社访问学者，现为浙江大学人文学院历史系副教授。出版《〈淮南子·天文〉研究》等著作 7 部，发表《晋侯苏钟与月相四分法》等论文 20 余篇。主要从事早期中国研究新范式、古代政治理论与实践、神秘主义与神秘文化研究。

从天地相分到天人合一：试论宇宙观
对于上古史研究的重要性

陶　磊

　　上古史研究，以其资料之零碎，向来被视为艰难，以目前的研究状况论，其对于考古学有高度依赖，饶宗颐先生谓上古研究已进入考古学年代，洵为的论。考古学为重建上古史提供了很多传统典籍之外的考古材料，基于此，李学勤先生提出了重估中国古代文明、走出疑古时代等重要学术主张，不过，从清晰认识历史的需求的角度看，能够揭示上古文明演进的脉络的成果依然有限。[①] 笔者近年关注早期宇宙论的变迁与上古文明演进之关系，提出了若干观点，窃以为有助于从宏观上认识上古历史，认识中国文明与文化性格的形成。现试为梳理，不妥之处，请学界指正。

　　在文明的早期阶段，限于先民的知性能力，宗教、政治与宇宙观的联系，表现得比后世要紧密，欲改变不同社会势力的相对地位，发展以民事为中心的政治，需要改变人们对宇宙的认识，对人神关系的认识，从而影响人们的心理认知习惯与行为习惯。这意味着，透过古代宇宙观的变迁，可以观察不同阶段的政治宗教状况。古代宇宙观的从天地相分到天人合一的变迁，对于理解古代文明演进过程中发生的种种现象有很大帮助，其对于上古史研究有一定启发意义。

---

　　① 学者的讨论主要集中在早期国家形态的演进上，如苏秉琦先生基于考古材料提出的古文化古城古国、方国、帝国的线索，古史学界还有其他不同的讲法。

一、绝地天通与文明发生

中国文明之于西方文明,其特异之处在于政治在文明进程中起着相当重要的作用,政治很大程度上决定了这个文明的特质与方向。中国政治的发生,笔者以为是从绝地天通开始,而文明的突破也可以这个事件为起点。[①] 关于绝地天通的实质,《国语·楚语下》所载楚国观射父的解释大体上应该是可靠的,它解决的是民事与神事的分化问题,这个分化为民事的独立开展提供了可能,也为独立的政治演进创造了条件。

文明虽已发生,但文明的性格在颛顼氏时代并未完全确定下来,《尚书》独载尧以来,儒家特别重视尧舜之道,《论语》所见古帝王最早即为尧,说明这个文明性格的确立当是在尧时代。据观射父的叙述,尧时代同样有一次厘定民事与神事的行为,也就是说,颛顼氏首先分离了民事与神事,但这个成果并未得到有效的巩固,所以又发生了三苗乱德之事。具体的过程,难以详知,但可以确定的是,文明的发生与其性格的确立,都是与宇宙论联系在一起的。并且,可以认为,文明性格的确立,具有巩固文明成果的意义。也就是说,尚文的文明特性,对于先民倾精力于神事具有抵制效应。一个质朴的人,其对于宗教的偏好,往往会重于追求人间文化的人。举个简单的例子,古希腊服装清一色的白色长袍 chiton,某种程度上是与他们好神、敬神联系在一起的。而中国古代的服装,华美的纹饰颜色,则是与他们偏好人间文化联系在一起的。尧时代发展起来的崇尚文道的文化,应当是有意识的创造,或者说,先民在宗教问题上已经意识到,发展人间文化,是对于偏好神事倾向的最好的抵制。

就早期文明的演进而言,人在宇宙中的地位,并不像后来人认为的人生天地之中,可以有独立于天地并参天地之化育的能力。在绝地天通的

---

① Mircea Eliade(埃利亚德)指出,根据许多传统,在神话时代,所有人(原词用 men)都有飞行的能力,所有人都可以上天。参见其 *Shamanism：Archaic Techniques of Ecstasy*(《萨满主义：古代的神游技艺》),Princeton：Princeton University Press(普林斯顿大学出版社),1972 年,第 478 页。中国上古的绝地天通也可以放在这个大的背景中去观察。

框架中，人属于地，地事与民事具有同一性。笔者以为，甲骨文中商人以河、岳为祖先，是这种框架中的观念。而天子的观念，则是希望合天地为一的认识。商王武丁曾用过天子之号，《易经·大有》九三爻辞有"公用享于天子"，这个天子，笔者理解指的即是商王武丁。[①] 也就是说，尧以来的政治宇宙观从武丁时代又开始发生变化。我们知道甲骨文中有东室、南室、西室、中室、大室等名称，研究明堂的学者已指出，这应该是类似《礼记·月令》五室明堂结构的建筑，五室中南室最为常见，这与明堂中南方之室名为明堂也是相应的。这意味着，商代武丁时期，作为祖庙的五室建筑已经具备了后来明堂的功能。明堂本为祭天之所，在国之南；五室建筑为祖庙，武丁为天子；五室中南室最为重要，后人名之为明堂，据此，甲骨文中的告于南室即相当于告于天。[②]

如所周知，后世有天、地、人"三才"的观念，这个观念是与"中"的观念的出现联系在一起的。春秋时代人讲，人得天地之中而生（成十三年《左传》），也就是说，人已不再是依附于地的存在，有了独立的地位。而"中"的观念，按《论语·尧曰》首章的讲法，是从尧开始的，尧传舜，舜又传禹。后人谈道统，将"中"理解为所传之道。清华简《保训》提到前王传保，其保应就是后面论说的"中"。《大戴礼记·虞戴德》有"德保"的概念，《保训》之中，其实也是一种德。这种德帮助上甲微打败有易，笔者以前不太理解中德何以可以助战，现在将其置于宇宙论框架中，就比较容易理解。[③] 中当是指一种神秘的能力，这种能力特指的是沟通天地上下的能力。甲骨文中"余一人"出现的语境中，常有"自上下"的文辞，其中暗含的实际是余一人具有沟通上下的能力的意思。余一人是古帝王的另一种称呼。尧、舜、禹的传中，同时又是余一人地位的传承。在绝地天通的框架中，能够合法沟通上下的只有这个余一人。后来中道的理念的最初意涵，应该就

---

① 关于大有卦爻辞的解释，参拙著：《周易新解：萨满主义的视角》，杭州：浙江大学出版社，2015 年。

② 关于明堂的讨论，参拙文：《明堂新探：以上古宗教宇宙论的发展为背景》，载《浙大史学精粹》（中国古代史卷），杭州：浙江大学出版社，2013 年，第 3—24 页。

③ 笔者对于《保训》的解读，参拙文：《清华简〈保训〉浅识》，该文系提交给清华大学"出土文献与中国古代文明国际学术研讨会"（2013 年 6 月 17—18 日）的论文，见会议论文集第 287—291 页。

是协调天地上下民神两极而求其中。这样理解对于理解《保训》中的神秘能力有帮助,上甲微获得中德,具有了沟通上下的能力,其打败有易就是情理之中的事情了。《保训》中上甲微的中德来自于其祖先河,儒家所言之中在尧、舜、禹之间传递,也就是说,中是人之德,或来自于祖先,或来自于先王,其与巫师的沟通天地能力的来源并不相同;后来民得天地之中以生的观念,应该是从上古流传下来的,只不过,上古有中德的人只有一人,而到了春秋时期,这个认识扩及整个人群,但其时中的内涵本身与上古已不完全相同,已经发生人文化、哲学化的转变,中相当于性(《中庸》:"喜怒哀乐之未发,谓之中"),而人性概念的提出,意味着人的自觉。

尧传中,与尧重新厘定民事、神事是相应的,在天地混融的状态下本无所谓中德,中德存在的前提是天地不通,民神分离,这样中德才有意义。中德的传承即意味着政治权力的传承,这支持了政治的发生是与天地分离的宇宙观联系在一起的判断。这里有一个问题值得注意,中德的意义并不意味着人间的政治是与天道混合在一起的,从上甲微的例子看,中德的获得带有偶发性,如果没有与有易的战争,上甲微不一定会假中于河,而事情结束后,他又归中于河,尽管笔者从告祖的角度来理解归中,但其间未必没有归还的意思。也就是说,对于政治领袖来说,是否自始至终都能保有中德,是一个问题。那样意味着政治领袖始终是一个沟通天地的角色,是一个巫,这未必符合古代的实际。沟通天地应该只是在情势危急的情况下偶尔用之,这是《保训》给我们提供的新认识。而政治领袖欲时时假天命为说,就需要使自己成为天子,使天地重合。

天子名号至迟在西周已正式使用,这个使用喻示着天地重新结合在一起,民事与神事再次结合在一起。但这次结合,是在尧以来的文明发展了一千年之后发生的,孔子讲"郁郁乎文哉,吾从周",西周的人间文化,已有了相当程度的发展,此时的结合,并不会导致文明的衰退。事实上,经过商后期的宗教斗争,巫师阶层作为从事神事的主要力量,受到了沉重打击,在西周,他们已不可能左右文明的方向。相反,与天的结合,对于宣扬文明的天命背景、促进尚德文明的发展是有帮助的,后来儒家的天降伦常的观念,就是借助天命来维护社会秩序。并且,西周以后宇宙观的改变,也没有影响到上古以来政治不涉天道的大原则，政治秉持中道的精神并没有改变，这是由古代宇宙观孕育出的精神价值。而从字面意思上看，中与正是相通的，此点笔者已有讨论，此略。① 子产讲的"天道远，人道迩"，荀子讲的"天道有常，不为尧存，不为桀亡"，都是对于政治的理性看法，这种认识所秉承的是绝地天通以来的对于政治的一贯认识。以后的世代中，除了汉代是以楚文化为基础建立，巫数之术又影响及政治（某种程度上又是一次苗黎乱德），其他时代，政治大多是独立于天道而展开的，理性的政治人物都有意识地排斥或禁止图谶、天文之学。独立的天道之学，由巫术又衍生出数术，虽有时参与到政治中，但对于政治的主体已无决定性的影响。天道主要用于阐述基于人道所发展出的文明教化的神圣性，在意识形态的层面上服务于社会。

宇宙观中的天地分离，对于文明的发生、发展具有关键意义，但当文明发展到一定程度，具有了不可颠覆的力量后，宇宙观的改变，又为文明的进一步发展提供了助力。

二、宇宙观的变迁与巫统、血统的分合

宇宙观的变迁，除了对早期政治的发生、发展起着关键性作用，对于古代宗教的变迁也有很大的影响，这主要体现在古代萨满主义特质的宗教中巫统与血统两系的分合上。②

古代文化中的萨满主义的特质，张光直先生有很多具体的研究，笔者在其基础上，接受萨满主义研究中承认存在巫统与血统分疏的观点，对古代中国的历史文化，进行了若干新的考察。笔者以为，这个分疏对于认识中国文明的特质，有重要价值。这个分疏与再结合与宇宙观的变迁也是

---

① 参拙著：《斯文及其转型研究》第一章"政治的发生"，杭州：浙江大学出版社，2012年，第15—41页。

② 萨满主义文化中存在巫统、血统的分疏，不限于中国境内，据埃利亚德所述，Yukagir、Koryak、Chukchee 等部族也有所谓"家萨满"的存在（前揭书 246—247 页），这意味着这些地方的萨满主义文化中也存在巫统、血统的问题。

联系在一起的。

简单地讲,巫统文化以自然崇拜为核心,血统文化以祖先崇拜为核心;巫统文化强调巫师的超能力,这种文化具有宰制性的特征,而血统文化强调对于祖先以及神明的孝顺。后世中国文明的主要价值是在血统文化中养成的,文明进展的重要阶段则多与巫统文化有很大关联。古代中国文明是由这两种文化精神共同铸成的。但在古代历史长河中,这两种文化并非齐头并进,而是交替发挥主要影响,尤其是在文明的早期阶段,在文明性格的养成阶段。

在先民的早期阶段,并不存在萨满,也不存在巫统与血统的分疏,萨满主义文化本是先民文化发展到一定阶段后的产物,有了对宇宙的基本认识,比如有了弥漫式的宇宙观之后才有可能出现。而巫统、血统的发生应该更晚。绝地天通是对弥漫式宇宙观的一次否定,弥漫式的宇宙观,天地一体,绝地天通则是要限制基于此宇宙观而出现的无节制的通天、无节制的事神。当然,绝地天通本身并不彻底,毕竟政治领袖在必要的时候,还可以通天。限制通天,是针对大巫的。观射父讲的绝地天通前的九黎乱德导致的家为巫史,其家应该是以部族为基础的,那个时代社会还不可能以小家庭为单元。每一个部族都会有自己的大巫,绝地天通迫使这些大巫向所谓家萨满转变。所谓巫统、血统之分,与这个事件当有关联。也就是说,血统文化最早是从统一的萨满主义文化中分化出来的。笔者考察古代传说,在巫统的方位帝中,北方也有两位,一是玄冥,一是禺强,[①]这种分化对应的是权力的分化,这其实就是早期萨满主义中巫师自身的分化,而其中玄冥应就是最早的家萨满。

从历史发展的一般规律看,血统文化在绝地天通之初,其势力还不可能很大,正唯如此,才有了尧前的三苗乱德。但这种文化发展到商周之际时,其势力已经有了相当的根基,而巫统文化的势力则被进一步削弱。据笔者对于《易经》的解读,损卦、艮卦是限制巫师活动的卦,所谓三人行则

----

① 关于上古北方存在两位方位帝的认识,参拙著:《巫统、血统与古帝传说》上编"五帝构成论",杭州:浙江古籍出版社,2010年,第44—54页。

损一人,一人行则得其友,是对巫师行使巫术人数的限制;而巫师擅长的通神之术,也受到了限制。西周以后,除了汉代又一次的苗黎乱德,巫师很少能在政治舞台上显其神通了。尽管西周将天地重新结合在一起,但此时结合的基础已经发生了变化,不再是依靠巫师的神媒沟通天命,而是依赖人自身的德行获得天命。天命不再依靠与天的沟通,而取决于自身的修为。如果说文明突破前的天地融合是以天为主要方面,西周以后的天地融合则是以地、以人为主要方面。这在某种意义上可以认为是血统文化对巫统文化的融合。

与此分合相关的一个问题是天神名称由帝向天的转变。如所周知,甲骨文中的帝具有很大的权威,但在西周的文化中,帝的权威对人事影响要淡薄得多,相反,天更多地出现在人们对于至上力量的诉求话语中。天与帝的区别,前人多有论说。笔者以为帝是天之力量的集中表现,是承认天界对于人有较大影响力而运用的一个概念。古人有三天之说,《楚帛书》有"三天"一词,汉人则谓日、月、星为三天(《太平经·和三气兴帝王法》),帝字构形正如将三条光线集中于一束,光是智慧的象征,准此,帝就是天之智慧力量的集中体现;而天则是对于至上力量的宽泛的称呼,这个名称体现的是人对于天界的疏离感,或者说,天帝频繁介入人间事务的状况发生了变化。笔者判断,帝应该是巫统文化塑造出的至上神之名,前文引《易经》讲限制巫师活动,提到三人行与一人行,三人对应的是三天,一人对应的就是帝。商后期巫统、血统两派发生激烈冲突,商王自己也称帝。[①] 天当是血统文化使用的至上之神的名称。从帝到天的转变,其实是在血统文化居于主导地位的情况下,人的凸显自身力量的诉求在宗教上的体现,反映的正是血统文化融合巫统文化的历史变迁。到春秋时期,天成了具有可知可言的人格化的存在,这应该是帝淡出之后人们习惯于用天来标识至上神的结果。

除至上的信仰对象名称的变化外,在现实中则是不同群体社会地位

---

① 关于商后期的宗教斗争,参拙著:《从巫术到数术:上古信仰的历史嬗变》第一章"从萨满文化看上古宗教的变迁",济南:山东人民出版社,2008年,第20—46页。

的变迁。这主要是体现在女性地位的衰落。就性别与巫统、血统的对应关系看,女性对应于巫统,男性对应于血统。① 祖宗崇拜的对象以男性为主。在巫统血统力量相对平衡的时期,女性的社会地位、女性祖先在宗教祭祀中的地位与男性相比,并无太大差别。商代甲骨文中对于妣的祭祀就是很好的例子,《易经·小过》有"过其祖,遇其妣"的爻辞,很显然妣的地位是相当高的;而从甲骨文看,女性在商代是参与政治的,《易经》中也有反映。这些材料说明,在西周以前,女性的社会地位是很高的,绝非西周以后所可比。《易经·大过》有一爻辞讲"枯杨生稊,老妇得其士夫",所谓老妇得其士夫,应该是有利于女性的一种婚姻形态。按笔者理解,这应该是西周初的事情,而周初的很多措施是对于商后期的政治社会发展的反动,老妇得其士夫是对前面老夫得其女妻的反动,也就是说,在早期社会中,女性在婚姻中并不居于弱势地位。而这种地位,应该是与巫统文化对社会的影响还比较大,而在此文化中女性更有优势联系在一起的。从婚姻形态的角度看,如所周知,简狄生契、姜嫄生稷,一般解释为母系社会知母而不知父的结果,其实除了母系社会外,还有其他可以产生知母而不知父的解释,即在具有对偶性的族外群婚中,分居状态的男女互为配偶的婚姻形式也可以出现知母不知父的情况。而只有这种婚姻形态,才有可能出现有利于女性的婚姻规则。②

　　西周以后,女性地位渐趋衰落,无论是在家庭,还是在社会上包括政治舞台上。这种性别相对位置的变化,对应的就是巫统文化与血统文化的势力消长。因为巫统文化的衰落,其被逐渐融入血统文化之中,女性的地位也开始衰落,尽管周初曾有有利于女性的婚姻,但那是革命带来的很短暂的社会历史现象,长期看,女性逐渐成为依附于男性的社会群体。当然,这里并无否定经济生产方式变化对性别地位的变迁的影响作用的意思,但文化对于再分配的影响作用同样不应否定,尤其是在上古时期。

---

　　① 埃利亚德曾提到,新几内亚东面的 Dobu,巫术礼仪者与神游者的结构性差异默认的是基于性别的分界。见前揭其著第 363 页。
　　② 关于商周之际女性地位的讨论,详参拙稿《〈周易〉所见商周之际的女性与婚姻》,见拙著:《周易新解:萨满主义的视角》附录六,第 226—239 页。

三、宇宙观的变迁与早期中国学术

中国学术与中国古代的宇宙观有密切关系，钱穆先生晚年论中国学术，认为其最大的价值在于天人合一。大陆学者就此展开热烈讨论。天人合一是宇宙观问题，中国学术中贯彻了这种精神，宇宙论与中国学术有莫大关联，应无疑义。

然天人合一只是古代宇宙观中之一种，还有一种与之相对的即天人相分。天人相分是与绝地天通联系在一起的，并且在早期文明中，这种宇宙观应居于主导地位；天人合一是与天地融合联系在一起的，其占据主流当是西周以来的事情。

宇宙观之于中国学术的影响，有诸多表现，首先一点，笔者以为在于其延缓了统一的自然观念的形成。在天地相分的框架中，天与地无法构成一个完整的自然。统一的自然观念的出现，目前所知，要到春秋时代。《老子》讲"人法地、地法天、天法道、道法自然"。这个表述序列中人与地联系在一起，这是天地相分框架下的认知。所谓地法天，笔者以为可以从数术文献中的相关概念看出来。睡虎地秦简《日书》甲种"土忌"中，有"地杓"、"招摇合日"的概念，这两个概念明显是法天的结果，地杓当是与天之北斗相应的，招摇也是天星的名称。《日书》是广义上的宗教文献，其时代就目前关于古代的知识看，都是战国时期出现的。地法天的表述，当是宗教哲学化的结果。

这里有一个问题，《老子》的表述中天地之于自然有远近关系的差异，并没有说天地都是自然，而无所谓谁法谁的问题。笔者理解应该是宇宙观的变迁造成的认知结果。在天地相分的框架，地上虽然也有祭祀神明之事，但那个祭祀是为政治服务的，与可以向哲学转化的宗教之学当有不同。前举《日书》中的概念，应是在天地重合的框架中，效仿天的神性塑造地的神性而生的，应该是宗教意义上的地法天，经哲学化而有《老子》的叙述。具有至上特征的宗教是与天联系在一起的，所以当宗教向哲学转化，天与道的关系更近，天法道应该是指这个意思。自然概念的出现应该是天地重合之后,由于地的加入而出现的。当人的自主意识逐渐增强,意识到人得天地之中而生,人独立于天地而存在,并且可以参天地之化育,事实上需要一个更高的概念来描述与人相对的存在,"自然"应运而生。《老子》的表述省去中间环节,就是人效法自然。

"自然"概念的晚出,笔者以为,直接导致了中国古代自然哲学的不发达,某种程度上影响了中国古代科学的性格,影响了中国古代科学的逻辑化。现在讨论古代自然哲学,离不开阴阳五行,而古代论述阴阳五行的文献,则不外于巫、数之书。这在某种程度上决定了中国早期科学,长期与巫数之术伴生。

就具体学科看,古代地理之学明显落后于天文之学,应是与宇宙观联系在一起的。《山海经》虽然时代很早,但《山海经》与其说是地理之书,不如说是早期政书,古人将其与《禹贡》相提并论,是有道理的。《禹贡》首先是政书,然后才是今天意义上的地理之书。政治本于地,故早期政治会关注于人群的地理分布,也才有了《山海经》、《禹贡》这样的书,但其所探求的并非地之理,与科学意义上的地理学还有不同,也许可以说是政治经济地理或人文地理。科学意义上的地理之学当是在赋予了大地以内在之理的观念之后出现的,[①]而这应该是在地法天后产生的,也就是说应该是在天地重合之后出现的。

与自然之学发展迟缓相比,中国古代的人文之学因为天人相分的宇宙观,起步发展比较早。前面曾提到,尧时代的人间文化的发展,是与天人相分联系在一起的。人间文化主要表现为礼乐文化。中国古代礼乐文化之发达,在众多古文明中,可谓一枝独秀。礼乐文明是为人服务的,所以中国古代人的意识觉醒也比较早。《易经·比》中已经有了"比非人,凶"的爻辞,所谓非人,就是不讲礼的人,所谓"人而无仪,胡不遄死"。并且,在《易经》中已经有了德行根植于人心的叙述,这说明人的自我意识已经很强。《尚书》中已经有了"节生(性)"的观念,与此也当是相应的。人

---

① "地理"一词最早出现在春秋战国时期的著作中,参唐锡仁、杨文衡主编:《中国科学技术史·地学卷》,北京:科学出版社,2000年,第172页。

得天地之中的意识是与人的独立意识联系在一起的。这些文化观念的发展,笔者以为都是与天地相分的框架联系在一起的,这种宇宙论框架使人较早地与神保持一个理性的距离,对于神的意义也有理性的认识。

不过,进入西周以后,人的自我意识的觉醒步伐减慢了,笔者以为与宇宙观的变迁有很大关联。虽然原先的认识得到保留,但发展却很缓慢,一直到孟子才出现了仁义礼智根于心的认识。也就是说,天人合一的认识,某种意义上不利于人的自我意识的觉醒。虽然西周人的天命观是以德为基础的,但既承认天命的存在,对宗教进行祛魅就很难,人的独立性意识的发展便有困难。命定论是对人的自主意识发展的最大障碍。当然,我们不否认社会经济形态对于人的自主意识发展有基础性意义,但作为一种意识,自主意识首先是与社会文化观念联系在一起的。

孔子曾提出"天下一人"的主张(《礼记·表记》),这是儒家突破贵族社会的思想框架,在对人的认识上的一大贡献。这个观念强调的是人人都能成为人,而所成之人应是儒家关注的社会性的具有文化教养的人,并非自然人。孔子有教无类,就是希望帮助没有权利接受教育的人成为人。孟子讲仁政,则是希望为人人成为人提供一个基础性保障,而成人则是自己的事情,因为人固有四端,皆有成圣的基础。但这种极具前瞻性的认识,在中国古代始终未得充分发展,笔者理解同样与天人合一的宇宙观联系在一起,尤其是经历了汉代的苗黎乱德。

中国早期学术还有一个现象,笔者以为与宇宙论有关,即数术之学的兴起。数术源于巫术,并且主要在四夷发展起来,经过汉代的大发展,成为中国古代学术的重要组成部分。这种学术也以天人合一的宇宙观为背景。天人相分的宇宙观下,发展的主要是与人相关的礼学,以及以礼学为基础的诸子百家之学。数术之学之所以在汉代大发展,应该是与汉代的宇宙观联系在一起的。而传统礼学在汉代则几乎无发展,[①]从考古发现

---

① 西汉虽制礼,然始终不合周礼,至汉元帝始欲回复古礼;王莽新朝欲复辟古制,结果天下大乱;东汉章帝时曹褒建言制礼,然不了了之。参向晋卫:《两汉时期的"制礼"运动》,载《云南社会科学》2006 年第 3 期,第 102—105 页。

的实物看,西汉时代浙江地区的墓葬陪葬品犹有鼎盒等仿铜礼器组合,到了东汉,这种现象几乎消失。[①] 这应该是与整个社会文化的变迁联系在一起的。而社会文化的变迁则与宇宙观的变迁有密切关系。与礼学衰退相应的就是数术之学的发展,《汉书·艺文志》数术略是一个独立门类,可见西汉当时的学术面貌;东汉的数术文献较西汉有过之而无不及,只不过很多文献的名称没有能保留下来。[②]

四、宇宙观与华夷之辨

讨论古代宇宙观对于完整地认识中国历史与文化的重要性,还体现在对于华夷文化的认识上。有一点必须指出,这里谈的不是从天地相分到天人合一的问题,而是华夏的以天地相分为基本宇宙观,后来天人合一也成了其基本宇宙观,四夷文化则主要以天人合一的宇宙观为基础,两种文化存在着宇宙观上的差异。

早期宇宙观的突破并不具有普遍性,应该只是某一个族群首先实现了突破,然后成为主流的宇宙观,并奠定后来中国文明的基础。这个族群并没有也不可能要求其他族群都采用这个宇宙观。基于不同宇宙观生发出的文明,就形成了所谓华夏与四夷的区分。中国文明的演进,无论是早期,还是后期,始终存在了华夷的交融。某种意义上可以认为,中华的历史与文明是由华夷共同塑造的,是两种宇宙观共同作用的产物。

早期历史中,观射父讲有两次苗黎乱德。笔者以为,进入有文字记录的历史后,依然有苗黎乱德现象,即通常认为奠定了汉文化基础的汉代。以后的中国历史中,主要是北方族群对于华夏的侵犯,但北方族群常常是

---

① 参刘波:《浙江地区西汉墓葬的分期》,《南方文物》2000 年第 1 期,第 58—69 页;黎毓馨:《浙江两汉墓葬的发展轨迹》,《东方博物》第 9 辑,杭州:浙江大学出版社,2003 年。

② 《汉志》数术略记录了一百零九家(中华书局点校本作"百九十家",衍"十"字),两千五百多卷书[(汉)班固:《汉书》卷 30《艺文志》,北京:中华书局,1964 年,第 1775 页];东汉时代的数术典籍数量不明,据裴松之《三国志注》所引《(管)辂别传》,言其时"术数有百数十家,其书有数千卷"[(晋)陈寿:《三国志》卷 29《魏书·方伎传》,北京:中华书局,1964 年,第 827 页],数量较《汉志》有增加,具体情况难以详知。

主动华化,乱德现象并不十分明显。这里有一个很有趣的问题值得讨论,为什么南方文化会对中原造成所谓乱德,而北方则大多主动接受华夏文明?这或许与华夏文明的萨满主义基质原本是以北方的观念为基础有关,也就是说,华夏文明是以北方的文化为基础发展起来的,而不是以南方文化为基础,所以北方的族群对于华夏文明会有推崇之心。而南方则因其地理环境的因素,难以改变其单一的萨满主义文化结构。古人言,"江南卑湿,丈夫早夭",地理环境决定了男性对于南方文化的创造性贡献并不突出,所以其社会地位、其对于社会的影响力不如女性。前面曾提到,巫统、血统某种程度上与性别存在着对应关系,所以早期的南方始终未能实现宇宙观的突破。男性在北方社会中则居于主导地位,早期社会的状况虽不甚明晰,但宇宙观的突破确实是在北方首先实现的,在红山文化中可以找到比较明显的体现天地分离的证据,[①]而在早期方位帝模式中,出现权力分化的也是北方。尽管这可能与最高权力居于北极有关,但北方早期文明中出现的证据也是不容忽略的。[②] 南北方本是不同的文化,当南方文化流行时,自然会有乱德之事。

南方文化,笔者曾讨论吴越的单一的萨满主义文化的基质所孕育的文化,[③]早期的良渚,后来的吴越国文明,都具有对于某种价值的片面追求的问题,良渚事神,吴越尚武,都属于巫统文化的范畴,这与北方表现的民神并重、文武并重是不同的。在良渚,看不到类似颛顼绝地天通所带来的宇宙观的变化的证据,相反,基本是天地一体的特征。[④] 良渚一度十分

[①] 参拙著:《从巫术到数术》第五章"从神话到宇宙论",第 130—157 页。

[②] 前述巫师中的玄冥与禺强的分化,在红山文化中可以找到一些痕迹,而这种痕迹在年代更早的北方就存在,也就是说,绝地天通前,北方民族就已经存在人神分离。这个北方民族应该就是通古斯人。后来的女真族建立的金,以及清朝,都是这个族源。而这两个族群又都好儒,这当与他们在文化上与中华具有同源性有关。

[③] 参拙文:《萨满主义与吴越文化:理解吴越的一种方式》,《浙江社会科学》2013 年第 2 期,第 126—135 页。

[④] 埃利亚德在论述 South Borneo 的 Ngadju Dyak 的宇宙观念时,提到了其一个特别的概念,尽管他们知道上面与下面的世界,但他们不认为自己的世界是第三个世界,而是上下两个世界的总和。见前揭其著第 284 页。这个宇宙观与良渚文化的宇宙观有相似之处。汉代董仲舒提出天人相应的模式,也是天地一体观念的体现,当是南方文化的内容。

强大,其范围曾向长江以北扩散,学者指出陶寺遗址中有良渚文化的影响,[①]从年代上看,大致相当于尧之前的时代。良渚也是南方,其向北扩散,是否形成了苗黎乱德,值得关注。尧之前的南方文化,还有屈家岭、石家河文化,同样很发达,其向北扩散的问题也很值得关注。[②] 至于汉代的苗黎乱德,从东周南方楚文化的发达,是不难推想南方的影响力的,当南方人执掌政权,出现乱德现象并不奇怪。

在关于萨满主义的讨论中,传统的认识以为其流行地域主要是在北方,随着研究的深入,始有学者提出南方像印度、希腊等地都存在萨满主义特质的文化。[③] 南北萨满主义的差异,笔者谫陋,少见有学者讨论。中国的南北文化基质的差异其实也可以置于全球背景中去讨论。[④]

中国上古宗教思想中,南方与北方确有差别,北方宗教对于所谓精气的概念运用广泛,这与通常讲的萨满主义弥漫式的宇宙观相吻合。南方则很少见到对于精气的关注,他们更关注灵的概念。[⑤] 精气是宇宙的基础,世间万物都得精气而生。灵则不具有这个意涵,灵强调的是对神性的关注。从这个概念的差异大致也可以看出南方与北方的文化基质的差

---

① 参朱乃诚:《良渚的蛇纹陶片和陶寺的彩绘龙盘——兼论良渚文化北上中原的性质》,《东南文化》1998 年第 2 期,第 15—22 页。

② 参孟原召:《屈家岭文化的北渐》,《华夏考古》2011 年第 3 期,第 51—63 页;刘俊男:《石家河文化的北渐及其对豫中西地区的影响》,《中原文物》2013 年第 1 期,第 23—62 页。需要指出的是,长江中游的文化与下游的文化又有差异,还有待更具体深入的研究。

③ 参埃利亚德前揭书第 4—5 页。

④ 据埃利亚德的叙述,北方与南方的萨满主义内容上的不同有些确实可以与中国联系起来,比如家萨满,其书中提到 Yukagir、Koryak、Chukchee 等部族都有存在(前揭书第 246—247 页),并且讲在 Yukagir 女性不可以充当家萨满。这些部族都属于北方。而其讨论印度尼西亚、大洋洲等地的萨满主义的宇宙观、神话,则强调了其女性的特征。这些内容上的差异在中国上古时期南北文化的差异中都有存在。

⑤ 这个差异置于南北萨满主义神学的差异背景中更容易理解,据埃利亚德所述,北方的萨满主义更强调萨满借助神灵的力量完成宗教行为,而南方凸显更多的是所谓神灵附体,所谓"possesion"。尽管埃利亚德强调"possesion"不要与萨满主义混淆(前揭书第 346 页)。但在笔者看来,南方的这种"possesion"其实也是南方强调同一的体现,神灵与人的同一;北方虽强调萨满的神游能力,但人与神并未混淆,这或许是北方可以从神话时代走向文明时代、实现人神分离的基础。

异。① 强调神性显然是与单一的萨满主义相适应的,而对精气的重视凸显的则是对宇宙的完整把握。单一的萨满主义孕育的是同质的文化,而对宇宙的完整把握则为差异性的发现提供了可能。整体与差异的共存显然是中国文化的一大特色,从这个意义上讲,中国文化是以北方文化为基础形成的。

在后来的宗教文化发展中,南方依然保持了其特别之处。道教这个号称是中国本土的宗教就是在南方形成的,并且是在一个以南方人为基础建立政权的时代即汉代出现的。研究者已经指出,道教的形成与原始巫教有很大关系,而汉代恰好是一个巫教盛行的时代,南方则又是巫教流行的地域。道教的教义核心是成仙,论者皆谓与早期方仙道有关。笔者以为这与单一的萨满主义属于相似的类型,②早期南方的墓葬,无论是悬棺墓还是土墩墓,一个共同的特点是往高处葬,而在萨满主义文化中神人是居于高处的。道教的成仙理想与早期南方文化之间恐怕也是存在关联的。从这个意义上讲,道教应该归到四夷宗教文化的范畴,而不属于华夏宗教。至于其对中国文化产生了很大的影响,并不难理解,历史上的苗黎乱德于汉代再次上演,本身就说明这种文化在影响力方面并不缺乏。这种影响力,笔者理解就在于它对神的虔敬上,只不过它的神比较杂,从华夏文化的立场看,其会有过度事神即淫祀的问题。道教如此,早期南方的宗教亦如此。

曾有学者指出一个有趣现象,四大文明古国都在北回归线附近,在中国的南方,确实也发现了很早的考古学文化。四大文明古国只有中国延续下来,但所延续的中华文明并非南方人创造的,事实上中国早期的南方文明后来也中断了。某种意义上可以认为,北回归线附近最早出现的文明都中断了。对于中国吴越之地的文明,笔者分析其中断与其单一的萨

---

① 在《萨满主义与早期中国哲学的神秘主义》(《学术月刊》2016 年第 9 期,第 169—178 页)中,笔者将南北神秘主义差异的基础诉诸阴精与阳精,灵应该就是阴精的结果,也是以精气为基础的。

② 埃利亚德在讨论中国萨满主义时,注意到中国道教与印度尼西亚、波利尼西亚宗教文化中一些类似的现象,比如在神灵附体后自发的对萨满行为的模仿(前揭书,第 456 页)。

满主义文化基质有关。而整个中国文明之所以能延续下来,笔者以为是与北方文化的特性联系在一起的。但南方文化是否参与,本身也值得考虑。中国的地理环境使南北不同文化基质的人群很早就可以进行交流。古代传说中有一些很有意思的现象,说舜葬于苍梧、大禹葬于会稽,而颛顼则葬于北方。颛顼是南方人,舜、禹则是北方人,为什么选择归宿时却跑到相反的方位?这也许可以从文化倾向上得到说明。颛顼是绝地天通的人,他的立场与南方文化不同,而与北方文化更契合。舜、禹,据笔者对上古文化特性变迁的判断,他们正是倾向于巫统文化的人,与南方文化特性契合,他们死后葬于南方,都可以找到解释。南北这种交流,在传统中国时代更加频繁,南方不断被华夏化。这种文化交流,使中国文化具有其他文明所不具有的坚韧、包容与创新的特性,其能延续至今,并非没有基础。

综上所述,古代宇宙观及其变迁对于认识中国古代文明有重要意义,政治的发生,宗教的变迁,社会的发展,思想学术的变化,都可以与宇宙观的变迁建立起联系。而中国南北文明的冲突与交融所引发的现象,也可以从宇宙观的角度得到解释。作为文明的基质,其对文明发生、发展的影响,具有基础性的作用。

论著目录

一、著作

1. 陶磊:《〈淮南子·天文〉研究——从数术史的角度》,济南:齐鲁书社,2003年。

2. 陶磊:《从巫术到数术:上古信仰的历史嬗变》,济南:山东人民出版社,2008年。

3. 陶磊:《斯文及其转型研究》,杭州:浙江大学出版社,2012年。

4. 陶磊:《周易新解:萨满主义的视角》,杭州:浙江大学出版社,2015年。

5. 陶磊:《德礼·道法·斯文重建:中国古代政治文化之变迁研究》,

杭州：浙江大学出版社，2016 年。

二、论文

1. 陶磊：《试论西周的公族土地所有制》，《陕西历史博物馆馆刊》第四辑（1997 年）。

2. 陶磊：《试论春秋列国的土地所有制》，《徐州师范大学学报（哲社版）》1997 年第 3 期。

3. 陶磊：《晋侯苏钟与月相四分法》，《徐州师范大学学报（哲社版）》1999 年第 3 期。

4. 陶磊：《月霸考》，载《追寻中华古代文明的踪迹》，上海：复旦大学出版社，2002 年。

5. 陶磊：《初吉月首说》，《徐州师范大学学报（哲社版）》2002 年第 3 期。

6. 陶磊：《太一生水发微》，载《古墓新知》，台北：台湾古籍出版有限公司，2002 年。

7. 陶磊：《郭店儒简与告子学说》，载《郭店楚简与早期儒学》，台北：台湾古籍出版有限公司，2002 年。

8. 陶磊：《早期儒家与易学》，《周易研究》2004 年第 4 期。

9. 陶磊：《月相新札：哉死霸》，《中国史研究》2006 年第 2 期。

10. 陶磊：《月相新札：生霸吉》，《中国史研究》2006 年第 3 期。

11. 陶磊：《马王堆帛书〈刑德〉甲、乙本的初步研究》，载《简帛研究二〇〇四》，桂林：广西师范大学出版社，2006 年。

12. 陶磊：《〈恒先〉思想探微》，载《中国古代文明研究与学术史》，石家庄：河北大学出版社，2006 年。

13. 陶磊：《斯文与中庸之道——兼谈"层累地造成的中国古史"观证据的问题》，载关世杰主编《人类文明中的秩序、公平公正与社会发展》，北京：北京大学出版社，2009 年。

14. 陶磊：《明堂考论：以上古宗教、宇宙论的变迁为背景》，载《浙大史学精粹——中国古代史卷》，杭州：浙江大学出版社，2013 年。

15. 陶磊：《萨满主义与吴越文化：理解吴越的一种方式》，《浙江社会科学》2013 年第 2 期。

　　16. 陶磊:《〈太一生水〉的再认识》,载《简帛研究 2011》,桂林:广西师范大学出版社,2013 年。

　　17. 陶磊:《早期儒学与古典政治》,《古典研究》2014 年春季卷。

　　18. 陶磊:《〈易传〉〈中庸〉与宋明理学》,《古典研究》2015 年夏季卷。

　　19. 陶磊:《早期儒家与神秘主义》,《古典研究》2016 年夏季卷。

　　20. 陶磊:《萨满主义与早期中国哲学中的神秘主义》,《学术月刊》2016 年第 9 期。

陈健梅

陈健梅，1970年生，江苏盐城人。2004年获得中国社科院研究生院历史学博士学位，现为浙江大学历史系副教授。从事中国历史地理学、历史文献学研究。出版专著《孙吴政区地理研究》一部，在《中国史研究》、《文史》等刊物上发表论文多篇。

从政区建置看曹操的经国方略

陈健梅

自建安元年（196）九月挟持汉献帝都许，至建安二十五年（220）春正月崩于洛阳，曹操以一种特殊身份经纶国事二十四余年。

不同于董卓的狂愚，曹操没有以汉献帝为奇货可居，而是南征北战，致力于境内的安定和国家的统一。曹操挟天子以令诸侯，以王者之师征讨天下的霸业起始于黄河下游的中原腹地，其大致经略历程如下：建安初，平息青、徐黄巾和陶谦、刘备等反叛势力，消灭吕布集团从而稳定兖、豫后方。五年（200），通过官渡之战奠定了统一河北的基础。十年（205），攻破袁谭、袁熙、袁尚，平定冀州。十一年（206），征讨高幹，平定并州。至此，曹操完成了黄河流域中国北方的统一。十二年（207），北征三郡乌丸，剪灭袁氏残余势力。十三年（208），挥师南下，刘琮束手。同年于赤壁败于孙刘联军，统一蓝图受阻于长江沿线的强敌，转而西图汉中、巴蜀。十六年（211），平定关中马超、韩遂之乱。十九年（214），平定陇右。二十年（215），西征张鲁，略有汉中，继而进军三巴，为张飞所拒，南下经略的目标再次受阻于顺利入蜀的刘备集团。至此，曹操实际控制的版图大致略定，直至建安二十四年（219）刘备进据汉中，占领陇右武都、阴平两郡。

曹操既要面对群雄逐鹿、诸侯割据的外部局面，又要应付随时发生的肘腋之变。假汉天子之名毕竟不是易事，淳于琼反对沮授之计，道出个中况味："若迎天子以自近，动辄表闻，从之则权轻，违之则拒命，非计之善者也。"①正如王夫之所言："名而可以徒假与，则绍亦何惮而不假？"曹操挟

---

① （晋）陈寿撰：《三国志》卷6《袁绍传》注引《献帝传》，北京：中华书局，1959年，第195页。

天子都许后，确实也历经诸多尴尬和风险，"外而袁绍耻太尉之命，内而孔融陈王畿之制，董承、刘备、伏完、金祎交起而思诛夷之。入见殿中，汗流浃背，以几幸于免"①。曹操以非凡的胆识与智慧，成功假借了这一名号，并于建安十五年（210）十二月己亥令中，对这一瓜田李下之嫌做了衷心于汉室的耿耿表白，回顾了汉末动乱以来的天下形势与身处其中的所思所想所为，诉说了"本志有限"，"身为宰相，人臣之贵已极，意望已过"，而"江湖未静，不可让位"的无奈和决心。②

　　在这种背景下考察曹操疆理"汉家"天下所进行的政区建置，我们发现曹操的经国方略既有针对地方势力与敌对政权的战略考量，又有瓦解东汉政权、培植曹氏根基的政治企图，并表现出在政区建置上各具特色的三个时段：一、初平元年（190）至建安初年，曹操逐渐立足于中原，至迎汉献帝都许，天下粗安，政区建置旨在初步安定境内领土，平息黄巾、黑山和各种地方反叛势力；二、建安十一年（206）至十八年（213），曹操统一中国北方，规划曹氏天下，政区建置围绕打造曹氏集团政治中心、瓦解东汉政权地域基础的地缘政治法则，展开大刀阔斧的改作；三、建安十九年（214）至二十五年（220），曹操解决了内顾之忧，致力于排除敌国外患，政区建置表现为鼎立格局中以国家利益为中心的体国经野。下文就此三个时段的政区建置对曹操的经国方略展开论述。

一、天下粗安的权宜之置

　　从初平元年（190）曹操随山东诸将起兵征讨董卓，到建安元年（196）迎立汉献帝都许，曹操已据有兖、豫两州，流亡的汉献帝被"妥善"安置后，动荡的天下在汉天子的名号下获得了粗略的安定。

　　这一阶段，因为豪强并起、诸侯割据，形势处于不断变化中，曹操致力于其所控制区域内的安定，围绕这一目标所进行的政区建置，多为权宜所

① （清）王夫之：《读通鉴论》卷9"献帝"，北京：中华书局，1975年，第242页。
② 《三国志》卷1《武帝纪》注引《魏武故事》，第32—34页。

置,具有临时性,其中有很多因人而设的郡,皆旋置旋废。政区形式以郡级政区为主,包括州级政区。频繁的政区建置主要分布在曹操立足之本的兖、豫两州,豪强并起的青、徐两州,开通不久的关中和去州悬远的河西等地。实际上,这也是建安初曹操努力控制的区域。

(一)兖、豫两州所置权宜政区

兖、豫两州是曹操进图天下的根基,还在中原板荡、形势未朗的情况下,荀彧便认识到这一地域于曹操基业的重要性,并促成曹操立足两州的诸多战略行为。如兴平元年(194)陶谦死后,建议曹操不急于取徐州,而是回攻吕布,稳定兖州;官渡之战后,反对曹操南讨刘表,而固守兖、豫两州。后来曹操在奖赏荀彧时特别提到这一"指纵之功"、"巍巍之勋"①,认识到官渡之战后如果南征刘表,后果将不堪设想:"委弃兖、豫,利既难要,将失本据。"②曹操迎立献帝都许,政权中心进入曹操立足的区域,曹操的根基也因此取得了地缘政治优势。

兖州是曹操开始步入政治舞台的活动场所,从顿丘令到东郡太守再到兖州牧,在迎立汉献帝前,曹操在这个舞台上已经取得了辉煌的业绩,并开始了对兖州的政区调整以服务于自己的战略目标。兖州东临黄巾渊薮青州,北界黑山渊薮和袁绍的势力范围冀州。初平年间,曹操分别以东郡太守、兖州牧的身份给予黑山、黄巾以致命打击。此后,割据冀州的袁绍成为曹操在北方的强大对手,濒临河北的东郡于是成为战略前方,兖州州治亦自腹地昌邑移向接近前线的鄄城,③为了加强东郡的军事力量,作为州治的鄄城和邻近的廪丘两县自济阴郡度属东郡。④ 东郡太守亦是一时之选,曹操领兖州牧后,夏侯惇为东郡太守。

---

① 《三国志》卷10《荀彧传》注引《彧别传》,第317页。

② 《三国志》卷10《荀彧传》注引《彧别传》,第316页。

③ 《元和郡县图志》卷11"濮州"载:"在汉为济阴郡之鄄城也,后汉献帝于此置兖州。"(北京:中华书局,1983年,第295页)又,卷10"兖州"载:"兖州所理不恒,献帝初平三年移兖州理济阴之鄄城,以魏太祖曹操为兖州牧,魏仍移兖州理东郡之廪丘,晋不改。"(第263页)

④ 吴增仅认为两县为魏武领东郡时移来(《三国郡县表》卷2"魏兖州部",《二十五史补编》本,北京:中华书局,1955年,第36—37页),误,当是曹操领兖州,鄄城为州治时,两县自济阴移东郡。

兖州境内的两个新置郡嬴郡和离狐郡都是因人而置，不久即废。《魏志·麋竺传》注引《曹公集》载公表曰："泰山郡界广远，旧多轻悍，权时之宜，可分五县为嬴郡，拣选清廉以为守将。偏将军麋竺，素履忠贞，文武昭烈，请以竺领嬴郡太守，抚慰吏民。"①知嬴郡因麋竺而设。麋竺为东海朐人，"祖世货殖，僮客万人，赀产钜亿，后徐州牧陶谦辟为别驾从事"，麋氏家族是地方豪强，且因陶谦的缘故很早就与刘备结缘，不久，麋竺与弟彭城相麋芳"皆去官，随先主周旋"。②从太守麋竺的行踪分析，嬴郡当置于建安三年（198）曹操平定吕布后。同年，刘备再次据有下邳，和曹操翻脸，时"郡县多叛曹公为先主"③，麋竺盖于此时去官随先主，嬴郡亦废，存在时间不到一年。嬴郡所领五县，吴增仅考订为嬴、南武阳、南城、牟、平阳五县，"均泰山郡极南地，地形长狭，错居东莞、琅琊、东海、鲁郡之间"④。李晓杰指出吴氏于地望失考，嬴县地处泰山北境，"以理度之，嬴郡之设本应割泰山郡北部地而置才是"⑤。嬴郡辖境虽不可考，但曹操表奏中保存了析泰山置嬴郡，以麋竺为太守这一政区行为的历史、地理和人事信息。离狐郡因李典而设，李典从父乾为济阴郡乘氏县的豪族，有宾客数千家，李典继承家业、统领家兵后，即迁离狐太守。建安五年（200），曹操与袁绍相持于官渡，李典"率宗族及部曲输谷帛供军"⑥，远远超出了离狐太守的职能，愈见离狐郡之设的权宜性和针对性。黎东方明白道出了离狐郡与李典的关系："曹操因人设政，临时把离狐县升格为郡，为的是奖励李典。后来，李典不断地立功，不断地升官，当不当这离狐郡太守已无所谓，曹操就又恢复了离狐的县的地位，废掉了这个所谓离狐郡。"⑦离狐郡置郡时间不可考，⑧曹操破袁绍后，李典升为裨将军，离狐郡当废于此时。

---

① 《三国志》卷38《麋竺传》注引《曹公集》，第970页。
② 《三国志》卷38《麋竺传》，第969页。
③ 《三国志》卷32《先主传》，第875页。
④ 《三国郡县表》卷2"魏兖州部·嬴郡"，第42页。
⑤ 李晓杰：《东汉政区地理》，济南：山东教育出版社，1999年，第46页。
⑥ 《三国志》卷18《李典传》，第533页。
⑦ 黎东方：《细说三国》，上海：上海人民出版社，2007年，第80页。
⑧ 钱大昕《廿二史考异》卷15《三国志一·李典传》载："史无置郡之文，盖建安初暂置而即罢耳"，丛书集成初编本，北京：中华书局，1985年，第330页。

豫州既是曹操桑梓之邦，又是傀儡朝廷的都城所在。相对于兖州前线，豫州是曹操与袁绍对峙的后方，常为袁绍所招诱摇动，存在不安定的因素。汝南郡南邻刘表治下的荆州，建安初，张绣屯聚在宛、穰一带，与刘表联合，时时骚扰曹操对袁绍作战的后方。在一次曹军不利的危急情况下，李通连夜赶来助战，协助曹操击破张绣。作为回报，曹操遂分汝南二县，以李通为阳安都尉。① 李通起兵于朗陵，在归附曹操前已经是地方豪强，因李通而设的阳安都尉有效巩固了曹操后方。如袁绍举兵南侵，遣使招诱豫州诸郡，"诸郡多受其命，惟阳安郡不动，而都尉李通急录户调"②。阳安都尉或称阳安郡（参见上文），李通或称"领阳安太守"③。钱大昕对此解释为："《魏略》称通领阳安太守，盖以都尉行太守事也。《赵俨传》袁绍遣使招诱诸郡，惟阳安郡不动，盖当时都尉别领县者亦称郡矣。"④阳安都尉领有朗陵、阳安两县，李通与朗陵长赵俨同治，知阳安都尉治朗陵。阳安都尉因人而置，⑤李通迁汝南太守后即废。⑥

颍川郡作为京畿，率先实行屯田。建安元年（196），曹操采纳枣祗、韩浩议，屯田许下，⑦取得成效后，"于是州郡例置田官，所在积谷"⑧。屯田机构逐渐成为郡县之外的独立系统，建安年间，颍川郡即有颍川典农中郎将见于记载。⑨

（二）青、徐两州所置权宜政区

青、徐两州背山面海，地形复杂，为山贼海寇的活动提供了有利的地理环境。东汉末，青州成为黄巾渊薮。初平三年（192），青州黄巾众百万

---

① 《三国志》卷18《李通传》，第535页。

② 《三国志》卷23《赵俨传》，第668页。

③ 《三国志》卷23《赵俨传》注引《魏略》载："俨与领阳安太守李通同治"，第669页。

④ 《廿二史考异》卷15《三国志一·李通传》，第330页。

⑤ 吴增仅据曹操破张绣的时间推定阳安都尉置于建安三年（198），见《三国郡县表》卷1"魏豫州部·阳安郡"，第19页。

⑥ 《三国志》卷18《李通传》载："刘备与周瑜围曹仁于江陵，别遣关羽绝北道。通率众击之。"（第535页），时李通已为汝南太守，知阳安都尉之废至迟在建安十四年（209）。

⑦ 《三国志》卷1《武帝纪》，第14页。

⑧ 《三国志》卷1《武帝纪》注引《魏书》，第14页。

⑨ 《三国志》卷1《武帝纪》载：建安二十三年（218），吉本、耿纪、韦晃等反，攻许，"烧丞相长史王必营，必与颍川典农中郎将严匡讨斩之"，第50页。

入兖州界,杀刺史刘岱等,曹操领兖州牧,进兵击破黄巾,受降卒三十余万,收起精锐者,号为青州兵。[①] 继黄巾余波,海贼屯帅并起,直至建安十一年(206),曹操还亲征"海贼管承",管承却顺利逃入海岛。[②] 徐州则先后为各种反曹势力所据,曹操在历次征伐中,"所过多所残戮"[③],荀彧甚至告诫曹操,徐州子弟因念父兄之耻,曹操即便占据徐州,"尚不能有也"[④]。平定青、徐后,曹操在这两州的统治基础相对薄弱。因为地方豪强在青、徐两州腹地的活动连为一片,曹操于平定之初的郡级政区建置也因这些豪强的活动范围权宜而定,往往打破原来的州界,如城阳郡[⑤]和东莞郡[⑥]。

建安三年(198),曹操讨平吕布后,获臧霸等徐土豪民,"公厚纳待,遂割青、徐二州附于海以委焉,分琅邪、东海、北海为城阳、利城、昌虑郡"[⑦]。三郡之外,还有同时而置的东莞郡。[⑧] 从曹操委任的守、相来看,[⑨]四郡之置是为了妥善处置臧霸手下的屯帅,胡三省谓"此盖因诸屯帅所居,而分为郡也"[⑩],此言得之。其中,昌虑郡废于建安十一年(206)[⑪];利城郡废于文帝时[⑫];城阳、东莞两郡则终魏未废。

---

① 《三国志》卷1《武帝纪》,第9—10页。

② 《三国志》卷1《武帝纪》,第28页。

③ 《三国志》卷1《武帝纪》,第11页。

④ 《三国志》卷10《荀彧传》,第310页。

⑤ 据李晓杰考证,其时城阳郡乃析琅邪、北海、东莱三郡而置。《东汉政区地理》,第68页)则城阳郡之置跨东汉青、徐两州。

⑥ 据李晓杰考证,东莞乃析琅邪、齐郡、泰山而置。《东汉政区地理》,第67页)则东莞郡之置跨东汉青、徐、兖三州。

⑦ 《三国志》卷1《武帝纪》,第16页;又,卷18《臧霸传》载:"割青、徐二州,委之于霸",第537页。

⑧ 钱大昕据《臧霸传》,认为东莞与城阳、利城、昌虑郡同时置于建安三年(198)擒吕布之时。《廿二史考异》卷15《三国志一·武帝纪》,第317页)

⑨ 《三国志》卷18《臧霸传》载:"太祖以霸为琅邪相,(吴)敦利城、(尹)礼东莞、(孙)观北海、(孙)康城阳太守,割青、徐二州,委之于霸",第537页。

⑩ (宋)司马光:《资治通鉴》卷62"献帝建安三年(198)十二月"条,北京:中华书局,1956年,第2007页。

⑪ 《三国志》卷1《武帝纪》,第28页。

⑫ 《三国志》卷2《文帝纪》载,黄初六年(225)六月利城郡兵蔡方等反,杀太守徐质。(第85页)洪亮吉据此,疑"因方等反郡遂废"。《补三国疆域志》,《二十五史补编》本,北京:中华书局,1955年,第53页)

青州东莱郡三面濒海,建安三年(198)前后,曹操析置长广郡,以何夔为太守,"郡滨山海,黄巾未平,豪杰多背叛,袁谭就加以官位"①。长广郡为曹操与袁谭势力交界之处,时东莱郡北境当为袁谭所控制,另外,"海贼"管承在长广县聚众为寇,曹操置郡当有上述两方面的考虑。② 因长广郡建置形势的特殊性,曹操颁布新制度下州郡时,何夔"以郡初立,近以师旅之后,不可卒以绳法","此郡宜依远域新邦之典"。③ 郡领六县,何夔所理民乱涉及长广、牟平、东牟、昌阳四县,吴增仅补入不其、挺两县,④当是。建安十年(205),曹操灭袁谭,平定青州,⑤同年,李典破管承于长广,⑥疑长广郡即于此时废入东莱郡。

(三)关中、河西所置权宜政区

关中、河西两个地区分属东汉司隶校尉和凉州刺史部,建安初,各自表现出政区建置的显著特色。

关中遭汉末荒乱,大批移民徙往荆州。⑦ 建安初,"三辅开通"⑧,卫觊留镇关中,"时四方大有还民",卫觊与荀彧书,言及安置归民,丰殖关中事宜,建议政府以盐政丰殖关中,并使司隶校尉留治关中,以增益郡县,削弱豪强。曹操听从了卫觊的建议,司隶校尉自洛阳徙治弘农,⑨以钟繇为司隶校尉,而后"关右平定,朝廷无西顾之忧"⑩。曹操于关中所置汉兴、左内史两郡,当是流民回迁、关中丰殖的结果。《后汉书志·郡国志一》注引

---

① 《三国志》卷12《何夔传》,第379页。

② 吴增仅认为:"当时因黄巾起青、徐间,郡县廖阔难治,故又分东莱、北海置长广郡。"(《三国郡县表》卷3"魏青州部·长广郡",第55页)非是。

③ 《三国志》卷12《何夔传》,第380页。

④ 《三国郡县表》卷3"魏青州部·长广郡",第55页。

⑤ (南朝宋)范晔撰:《后汉书》卷9《献帝纪》载:建安十年(205),"曹操破袁谭于青州",北京:中华书局,1965年,第383页。

⑥ 《三国志》卷18《李典传》载:"邺定,与乐进围高幹于壶关,击管承于长广,皆破之",第534页。

⑦ 《三国志》卷21《卫觊传》载:觊与荀彧书:"关中膏腴之地,顷遭荒乱,人民流入荆州者十万余家,闻本土安宁,皆企望思归",第610页。

⑧ 见《三国志》卷16《杜畿传》注引《魏略》,第494页。

⑨ 《三国志》卷21《卫觊传》,第610—611页。

⑩ 《三国志》卷13《钟繇传》,第393页。

《魏略》曰:"曹公分关中置汉兴郡,用游楚为太守。"①洪亮吉、吴增仅均疑汉兴郡即中平六年(189)所置汉安郡改名,②李晓杰同意此说,认为"汉安与汉兴实乃一郡"③。虽然,《魏略》明言曹操置郡设守,则汉兴郡的政区意义因此而得以重新确立。左内史郡的建置史有明文:"逮建安初,关中始开。诏分冯翊西数县为左内史郡,治高陵;以东数县为本郡,治临晋。"④《后汉书志·百官志》注引《献帝起居注》所载建安十八年(213)雍州统郡内有汉兴郡而无左内史,知左内史郡未久即废。⑤ 吴增仅根据"游楚入魏已迁陇西太守,魏时关中多事,汉兴太守史无所见",推定汉兴郡"入魏已省"。⑥

建安初,曹操因张猛上书,分凉州河西四郡置雍州,⑦以邯郸商为雍州刺史,治姑臧。雍州的析置背景是"河西四郡以去凉州治远,隔以河寇"⑧,辛德勇先生就此次雍州的析置做了深刻入理的剖析:"通观整个东汉时期的州制设置,可以认为这次分设雝州(雍州),既是州演变成为一级实体化行政区域的具体反映,也是朝廷针对当时特殊问题所采取的权宜性措施。灵帝中平四年(187),韩遂、马腾、王国等人相继反叛,杀戮凉州刺史耿鄙,占据凉州东部之陇西、汉阳诸郡,并东向寇扰三辅地区。在这种情形下,析分凉州西部四郡设立雝州,实际上只是对被叛乱者割据剩存下来的凉州疆土实施管理。这样做不仅便于东西策应,遏制韩遂等人,更重要的是在被叛军将其与朝廷隔绝开来的危殆情形下,需要一个强有力的地方机构,来统筹组织和安排当地的边防事务,以确保国土不被西羌等

---

① (晋)司马彪撰:《后汉书》志第19《郡国志一》,第3408页。
② 《补三国疆域志》,第76页;《三国郡县表》卷4"魏雍州部·汉兴郡",第78页。
③ 《东汉政区地理》,第24页。
④ 《三国志》卷23《裴潜传》注引《魏略》,第674页。
⑤ 《三国郡县表》卷1"魏司州部·左内史郡",第10页。
⑥ 《三国郡县表》卷4"魏雍州部·汉兴郡",第78页。
⑦ 《后汉书》卷9《献帝纪》载此事于献帝兴平元年(194)六月(第376页),不确。吴增仅亦从《典略》,即建安初年分凉州河西四郡置雍州。(《三国郡县表》卷4"魏雍州部·雍州",第69页)
⑧ 《三国志》卷18《庞淯传》注引《典略》,第547页。

外敌攫取。"① 析置雍州后,曹操新置西海郡②和西郡③,当是疆土得到有效管理的结果,进一步证明了辛德勇先生的上述分析。

此外,河西地区还有西平郡的建置。④ 据李晓杰考证,西平乃割金城郡中部以西之地而置。⑤ 与雍州的权宜而置不同,河西地区三个郡级政区的建置具有一定的合理性和稳定性,是区域管理成熟的表现,故终魏未废。三郡的建置在这一阶段的曹操经国方略中显得相对早熟和突出。

二、破汉立曹的地缘格局

鉴于人臣的名分和炙手可热的权势,曹操终难脱"汉贼"⑥的骂名。作为权臣的曹操,是乃心王室的忠臣? 抑或是觊觎神器的汉贼? 王夫之认为:"其始起也,未尝有窥窃神器之心,而奋志戮力以天下之祸乱为己任,至于功立威震,上无驾驭之主,然后萌不轨之心。"⑦所谓"功立威震",大致可以建安十一年(206)统一北方来界定。此后,曹操的经国方略渐露不轨之心,在政区建置中表现为全面瓦解东汉政权地域基础,同时积极营建曹氏集团政治中心,至建安十八年(213)复古九州,一箭双雕,完成破汉立曹的地缘政治新格局,这一格局为曹丕最终篡汉打造了稳固的曹氏江山。

这一阶段的政区建置因摇动根基,调整幅度较大,涉及地域范围广

---

① 辛德勇:《两汉州制新考》,《文史》2007 年第 1 辑。

② 吴增仅据《续汉书·郡国志》注与《晋书·地理志》推定武威太守张雅请立郡于兴平二年(195),而立郡在建安初年分立雍州之后。(《三国郡县表》卷 5"魏凉州部·西海郡",第 83 页)

③ 吴增仅:"考建安初分河西四郡置雍州尚无西郡,则郡立于分置雍州之后。"(《三国郡县表》卷 5"魏凉州部·西郡",第 83 页)

④ 西平郡为《晋书》卷 14《地理志上》序例魏武所置十二郡之一(北京:中华书局,1974 年,第 433 页)。吴增仅据《魏志·王修传》注引《魏略》、《魏志·杜畿传》、《魏志·张既传》注引《魏略》,推定"郡为建安中置无疑"。(《三国郡县表》卷 5"魏凉州部·西平郡",第 83 页)《后汉书》志第 28《百官志五》注引《献帝起居注》所载雍州统郡已有西平郡(第 3618 页),则西平至迟置于建安十八年(214)前。

⑤ 《东汉政区地理》,第 151 页。

⑥ 《三国志》卷 54《周瑜传》云:"操虽托名汉相,其实汉贼也",第 1261 页。

⑦ 《读通鉴论》卷 9"献帝",第 232 页。

大，目标针对新、旧两个政权中心——东汉的司隶校尉部和曹操的冀州。

（一）瓦解东汉政权地域基础

曹操对东汉政权地域基础进行了自都城至京畿、王国的全面拆解。

建安十一年（206），曹操统一北方后，随即开始大规模废除青、徐、扬、冀四州的东汉王国，包括齐、北海、阜陵、下邳、常山、甘陵、济北、平原等八国，①开始削弱汉宗室势力。建安十七年（212），曹操虽又封了四个王国，②然此欲盖弥彰之举，其用意已为时人许靖道出："将欲歙之，必姑张之；将欲夺之，必姑与之。其孟德之谓乎！"③

建安元年（196），献帝历经周折回到洛阳，立足未稳，曹操即击退韩暹、杨奉的阻扰，挟献帝迁都许，同时自领司隶校尉。④ 此时，曹操所为尚不能被看作蓄意瓦解东汉政权的根基，但客观上曹操已赢得了地缘优势，主观上已重视东汉政权的政治中心——司隶校尉部。建安三年（198），曹操以心腹董昭为河南尹，⑤进一步表明其着意于东汉京畿地区，这一意识在建安十八年（213）复古九州的政区调整中得到充分表达和实现。

《魏志·武帝纪》和《后汉书·献帝纪》对于此次的重大调整记载都极为简略，⑥较为详细的资料保存在《后汉书志·百官志》所引《献帝起居注》里。通过考察《献帝起居注》关于建安十八年（213）省州并郡的这则材料，我们会发现东汉的政治中心司隶校尉部被一分为三：河东、河内两郡属冀州，弘农郡以及三辅西属雍州，河南尹别属豫州。⑦ 虽然《禹贡》九州本不当包括司隶校尉，其废入他州看似理所当然。曹操尽可随意析分本属《禹贡》化外之地且不在自己实际统治范围内的荆、扬两州南部地区和交州，但于《禹贡》有据可依且在自己统治区域内的东汉司隶校尉部，却做

---

① 《后汉书》卷9《献帝纪》，第384页。

② 《后汉书》卷9《献帝纪》载："立皇子熙为济阴王，懿为山阳王，邈为济北王，敦为东海王"，第386页。

③ 《后汉书》卷9《献帝纪》李贤注引《山阳公载记》，第386页。

④ 《后汉书》卷9《献帝纪》，第380页。

⑤ 《三国志》卷14《董昭传》，第438页。

⑥ 《三国志》卷1《武帝纪》："诏书并十四州，复为九州"，第37页；又，《后汉书》卷9《献帝纪》："复《禹贡》九州"，第387页。

⑦ 《后汉书》志第28《百官志五》引《献帝起居注》，第3618页。

了刻意的改作。按照《禹贡》"荆、河惟豫州"的区划，弘农郡不得西属雍州，而当与河南尹同属豫州。河东、河内两郡依《禹贡》天然划属冀州，而冀州是新格局中的曹氏政治中心，且与弘农郡、河南尹隔黄河天险，自然易于控制；而位于河南的弘农郡和河南尹在地势上连为一体，且弘农郡为"西道之要"①，联结关东与关西，战略地位非同一般，而豫州是新格局中东汉傀儡政权所在区域，曹操不顾调整后的雍州已经很庞大的不合理性，②打破《禹贡》的州界和山川形便，将潼关以东的弘农郡划入雍州。雍州的中心区域是关中，建安十六年(211)曹操平定韩遂、马超之乱后，夏侯渊坐镇关中，关中成为曹操图外防内的政治军事据点。此时鼎立格局已经形成，外在形势相对稳定，但东汉傀儡政权的隐患随时威胁曹操，直至建安二十三年(218)，尚有金祎、吉本、耿纪、韦晃等谋事于许，试图"挟天子以攻魏，南援刘备"③，曹操生性本来多疑，对此不可能没有戒心，其借复古九州拆解东汉司隶校尉部当别有用心。皮之不存，毛将焉附？通过此举，曹操当不再有内顾之忧。

曹操虽然积极瓦解东汉政权的地域基础，却没有对东汉的政区名称进行形式上的"压胜"处理，相反，从建安初汉安郡改名汉兴郡来看，曹操在政区名称上仍然尊崇汉室。④

(二)营建曹氏集团政治中心

曹操起家于兖州，挟天子于豫州，建王国于冀州。冀州成为曹操最后选定的曹氏集团政治中心。

早在建安九年(204)曹操平冀州、领冀州牧时就有人建言："宜复古置九州，则冀州所制者广大，天下服矣。"曹操将从其议，荀彧以为当待"天下

① 《三国志》卷15《贾逵传》："太祖征马超，至弘农，曰'此西道之要'，以逵领弘农太守"，第481页。
② 《三国志》卷15《张既传》："自三辅拒西域，皆属雍州"，第474页。
③ 《三国志》卷1《武帝纪》注引《三辅决录注》，第50页。
④ 曹丕篡汉后，方才对政区名称进行了大量的"压胜"处理，如改高陵县为高陆县(《太平寰宇记》卷26"关西道二·高陵县"，北京：中华书局，2007年，第566页)、改博陵县为博陆县(《三国郡县表》卷2"魏冀州部·博陵郡"，第34页)。

大定,乃议古制"①。九州之议虽寝,然冀州所制广大的思想却被曹操切实地贯彻,直至建安十八年(213)正式复古九州。

破邺城后,曹操便以冀州牧常驻邺城,开始营建自己的政治中心。围绕这一中心,曹操首先将大批部将的家属和部曲作为质任安排在魏郡,如建安九年(204),曹操破袁谭于南皮后,臧霸"因求遣子弟及诸将父兄家属诣邺"②,孙礼亦"遣子弟入居邺"③。建安十一年(206),平定高幹和管承后,李典"徙部曲宗族万三千余口居邺"④。平定高幹后,梁习为并州刺史,"诱谕招纳",使豪右诣幕府,又"发诸丁强以为义从","吏兵已去之后,稍移其家,前后送邺,凡数万口"。⑤建安十二年(207),曹操平定三郡乌桓后,田畴将袁尚家属及宗人三百余家居邺。⑥邺城聚集了大批可以驱使各地部将、义从的人质,为曹操所控制。

建安十七年(212),曹操自邻近地区割度多县,增益魏郡:"割河内之荡阴、朝歌、林虑,东郡之卫国、顿丘、东武阳、发干,巨鹿之瘿陶、曲周、南和,广平之任城,⑦赵之襄国、邯郸、易阳以益魏郡。"⑧魏郡经此调整,蔚为大郡。十八年(213),复古九州后不久,诏以冀州之河东、河内、魏郡、赵国、中山、常山、巨鹿、安平、甘陵、平原凡十郡,封曹操为魏公。⑨鉴于魏郡统县过于繁多,同年,曹操分魏郡为东西部,置都尉。⑩魏郡东、西部都尉辅翼魏郡,俨然与旧京三辅相类。魏郡历魏的发展,政治、经济、文化地位至晋不衰,以至司马氏将其自冀州划入京畿所在的司州。⑪

---

① 《三国志》卷10《荀彧传》,第315页。
② 《三国志》卷18《臧霸传》,第537页。
③ 《三国志》卷18《臧霸传》注引《魏书》,第539页。
④ 《三国志》卷18《李典传》,第534页。
⑤ 《三国志》卷15《梁习传》,第469页。
⑥ 《三国志》卷11《田畴传》,第343页。
⑦ 钱大昕:"疑广平下衍一'之'字,任城属兖州,不当以益魏郡,盖亦衍一'城'字。"(《廿二史考异》卷16《三国志一·武帝纪》,第318页)
⑧ 《三国志》卷1《武帝纪》,第36页。
⑨ 《三国志》卷1《武帝纪》,第38—39页;又,《后汉书》卷9《献帝纪》载:"曹操自立为魏公,加九锡",第387页。
⑩ 《三国志》卷1《武帝纪》,第42页。
⑪ 《晋书》卷14《地理志上·司州》,第418页。

以邺为都城的魏国依托九州之首——冀州,①邺城所在的魏郡位于河北平原腹地,是冀州的首郡。曹操对魏国的营建包括移民、置郡等一系列措施,曹操徙民充实河北的范围甚至惊动陇西诸郡。② 乐陵郡与章武郡之置当是曹操大规模移民河北的结果,建安十八年(213)省州并郡时冀州所统无此两郡。考韩暨于建安十八年(213)领乐陵太守,吴增仅由此推定乐陵郡置于建安十八年(213)魏国初建时③;章武郡为《晋书·地理志》魏武所置十二郡之一,具体建置时间无考,然其置于建安十八年(213)后,当于曹操徙民河北有关。两郡地均濒海,两汉时为沮洳地,人口稀少,曹操时因移民而有所发展,得以置郡。除了移民、置郡这些措施而外,曹操还将东汉宗室势力赶出魏国领土,如建安十八年(213),徙赵王珪为博陵王。④

随着魏郡辖境的扩大和平原郡及随后析出的乐陵郡北属冀州,冀州南与兖州、青州基本上以黄河为界,并跨黄河辖有高唐、茌平两县。东汉时,青州与兖州州境越过黄河控制冀州的格局转而为冀州州境越过黄河控制青州、兖州。魏国虽然没有囊括冀州全部,但曹操为魏公后,"以丞相领冀州牧如故"⑤,曹操没有将这一包含了曹氏政治中心的大州托付给别人。

此外,曹操还将桑梓之邦谯县别置为郡,⑥吴增仅据《魏志·王粲传》《献帝起居注》,推定谯郡"因建安十八年(213)夏五月魏国既建,乃特立谯郡比丰沛耳"⑦。谯郡之置虽只是曹操得志后给予家乡的荣宠,但其政治地理意义正如吴增仅所指出的,是曹氏天下的"丰沛"。

---

① 《后汉书》志第28《百官志五》注引《献帝起居注》:"冀州得魏郡、安平、钜鹿、河间、清河、博陵、常山、赵国、勃海、甘陵、平原、太原、上党、西河、定襄、雁门、云中、五原、朔方、河东、河内、涿郡、渔阳、广阳、右北平、上谷、代郡、辽东、辽东属国、辽西、玄菟、乐浪,凡三十二郡。"(第3618页)冀州统郡数遥遥领先于他州。

② 《三国志》卷15《张既传》:"是时,太祖徙民以充河北,陇西、天水、南安民相恐动。"(第472页)按:时在建安二十年(215)平定张鲁后。

③ 《三国郡县表》卷2"魏冀州部·乐陵郡",第34页。

④ 《后汉书》卷9《献帝纪》,第387页。

⑤ 《三国志》卷1《武帝纪》,第39页。

⑥ 《晋书》卷14《地理志上·豫州》载:"魏武分沛立谯郡",第420页。

⑦ 《三国郡县表》卷1"魏豫州·谯郡",第19页。

三、鼎立格局中的体国经野

曹操完成破汉立曹的地缘政治格局后,在"尺土一民,皆非汉有"的局面下,面对桓阶等人的劝进,表示"若天命在吾,吾为周文王"。①曹操不急于谋篡的另一个客观因素是天下未定。②刘备定蜀后,鼎立格局已明朗,三方或许都意识到强邻大敌非造次所灭,开始了长期对峙的边境建设。由于孙、刘以联盟为主,双方均将曹操视作主要敌人,加之北方领土阔大,防线过长,千里之堤毁于蚁穴,曹操的边境防御压力没有因为"王者之师"的堂堂正名和北方政权的相对强大而减轻。相反,曹操在与孙、刘的边境冲突中常常处于被动态势,其于边境地区的政区建置都不同程度地反映了这一态势,表现为移民虚地与内徙边郡、重新整合与划小郡境等特征。

这一阶段的政区建置主要分布在边境地区,如与孙吴对峙的江北边境,与蜀汉对峙的关陇、汉中地区,与北方鲜卑、匈奴接壤的并州地区。

(一)移民虚地与内徙边郡

东汉末年,中原人口耗损严重,③残存的人口在持续不断的战争中继续流失,因此,掠夺人口与攻城略地在战争中几乎同样重要。曹操在与刘备、孙权交战的边境地带以及与匈奴接壤的北方边境往往采取移民虚地与内徙边郡的措施,虽然丧失部分疆土,但保存了宝贵的人口资源,并通过就近侨置或新置郡县安置移民和散亡人口。曹操这一措施在汉中、陇右和并州地区都取得了成功,但在江淮地区适得其反,导致了大量人口流失。④

曹操平定张鲁后,留张郃与夏侯渊守汉中,张郃一度深入三巴,虽为

---

① 《三国志》卷1《武帝纪》注引《魏氏春秋》,第53页。
② 《三国志》卷1《武帝纪》注引《曹瞒传》及《世语》云桓阶劝王正位,夏侯惇以为宜先灭蜀,蜀亡则吴服,二方既定,然后遵舜、禹之轨,王从之。(第53页)
③ 《后汉书》志第19《郡国一》注引《帝王世纪》云:"及魏武皇帝剋平天下,文帝受禅,人众之损,万有一存",第3388页。
④ 建安十八年(213),曹操欲徙淮南民以避吴,"而江、淮间十余万众皆惊走吴"。(《三国志》卷14《蒋济传》,第450页)

张飞所拒,但已"徙其民于汉中"①。对于战争形势严峻的汉中前线,曹操则"迁其民于关陇"②,自汉中移民关陇的民户达数万户③。此外,还有徙往中原地区邺、洛的八万余口。④ 以至于后来蜀虽取汉中,"得其地,不得其民"⑤。

建安二十四年(219),曹操退出汉中,刘备势力进逼下辩,曹操令张既至武都,徙出氐民五万余落,出居扶风、天水界。⑥ 另外,杨阜在武都前后徙出民、氐,"使居京兆、扶风、天水界者万余户",移民的战略目标实现后,曹操弃守虚地,徙郡小槐里,"百姓襁负而随之",⑦其实又是一批往关中的移民。其后,蜀汉所据武都郡"荒无留民,其氐傁、杨濮属魏,魏遥置其郡,惟地属蜀"⑧。阴平郡同时弃守,据《华阳国志·汉中志》记载,魏国遥置阴平郡,属雍州,置郡时间与侨置地点无考,疑与武都同时内徙关中。⑨

建安十九年(214),南安赵衢、汉阳尹奉等讨韩遂、马超。马超奔汉中,韩遂徙金城,入氐王千万部,夏侯渊又破之,韩遂走西平。⑩ 千万为夏侯渊破后入蜀,其部落皆降,"国家分徙其前后两端者,置扶风美阳","其本守善,分留天水、南安界"。⑪ 陇右地区因此次移民废省了南安、永阳两郡。⑫

---

① 《三国志》卷17《张郃传》,第526页。

② (晋)常璩撰,任乃强校注:《华阳国志校补图注》卷2《汉中志》,上海:上海古籍出版社,1987年,第73页。

③ 《三国志》卷15《张既传》载:"鲁降,既说太祖拔汉中民数万户以实长安及三辅",第472页。

④ 《三国志》卷23《杜袭传》,第666页。

⑤ 《三国志》卷42《周群传》,第1020页。

⑥ 《三国志》卷15《张既传》,第472—473页。

⑦ 《三国志》卷25《杨阜传》,第704页。

⑧ 《华阳国志校补图注》卷2《汉中志》,第96页。

⑨ 吴增仅认为:"阴平在武都南,更为悬远,亦必内徙。"(《三国郡县表》卷4"魏雍州部·阴平郡",第79页)李晓杰则指出:"武都内徙在建安二十四年(219),故阴平之内徙至迟亦应在是年,唯内徙于何郡,史无确载,或亦如武都郡一样,侨置于左扶风界内。"(《东汉政区地理》,第181页)

⑩ 《三国志》卷1《武帝纪》,第42页。

⑪ 《三国志》卷30《乌丸鲜卑东夷传》注引《魏略·西戎传》,第858页。

⑫ 《三国志》卷1《武帝纪》载建安十九年(214):"省安东、永阳郡。"(第42页)据钱大昕考证,"安东"当为"南安"之讹,又据《明帝纪》:"太和二年(228),天水、南安、安定三郡吏民叛。"推定"则南安仍未并省也","或者建安已省,而复置于魏初乎?"(《廿二史考异》卷15《三国志一·武帝纪》,第318页)所疑当是。又按:吴增仅据《方舆纪要》认为魏武改永阳为广魏(《三国郡县表》卷4"魏雍州部·永阳郡",第74页),非是,广魏当属文帝时郡名,疑其与南安为文帝所复置。

建安二十年(215),曹操省云中、定襄、五原、朔方郡。[①] 四郡之外,曹操于东汉并州境内还省废了上郡,废弃时间不详。[②] 五郡没于匈奴,郡县荒废。西河、雁门两郡的北部领县亦大多废弃,曹操鸠集散亡人口,[③]新置新兴、乐平二郡。[④] 李晓杰考证新兴郡领有九原、定襄、云中、广牧、平城、马邑、虑虒七县,[⑤]则新兴郡不仅包括《魏志·武帝纪》所言废弃四郡,还包括雁门郡所弃陉北两县,[⑥]其实土乃析太原郡所置。

(二)划小郡境与重新整合

对于新征服的领土,曹操试图通过划小郡境加强控制,而对邻近边境的腹地政区则按照地形和防御需要进行战略整合。前者的具体实施是平定荆州时襄阳郡、临江郡和南乡郡的析置,[⑦]以及平定汉中时东三郡的析置;后者的具体实施是弋阳郡的设置。

建安十三年(208),曹操平定荆州之初的政区建置随着赤壁之战的失败而没有取得预期效果,"及败于赤壁,南郡以南属吴"[⑧],临江郡为刘备所据,[⑨]唯"南阳、襄阳、南乡三郡为魏"[⑩]。虽然,襄阳郡最终成为与孙吴对峙时曹魏的必争之地,[⑪]足证其初曹操置郡的意义。

---

① 《三国志》卷1《武帝纪》,第45页。

② 《晋书》卷14《地理志上·序例》,第407页。

③ 《元和郡县图志》卷1"四河东道"载:"汉末大乱,匈奴侵边,自定襄以西尽云中、雁门、西河之间遂空。建安中,曹公纠率散亡,立新兴郡",第395页。

④ 《三国志》卷1《武帝纪》:"省云中、定襄、五原、朔方郡,郡置一县领其民,合以为新兴郡",第45页;《晋书》卷14《地理志·并州》:"(建安)二十年(215),始集塞下荒地立新兴郡,后又分上党立乐平郡",第428页。

⑤ 《东汉政区地理》,第127页。

⑥ 杨守敬认为《武帝纪》关于省四郡,郡置一县以立新兴郡的这则材料不能用来证明新兴郡只领四县:"武纪言置四郡者,就省四郡言也,马邑、平城,故属雁门,非故郡,故不及之,其实当与云中等四县同置。"(《三国郡县表》卷5"魏并州部·新兴郡"杨守敬"补正",第91页)

⑦ 《晋书》卷15《地理志下·荆州》:"后汉献帝建安十三年(208),魏武尽得荆州之地,分南郡以北立襄阳郡,又分南阳西界立南乡郡,分枝江以西立临江郡",第454页。

⑧ 《晋书》卷15《地理志下·荆州》,第454页。

⑨ (梁)沈约撰《宋书》卷37《州郡志三·荆州刺史》宜都太守引习凿齿云:"魏武平荆州,分南郡枝江以西为临江郡,建安十五年(210),刘备改为宜都",北京:中华书局,1974年,第1119页。

⑩ 《晋书》卷15《地理志下·荆州》,第454页。

⑪ 《三国志》卷3《明帝纪》载:"先帝东置合肥,南守襄阳,西固祁山,贼来辄破于三城之下者,地有所必争也",第103页。

建安二十年(215),曹操平定汉中后,在与刘备正面冲突的汉中盆地采取移民虚地的措施,而在偏处大巴山东北侧的西康盆地和鄂西山地则采取化整为零的区划措施,划小郡级政区,以利于对新征服领土的控制。在仅有西城、安阳、锡、上庸和房陵五县[①]的山区腹地,曹操置有西城、上庸、房陵三郡,[②]别属荆州,打破了两汉以来益州与荆州的自然形便区划。东三郡[③]从区划上割裂了汉中的一体之势,从中可以看出双方在汉中的态势是:曹操试图割裂汉中,保有东三郡,作为荆州西侧的屏障;刘备占据汉中盆地后则力图打通汉中,与荆州成呼应之势,"夫得新城,则可以震动宛洛,通达汉沔"[④]。曹操析置东三郡,是对这一态势的成功应对,后来刘备虽然攻占汉中,却未能稳固占领东三郡。对于汉末魏初界于蜀魏之间的东三郡的特殊地位和特殊作用,田余庆先生撰有《东三郡与蜀魏历史》一文专门论及。[⑤]

在与孙权对峙的江北防线,因"江津要害之地,多为吴所据"[⑥],且孙权竭力将战场推至长江以北。建安二十年(215),孙权与刘备达成协议,中分荆州,江夏郡属吴。[⑦]魏江夏郡与吴对置,仅据有原东汉江夏郡江、

---

① 《后汉书》志第23《郡国志五·益州汉中郡》,第3506页。

② 《三国志》卷1《武帝纪》载:"分汉中之安阳、西城为西城郡,置太守;分锡、上庸郡,置都尉。"(第45页)按:此段文字有脱漏,可与《后汉书》志第23《郡国志五·益州刺史》部注引《袁山松书》相校补:"建安二十年(215)复置汉宁郡,汉中之安阳、西城郡,分锡、上庸为上庸郡,置都尉。"(第3516页)钱大昕认为此前有房陵郡,但非曹操所置。(《廿二史考异》卷15《武帝纪》,第319页)胡三省疑房陵郡为刘表所置或蒯祺自立。(《资治通鉴》卷68"建安二十四年(219)五月"注,第2159页)田余庆先生持此观点,认为蒯祺"受刘表之命治理相邻的原益州汉中郡房陵县地,并受刘表私署为太守"。(《东三郡与蜀魏历史》,收于《秦汉魏晋史探微》,北京:中华书局,2004年,第246页)而吴增仅考证以为"刘表据有荆州八郡,内无房陵,疑建安二十年张鲁来降时魏武所置,至黄初元年复合于新城"。(《三国郡县表》卷3"魏荆州部·房陵郡",第65页)李晓杰则因为房陵郡没有和西城、上庸同载于《魏志·武帝纪》而认为吴增仅此说"亦属臆测之说,无有实据"。(《东汉政区地理》,第168页)按:《三国志·武帝纪》关于西城、上庸郡的记载文字有脱漏,不能据此否定吴增仅之说。房陵郡之置,史无明文,于理推之,吴说可从。

③ 《华阳国志校补图注》卷2《汉中志》称魏兴、上庸、新城三郡,"汉中所分也,在汉之东,故蜀汉谓之'东三郡'",第89页。

④ (清)顾祖禹:《读史方舆纪要》卷79"湖广郧阳府",北京:中华书局,1955年,第3397页。

⑤ 原刊北京大学《国学研究》第1卷,1993年;后收入《秦汉魏晋史探微》,北京:中华书局,2004年,第244—261页。

⑥ 《资治通鉴》卷71"明帝太和二年(228)五月"胡三省注,第2244页。

⑦ 《三国志》卷32《先主传》,第883页;卷47《孙权传》,第1119—1120页。

汉以北的安陆、南新市以及大别山和桐柏山北侧的平春、鄗县、西阳和轪县。在这种边境形势下，曹操通过弋阳郡之置，重新整合了边境与腹地的区划，既加强了边境的防守，又巩固了后方的稳定。弋阳郡之置当在建安十八年（213）至二十三年（218）之间，[①]析自汝南、江夏两郡。[②]《晋书·地理志》豫州弋阳郡辖七县，其中"蕲春"、"邾"两县为太康元年（280）省蕲春郡后并入，[③]西阳、西陵和轪县故属江夏郡，弋阳、期思故属汝南郡。对于西阳、西陵和轪县三县的地望之争，此取杨守敬之说，即："魏之西阳、西陵、轪县皆仍汉旧。"[④]其中西陵废为境上地，则弋阳郡初置时辖有西阳、轪县、弋阳、期思四县。[⑤]曹操将大别山北侧淮河流域的西阳和轪县析出，与汝南郡淮河以南的两个县弋阳和期思置为弋阳郡，别属豫州，打破了东汉州郡之间的犬牙交错之势，按照山川形便，对政区作了州际调整，西阳和轪县自边州划入内州，以便于尽治理之务，同时减轻江夏郡治民理郡的压力，强化其军事职能，使其"专心军功，不勤民事"[⑥]。

四、结　论

曹操纵横驰骋的二十余年，正是风云变幻的动乱时代，其经国方略在空间的展开表现出明显的阶段性特征，从上述三个阶段的政区建置特征

---

① 吴增仅据《续汉书·百官志五》注引《献帝起居注》建安十八年（213）省州并郡，内载豫州本有六郡，其时尚无弋阳，认为弋阳郡之立在建安十八年（213）后，又"考《田豫传》豫以弋阳太守从鄢陵侯彰平代始迁南阳太守，曹彰征代据本传，事在建安二十三年（218）"。（《三国郡县表》卷1"魏豫州部·弋阳郡"，第19页）

② （唐）杜佑：《通典》卷181《州郡十一·弋阳郡光州》载："魏分汝南、江夏置弋阳郡"，北京：中华书局，1988年，第4812页。

③ 《宋书》卷37《州郡志三·郢州西阳太守蕲阳令》载："晋武帝太康元年（280），省蕲春郡，而（蕲春）县属弋阳。"（第1128页）而《宋书》卷36《州郡志二·江州寻阳太守》云："太康元年（280）省蕲春郡"，以邾县属武昌。（第1086页）考《晋书》卷14《地理志上》，邾县当移属弋阳。（第422页）

④ 《三国郡县表》卷1"魏豫州部"杨守敬"补正"，第14页。

⑤ 《中国历史地图集》三国时期图组魏豫州弋阳郡标识四县为西阳、轪县、弋阳、期思，北京：中国地图出版社，1982年，第三册，第7—8页。

⑥ 《三国志》卷16《杜畿传附子恕传》，第499页。

来分析曹操的经国方略,可以更清楚地认识和评价曹操,从年少举孝廉,"欲为一郡守,好作政教",到"欲望封侯作征西将军",①是他作为汉天子臣民的最高理想;遭遇董卓之乱后,关东诸将狐疑顾望、各怀私心,唯有曹操与孙坚"蹶起以与卓争死生","当斯时,操固未有擅天下之心可知也"。②汉天子在长安,关东诸将人怀非望,而曹操在兖州积极勤王,时"诸将方争据地以相噬,操所用力以攻者,黑山白饶也,兖州黄巾也"③。迎立献帝后,曹操虽然可以挟天子以令诸侯,但很难说有多少实际效果,篡汉没有现实意义,这一阶段的政区建置表现出以天下祸乱为己任的治世情怀。他统一北方后的政区建置通过破汉立曹的地缘政治格局,透露出谋篡信息。此后,曹操致力于鼎立格局中的体国经野,继续"吾为周文王"④的经国方略。

要之,曹操"出天子于棘篱饥困之中,犹得奉宗庙者二十余年"⑤,名义上可谓全德而终。比起虚名,曹操也许更注重经国济世的实践意义,正如他曾引用孔子所谓"施于有政,是亦为政"⑥所表达的政治情怀,这也和他所引领的建安风骨的精神内涵是一致的。

原载《中国史学》第 20 卷,2010 年 10 月 25 日,京都·朋友书店,第 33—45 页

论著目录

一、著作

1. 陈健梅:《孙吴政区地理研究》,长沙:岳麓书社,2008 年。

---

① 《三国志》卷 1《武帝纪》注引《魏武故事》,第 32 页。
② 《读通鉴论》卷 9"献帝",第 232—233 页。
③ 《读通鉴论》卷 9"献帝",第 236 页。
④ 《三国志》卷 1《武帝纪》注引《魏氏春秋》,第 53 页。
⑤ 《读通鉴论》卷 9"献帝",第 242 页。
⑥ 《三国志》卷 1《武帝纪》注引《魏氏春秋》,第 53 页。

二、论文

1. 陈健梅:《从汉中东三郡的政区建置看魏国战略目标的调整与实现》,《浙江大学学报(人文社科版)》2011 年第 4 期。

2. 陈健梅:《从政区建置看吴国在长江沿线的攻防策略》,《中国史研究》2010 年第 1 期。

孙英刚

孙英刚,先后就读于北京大学(本科、硕士)和普林斯顿大学(Princeton University,硕士、博士),获普林斯顿大学哲学博士学位(Ph. D.)。先后任教于复旦大学、浙江大学。现为浙江大学历史系教授、博士生导师。兼任五台山国际研究院副院长、中国魏晋南北朝史学会理事、清华大学道德与宗教研究院研究员、"国际佛教与中国宗教研究丛书"(中西书局)主编。其他学术服务包括担任 *Studies in Chinese Religions*、*Frontiers of History in China*、*Singaporean Journal of Buddhist Studies* 等杂志和丛书编委或编辑。耶鲁大学、东京大学客座教授或研究员,多次受邀到日本、欧美等国家和地区的大学和研究机构进行学术讲座和讲课。出版《神文时代:谶纬、术数与中古政治研究》等专著3部、《展望永恒帝国:战国时代的中国政治思想》等译著2部、主编《神圣空间:中古宗教中的空间因素》等论文集2部,发表论文70多篇。

从"众"到"寺"：
隋唐长安佛教中心的成立

孙英刚

二十五众和五众，是隋代设置的两种佛教组织，仅仅存在于隋文帝统治的时期。准确地说，应该是从大兴城建成之后才出现的，实际上是隋文帝在新都城组建的佛教组织。作为佛教组织的重要内容，二十五众和五众，不断被学者所引用和讨论，但是结论至今并不令人满意，依然如谜团一样，影响我们对中古佛教组织、隋代佛教政策，乃至隋唐长安城佛教寺院体系形成的理解。本文仔细梳理隋文帝树立新都城佛教中心地位的脉络，讨论地方僧团与大兴城之关系，进而提出新的理解，认为诸众，必须放在隋文帝建立新都和以佛教意识形态为治国理念的背景下理解。实际上短暂存在的众，是隋唐长安城佛教寺院体系形成过程中的中间形态。在此基础上，笔者对隋唐长安城佛教寺院体系的最初成立、中古僧团形成的因素、隋帝国中央与地方僧团之互动，进行一些新的阐释，努力更加真实地呈现出当时佛学传承、王权干预、城市空间、地缘认同等等因素在这一时期历史中的角色和意义。

一、隋文帝在大兴城立"五众"、"二十五众"的谜团

关于隋文帝建立二十五众和五众的核心材料，来自道宣《续高僧传》一段关于昙崇的记载，也正是这条记载，引发了许多佛教史研究者的激烈争议：

> 释法应,姓王氏,东越会稽人。……弱冠出家,事沙门昙崇。学宗禅业,见于别传。时值周初定门初辟,奉法履行。……后逢周祸,避迹终南,饭衣松萝,潜形六载。专修念慧,用祛夙罪。……隋开入度,还事崇公。定业既深,偏蒙印可。徒众五百,并委维持。教授奖擢,允开众望。开皇十二年,有敕令搜简三学业长者,海内通化。崇于禅府,选得二十五人。其中行解高者,应为其长。敕城内别置五众,各使一人晓夜教习。应领徒三百,于实际寺相续传业。四事供养,并出有司。声闻惟远。下敕赐帛三百段。……以武德初年,……卒于清禅寺,春秋八十矣。[①]

从这段记载可知,法应是昙崇较为重要的弟子,如他的师傅昙崇一样,他对清禅寺院较为重视和认同。正如下文笔者所论,清禅寺正是昙崇僧团在新都城的基地。尽管法应曾在实际寺从事佛教教育,但是最后去世的地方,依然是清禅寺。昙崇以僧祇律见长,但是同时却又于禅修有精深的造诣。所以开皇十二年,隋文帝选拔禅、定、慧三学见长的高僧,到全国各地弘法时,是由昙崇负责选拔的,选拔的结果,排名第一的是法应。

许多学者依据这条材料的记载,认为二十五众与五众成立于开皇十二年(592),法应任二十五众之首。我们先清理二十五众。常盘大定、镰田茂雄、山崎宏、蓝吉富等学者,虽然于细节的解读有些不同,但是基本都认为这条材料里的"二十五人"就是其他材料中的隋代"二十五众",因此认为隋文帝建立二十五众应该是在开皇十二年(592)。[②] 山崎宏认为这二十五人就是二十五众,性质上是二十五个高僧教化团。[③] 不同的是,蓝

---

① (唐)道宣撰:《续高僧传》卷19《唐京师清禅寺释法应传》,《大正藏》第50册,台北:台湾新文丰出版公司,1982年,第580页上。
② 相关讨论参看[日]常盘大定:《周末隋初に于ける菩萨佛教の要求》,《支那佛教の研究》,东京:春秋社,1941年,第229页;[日]山崎宏:《隋の高祖文帝の佛教治国策》,《支那中世佛教の展开》,东京:清水书店,1947年,第305页;又山崎宏:《隋の大兴善寺》,《隋唐佛教史の研究》,京都:法藏馆,1967年,第59页;[日]镰田茂雄:《中国佛教史5·隋唐の佛教(上)》,东京:东京大学出版社,1994年,第10—31页;蓝吉富:《隋代佛教史述论》第三章第二节"隋代佛教的特殊组织——二十五众与五众",台北:台湾商务印书馆,1998年,第99—102页。
③ 《隋の大兴善寺》,第59页。

吉富等人认为这二十五人是由昙崇从三学专长中选拔出来的。镰田茂雄则认为"崇"是崇敬的意思,不是指昙崇,应该是隋文帝从三学专长的僧人中选拔二十五众主,而不是昙崇。镰田茂雄的判断虽然不符合文意,却点出了这中间的逻辑问题:昙崇在开皇大兴城的佛教势力结构中,尚不足以有指派二十五众的权威。蓝吉富认为,二十五众是官方资助的弘法组织,而不是讲学组织,组织的成员,是由昙崇选拔的"三学业长"的沙门,该组织的目标是弘法于海内。[①] 显然蓝吉富已经察觉到这中间存在逻辑问题,二十五众是建立在大兴城的佛教组织,而这条史料里所说的二十五人,实际上是承担"海内通化"(到各地授业传法)的任务,是要到地方上去弘法的。显然,这里的"二十五人"并不是隋文帝在大兴城所建立的二十五众,不但从文义上不通,而且更不符合此时大兴城的佛教僧团的局面。

我们看看关于二十五众的其他材料,也可发现与此条记载有冲突的地方。开皇十七年(597)翻经学士费长房所撰《历代三宝纪》有关开皇年间隋文帝建二十五众的记载,从逻辑上说,是当事人叙述,或许更为可靠。《历代三宝记》中有关二十五众的记载有如下寥寥几条——实际上其他文献也不能提供更多的信息:

> 大兴善寺沙门释僧粲撰,……今为二十五众第一摩诃衍匠。
> ……大兴善寺沙门成都释僧琨,……今为二十五众教读经法主。[②]

对于"第一摩诃衍匠"的解读,山崎宏认为,既然有第一,那么可能存在第二、第三等级的二十五众。[③] 不过所谓第一,很可能只不过是褒奖之词,并非一定等级的存在。《历代三宝纪》还记载,舍卫寺沙门释慧影,"亦为二十五众主"[④],可见二十五众应该存在多个众主,也就是说,每一众都有一个众主,其实就是一个僧团。正如笔者所论,这是隋唐长安城寺院体

---

① 《隋代佛教史述论》,第 99 页。
② (隋)费长房:《历代三宝纪》卷 12,《大正藏》第 49 册,第 101 页下。
③ 《隋の高祖文帝の佛教治国策》,第 301—302 页。
④ 《历代三宝纪》卷 12,第 106 页下。

系初期成立的过渡形态。除了每个僧众有自己的组织之外,隋文帝可能还建立了一种松散的教育和管理体系,大兴善寺沙门释僧粲的"二十五众第一摩诃衍匠"和大兴善寺沙门成都释僧琨的"二十五众教读经法主"就是这类性质。值得指出的是,僧粲和僧琨都是大兴善寺沙门——我们知道在开皇年间,大兴善寺实际上是整个大兴城佛教世界的中枢所在,外地召集来的高僧大德,大多都先安置进入大兴善寺,然后才将他们的僧团分散到大兴城的各个地方去。道宣在《续高僧传》中描述了二十五众在大兴城的情形:

> 隋高荷负在躬,专弘佛教。开皇伊始,广树仁祠。有僧行处,皆为立寺。召诸学徒,普会京华。其中高第,自为等级。故二十五众峙列帝城,随慕学方,任其披化。①

关于五众的记载,问题更大。关于五众成立的时间,除了常盘大定认为是开皇十七年(597)②,山崎宏和蓝吉富认为是开皇十二年(592),依据的依然是上述《法应传》的记载。蓝吉富也认为,五众则是一种高等僧教育组织。国家寺院一般凝聚着创立者祖先纪念的情感。大兴善寺的主要建筑是大兴佛殿,其"制度与太庙同"③。蓝吉富认为五众犹如太学里的五经博士。这一观点基本为学界所认可,至今仍被反复引用,此处笔者不再赘述其影响之广。

不过,笔者认为,这些学者构建出来的所谓"五众",很可能只是误读史料造成的结果。关于五众的记载,仅此一条。只不过学者们把其他史料中屡屡出现的"涅槃众主"、"大论众主"、"讲律众主"、"十地众主"、"大论众主"总结为这条史料里"五众"的对应物。然而,这里面有一个巨大的逻辑错误。法应率领的僧团是以禅修为主业,而史料中屡屡出现的众主中,根本没有一个定业众主或者讲禅众主。所有关于这些众主的记载,都

---

① 《续高僧传》卷18,《大正藏》第50册,第549页上。

② 《周末隋初に于ける菩萨佛教の要求》,第229页。

③ (宋)宋敏求:《长安志》卷7"大兴善寺",《宋元方志丛刊》第1册,北京:中华书局,1990年,第110页。

发生在开皇十六年(596)、十七年(597),而没有出现在开皇十二年(592)。所以常盘大定也怀疑,五众是成立于开皇十七年(不知道为何忽略十六年)。但是如果承认是开皇十七年(597)立五众,就得全部推翻对《法应传》记载的推断。实际上,在大兴城中,同样是"涅槃众"或者其他类型的众,可能有好多个,而且众主不同,带领的僧众也不同。比如童真的"涅槃众主"和善胄的"涅槃众主"除了头衔相同,所管辖之僧众根本不同,一个是昙延系僧团,在延兴寺,属于北周——隋朝"本地"僧团;一个是慧远系,在净影坊,属于北齐系统的外来僧团。也就是说,所谓"五众",笔者认为是不存在的,这些以学业划分的众,很可能只是给予僧团的一个标签而已。每一种众,都很可能不是只有一个,而是有好几个。

在很多语境里面,所谓的"众",原是僧伽(samgha)的意译,所谓"五众",其实就是对僧团的代称,僧团五众指比丘(bhiksu)、比丘尼(bhiksuni)、式叉摩那(iksāmana)、沙弥(rāmanera)和沙弥尼(rāmaneri),分别受持不同的戒本。比如上述法应的师傅昙崇,在其师僧开去世后,继承僧开的僧团,道宣在《续高僧传》中记载道:"于时五众二百余人依崇习静。"[1]这里的"五众"显然是指昙崇众,五众是泛指,而非五个众的意思。众主也就是僧团的领导人,比如道宣在《量处轻重仪》中写道:"其有畜非法之物,众主破之无捐财咎。"[2]此类记载很多,不须赘述。《法应传》里的所谓"五众",显然都是修禅的,绝不能对应"涅槃众"、"大论众"等等。这两者之间是否存在对应关系,并没有证据可以支持。

实际上,对于众的理解,应该放在北朝到隋唐时期佛教僧团变迁、长安佛教寺院体系的成形、隋唐之际佛教权力结构等语境下思考。[3]

----

① 《续高僧传》卷17《隋京师清禅寺释昙崇传》,《大正藏》第50册,第568页上—569页上。

② 唐贞观十一年(637)神州遗僧释迦道宣缉叙《乾封二年(667)重更条理》:《量处轻重仪》,《大正藏》第45册,第845页下。

③ 镰田茂雄显然已经认为,开皇七年(587)召集六大德入大兴城,设置五众、二十五众等佛教组织,都应该放在隋文帝复兴佛法的脉络里理解。(《中国佛教史5·隋唐の佛教(上)》,第10—31页)

二、从"延众"到延兴寺:蒲州昙延系僧团与隋唐长安城

在开皇七年(587)隋文帝召六大德赴京师之前,大兴城最主要的佛教势力,第一当属国师昙延(516—588 年)的僧团。昙延僧团显著的两个特点:第一,带有河东尤其是蒲州地方的佛学色彩;第二,却同时又代表着北周、隋朝佛教的官方正统。后一特点使其与后来的六大德有显著的区别:六大德基本上代表着被征服的北齐佛教势力。所以昙延及其追随者并非如六大德一样,被安置在新都城的大兴善寺,而是在迁都之初,就由隋文帝亲自下敕组建"延法师众",也简称"延众",到了开皇四年(584),他们就拥有了自己的栖身之所延兴寺。从"延众"到"延兴寺"的转化,是隋唐长安城早期树立佛教中心地位的一个典型案例。正是通过这样的操作,一方面,长安城从佛教"一穷二白"的境地到成为整个帝国的佛教中心;另一方面,长安城内主要的佛教势力结构得到初步确立,以后的分散组合和兴衰隆替,正是在这样的基础上展开的。本节的目的就是仔细梳理昙延系僧团的情况,探索其从"众"到"寺"的发展痕迹,也进而揭示当时地方僧团与首都的关联性。

昙延是蒲州桑泉人,俗姓王氏,"世家豪族,官历齐周"①,其出身既是地方豪族,学佛也带有地方特色,师从蒲州常念寺僧妙法师学习涅槃。僧妙是北周著名涅槃学高僧,周太祖"特加尊敬",而昙延被视为僧妙的继承人,"承着宗本,更广其致"。② 不过值得指出的是,虽然昙延以涅槃为主要研修对象,但是也并不排斥其他学问,"更听华严、大论、十地、地持、佛

---

① 直到唐代中后期,太原王氏还将昙延作为自己世家大族的骄傲进行敷演,贞元时期,太原王氏子孙王颜撰《追树十八代祖晋司空太原王公神道碑铭》,列举太原王氏著名成员,就提到昙延云:"僧昙延有奇表,身长八尺,见《高僧传》,蒲州桑泉人也。或有《延公赞》曰:'德与天全,身居佛半。'"(参看《全唐文》卷 545,北京:中华书局,1983 年,第 5530 页)所谓"身居佛半",是指昙延身材高大,这一点史料多有提及,尤其是跟佛教灵验感通故事有关,参看后文的论述。

② 大统年,西域献佛舍利,太祖以僧妙弘赞着续,送令供养,可见对其相当重视。昙延正是在这种背景下被北周君主所信赖。(参看《续高僧传》卷 8《周蒲州仁寿寺释僧妙传》,《大正藏》第 50 册,第 486 页上)

性、宝性等诸部,皆超略前导,统津准的"①。这是隋代及唐中期以前中国佛教的典型特征,所谓宗派观念,并不深入人心,长安城也并未出现出主入奴、壁垒森严的景象——这些景象很多是后人构建和想象出来的。不但昙延自己,甚至包括昙延的弟子,也都是各有所学,并非都以涅槃为专业。

昙延很早就得到了北周君主的赏识和供养。因为他原居于太行山百梯寺,距长安太远,所以周太祖"于中朝西岭形胜之所,为之立寺,名曰云居,国俸给之,通于听众"。不过,昙延真正跃升为北周佛教界的领袖,发端于他跟南朝陈的使者周弘正的辩论。周弘正以"辩逸悬河"著称,游说三国(北周、北齐、陈),"抗叙无拟",没有敌手。他于北周建德中年奉命来使,给北周君臣一个大大的下马威。在这种背景下,昙延挺身而出,挫败了周弘正。根据佛教文献的记载,周弘正拜昙延为师,甚至"返陈之时,延所著义门并其仪貌,并录以归国,每夕北礼以为昙延菩萨焉"。在这种情形下,北周给予了昙延极高的荣誉,将其拔擢到佛教领袖的地位,"帝以延悟发天真,五众倾则,便授为国统"②。所谓国统,就是大昭玄统,是国家最高的佛教领导人。北魏时,为了管理佛教,"先是,立监福曹,又改为昭玄,备有官属,以断僧务"③。《隋书》记载北齐佛教管理机构云:"昭玄寺,掌诸佛教。置大统一人,统一人,都维那三人。亦置功曹、主簿员,以管诸州邵县沙门曹。"④昙延担任北周的大昭玄统,到了隋代复兴佛法时,首先启用的也依然是他,还是担任大昭玄统。这是可以理解的,虽然原来的北齐地区佛教远比北周发达,但是毕竟北周、隋朝是胜利者,即便隋文帝复兴佛法,也是先"解放"原先本朝的佛教高僧。同样作为北齐大昭玄统的慧远(523—592年),到了开皇七年(587)才作为六大德召到京师,而地位

---

① 《续高僧传》卷 8《隋京师延兴寺释昙延传》,《大正藏》第 50 册,第 488 页上。

② 以上记载,参看《续高僧传》卷 8《昙延传》,《大正藏》第 50 册,第 488 页中—下。直到《北山录》的时代,挫败周弘正的故事,依然被反复叙说。(参看梓州慧义寺沙门神清撰、西蜀草玄亭沙门慧宝注《北山录》卷 9,《大正藏》第 52 册,第 627 页下)

③ (北齐)魏收撰:《魏书》卷 114《释老志》,北京:中华书局,1974 年,第 3059 页。

④ (唐)魏征等撰:《隋书》卷 27《百官中》,北京:中华书局,1973 年,第 758 页。

则居于昙延之下——虽然就佛法造诣来说,似乎慧远的影响力远超过昙延。①

周武帝灭佛,昙延"极谏不从,便隐于太行山,屏迹人世"。这是北周僧人在灭佛处境下的一种选择。除了隐居山林之外,还有就是窜逃南朝或者东奔于北齐。北齐被灭之后,北齐僧人也是逃亡陈朝或者隐藏山林。根据道宣的记载,武帝虽然不让昙延当和尚,但是还希望他出来辅佐,"召延出辅,中使屡达",不过昙延态度坚决,拒绝出仕。即使到了北周末年稍微解禁佛教,但是昙延仍拒绝合作。② 直到隋文帝称帝,昙延看到机会,马上给自己剃发重新做回佛僧,并"法服执锡,来至王庭,面伸弘理",他的诉求正跟隋文帝相合,于是隋文帝听从他的建议,度僧一千余人。正如道宣所论,"此皇隋释化之开业也","周废伽蓝,并请兴复,三宝再弘,功兼初运者,又延之力矣"。开皇六年(586),隋文帝"请延于大兴殿登御座南面授法,帝及朝宰、五品已上咸席地北面而受八戒",等于确认昙延的国师地位。③ 隋文帝对昙延执弟子之礼,"帝既禀为师父之重,又敕密戚懿亲,咸受归戒。至于食息之际,帝躬奉饮食,手御衣裳,用敦弟子之仪,加敬情不能已"。④

隋文帝以佛教转轮王自居,其政治宣传,昙延也参与其中,并扮演重要角色。开皇二年冬,那连提黎耶舍(Narendraysas)在大兴善寺草创译场,隋文帝"敕昭玄统沙门昙延等三十余人,令对翻传",监掌译务的除了

---

① 直到唐宝历时,薛重元撰《硖石寺惠(慧)远法师遗迹志》云:"大隋受命,出诣上京。文帝始引昙延为大师,诏公掌校译经。"也可知慧远的官方地位不如昙延。(参看《全唐文》卷739,第7641页)

② 《续高僧传》卷8《昙延传》,《大正藏》第50册,第488页下。当时昙延是新度一百二十个菩萨僧之一,而且"预在上班",但是昙延"仍恨犹同俗相,还藏林薮"。

③ 道宣在别处撰云:"于时昙延法师,是称僧杰,升于正殿而授帝菩萨戒焉。"(唐)道宣撰:《集古今佛道论衡》卷乙,《大正藏》第52册,第379页上。

④ 《续高僧传》卷8《昙延传》,《大正藏》第50册,第489页。宋咸淳四明东湖沙门志盘撰:《佛祖统纪》卷39(《大正藏》第49册,359页中)也正是将隋文帝开启复兴佛法归于"沙门昙延谒见,劝兴复佛法"。

大昭玄统昙延,还有昭玄都(也就是昭玄都维那)、大兴善寺寺主灵藏等。① 那连提耶舍译《佛说德护长者经》,也就是之前吴支谦译《佛说月明菩萨经》、西晋竺法护译《佛说申日经》和《佛说月光童子经》,属于同经之异译本,皆收于《大正藏》第十四册。支谦译《佛说申日经》在文末预言,"月光童子当出于秦国作圣君",统领夷夏崇信佛法,②不过这一记载不见于竺法护和求那跋陀罗的译本。那连提耶舍重译该经,将月光"出于秦国作圣君"重新改译为"于阎浮提大隋国内,作大国王",直接确立了隋文帝的佛教君主地位。③

笔者不厌其烦阐述昙延的重要性,一则是因为他本人确实是佛教史上极为重要但阐发不足的人物,另外也因为他作为隋唐长安城的"本土佛教势力"(相对六大德等北齐、南方系僧团而言),对早期这座佛教都市产生了深远的影响。昙延本人因为地位崇高,因此被赋予了神秘色彩,其外形"长九尺五寸,手垂过膝,目光外发,长可尺余,容止邕肃,慈诱泛博,可谓堂堂然也"④。到了唐代,河中府柏梯山高僧文照,就是因为受到昙延法师画影的感召而出家,"忽若假寐,见昙延法师,身长一丈,目光四射"⑤。西明寺高僧道世也记昙延灵验感通之事。⑥ 其形象乃至远播敦煌,如莫高窟第323窟,是初唐时期开凿的洞窟,其南壁画有昙延法师的神异事迹。其窟顶与南、北壁之壁画,均为初唐时所绘。昙延之事迹以四

---

① 《续高僧传》卷2《隋西京大兴善寺北天竺沙门那连耶舍传》,《大正藏》第50册,第433页上。有关讨论参看王亚荣:《大兴城佛经翻译史要》,收于《长安佛教史论》,宗教文化出版社,2005年,第121—129页。

② 支谦译:《佛说申日经》,《大正藏》第14册,第819页中。

③ 此类研究甚伙,兹不赘述。参看烈维(Sylvain Lévi)著,冯承钧译:《大藏方等部之西域佛教史料》,《西域南海史地考证译丛》第2卷,北京:商务印书馆,1962年,第221—222页;[日]藤善真澄:《末法家としての那连提黎耶舍——周隋革命と德护长者经》,《东洋史研究》第46卷1号,1987年,第29—56页。

④ 《续高僧传》卷8《昙延传》,《大正藏》第50册,第488页上。

⑤ (宋)赞宁等撰:《宋高僧传》卷25《唐河中府柏梯山文照传》,《大正藏》第50册,第868页下。

⑥ (唐)释道世撰:《法苑珠林》卷24,《大正藏》第53册,467页下。类似记载也见于唐麟德元年(664)终南山释道宣撰:《集神州三宝感通录》卷下,《大正藏》第52册,第428页下。

个连环画的形式表现在该窟南壁东端壁画中。[①]

正由于昙延在隋文帝统治初期的地位和影响，其僧团获得了特殊的礼遇，道宣《续高僧传》记载：

> 移都龙首，有敕于广恩坊（即唐长寿坊）给地，立延法师众。开皇四年，下敕改延众可为延兴寺。面对通衢，京城之东西二门，亦可取延名以为延兴、延平也。然其名为世重，道为帝师，而钦承若此，终古罕类。昔中天佛履之门，遂曰瞿昙之号。今国城奉延所讳，亚是其伦。又改本住云居以为栖岩寺，敕大乐令齐树提造中朝山佛曲，见传供养。延安其寺宇，结众成业。敕赏蜡烛，未及将蒸而自然发焰，延奇之，以事闻帝，因改住寺可为光明也。延曰："弘化须广，未可自专以额，重奏别立一所。"帝然之，今光明寺是也。[②]

根据上述记载可知，就在迁都大兴城之始（开皇三年，583），隋文帝就在广恩坊南门之东给地，先建立"延法师众"。次年，也就是开皇四年（584），改"延众"为"延兴寺"。[③] 延兴寺实际上是将昙延的"众"更加制度化的产物——不但有僧团，而且有了寺院建制、土地财产等。延兴寺面对广恩坊南面的东西大街，地理位置优越。为了尊崇昙延，隋文帝甚至把大兴城东西的城门取名"延兴"、"延平"——也就是道宣所说的"国城奉延所讳"——这些名字都沿用到了唐朝。可以说，昙延甚至在长安城留下了自己个人的痕迹。不但延兴寺，包括光明寺的建立，都跟昙延有关系。正是因为隋文帝赏赐给昙延的蜡烛自然发光，本拟改延兴寺为光明寺，但是由

---

① 参看敦煌研究院编：《敦煌石窟内容总录》，北京：文物出版社，1996 年，第 132 页；马世长：《莫高窟第 323 窟佛教感应故事画》，《敦煌研究》1981 年第 1 期，第 80 页。

② 《续高僧传》卷 8《昙延传》，《大正藏》第 50 册，第 489 页上一中。

③ 据宋敏求《长安志》，延兴寺原为南朝萧梁后裔族人之地，后梁太尉吴王萧岑舍宅为寺。不过，《长安志》记载显然不正确。根据道宣的记载，在建城之初，昙延僧团就已经由隋文帝下敕得到了广恩坊的这块地，次年就建立了延兴寺。所谓萧氏舍宅，应该是在原先寺院的基础上增加。隋朝灭亡后，萧琮还舍宅入寺，成为延兴寺的东院。相关记载参看《长安志》卷 10，《宋元方志丛刊》第 1 册，第 128 页。

于昙延的建议,另外在怀远坊东南隅另立光明寺。

延众或者延兴寺,有助于我们理解"众"的实际意涵。根据道宣的记载:

> 延虚怀物我,不滞客主为心。凡有资财,散给悲敬,故四远飘寓,投告偏多。一时粮粒将尽,寺主道睦告云:"僧料可支两食。"意欲散众。延曰:"当使都尽方散耳。"明旦,文帝果送米二十车,大众由是安堵。①

这段记载赞颂昙延不分主僧客僧,一视同仁,以至于延兴寺粮食都快要吃尽了。此时,寺主想"散众",但是昙延坚持粮食吃完才散,最后由于隋文帝的供养而避免了"散众"的局面。由此可见,"延众"这一僧团组织,即便有自己的地盘,但是也仍然会有解散的风险。"众"乃是对僧团"人"的描述,而"寺"则更加强调地点等"物"的标准。散众之后,寺院仍存。而在寺院成立之前,似乎僧团并不固定,所以以"众"称之。

昙延的众以及后来的延兴寺,从隋代到唐初,都在京师拥有一席之地。因此在隋文帝建立所谓"二十五众"和"五众"时,难以想象昙延系僧人会遭到忽视。事实也证明,昙延的弟子童真在开皇十六年(596)被任命为涅槃众主,所居正是延兴寺。换句话说,实际上在昙延于开皇八年(588)去世之后,童真继续领导延众。正如笔者所论,隋文帝立众,是对当时佛教势力结构的一种确认,是在新的都城构建佛教中心的一种举措。

昙延开皇八年(588)去世,隋文帝为之罢朝三日,设千僧斋。"寺侧有任金宝者,父子信向,云见空中幡盖列于柩前,两行而引,从延兴寺南达于山西。"其弟子众多,实为隋代到唐初长安城佛教界的一大势力。用道宣的话说:"弟子沙门童真、洪义、通幽、觉朗、道逊、玄琬、法常等,一代名流。"②在关东六大德到来之前,昙延系占据极为重要的地位,而其僧人的结构,也非常值得探讨。根据相关史料的记载,我们梳理出昙延系僧人的

---

① 《续高僧传》卷8《昙延传》,《大正藏》第50册,第489页中。
② 《续高僧传》卷8《昙延传》,《大正藏》第50册,第489页下。

情况如表1：

表 1　昙延系僧人基本情况

僧名	籍贯	居寺	备注
童真	河东蒲阪	延兴寺	开皇十六年(596)为涅槃众主,大业元年为大禅定寺道场主
通幽	河东蒲阪	延兴寺	周武灭佛,奔陈
慧海	河东虞乡	城安长公主为其立静法寺	
道愻	河东虞乡	早年跟随昙延在京师,后住蒲州仁寿寺	
道谦	河东虞乡		道愻之弟
法常	河北郡	普光寺,又兼任空观寺上座	贞观朝长安佛教领袖,与李承乾关系密切
道洪	河东	贞观时为律藏寺上座,大总持寺主	与李承乾关系密切
慧诞	雍州	延兴寺,卒于寺	
玄琬	雍州	延兴寺、普光寺,卒于延兴寺	贞观朝佛教领袖,与李承乾关系密切
觉朗	河东		
道逊	疑为河东蒲阪	蒲州仁寿寺	弟子海顺也是河东蒲阪人

　　从上面的材料分析,我们或可窥见一个中古佛教僧团得以成立的某些基础。

　　首先,昙延不但出身蒲州世家,而且佛教传承也来自蒲州,所以在昙延系的僧人中,河东,尤其是蒲州僧人占据了极高的比例。在上述 11 名僧人——其中很多是隋代唐初声名显赫的高僧——中,河东人占了 8 个。[①] 在这 8 人之中,又有至少 5 位出自蒲州。虞乡正是蒲州的属县,慧海、道愻、道谦都是虞乡人。而童真和通幽则与昙延一样,则是蒲阪人。童真虽然远祖陇西,出身却是在蒲阪。而且值得指出的是,代替昙延领导延兴寺僧众的,正是同出蒲阪的童真。蒲州当地的寺院,也在昙延僧团的

---

　　① 道逊虽然没有记载说是河东人,但是从其跟随昙延学习,又居于蒲州仁寿寺来看,也当属蒲州僧人。

认同之中扮演了重要角色。道愻早年跟随昙延,晚年则回到家乡蒲州仁寿寺居住。昙延的另外一个弟子道逊,则是仁寿寺的高僧。另外昙延出身的栖岩寺,也是蒲州重要的寺院。隋炀帝时贺德仁撰《栖岩道场舍利塔碑》就显示蒲州佛教昌盛,"听法之侣如林,献供之徒成市"①。

其他几位弟子,很大比例是雍州的本地人,因地利之便成了昙延的弟子。比如慧诞是雍州人,唐初高僧玄琬虽然祖籍弘农华州,但是远祖就已经迁居雍州。昙延长期担任北周和隋代的官方佛教领袖,其弟子又多来自家乡,在蒲州和隋唐长安之间,搭建了一条沟通的渠道。这种郡望和学识传统沟通构成的某种关联性,使得蒲州一个地方的僧人居然在隋唐帝国的首都居于如此重要的地位,这或许也是中古时代佛教僧团的一种特色。

其次,昙延系的僧人,从隋文帝到唐太宗,绵延半个世纪,盘踞于延兴寺。童真一直住在延兴寺,用道宣的话说,童真"恒处延兴,敷化不绝。听徒千数,各标令望。详真高誉,继迹于师",一直到大业元年担任大禅定寺道场主。不过很可能他也并未因为担任大禅定寺的职务而离开本居延兴寺②;通幽也是一直到大业元年在延兴寺院去世;昙延的另外一个弟子慧诞更是一直到唐朝建立后的贞观初年,才在延兴寺去世。③ 到了唐代,延兴寺的继承者似乎是昙延的高足玄琬,此时童真等人都已去世了。昙延法师在世时,玄琬发愿造一丈六的释迦像。等昙延去世之后,仁寿二年(602),在延兴寺建造成功。道宣记载说:"金像之大,有未过也,今在本寺。"虽然玄琬是唐初长安城的佛教领袖,乃至唐太宗"敕召为皇太子及诸王等受菩萨戒,故储宫以下师礼崇焉",道宣在《续高僧传》中也称呼他"普光寺释玄琬",但是他始终以延兴寺为弘法的中心,在延兴寺"更造藏经",被道宣称为"护法菩萨"。贞观十年(636),他也是在延兴寺去世。道世在

---

① 此碑原在栖岩寺山门侧建的碑亭内,后移置蒲州城南宝神庙内,现存永济市博物馆。碑通高 2.03 米,宽 0.98 米,厚 0.44 米,相关介绍参看姚雅欣:《从隋〈栖岩道场舍利塔碑〉看蒲州佛教》,《文物世界》2005 年第 4 期,第 26—28 页。

② 相关记载参看《续高僧传》卷 12《隋西京大禅定道场释童真传》,《大正藏》第 50 册,第 517 页下—518 页上。

③ 《续高僧传》卷 26《隋京师延兴寺释慧诞传》,《大正藏》第 50 册,第 671 页中。

《法苑珠林》中就称其为"京师延兴寺玄琬律师",或者"大唐西京延兴寺沙门释玄琬"。①

之所以出现延兴寺这样与某个僧团紧密关联的情况,其中一个原因就是隋唐长安城本就是新城,其佛教寺院的建立,带有强烈的政治干预色彩。从昙延众到延兴寺,都是隋文帝刻意扶持的结果。加上昙延个人的崇高地位以及其弟子中也多大德高僧,使昙延一系绵延半个世纪之久。但是必须指出的是,这种僧团并非佛教宗派。它的构成不是由某一种学说为基础的,而是一种地缘、师承的混合产物。隋代到唐前期,长安城中并无宗派壁垒森严的局面。昙延系的僧人,包括其众主昙延本人,都是持开放的心态。最有代表性的就是玄琬。他先拜昙延法师为师,接着跟六大德之一的洪遵律师学习《四分律》,又跟六大德之一的昙迁禅师(542—607年)学习摄论,"法华、大集、楞伽、胜鬘、地论、中百等,并资承茂实"②。玄琬的老师昙延是法师、洪遵是律师、昙迁是禅师,虽然他认同延兴寺,也为老师昙延建造佛像,但是他自己却是律师。可以说,整个历史图景,并不是宗派所构成的,此时的佛教并未出现将佛教界割裂得支离破碎的局面。长安城中的佛寺,也没有哪一个归为某一宗一派。从昙延和延兴寺的情况看,在僧人的认同中,师承和地缘,远比学习某一经重要。③

最后,必须指出的是,昙延法师开启的隋唐长安延兴寺僧团,从隋文帝到唐太宗,都与政治存在密切关系。贞观之后,随着长安佛教势力的离散组合,以及政治的起伏变动,它从政治舞台以及佛教中心位置退了出去。昙延在开皇年间的政治和佛教中的角色不须赘述,延兴寺诸僧也积极参加了隋文帝的分舍利建塔。隋代秦王俊舍其"卧居",为延兴寺建造

---

① 前一种称呼参看《法苑珠林》卷 65,《大正藏》第 53 册,第 787 页上。道世云:"唐武德初中有醴泉泉人,姓徐名善才,一生已来,常修斋戒,诵念《观世音经》过逾千遍。每在京师延兴寺玄琬律师所,修营功德,敬造一切经。"后一种称呼参看《法苑珠林》卷 100,《大正藏》第 53 册,第 1023 页上。

② 《续高僧传》卷 22《唐京师普光寺释玄琬传》,《大正藏》第 50 册,第 616 页上—617 页下。

③ 有关讨论,参看孙英刚《夸大的历史图景:宗派模式与西方隋唐佛教史书写》,收于朱政惠、崔丕主编《北美中国学的历史与现状》,上海:上海辞书出版社,2013 年,第 361—373 页,转载于《中国社会科学报》2013 年 7 月 3 日(第 470 期)。

堂宇,在襄州命人图写当地佛像,在延兴寺铸造。[①] 到了唐太宗时代,昙延系高僧因为与皇储李承乾关系密切,在政治和佛教中扮演了重要角色。其中法常为李承乾授菩萨戒。贞观九年(635),又为长孙皇后戒师。其居住于李承乾资助的普光寺,但是又兼任空观寺上座。其弟子众多,且对周边国家影响深远,"前后预听者数千,东蕃西鄙,难可胜述。及学成返国,皆为法匠",这里面包括新罗王子金慈藏。在贞观朝,法常一度成为长安城佛教界的领袖,许多重要事件都能看到他的影子,着《摄论义疏》八卷等。贞观十九年(645)卒,弟子德逊等为立碑于普光之门,宗正卿李百药为文。[②] 道洪贞观朝为律藏寺上座,为二宫(太子李承乾和长孙皇后)树福。又敕任大总持本居寺主。[③] 玄琬"为皇太子及诸王等受菩萨戒,故储宫以下师礼崇焉"[④]。其兴也因政治,衰也因政治,其中正反映了中古时代王法与佛法关系之真谛。

三、敦煌慧远系僧团与净影寺

开皇七年(587)六大德之一的敦煌慧远(523—592)实为隋唐长安城佛教势力结构布局中的最大受益者,而其弟子中,据现有资料判断,出任众主者最多。这种情况也合乎他在佛教界的地位。慧远作为原北齐的佛教领袖,北齐佛教比北周发达得多,早在北齐时代,慧远已经声名远播,弟子众多。开皇七年(587)隋文帝诏六大德入长安,慧远名列第一,而且跟随他到达长安的,远远不止 10 人,而是两百余人。进入唐代,用道宣的话说,慧远系的影响,"大唐之称首也"。敦煌慧远虽然没有东晋庐山慧远在佛教史上的崇高地位,但是在隋唐时代,却是领袖群伦的佛教高僧。但是

---

① 参看(唐)法琳:《辩正论》卷 4,《大正藏》第 52 册,第 518 页;(唐)道宣:《集神州三宝感通录》卷 2,《大正藏》第 52 册,第 415 页。

② 《续高僧传》卷 15《唐京师普光寺释法常传》,《大正藏》第 50 册,第 540 页下—541 页中。

③ 《续高僧传》卷 15《唐京师慈恩寺释道洪传》,《大正藏》第 50 册,第 547 页上—中。

④ 前一种称呼参看《法苑珠林》卷 65,《大正藏》第 53 册,787 页上。道世云:"唐武德初中有醴泉县人,姓徐名善才,一生已来,常修斋戒,诵念《观世音经》过逾千遍。每在京师延兴寺玄琬律师所,修营功德,敬造一切经。"后一种称呼参看《法苑珠林》卷 100,第 1023 页上。

由于庐山慧远声誉过隆，以致敦煌慧远在佛教史上的地位几被淹没。前辈学者如杜斗城曾梳理过敦煌慧远的生平事迹，尤其是利用伯希和 P. 3507 残佛经背面即有《隋净影寺沙门惠远和尚因缘记》说明敦煌慧远在佛教史上的地位。[①] 然而，慧远并非边缘之地的僧人，实际上，他是隋唐长安城建立之初，对这座都市产生最大影响的一位僧人。下面我们简称慧远指代敦煌慧远，以区别于庐山慧远。

我们先梳理一下慧远的事迹，以前学者强调过的部分从略，而专注于慧远开皇七年(587)到达京师的意义。首先必须指出的是，慧远主要是一个禅师，称"慧远禅师"，正如道宣称"道宣律师"、玄奘称"玄奘法师"，这基本反映了他们的知识结构。但是慧远同时又精通《四分律》，还对义解有很高的造诣，注疏甚多。[②] 现在我们给他贴的标签是涅槃学大师。慧远由华阴沙门僧思禅师度为僧，又跟大隐律师听《四分律》，他是北朝高僧、东魏昭玄沙门大统慧(惠)光的再传弟子。[③] 慧远声名鹊起，除了学问高深外，最为大家熟知的是跟北周武帝宇文邕的激烈辩争。北周攻灭北齐后，武帝将灭佛政策扩展到北齐地区。当时北齐沙门大统法上等高僧都默然无语，而慧远抗声激辩，甚至以下阿鼻地狱相威胁，希望宇文邕改变灭佛政策。此时北齐刚被攻灭，慧远等僧都是被征服者，如此激烈的争论，用道宣的话说，宇文邕"粉其身骨，煮以鼎镬"的可能性都是有的。这次护持佛法，使他获得了"护法菩萨"的声誉。不过，尽管武帝宇文邕没有杀掉慧远，但是也没有改变灭佛的政策。于是慧远藏匿"汲郡西山，勤道

---

① 杜斗城：《敦煌慧远述评》，《法音》1988 年第 9 期，第 32—38 页。《隋净影寺沙门惠远和尚因缘记》叙事多与道宣《续高僧传》不同，比如道宣记其为敦煌李氏，而《因缘记》记其为敦煌张氏；另外《因缘记》还说他"直入庐山，而求佛道"，显然是把敦煌慧远和东晋庐山慧远混为一谈了。这也反映了敦煌当地有关佛教知识的一般水平。

② 关于慧远的著述丰富，参看汤用彤：《隋唐佛教史稿》，北京：中华书局，1982 年，第 87 页。写于隋大业九年(613)的 P. 2091《胜鬘义记卷下》题记云："释慧远撰之也/大隋大业九年八月五日/沙门县皎写之、流通/后世校竟了/经疏卷之下。"录文参见池田温《中国古代写本识语集录》，东京大学东洋文化研究所，1990 年，第 176 页，编号 473。

③ 近年新出土的《慧光墓志》葬于东魏元象元年(538)五月，该志现存正定墨香阁，系藏家于 2002 年夏购入，卖者称出于河南安阳北郊。参看赵生泉：《东魏〈慧光墓志〉考》，《文物春秋》2009 年第 5 期，第 41—47 页。

无倦。三年之间，诵法华、维摩等各一千遍，用通遗法"。"大象二年(580)，天元微开佛化，东西两京各立陟岵大寺，置菩萨僧。颁告前德，诏令安置，遂尔长讲少林"。隋朝建立，隋文帝下敕任命他为洛州沙门都。开皇七年，又召其进京。①

由于慧远的崇高声望，跟随他进入大兴城的，远远超过隋文帝规定的10位，实际上，慧远"与常随学士二百余人，创达帝室"——光常随弟子就达到了200多人。隋文帝先安置慧远僧团进入大兴善寺，但是很快就将其从大兴善寺迁出，选择了"天门之南，大街之右，东西冲要，游听不疲"之处，也即敦化坊南街之北，作为慧远僧团的住地，名为净影寺。由于慧远的号召力，四方投靠者众，"于是四方投学七百余人，皆海内英华"。相比其他大德以及大兴城的"本土"僧团昙延和昙崇系，这个规模是惊人的。用道宣的话说："虽复兴善诸德，英名一期。至于归学师寻，千里继接者，莫高于远矣！"——大兴善寺其他的大德，在弟子千里奔波，前来大兴城投靠方面，无法与慧远匹敌。②

道宣的一处记载值得关注："但以堂宇未成，同居空露，蓬蕳庵舍。巷分州部，日夜袓习，成器相寻。"也就是说，将慧远僧团200多人迁入净影寺后，四海投靠者众，僧人数量急剧扩大。但是此时净影寺的房子还没有建成，以至于这些僧人要"同居空露，蓬蕳庵舍"，而且是"巷分州部"，也就是说一个州来的住在一起，这也显见地缘、传承在僧团认同与构成中的重要性。这样的情况，也有助于我们理解所谓的"二十五众"、"五众"。当大兴城建成，诸寺建筑并未齐备，隋文帝虽然将各地的主要僧团往京城集中，但是人员虽然渐成规模，但寺舍并未齐备，将聚居一起的僧团（以师承、地域为纽带）以众命名，或是一种权宜之计。待大兴城寺院逐渐建立起来，僧人各有去处，"众"也就没有存在的必要，也因此迅速从史料中消失。到了开皇以后，就没有再看到有关"众"的记载。这也再次证明隋文帝所立诸"众"，主要是为了适应大兴城新建而有急迫需要树立其佛教中

---

① 《续高僧传》卷8《隋京师净影寺释慧远传》，《大正藏》第50册，第489页下—490页上。
② 《续高僧传》卷8《隋京师净影寺释慧远传》，《大正藏》第50册，第489页下—490页上。

心地位情况,是隋唐长安城寺院体系初步建立之前的一种临时形态。

慧远开皇十二年(592)卒于净影寺,年七十,隋文帝为之罢朝。慧远弟子众多,其中多有杰出者。我们也根据相关史料梳理如表2(只录较为著名的僧人):

表2 慧远部分弟子基本情况

法号	籍贯	居寺	备注
慧迁	瀛州	开皇十七年(597),敕立五众,请迁为十地众主,处宝光寺	北齐灭亡,奔陈。 开皇七年(587),随慧远进京
善冑	瀛州	慧远死后,敕令于净影寺为涅槃众主	北齐灭亡,奔陈。 弟子慧威,著名京室
灵璨	怀州	大兴善寺;慧远去世,开皇十七年(597)敕补于净影寺为众主	随慧远入关的十弟子之一
辩相	瀛州	净影寺;入唐为秦王李世民崇敬,入弘义宫,后住李世民供养的胜光寺	北齐灭亡南投徐部; 开皇七年随慧远进京
宝儒	幽州	净影寺	北齐灭亡奔陈
慧畅	莱州	净影寺	
道颜	定州	净影寺	一直到唐朝武德五年(622),卒于净影寺
明璨	莒州	大兴善寺	
智嶷	襄阳	静法寺	康居王族后裔
宝安	兖州	开皇七年(587)入关住净影寺	北周灭齐,南投陈国
道嵩	瀛州	随慧远入京,先住净影,分舍利归来住总化寺	
行等	冯翊	净影寺学习,后居慈悲寺。	为法总弟子,后跟慧远学习,属于"本地"人
净辩	齐州	开皇入京到净影寺依慧远,后又跟六大德之一的昙迁学大乘。后居禅定寺	

如果我们对慧远系僧人进行地域籍贯的分析,也会发现,实际上地域认同在结成僧团中依然扮演了重要的角色。慧远僧众到达长安,虽然隋文帝下敕为他们建造净影寺,但实际上寺院尚未建成,他们就按照出身不同的州组成各部,讲习佛法。上述慧远弟子中,绝大部分都是山东、河北

人,尤其是瀛州,一共有慧迁、善胄、辩相、道嵩等四位高僧,其中慧迁和善胄被隋文帝任命为众主,其中慧迁是十地众主,而善胄是涅槃众主。显然,两人虽然都是慧远弟子,但是所学侧重不同,所以慧迁出居宝光寺独立成众,而善胄则留在老师的净影寺,继承和发扬慧远侧重的涅槃之学。除了瀛州之外,会员其他成员也大多出自原先北齐统治区域,只有智嶷是襄州人,带有些许南方色彩。

净影寺,显然在慧远僧团的发展过程中扮演了重要角色。作为新都城新建造的寺院,它在最初的僧人安置上,显然具有整齐划一的特征——就是为了安置慧远师徒。这样的安排也见于上一节我们讨论的昙延与延兴寺。这种安排对最初的隋唐长安城佛教寺院势力结构产生了很大的影响。而且,在这之后隋唐长安城佛教势力结构的分散组合,都是在这样的基础上展开的。净影寺在慧远弟子中的认同感是极强的。比如官方正式认定的慧远十大弟子之一的灵璨,本来在其师入住净影寺之后留在了大兴善寺——这其实也是对其独立地位的某种认可。开皇十二年(592)慧远死后,慧远的另外一个大弟子善胄继续带领慧远僧众,并被隋文帝任命为涅槃众主。稍后因为善胄跟随蜀王杨秀去四川,净影寺的慧远众"众侣无依",于是开皇十七年(597),隋文帝下敕补灵璨为众主,带领从慧远、善胄传下来的涅槃众。① 值得注意的是,就在同一年,应该就是跟灵璨从大兴善寺转入净影寺担任涅槃众主的同时,慧远的另外一个大弟子慧迁,被单独任命为十地众主,出居宝光寺。② 可以揣测,这是隋文帝的一个通盘考虑。仁寿末年,灵璨也担任分舍利建塔的任务,其所去之处,为泽州古贤谷景净寺,"即远公之生地也",足见灵璨对慧远师承的认同,也表明隋文帝君臣也对这种关系了若指掌。③ 另外一个说明慧远弟子对净影寺有强烈认同的例子是善胄。大业中,善胄入居禅定寺。但是到了大业十三年(617),善胄希望回到净影寺居住:

---

① 有关记载参看《续高僧传》卷10《隋西京大禅定道场释灵璨传》,《大正藏》第50册,第506页中一下。

② 《续高僧传》卷12《唐京师大总持寺释慧迁传》,《大正藏》第50册,第520页中一下。

③ 《续高僧传》卷10《灵璨传》,《大正藏》第50册,第506页下。

大业十三年(617)欲返本寺,众不许之。乃以土塞口,欲自取死。寺众见其志决,方复开许。以武德三年八月内终于净影寺,春秋七十有一。①

善胄采取如此激烈的手段,希望能够回到净影寺,可见净影寺在慧远弟子心中具有何等重要的意义。

慧远的另外一个弟子、著名高僧辩相,也充满了对净影寺的认同:

释辩相,……后旋洛下,涉诸法席。又往少林,依止远公。学于十地,大小三藏,遍窥其隩隅,而于涅盘一部,详核有闻。末南投徐部,更采摄论及以毗昙。……开皇七年,随远入辅,创住净影,对讲弘通。仁孝居心,崇仰师辙。……武德初年,蒙敕延劳,还归京室。重弘经论,更启蒙心。今上昔在弘义,钦崇相德,延入宫中,通宵法论,亟动天顾。赐锡丰美,乃令住胜光,此寺即秦国之供养也,故以居焉。晚以素业所资,慧门初辟,追崇净影,仍就讲说。又舍所遗,图远形相。常存敬礼,用光先范。②

辩相在唐朝建立之后,深受秦王李世民的崇敬,不但请他到自己居住的弘义宫讲法,还将其重新安置在"秦国之供养"的胜光寺居住。不过,辩相"追崇净影",依然去净影寺讲法,甚至还出资描绘了慧远的图像,常常礼敬。

到净影寺的除了慧远的弟子,还有跟慧远师承密切的僧人,最为著名的是灵裕。灵裕是僧凭的弟子,而僧凭是慧光的弟子,所以灵裕跟慧远一样,都是慧光的再传弟子。灵裕早在北齐时期就号菩萨,地位崇高。北齐被北周灭亡之后,隐居起来。开皇三年(583),被隋文帝任命为相州僧都统。开皇十年(590),被召到京师,比慧远晚了三年左右。他到京师之后:

当于京辇入净影寺,正值布萨,径坐堂中。见远公说欲,裕

---

① 《续高僧传》卷12《善胄传》,《大正藏》第50册,第519页下。
② 《续高僧传》卷12《唐京师胜光寺释辩相传》,《大正藏》第50册,第519页下—520页上。

抗声曰："慧远读疏而云'法事因缘，众僧听戒'，可是魔说。"合座
惊起，怪斥其言。识者告远，远趋而诣堂。裕曰："闻仁弘法，身
令易传。凡习尚欣，圣禁宁准。"远顶礼自诚，衔泣受之。①

不过显然灵裕并不认同隋文帝分舍利建塔中的一些操作，他认为建
塔过程中出现的祥瑞，是"祸福兼表"，甚至是凶兆。这也可以理解为何他
在北齐地位崇高，而到了隋代却并未为隋文帝任用的原因。

不过，需要指出的是，净影寺这种地位的根基，在于慧远在其弟子心
中以及佛教界的地位，并非是宗派壁垒森严的产物。随着慧远的去世，弟
子逐渐离散，②到了第三代时，净影寺就逐渐衰落，在唐代长安城中的地
位，不复之前的光景。隋唐长安寺院地位的兴衰起落，跟世俗权力的干预
紧密相关，佛法不依王者则不立，而一个寺院的兴起与衰落，则往往跟其
世俗的赞助人的命运紧密联系在一起。这一点为大家所熟知，不须
赘述。③

四、其余关东五大德僧团在大兴城的展开

关东六大德进入大兴城，对这座新建都市的佛教布局产生了巨大的
影响，前一节我们重点论述了净影寺慧远僧团的情形，本节我们梳理其他
五大德僧团到达长安后展开的情形，以及这些僧团此后对长安佛教发展
的影响。

1. 宝镇系

有关宝镇系的资料很少，道宣的《续高僧传》甚至没有为其做传，非常

---

① 《续高僧传》卷8《隋相州演空寺释灵裕传》，《大正藏》第50册，第489页上。灵裕撰写有
《十德记》，是较早的僧传，但是道宣对其评价不高，认为它"偏叙昭玄师保，未奥广嗣通宗"，也就
是说偏重于描述具有官方职位者，而没有讲述学识传承。参看道宣《续高僧传序》，第425页中。

② 比如善胄的弟子慧威，"著名京室"，却住大总持寺，同上。另外其他五大德僧团也是一
样的情况，道宣作为洪遵第三代弟子，已经完全独立，与之前洪遵崇敬寺并无密切关系，反而长
期担任新兴起的西明寺的上座。

③ 一个个案的研究，参看孙英刚：《长安与荆州之间：唐中宗与佛教》，收于荣新江主编《唐
代宗教信仰与社会》，上海：上海辞书出版社，2003年，第125—150页。

令人费解。以其与其他五大德并驾齐驱的地位,不应该遭受如此待遇。不过值得注意的是,宝镇与道宣一样,也是律师。是否因为律学之争端导致道宣有所取舍,因为史料缺憾无从得知。尽管宝镇在《续高僧传》中没有本传,但是其弟子宝宪却有:

> 释宝宪,郑州人,宝镇律师之学士也。……开皇之始,与镇同来住大兴善。威仪调顺,言无涉俗。仁寿奉敕,置塔洪州。……宪还京室,寻事卒也。[①]

从这则材料看,如其他僧团一样,宝镇律师也是携带弟子进入大兴城的,待遇也与其他五大德一样,安置在大兴善寺。他的弟子宝宪也奉敕到洪州分舍利建塔。

2. 慧藏系

慧藏是法师,姓郝氏,赵国平棘人。他精通涅槃、律仪、智论、十地、华严、般若等经论。如其他大德一样,早在北齐时期,就得到北齐君主的崇敬和礼遇。"齐主武成,降书邀请,于太极殿开阐华严。法侣云繁,士族咸集,时共荣之,为大观之盛也"。但是北周征服北齐,把灭佛政策带入北齐旧地后,慧藏就"铲迹人间",避于山野。隋朝建立,再度出家。开皇七年(587),隋文帝诏其进京:

> 杖锡京辇,仍即谒帝。承明亟陈奥旨,凡所陶诱,允副天心,即六大德之一也。……时有沙门智稳(隐)、僧朗、法彦等,并京室德望,神慧峰起。祖承旧习,希奉新文,乃请开讲金刚般若论。……以大业元年(605)十一月二十九日,遘疾卒于空观寺,春秋八十有四。[②]

道宣《续高僧传》提到的智稳(隐)、僧朗、法彦是慧藏的弟子。而金刚般若论则是慧藏擅长的佛学。僧朗如慧藏一样,"入关住空观寺","仁寿

---

① 《续高僧传》卷 26《隋京师大兴善寺释宝宪传》,《大正藏》第 50 册,第 672 页上。
② 《续高僧传》卷 9《隋西京空观道场释慧藏传》,《大正藏》第 50 册,第 498 页上。

置塔,下敕令送舍利于番州,今所谓广州灵鹫山果实寺宝塔是也"。① 开皇十二年(592),隋文帝设置十大德参与大兴善寺译场,其中就有慧藏。②

慧藏的弟子中,在开皇十六年(596)立众时,就有两位众主。一位是智隐,另一位是法彦。其中智隐开皇七年(587)跟随慧藏进入京师:

> 释智隐,姓李氏,贝州人,即华严藏公之弟子也。……开皇七年(587),敕召大德,与藏入京住大兴善。通练智论、阿毘昙心及金刚般若论,明其窟宄。至十六年(596),以解兼伦例,须有绍隆,下敕补充讲论众主,于经藏寺,还扬前部。仁寿创福,敕送舍利于益州之法聚寺,寺即蜀王秀之所造也。……晚又奉送置塔莘州。……卒于京室。③

这里所说的华严藏公,显然不是后来的法藏,而是慧藏。智隐跟随其师进入大兴城,被安置在大兴善寺,开皇十六年(596),被任命为讲论众主,居于经藏寺。

慧藏的另外一个弟子法彦,则在同一年被任命为大论众主:

> 释法彦,姓张,寓居洺州。……齐公高颍,访道遐方,知彦声绩,乃迎至京邑。……开皇十六年下敕以彦为大论众主,住真寂寺,镇长引化。仁寿造塔,复召送舍利于汝州。四年。又敕送于沂州善应寺。……彦传业真寂,道俗承音。左仆射高颍奉以戒法,合门取信,于今不倾。④

这是隋唐长安城佛教与世家大族关系的一个关键情节。法彦是高颍

---

① 《续高僧传》卷10《隋西京禅定道场释僧朗传》,《大正藏》第50册,第507页下—508页上。
② 开皇十七年(597)翻经学士臣费长房撰《历代三宝纪》卷12记载:"到十二年(592),翻书讫了,合得二百余卷。进毕,尔时耶舍等先已殁亡,仍敕崛多专主翻译,移法席就大兴善寺。更召婆罗门沙门达摩笈多,并遣高天奴、高和仁兄弟等同翻。又僧置十大德沙门僧休、法粲、法经、慧藏、洪遵、慧远、法纂、僧晖、明穆、昙迁等。"(参看《大正藏》第49册,第104页中)除了慧藏之外,僧休、洪遵、慧远、昙迁等大德也全数在内,这基本反映了他们当时在佛教界的地位。
③ 《续高僧传》卷26《隋京师经藏寺释智隐传》,《大正藏》第50册,第668页上—中。
④ 《续高僧传》卷10《隋西京真寂道场释法彦传》,《大正藏》第50册,第505页中—下;《法苑珠林》卷24,《大正藏》第53册,第468页上—中,记载略同。

请到京师来的。而开皇十六年，隋文帝任命法彦为大论众主时，就是居于真寂寺。高氏家族对真寂寺（武德二年，即 619 年，改名化度寺）的支持，一直延续到唐高宗时代。道宣说高氏"合门取信，于今不倾"，正是对此的真实描述。法彦在此担任大论众主，也说明大智度论也一度在此寺昌盛。

3. 僧休系

僧休法师同洪遵、慧远一样，在北周末年稍稍复兴佛法时"初应诏为菩萨僧"，"同居陟岵"，开皇七年（587）召入大兴善寺。他的弟子宝袭也在此时跟随入京：

> 释宝袭，贝州人，雍州三藏僧休法师之弟子。……从休入京，训勖为任。开皇十六年，敕补为大论众主，于通法寺四时讲化，方远总集。逮仁寿造塔，又敕送舍利于嵩州嵩岳寺。……末又送于邢州泛爱寺。……至文帝升遐，起大禅定，以名称普闻，召而供养。武德末年卒于住寺，春秋八十矣。[①]

宝袭于开皇十六年（596）敕补为大论众主，于通法寺讲法。宝袭的弟子昙恭、明洪"皆善大论"。贞观元年（627），昙恭被任命为济法寺上座，后又召入弘福，又令知普光寺任。明洪也召入普光寺。[②]

僧休似乎活到了唐代。而且他似乎最晚在开皇十九年（599）就回到了邺。道杰曾于开皇十九年（599），"自卫适邺，听休法师摄论，又于洪遵律师所听四分"[③]。到了唐初，玄奘也曾经到相州（也就是邺）拜访僧休，"质问疑碍"[④]。

4. 昙迁系

昙迁精华严、十地、维摩、楞伽、地持、起信等，后周武灭佛，逃遁金陵，又研究摄论、楞伽、起信、如实等论。隋朝建立，北返徐州，如道宣所说："摄论北土创开，自此为始也。"开皇七年（587）秋，隋文帝下诏："皇帝敬问

---

① 《续高僧传》卷 12《唐京师大总持寺释宝袭传》，《大正藏》第 50 册，第 520 页上—中。
② 《续高僧传》卷 12《唐京师大总持寺释宝袭传》，《大正藏》第 50 册，第 520 页上—中。
③ 《续高僧传》卷 13《唐蒲州栖岩寺释道杰传》，《大正藏》第 50 册，第 529 页中。
④ （唐）慧立本、彦悰撰定：《大唐大慈恩寺三藏法师传》，《大正藏》第 50 册，第 222 页中。

徐州昙迁法师，承修叙妙因，勤精道教，护持正法，利益无边，诚释氏之栋梁，即人伦之龙象也。深愿巡历所在，承风餐德。限以朝务，实怀虚想，当即来仪，以沃劳望。弟子之内闲解法相能转梵音者十人，并将入京。当与师崇建正法，刊定经典。且道法初兴，触途草创，弘奖建立，终藉通人。京邑之间，远近所凑，宣扬法事，为惠殊广。想振锡拂衣，勿辞劳也。"可以想见，这封由隋文帝发给昙迁的信，同样也发给了其他五大德。召他们入京是为了"崇建正法、刊定经典"。因为摄论在北方刚开始弘扬，所以希望来听的人很多，乃至如"沙门慧远，领袖法门，躬处坐端，横经禀义"[①]，丝毫不见有任何门户之见、宗派之别。对于新知识，就像慧远这样的佛教领袖，也不辞正襟危坐，认真聆听。

昙迁系原跟其他六大德僧团一起住在大兴善寺，开皇十年（590），昙迁僧团移入新建立的胜光寺：

敕为第四皇子蜀王秀，于京城置胜光寺。即以王为檀越，敕请迁之徒众六十余人，住此寺中受王供养。[②]

这里的"昙迁之徒众"，按照昙延僧团的例子，或可叫作"迁众"。延众发展成为延兴寺，迁众则发展成为胜光寺。胜光寺为隋、唐两代的重要寺院，在隋代为蜀王秀供养，地位突出。我们很难想象，开皇十六年（596）官方立众时，胜光寺不占据一席之地。之所以并无其僧众出任众主的记载，或仅仅源于史料的缺乏。因为胜光寺的缘故，昙迁僧团与蜀王秀紧密联系在一起：

十三年（593），帝幸岐州，迁时随彼，乃敕蜀王布围南山，行春搜之事也。王逐一兽入故窑中，既失踪迹，但见满窑破落佛像，王遂罢猎，具以事闻。迁因奏曰："比经周代毁道，灵塔圣仪，填委沟壑者多。蒙陛下兴建，已得修营。至于碎身遗影，尚遍原野。贫道触目增恸，有心无事。"……故一化严丽。迁寔有功。[③]

---

① 《续高僧传》卷18《隋西京禅定道场释昙迁传》，《大正藏》第50册，第571页中。
② 《续高僧传》卷18《隋西京禅定道场释昙迁传》，《大正藏》第50册，第573页上。
③ 《续高僧传》卷18《隋西京禅定道场释昙迁传》，《大正藏》第50册，第573页上—中。

仁寿元年(601)分舍利建塔,也与昙迁有密切关系:

> 文帝昔在龙潜,有天竺沙门以一颗舍利授之云:"此大觉遗身也,檀越当盛兴显,则来福无疆。"言讫莫知所之。后龙飞之后,迫以万机,未遑兴盛。仁寿元年,追惟昔言,将欲建立,乃出本所舍利,与迁交手数之。虽各专意,而前后不能定数。帝问所由,迁曰:"如来法身,过于数量。今此舍利即法身遗质,以事量之,诚恐徒设耳。"帝意悟,即请大德三十人,安置宝塔为三十道,建轨制度一准育王。①

因为昙迁是"蜀王门师",文帝欲令昙迁到蜀中送舍利建塔,宰辅们认为蜀道艰险,最后改为到岐州凤泉寺起塔。独孤皇后崩后,文帝于大兴城西南置禅定寺,专门弘扬禅学,任命昙迁为寺主,于海内召禅师一百二十人,每人可带两名侍者,入禅定寺修行。大业三年(607),昙迁去世,葬于终南北麓胜光寺之山园②,显然可见,昙迁始终是以胜光寺为弘法讲学的中心。昙迁僧团最初有六十多人,其中不乏高僧大德。比如道英,"在京住胜光寺,从昙迁禅师听摄论,迁特赏异之。……后入禅定"③。灵辨,"年十三得出家,住胜光寺。乾素与昙迁禅师,芝兰允洽,因令亲侍,咨受异闻"④。智正,"与昙迁禅师同入魏阙,奉敕慰问令住胜光"⑤。其他跟随昙迁学习摄论的还有静琳,"后入关中,遇昙迁禅师讲开摄论,一闻如旧,慧不新闻。仁寿四年(604),下敕送舍利于华原石门山之神德寺,琳即于此住"⑥。道哲,"沙门昙迁有知人之誉,敬备师礼,从受摄论"⑦。最能说明此时僧人无门派之别的是净业,他最初是跟慧远进京的,可谓慧远的嫡系,但是后来跟随昙迁学习摄论,"及远膺诏入关,业亦负帙陪从。……晚

---

① 《续高僧传》卷18《隋西京禅定道场释昙迁传》,《大正藏》第50册,第573页中。
② 《续高僧传》卷18《隋西京禅定道场释昙迁传》,《大正藏》第50册,第573页下—574页上。
③ (唐)法藏集:《华严经传记》卷3《唐蒲州普齐寺释道英》,《大正藏》第51册,第161页下。
④ 《华严经传记》卷3《唐京师大慈恩寺释灵辨》,《大正藏》第51册,第163页上。
⑤ 《续高僧传》卷14《唐终南山至相寺释智正传》,《大正藏》第50册,第536页中。
⑥ 《续高僧传》卷20《唐京师弘法寺释静琳传》,《大正藏》第50册,第590页中。
⑦ 《续高僧传》卷20《唐京师大庄严寺释道哲传》,《大正藏》第50册,第588页下。

就昙迁禅师,学于摄论。……仁寿二年(602),被举送舍利于安州之景藏寺。……大业四年(608),召入鸿胪馆,教授蕃僧。九年复召住禅定寺"①。

5. 洪遵系

洪遵是隋、唐律学的大师。不过出了律部,他也研修华严、大论,并"就诸禅林,学调顺法"。他是邺人,在北齐时就已经成名。"齐主既敞教门,言承付嘱,五众有坠宪网者,皆据内律治之。以遵学声早举,策授为断事沙门。"虽然与慧远所学侧重不同,但是两人关系紧密,洪遵"常与慧远等名僧通宵造尽"。北齐被北周攻灭之后,洪遵隐居于白鹿岩中。开皇七年(587),与其他五大德一起,携弟子十名,进入大兴城,安置在大兴善寺。六大德中,洪遵是唯一一个亲自担任众主的,其他诸位都是由弟子担任。"至十六年(596),复敕请为讲律众主,于崇敬寺聚徒成业。"

由于洪遵对《四分律》的提倡,导致原本盛行关内的僧祇律逐渐被取代:

> 先是,关内素奉僧祇,习俗生常,恶闻异学。乍讲四分,人听全稀。还是东川,赞击成务。遵欲广流法味,理任权机。乃旦剖法华,晚扬法正。来为开经,说为通律。屡停炎澳,渐致附宗。开导四分,一人而已。迄至于今,僧祇绝唱。②

由于洪遵的持续弘扬,《四分律》逐渐成为律学的主流。其律学的传承人,主要是智首律师。智首于律学的地位,凡学佛教史者多半熟悉。智首的弟子道宣,更是一代律学大师。智首是"随师入关",也就是作为洪遵的十位弟子之一到达大兴城的。洪遵对他非常器重,"亲于法座,命众师之",也就是说让僧众以师礼对待智首。用智首的弟子、《续高僧传》的作者道宣的话说,智首"三十余载,独步京华,无敢抗衡。敷演所被,成匠非

---

① 《续高僧传》卷12《隋终南山悟真寺释净业传》,《大正藏》第50册,第517页中。

② 以上记载,参看《续高僧传》卷21《隋西京大兴善寺释洪遵传》,《大正藏》第50册,第611页上—612页上。

一,所以见迹行徒知名唐世者,皆是首之汲引"①。而道宣自己,也延续了洪遵、智首的《四分律》,著有《四分律删繁补阙行事钞》等著作,号称中国佛教史第一律学名匠。道宣更是唐代前期长安城的佛教领袖,长期担任西明寺上座等教职。而此后长安城内的律学,便由洪遵一系的僧人占据主流地位,道宣的门人文纲在道宣之后也在长安律学中领袖群伦,为睿宗的菩萨戒师。这些都已经为大家熟知,不须赘述。而长安城内律学的这一格局,却奠定于开皇七年(587)洪遵律师到达长安。②

五、召大德建众与分舍利建塔:中央和地方的互动

通过上述的主要僧团的梳理,我们可以对所谓的"众"有更清晰的认识。下面笔者尝试做一些归纳总结,梳理出建立诸众的历史脉络和意义。

第一,"五众"和"二十五众"是隋文帝迁都大兴城、在新都重构佛教小区努力的一部分。隋文帝修大兴城,先立兴善寺。从全国召集高僧进入大兴善寺,充实首都佛教力量。开皇七年(587)是关键的一年,隋文帝召六大德入京,入住兴善寺。开皇十六年(596),将诸大德僧团(众)分散入大兴城新建立的其他诸寺;再经过其后的分散组合,最终完成从"众"到"寺"的过程。在大兴善寺建立之初,大兴城(长安)仅有数寺而已,随着二十五众等建立,每众入居一寺,进而构成了长安城寺院结构的基本格局。总体上说,所谓"众"既是一种普遍意义上的僧团,在开皇时代的大兴城,又具有特定的意涵,是隋、唐长安寺院系统构建完成的重要步骤。

第二,所谓"二十五众"和"五众",是对开皇时期京师(乃至全帝国)佛教势力结构的确认和反映。虽然隋文帝君臣可以操纵影响大兴城的佛教布局,但是他们同时也要考虑到自己面对的既有的佛教势力版图是什么样的。此时,南朝陈还未投降,南方僧众尚未大规模到达京师。北方主要

---

① 《续高僧传》卷22《唐京师弘福寺释智首传》,《大正藏》第50册,第614页中。
② 洪遵先后于仁寿二年(602),送舍利于卫州之福聚寺;仁寿四年(604),于博州起塔。而且隋文帝下敕令其知大兴善寺任,大业四年(608)卒于寺。(参看《续高僧传》卷21《隋西京大兴善寺释洪遵传》,《大正藏》第50册,第612页上)

是北周和北齐两大佛教系统,而从北周到隋朝,关陇的佛教远远不如北齐地区的佛教昌盛。这也正是隋文帝建立大兴城后,为了尊崇佛法,从北齐故地召诸位高僧进京的背景。从现有的资料看,诸"众"的成立,并非国家力量一手主导,而是其对当时实际佛教各个僧团地位的确认。

我们将六大德僧团稍做分析。六大德是徐州昙迁(禅师)、洛阳慧远(法师)、魏郡慧藏(法师)、清河僧休(法师)、济阴宝镇(律师)、汲郡洪遵(律师)。六大僧团跟之前就在关内的僧团,主要是昙延的"延众"和昙崇系僧人,共同构成了开皇时期隋、唐长安城的主要佛教势力——在此基础上,又不断有外地僧团被召到京师,或者自己主动零散到达京师。关于昙延僧团的情形,我们在第二节已经做了详细梳理。这里对昙崇僧团稍作分析。

昙崇姓孟,咸阳人,属于京城地方僧人。他最早跟僧开禅师学习,后专门研究僧祇律,其僧团成为京辅地区最大的律学团体。"学僧祇十有余遍。依而讲解,听徒三百。京辅律要,此而为宗。"僧开去世后,"遗嘱令摄后徒",于是昙崇继承了僧开的僧众,"于时五众二百余人依崇习静"。[①]早在北周时期,周武帝就授其"周国伞藏"的称号,任陟岵寺主。隋朝建立,新建大兴城,入居大兴善寺领导僧众,"寻复别敕,令宰寺任"。李渊建立唐朝之前,就与昙崇有密切关系,昙崇僧众的中心清禅寺,就是由李渊舍宅建立的:

> 高唐公(即李渊)素禀行门,偏所归信,遂割宅为寺,引众居之。敕以虚静所归,禅徒有誉,赐额可为清禅,今之清明门内寺是也。[②]

昙崇僧团得到了晋王杨广的极力支持和资助,"隋氏晋王钦敬禅林,降威为寺檀越,前后送户七十有余,水硙及碾,上下六具,永充基业,传利于今","开皇十一年(591)晋王镇总杨越,为造露盘并诸庄饰。十四年

---

① 这里的"五众"显然是指昙崇众,五众是泛指,而非五个众的意思。

② 《续高僧传》卷17《昙崇传》,《大正藏》第50册,第568页上—569页上。

(594)内方始成就,举高一十一级,竦耀太虚,京邑称最。尔后嚫遗相接,众具繁委。王又造佛堂僧院,并送五行调度,种植树林等事,并委僧众,监检助成"。隋文帝和独孤皇后也对昙崇极尽礼遇之事,乃至自称弟子,"文帝礼接,自称师儿。献后延德,又称师女"。开皇十四年(594),昙崇在清禅寺去世。[①]

作为大兴城的"本土"势力,昙崇以僧祇律著称,不过我们知道,在关东六大德之一的洪遵律师于开皇七年(587)到来之后,虽然刚开始洪遵的四分律遭到抵制,但是僧祇律的地位逐渐下滑,到了洪遵的弟子智首以及智首的弟子道宣的时代,僧祇律的地位完全被四分律取代。这也是外来佛教势力与本土势力角逐而对佛教自身发展产生影响的典型例子。不过,在开皇年间,作为较大的本土僧团,很难想象,昙崇弟子会被隋文帝排除在立众之外。

目前数据记载的所有众主,除了法总,全部都出自上述关东六大德和昙延、昙崇两大"本土"僧团,梳理如表3:

表 3　众主基本情况

法号	众主	僧系	居寺
宝袭	开皇十六年(596)敕补为大论众主	关东六大德之一、僧休系	通化寺
善胄	慧远死(开皇十二年,即592年)后为涅槃众主	关东六大德之一、慧远系	净影寺
灵璨	开皇十七年(597)敕补为(涅槃)众主	关东六大德之一、慧远系	净影寺
慧迁	开皇十七年(597)敕为十地众主	关东六大德之一、慧远系	宝光寺
洪遵	开皇十六年(596)出任讲律众主	关东六大德之一、洪遵系	崇敬寺
智隐	开皇十六年(596)敕补讲论众主	关东六大德之一、慧藏系	经藏寺
法彦	开皇十六年(596)诏法彦为大论众主	关东六大德之一、慧藏系	真寂寺

---

① 《续高僧传》卷17《昙崇传》,《大正藏》第50册,第568页上—569页上。

续表

法号	众主	僧系	居寺
童真	开皇十六年(596)任涅槃众主	本地、昙延系	延兴寺
法应	开皇十二年(592),领众修禅	本地、昙崇系	实际寺
法总	开皇中年敕召为涅槃众主	不明	海觉寺

这些众主中,唯一不能确定背景的是法总。根据道宣的记载,法总是太原人,以涅槃为业,开皇中年,敕召为涅槃众主,居于海觉寺,一直到大业年卒于寺。其弟子行等、玄会也是知名僧人,道宣将他们的传记排列在一起,都列于《续高僧传》卷一五。[①] 玄会也是居住在海觉寺,专修涅槃,唐朝武德年间为慈悲寺主。[②] 行等是法总弟子,学习涅槃,后来又跟随慧远,依旧学涅槃,深为慧远所倚重。到了唐朝,也一样居住在慈悲寺。[③] 从行等的例子看,这个时代佛教僧侣之间并无宗派之别,行等学习涅槃,可以跟法总学,也可以跟慧远学,并没有被指责为背弃宗师的危险。

虽然我们无法将所有众与众主完全复原,但是根据现有的条件,可以清晰地勾画出这些"众"与长安城、长安诸僧团的关系。几乎所有"众"都是对原先僧团的官方确认,比如昙延系早就立众,后又盘踞延兴寺,若立"二十五众"等众,难以想象他们会被排除在外。所以可以理解延兴寺的童真担任众主,头衔是"涅槃众主",同时也可明白,童真的"涅槃众主"和善胄的"涅槃众主"除了头衔相同,所管辖之僧众根本不同。善胄是静影寺——慧远系,虽以涅槃著称,但依然管辖原来的慧远众。慧远一系的僧人中有三位众主,除了涅槃众主,还有十地众主,可见所学并未成为划分僧团的标准,一个老师教出来的学生,其所凭借的学问并不相同。另外可知,这些"众"与隋唐长安的寺院成立关系密切。有和尚光有建筑,不成寺院,所以"众"是成立寺院的重要前提。

另外值得注意的是,这些众主大多数都是六大德开皇七年(587)奔赴

---

① 《续高僧传》卷10《隋西京海觉道场释法总传》,《大正藏》第50册,第505页下—506页上。
② 《续高僧传》卷15《唐京师弘福寺释玄会传》,《大正藏》第50册,第542页下—543页上。
③ 《续高僧传》卷15《唐京师慈悲寺释行等传》,《大正藏》第50册,第543页上。

京师携来的弟子，少数是长安当地僧团的僧人。除了洪遵之外，六大德也好，昙延、昙崇也好，没有资料显示他们亲自出任众主，而是由他们的弟子充任。这反映了当时经过北周灭佛，佛教人才老化和断裂的情形。努力培植年轻宗教领袖，是这些大德的努力方向。六大德中，唯独不见宝镇和昙迁的弟子出任众主。但是我们绝对不能下结论说他们在长安没有僧团。实际上，昙迁的僧团势力是很大的。昙迁系原跟其他六大德僧团一起住在大兴善寺，开皇十年（590），昙迁僧团移入新建立的胜光寺。正如前文我们讨论的那样，昙迁本就有"众"，所以才有蜀王秀修建胜光寺，隋文帝敕请迁移昙迁"之徒众六十余人"于该寺的情况发生。① 这里的"迁之徒众"，按照昙延传的说法，或可叫作"迁众"。延众成为延兴寺院，迁众成为胜光寺。胜光寺为隋、唐两大重要寺院，在隋代为蜀王秀供养，地位突出。我们很难想象，开皇十六年（596）官方立众时，胜光寺不占据一席之地。之所以并无其僧众出任众主的记载，或仅仅源于史料的缺乏。

把关东高僧召到大兴城居住，通过行政手段迅速将隋朝的首都变成了整个帝国的佛教中心。这对于经过北周武帝灭佛、佛法相对凋零的关陇地区来说，是至关重要的，也是跟隋文帝力用佛教意识形态巩固隋朝的统治相适应的。如果说把外地的佛教领袖聚集在首都是建立其新都城的佛教中心地位的话，反过来利用这些地方高僧往新统一地区分舍利建塔，既是巩固统一的举措，又是隋文帝树立自己佛教理想君主转轮王的必要手段。先将高僧召到京师，然后再由京师而至地方，这些佛教高僧充当了将帝国权威传播到各州去的使命，从这个逻辑看，召大德立众，和稍后的分舍利建塔，一个是把地方势力纳入中央，一个是把中央权威播种到地方，从目的上来说，有一定的一致性。

在佛教传入中国之前，中国传统政治合法性的论述，主要在天人感应、五德终始学说的框架下进行。统治人民的君主是"天子"，天授符命（mandate）于天子，天子顺天命统治人民。君主是否拥有统治人民的符命，有赖于图谶和祥瑞的解释；君主受命于天，统治有方，达到天下太平，

---

① 《续高僧传》卷18《释昙迁传》，《大正藏》第50册，第573页。

则可以封禅泰山（或中岳），向上天报告。在这一体系之中，"天命"可以转移，若君主所作所为违背天道，则有灾异出现示警。若君主不思反省，则天命会被上天剥夺，转入异姓。[①] 佛教的传入，带来了新的意识形态，为世俗界的君主们提供了将自己统治神圣化的新理论。佛教王权观的核心内容是转轮王（Cakravartin），考察隋代到唐前期的历史可以发现，转轮王观念始终是僧俗理解世俗王权的主要理论。将君主描述为转轮王的传统，贯穿整个隋唐时期，而君主也顺应潮流，在中土本有的"天子"意涵之外，又给君主加上了佛教"转轮王"的内容，形成了我们可以称之为"双重天命"的政治论述。而这种"双重天命"，几乎贯穿隋唐时期。与之相关的"七宝"、"千轮"，成为描述中土帝王之新术语；"分舍利建塔"、"灌顶"、"受戒"[②]等成为帝国仪式的重要内容；王衔之变迁、话语之演进、礼仪之革新、空间建筑之重置，旧意识形态之冲突融合，实为当时一大事件。

隋文帝的分舍利建塔也正是在这种背景下才能更好地理解。分舍利建塔本不是转轮王的主要标志和内涵，但是历史上著名的转轮王，尤其是阿育王（Asoka）和贵霜的迦腻色伽一世（Kanishika I）都通过在帝国范围内分舍利建塔的方式宣扬自己佛教转轮王的身份，分舍利建塔也因此逐渐被视为转轮王的一种仪式性的活动，或者说是一种政治惯例（practice）。戴密微（Paul Demiéville）早就敏锐指出，隋文帝模仿的是历史上的转轮王，更直接指出模仿的是一种阿育王样式（Asoka model）。[③] 对于这一点学界早有论述，而又非本文的重点，兹不赘述。

---

① 除了汤武革命的暴力模式、尧舜的禅让模式外，完成天命转移的"革命"还与历法有关，为纬学所倡导，可称为"干支革命"，即强调某些特殊的时间节点，具有强烈的"革命"或者"革政"（革令）的力量。参看孙英刚：《"朔旦冬至"与"甲子革令"：历法、谶纬与隋唐政治》，《唐研究》第18卷，2012年，第21—48页。

② 《菩萨戒经》之一的《梵网经卢舍那佛说菩萨心地戒品第十卷下》说得很清楚："佛言：若佛子，欲受国王位时，受转轮王位时，百官受位时，应先受菩萨戒。"隋代及唐初的皇帝和太子等皇室成员，多受此戒。隋文帝、炀帝、元德太子、唐太宗、李承乾等等都受过菩萨戒。这一问题仍有探讨的空间。

③ 《剑桥中国秦汉史》，北京：中国社会科学出版社，1992年，第940页。另可参看芮沃寿（Arthur Wright）"The Foundation of Sui Ideology, 581—604", John Fairbank, *Chinese Thought and Institutions*, Chicago, 1957, p. 86.

需要点明的是,隋朝开皇九年(589)攻灭陈朝,统一天下,结束了三百年的分裂局面,这是一件在当时看起来也非常伟大的成就。按照中国传统的政治理念,隋文帝应该通过去泰山封禅,昭告天地,报告自己取得的成就——这是传统中国君主理论上应该做的仪式。但是隋文帝却没有这么做,他选择了分舍利建塔——在刚统一的帝国范围内,模仿历史上的转轮王,分送一百多州舍利,并在该州建一座舍利塔。通过这样的仪式,来宣告天下的统一。封禅是中华天子的做法,而分舍利建塔是转轮圣王的标志,完全是两种不同的意识形态在发挥影响。在《大般涅槃经》中,阿难说世尊的舍利应该视为世间一切王中之王(转轮王)的骨殖。除了分舍利建塔之外,隋文帝如阿育王一样,宣布自己以正法(Dharma)统治统一之后的国家。这种"正法"的说法,也见于贵霜时代的钱币上的铭文。对于杨坚,佛教界给予了热情的讴歌,多将其直接描述为佛教转轮王。比如《龙藏寺碑》说隋文帝"乘御金轮,□□□□,上应帝命,下顺民心。飞行而建,鸿名揖让,而升大宝"[①];《大隋河东郡首山栖岩道场舍利塔之碑》说他"悬玉镜而临寓内,转金轮而御天下"[②];《宝泰寺碑》说他"屏嚣尘而作轮王,救浊世而居天位"[③]。这些颂扬之辞中出现的概念,比如"金轮"、"飞行"等等,都是描述转轮王的术语。佛教转轮王信仰对中古时代政治语言的研究,最早可能出现在北朝的佛教造像中,[④]到了隋代和唐前期,已经变得非常普遍。

隋文帝仁寿元年(601)、二年(602)、四年(604)先后三次分舍利建塔,

---

① 《金石萃编》卷38《隋一·龙藏寺碑》,第646—648页。关于龙藏寺碑庚北周和隋代政治关系,参看颜尚文:《隋〈龙藏寺碑〉考(一)——定州地区与国家佛教政策关系之背景》,《第二届国际唐代学术会议论文集》,北京:文津出版社,1993年,第937—969页。

② 《金石续编》卷3《大隋河东郡首山栖岩道场舍利之碑》,第3057—3059页。又见于《八琼室金石补正》卷26〈大隋河东郡首山栖岩道场舍利塔之碑〉,第4420—4423页。

③ 韩理洲辑校:《全隋文补遗》卷2《宝泰寺碑》,西安:三秦出版社,2004年,第67页。

④ [日]仓本尚德:《北朝造像铭における转轮王关系の用语の出现》,《印度学佛教学研究》第60卷第1号,平成二十三年(2011)十二月,第16—19页。比如赵郡王高叡定国寺碑,"属大齐之驭九有,累圣重规,义轩之流、炎昊之辈,出东震、握北斗、击玉鼓、转金轮"。(颜娟英主编:《北朝佛教石刻拓片百品》,"中央研究院"史语所,2008年,第152页)

"前后置塔诸州,百有余所。皆置铭勒,隐于地府"①。杜斗城等学者认为,隋文帝分舍利建塔,在很大程度上带有恢复曾被周武帝灭佛而废毁了的寺院与佛塔的目的等。② 这种说法并不错,不过还要认识到的是,分舍利建塔,第一它本就是佛教转轮王的一种政治惯例和仪式;第二它也是隋文帝力用佛教将中央权威通过佛教仪式、祥瑞、宣传等手段渗透到地方各州的手段。

必须指出的是,送舍利到各州建塔的僧人,本文分析的僧团扮演了最为重要的角色。我们把这些僧团中送舍利的僧人梳理如表4:

表4　僧团中送舍利到各州建塔的僧人基本情况

僧系	僧名	籍贯	仁寿元年	仁寿二年	仁寿四年
慧远	慧迁	瀛州		本乡瀛州弘博寺	海州安和寺
	善胄	瀛州			梓州牛头山华林寺
	灵璨	怀州		本乡怀州长寿寺	泽州古贤谷景净寺
	辩相	瀛州	越州大禹寺		
	明璨	莒州	蒋州栖霞寺		
	宝安	兖州		营州梵幢寺	
	宝儒	幽州		邓州大兴国寺	
	慧畅	莱州	牟州拒神山寺		
	道颜	定州	桂州缘化寺		
	智嶷	襄阳	瓜州崇教寺		
	道嵩	瀛州	苏州虎丘山寺		
	净辩	齐州	衡州衡岳寺		

---

① 《集古今佛道论衡》卷乙,《大正藏》第52册,第379页上。

② 杜斗城、孔令梅:《隋文帝分舍利建塔有关问题的再探讨》,《兰州大学学报(社会科学版)》2011年第3期,第21—33页。相关讨论,还可参看游自勇:《隋文帝仁寿颁天下舍利考》,《世界宗教研究》2003年第1期,第24—30页。

续表

僧系	僧名	籍贯	仁寿元年	仁寿二年	仁寿四年
昙延	童真	蒲州	终南山仙游寺		
	慧海	蒲州	定州恒①岳寺		熊州十善寺
	慧诞	雍州		杭州天竺寺	
	觉朗	河东			绛州觉成寺
昙迁	昙迁	太原	岐州凤泉寺		
	静琳	京兆			京兆华原石门山神德寺
	净业	汉东		安州景藏寺	
慧藏	智隐	贝州	益州法聚寺		莘州
	法彦	洺州	汝州兴世寺		沂州善应寺
	僧朗	恒州	番州灵鹫山果实寺		
洪遵	洪遵	相州		卫州福聚寺	博州隆圣寺
僧休	宝袭	贝州	嵩州闲居寺		邢州泛爱寺②
宝镇	宝宪	郑州		洪州	

先组建佛教中心,把高僧笼络入京,然后再分舍利于四方,这是开皇—仁寿时代隋文帝对佛教界干预的两项主要措施。送舍利到地方,本来有一个重要的原则,就是尽量让僧人各回本乡。在逻辑上说,这样做的目的应该是为了达到最大的宣传效果。比如僧粲送舍利时,隋文帝对他说:"法师等岂又不以欲还乡壤,亲事弘化?宜令所司备礼各送本州岛。"③从表4来看,有一些确实是本着各回本乡的原则,比如瀛州人慧迁去本乡瀛州弘博寺、怀州灵璨去本乡怀州长寿寺。这一原则在有些僧众身上体现的并不明显,但是依然有一些例子可以看出一些内在逻辑。比如智嶷去瓜州崇教寺分舍利建塔,或许是因为他虽然祖居襄阳,却是康居王裔,带一些西域色彩。

---

① 游自勇作"衡"岳寺,系笔误。
② 此次送舍利建塔为游文所忽略。
③ 《续高僧传》卷9《隋京师大兴善道场释僧粲传》,《大正藏》第50册,第500页中—501页上。

六大德僧团和北周—隋朝系的僧人在分舍利建塔过程中扮演了最为重要的角色,他们的弟子占了送舍利僧人的很大一部分,实为隋文帝分舍利建塔的主力。但是各回本乡的原则没有完全得到执行,实际上这也是不现实的。此时,京师的僧人结构,如我们所分析的那样,主要是原北齐系和北周本土僧团,开皇九年南方的陈朝才被灭亡,这时分送舍利到南方去的,大多依然是北方僧人,比如雍州人慧诞送舍利去杭州、瀛州人道嵩送舍利去苏州、恒州人僧朗送舍利去广州。此时,虽然如隋炀帝与南方天台大师等高僧交往甚密,但是京师的佛教势力结构,并未受到太激烈的冲击。等到隋炀帝上台以后,大兴城的寺院和僧团结构就发生了剧烈的变化。不过这不是本文讨论的内容,兹不赘述。

总结起来说,隋唐长安城新建,佛教中心的构建有赖于政治的干预,开皇七年(587)召六大德进京,及其前后地方僧团往京师的集中,成就了以后长安城佛教中心的地位。隋文帝在开皇年间短暂建立的僧"众",是从临时性组织转向佛教寺院的过渡形态。而且这一措施,还必须放在稍后全国范围的分舍利建塔的背景下考察,这些情节一方面是佛教势力结构的重塑,另一方面也是佛教意识形态作为隋文帝统治理论的反映。

六、余　论

所谓"五众"、"二十五众"是隋文帝时代短暂存在于长安的两种佛教组织。一方面,它们是隋文帝迁都大兴城、在新都重构佛教小区的努力的一部分;另一方面,它也是对开皇时期佛教势力结构的确认和反映。其对于理解南北朝到隋唐时期的佛教、长安佛教寺院体系的成形、隋唐之际佛教权力结构等,都具有重大意义。众是寺院系统构建完成的重要步骤,是隋、唐长安城寺院体系成型之前的一种过渡形态。开皇时期的这一举措,构成了长安城寺院结构的基本格局。在此基础上,僧众不断分散组合,长安城的佛教寺院兴衰起落。在这些演化过程中,既有佛教自身发展的原因,也有权力和世俗供养干预和引导的原因。在隋、唐长安这个中古都市里,佛教僧侣构成的神圣空间,不可能脱离世俗权力的渗透,神圣空间和世俗空间的彼此影响,构成了这座都市宗教和世俗日常生活乃至精神层面的独特风景。

论著目录

一、著作

1. 孙英刚:《神文时代:谶纬、术数与中古政治研究》,上海:上海古籍出版社,2014 年。

2. 孙英刚:《隋唐五代史》,上海:上海人民出版社,2014 年。

3. 孙英刚:《七宝庄严:转轮王小传》,北京:商务印书馆,2016 年。

4. 尤锐(Yuri Pines)著,孙英刚译:《展望永恒帝国:战国时代的中国政治思想》,上海:上海古籍出版社,2013 年。

5. 陈金华、孙英刚编:《神圣空间:中古宗教中的空间因素》,上海:复旦大学出版社,2014 年。

二、论文

1. "Imagined Reality: Urban Space and Sui-Tang Beliefs in the Underworld," *Studies in Chinese Religions*, Volume 1, Issue 4, 2015. pp. 1-42.

2. 孙英刚:《从五台山到七宝台:高僧德感与武周时期的政治宣传》,《唐研究》第 21 卷,北京:北京大学出版社,2015 年。

3. 孙英刚:《李承乾与普光寺僧团》,日本《唐代史研究》第 18 号,2015 年。

4. 孙英刚:《佛教典籍中的一位希腊君王》,《读书》2015 年第 8 期。

5. 孙英刚:《武则天的七宝:佛教转轮王的图像、符号及其政治意涵》,《世界宗教研究》2015 年第 2 期。

6. 孙英刚:《"洛阳测影"与"洛州无影"——中古知识世界与政治关联性之一例》,《复旦学报》2014 年第 1 期。

7. 孙英刚:《无年号与改正朔:安史之乱中肃宗重塑正统的努力——兼论历法与中古政治之关系》,《人文杂志》2013 年第 2 期。

8. 孙英刚:《隋唐长安寺院长生畜禽考》,《世界宗教研究》2013 年第

2 期。

9. 孙英刚:《"辛酉革命"说与龙朔改革——7—9 世纪的纬学思想与东亚政治》,《史学月刊》2013 年第 7 期。

10. 孙英刚:《神文时代:中古知识、信仰与政治世界之关联性》,《学术月刊》2013 年第 10 期。

11. 孙英刚:《转轮王与皇帝——佛教王权观对中古君主概念的影响》,《社会科学战线》2013 年第 11 期。

12. 孙英刚:《佛教与阴阳灾异:武则天明堂大火背后的信仰及政争》,《人文杂志》2013 年第 12 期。

13. 孙英刚:《从"众"到"寺":隋唐长安城佛教中心的成立》,《唐研究》第 19 卷,2013 年。

14. 孙英刚:《佛教对本土阴阳灾异说的化解——以地震与武周革命为中心》,《史林》2013 年第 6 期。

15. 孙英刚:《瑞祥抑或羽孽:"五色大鸟"与汉唐间的政治宣传》,《史林》2012 年第 4 期。

16. 孙英刚:《幽冥之间:"见鬼人"与中古社会》,《中华文史论丛》2011 年第 2 期。

17. 孙英刚:《南北朝隋唐时代的金刀之谶与弥勒信仰》,《史林》2011 年第 3 期。

18. 孙英刚:《"太平天子"与"千年太子":6—7 世纪政治文化史的一种研究》,《复旦学报(社会科学版)》2010 年第 6 期。

19. 孙英刚:《西方学术话语与东方史学脉络:以"Medieval"为例》,《人文杂志》2010 年第 2 期。

20. 孙英刚:《想象中的真实:隋唐长安的冥界信仰和城市空间》,《唐研究》第 15 卷,2009 年。

卢向前

卢向前，1949年生，浙江嵊县人。1985年北京大学历史系硕士毕业后到杭州大学任教，1999年获浙江大学博士学位。2001年起为浙江大学人文学院历史系教授，兼任中国敦煌吐鲁番学会理事、中国唐史学会理事，2012年退休。从事敦煌学、隋唐史研究，出版专著《敦煌吐鲁番文书论稿》、《唐代西州土地关系述论》等，在《中国史研究》、《文史》等刊物上发表论文30余篇。

武则天与刘洎之死

卢向前

　　武则天尝为唐太宗之才人,后又为唐高宗之皇后;当武则天为才人时,宰相刘洎在贞观十九年(645)年底即已被唐太宗赐死。以此而言,武则天与刘洎之死似乎为风马牛不相及。但笔者近日得读史籍,颇疑刘洎之死与武则天及太子李治之暧昧关系有涉,其事虽是宫闱秘事,但又与当时的社会文化状态不无关系,于是抉隐发微,撰成此文,求教大方,以助谭兴云。

一

　　《资治通鉴》卷二〇〇唐高宗永徽六年(655)十月条称:

　　　　乙卯,百官上表请立中宫。乃下诏曰:"武氏门著勋庸,地华缨黻,往以才行选入后庭,誉重椒闱,德光兰掖。朕昔在储贰,特荷先慈,常得侍从,弗离朝夕;官壶之内,恒自饬躬,嫔嫱之间,未尝近目。圣情鉴悉,每垂赏叹,遂以武氏赐朕,事同政君。可立为皇后。"①

　　文中所云"遂以武氏赐朕,事同政君"之政君即王政君,其事可见《资治通鉴》卷二七汉宣帝甘露三年(前51)五月条,其文云:

---

　　① (宋)司马光:《资治通鉴》卷200"唐高宗永徽六年(655)十月"条,北京:中华书局,1956年,第6293—6294页。

皇太子(即后来之汉元帝)所幸司马良娣病且死,谓太子曰:
"妾死非天命,乃诸娣妾良人更祝诅杀我。"太子以为然。及死,
太子悲恚发病,忽忽不乐。帝乃令皇后择后宫家人子可以娱侍
太子者,得元城王政君,送太子宫。政君,故绣衣御史贺之孙女
也。见于丙殿,一幸有身,是岁生成帝于甲馆画堂。①

陈寅恪先生云:

高宗此诏以武曌比于西汉"配元生成"之王政君,奸佞词臣
之文笔固不可谓不妙,然欲盖弥彰,事极可笑,此文所不欲详及
者也。②

陈寅恪先生"所不欲详及者",或许在王政君以良家子入宫,而武则天
原为太宗之才人,两者事本不同,词臣强拉在一起,便成欲盖弥彰而极可
笑之事。

但实在的,高宗之诏,似乎并未掩饰其与武则天之关系。

"宫壶之内,恒自饬躬,嫔嫱之间,未尝近目",当然是高宗对武则天当
时情状之评价,此自不待说。然诏中所云"昔在储贰,特荷先慈,常得侍
从,不离朝夕"句,似指高宗为太子时,太宗父子两人关系,其间要表达的
是一种眷眷之情,拳拳之心,但联系下文,"常得侍从,弗离朝夕",初看似
指高宗侍从太宗,这当然也是说得通的。但细细推敲,却未始不含有武则
天与李治二人两情相悦之关系:高宗因太宗之慈爱而得则天之"侍从",得
武则天之侍从而二人"弗离朝夕",以至于"圣情鉴悉,每垂赏叹"。因了这
样的关系,最终"遂以武氏赐朕"。依此而言,太宗在世的时候,武则天对
于李治的侍妾关系便已经确定下来,不待武则天之第二次入宫也。

但是,对于这样的关系,或许有"为尊者讳"的意思在里面,一些记载
便也语焉不详,如《旧唐书》卷六《则天皇后纪》载道:

① 《资治通鉴》卷 27"汉宣帝甘露三年(前 51)五月"条,第 889—890 页。
② 陈寅恪:《金明馆丛稿初编·记唐代之李武韦杨婚姻集团》,北京:生活·读书·新知三
联书店,2001 年,第 279 页。

初,则天年十四,时太宗闻其美容止,召入宫立为才人。及太宗崩,遂为尼,居感业寺。大帝于寺见之,复召入宫,拜昭仪。①

《新唐书》卷四《则天纪》称:

太宗崩,后削发为比丘尼,居于感业寺。高宗幸感业寺,见而悦之,复召入宫,久之,立为昭仪,进号宸妃。②

则天居感业寺为尼,高宗"于寺见之"、"见而悦之",则似乎二人偶尔得见,仅为邂逅。其潜台词便是,二人事先根本就没有什么特殊关系存乎其间——这当然不是历史的真实。③

《资治通鉴》与《唐会要》的记载稍为客观一些,《资治通鉴》"永徽五年(654)三月"条说:

初,王皇后无子,萧淑妃有宠,王后疾之。上之为太子也,入侍太宗,见才人武氏而悦之。太宗崩,武氏随众感业寺为尼。忌日,上诣寺行香,见之。武氏泣,上亦泣。王后闻之,阴令武氏长发,劝上内之后宫,欲以间淑妃之宠。④

于是,虽有永徽六年(655)十月高宗立武后诏之"遂以武氏赐朕"之语,但仅称"悦之",而其称谓仍为"才人",且随众为尼,则二人之关系在疑似之间,不敢贸然肯定也。这必然是司马光为尊者讳了。《唐会要》的说法与《资治通鉴》略同,其卷三"皇后"条称:

高宗皇后王氏永徽元年(650)正月立为皇后,六年(655)十月十三日废为庶人。

---

① (后晋)刘昫:《旧唐书》卷 6《则天皇后纪》,北京:中华书局,1975 年,第 115 页。
② (宋)欧阳修:《新唐书》卷 4《则天纪》,北京:中华书局,1975 年,第 81 页。
③ 武则天二进宫时间,崔曙庭《武则天是何时入高宗宫的》一文认为在永徽元年(650)、二年(651)间,文载《汉中师院学报》1994 年第 2 期,第 22—25 页。其文虽或有错讹,但于武则天二次进宫的时间大致可信。
④ 《资治通鉴》卷 199"永徽五年(654)三月"条,第 6284 页。

天后武氏，贞观十年（636）文德皇后崩，太宗闻武士彟女有才貌，召入宫以为才人。时上在东宫，因入侍，悦之。太宗崩，随嫔御之例出家为尼感业寺。上因忌日行香见之，武氏泣，上亦潜然。时萧良娣有宠，王皇后恶之，乃召入宫，潜令长发，欲以间良娣之宠。①

这样的记载虽使人有疑似之惑，但高宗、则天两两相见，"武氏泣，上亦泣"，或"武氏泣，上亦潜然"，总能说明二人曾经有过交往，而使人读来以《立武后诏》中之语为事实。这样的信息，还表现在《旧唐书》卷五一《高宗废后王氏传》上：

初，武皇后贞观末随太宗嫔御居于感业寺，（王皇）后及左右数为之言，高宗由是复召入宫立为昭仪。②

这里，虽未有挑明李治与则天当时关系之文字，但细加分析，不但是王皇后言及则天，就连左右也都如此劝说高宗，依此可见，高宗与则天的关系在武则天第二次入宫之前就为人所共知。

那么，李治和武则天关系之确立在什么时候呢？根据《立武后诏》所说，当然是在太宗在世之时，亦即李治"昔在储贰"之际。但我们能够把这一时间说得更确切一些。

现在能看到的唐高宗关于立武则天为皇后诏，大都以《资治通鉴》之记载为据，而在宋人程大昌所撰之《考古编》中，亦有一些《资治通鉴》中没有的内容，其卷一〇"立武后"条称：

高宗欲易置中宫，顾命大臣合力竭谏，皆不之听，竟废王氏，立武氏。武，故太宗才人也，而立之，其于世间公议，若略无畏惮者矣。然其立诏曰："武氏往以才行，选入后庭，誉重椒闱，德光兰掖。朕昔在储贰，特荷先慈，遂以武氏赐朕。事同故（案：政字

---

① （宋）王溥：《唐会要》卷3《皇后》，北京：中华书局，1957年，第23页。
② 《旧唐书》卷51《高宗废后王氏传》，第2170页。

之误)君之赐,已经八载;必能训范六宫,母仪万姓。可立为皇后。"①

此记载与《资治通鉴》相比较,可互相补充成相对完整的文字:

> 武氏门著勋庸,地华缨黻,往以才行,选入后庭,誉重椒闱,德光兰掖。朕昔在储贰,特荷先慈;常得侍从,弗离朝夕;宫壶之内,恒自饬躬;嫔嫱之间,未尝近目;圣情鉴悉,每垂赏叹,遂以武氏赐朕。事同政君之锡,已经八载;必能训范六宫,母仪万姓。可立为皇后。

是诏完璧与否,我们已无从知晓,但程大昌所言武则天既为太宗之才人,又成高宗之皇后,"其于世间公议,若略无畏惮者"之言,颇与当时褚遂良谏高宗不立武则天为皇后语类似,当在下文分析。而引起我们注意的是《考古编》中"事同政君之锡,已经八载"之语。

据《资治通鉴》,唐高宗《立武后诏》颁于永徽六年(655)十月,以此往前推八年,则为贞观二十一年(647)十月以前(相隔八年为贞观二十年)。也就是说唐太宗把自己的才人武则天赏赐给其子李治,在唐太宗贞观二十三年(649)五月死前一年,或许竟在二年以上。

而恰恰在贞观二十年(646),我们看到了武则天和李治厮混所具备的时间条件。《旧唐书》卷八〇《褚遂良传》称:

> (贞观)二十年(646),太宗于寝殿侧别置一院,令太子居,绝不令往东宫,遂良复上疏谏曰:"臣闻周世问安,三至必退;汉储视膳,五日乃来。前贤作法,规模弘远。礼曰:男子十年,出就外傅,出宿于外,学书计也。然则古之达者岂无慈心,减兹私爱,欲使成立。凡人尚犹如此,况君之世子乎?自当春诵夏弦,亲近师傅,体人间之庶事,适君臣之大道,使翘足延首,皆聆善声,若献

---

① (宋)程大昌:《考古编》卷7《立武后》,台北:台湾商务印书馆,文渊阁四库全书本,1986年,第852册,第41—42页。

岁之有阳春,玄天之有日月;弘此懿德,乃作元良。伏惟陛下道育三才,功包九有,亲树太子,莫不欣欣。既云废昏立明,须称天地瞻望,而教成之道,实深乖阙。不离膝下,常居宫内,保傅之说无畅,经籍之谈蔑如。且朋友不可以深交,深交必有怨;父子不可以滞爱,滞爱或生愁。伏愿远览殷周,近遵汉魏,不可顿革,事须阶渐,尝计旬日,半遣还宫,专学艺以润身,布芳声于天下,则微臣虽死,犹曰生年。"太宗从之。①

请注意,当贞观二十年(646)之时,唐太宗竟然在寝殿之侧,"别置一院,令太子居,绝不令往东宫"。这就是《立武后诏》中"朕昔在储贰,特荷先慈;常得侍从,弗离朝夕"之注脚? 当时,李治为虚岁十九,则天年龄稍长一些,但约略相当。② 妙龄之男女,同处一地,做些不合规矩之事,亦在情理之中。而唐太宗竟因此而将武氏赏赐于其太子李治? 若果真如此,则其社会开放程度可为高矣。

相对于唐太宗的豁达大度、唐高宗的开放大胆,褚遂良的态度则显得吞吞吐吐。据其所谏之疏,看似以君臣大道之礼仪立论,但其中亦当含有提醒太宗,在饮食男女方面,应该防患于未然之意:"父子不可以滞爱,滞爱或生愁"云云,滞爱者何,生愁者又是什么? 而"微臣虽死,犹曰生年"云云,亦颇为蹊跷,以礼立论,何来生死之说? 以至于"废昏立明"句云云,大约亦有弦外之音在。而褚遂良对于此事的建议也只能是采取"尝计旬日,半遣还宫"的让步政策了。

但是,李治与则天的这种暧昧关系的发生,竟在此时么? 笔者以为,贞观二十年左右之际,只是事件发展的一个阶段,其"狐媚偏能惑主"状况的最初发生,大约还要更早一些,具体地说,就是在贞观十九年唐太宗征

---

① 《旧唐书》卷80《褚遂良传》,第2737—2738页。
② 唐高宗生于贞观二年(628)无歧义,而武则天之生年则据其卒年倒推为武德七年(624)左右。《资治通鉴》卷195"贞观十一年(637)十一月"条云:《考异》曰:"《旧则天本纪》崩时年八十三,《唐历》、焦璐《唐朝年代记》、《统纪》、马总《唐年小录》、《圣运图》、《会要》皆云八十一,《唐录》、《政要》,贞观十三年(639)入宫。据武氏入宫年十四,今从吴兢《则天实录》为八十二,故置此年。"(第6135页)

辽,而李治留守定州之时。于是我们就要导入刘洎之死与武则天的关系问题了。

二

关于刘洎之死,千百年来,众说纷纭,其关键在于对《旧唐书》卷七四《刘洎传》下段记载之看法:

> 太宗征辽,令洎与高士廉、马周留辅皇太子定州监国,仍兼左庶子检校民部尚书。太宗谓洎曰:"我今远征,使卿辅翼太子,社稷安危之机,所寄尤重,卿宜深识我意。"洎进曰:"愿陛下无忧,大臣有愆失者,臣谨即行诛。"太宗以其妄发,颇怪之,谓曰:"君不密则失臣,臣不密则失身。卿性疏而太健,恐以此取败,深宜诚慎,以保终吉。"十九年太宗辽东还,发定州,在道不康。洎与中书令马周入谒,洎、周出,遂良传问起居。洎泣曰:"圣体患痈,极可忧惧。"遂良诬奏之曰:"洎云国家之事不足虑,正当傅少主行伊霍故事,大臣有异志者诛之,自然定矣。"太宗疾愈,诏问其故。洎以实对,又引马周以自明。太宗问周,周对与洎所陈不异。遂良又执证不已,乃赐洎自尽。洎临引决,请纸笔欲有所奏,宪司不与。洎死,太宗知宪(司)不与纸笔,怒之,并令属吏。云云。[①]

此段文字,据《资治通鉴》所称,乃为《实录》之记载,但古代的人们着眼点多在褚遂良是否"诬奏"上,司马光以道德人品立论,兀自不信"忠良正直"的褚遂良竟有诬告之勾当。《资治通鉴》卷一九八太宗贞观十九年(645)十二月条《考异》云:

> 《实录》云:"黄门侍郎褚遂良诬奏之曰:'国家之事不足虑

---

① 《旧唐书》卷74《刘洎传》,第2612页。

也,正当辅少主行伊、霍,大臣有异志者诛之,自然定矣。'太宗疾愈,诏问其故,洎以实对。遂良执证之不已。洎引中书令马周以自明,太宗问周,周对与洎所陈不异。帝以诘遂良,又证周讳之,洎遂及罪。"按此事中人所不为,遂良忠直之臣,且素无怨仇,何至如此? 盖许敬宗恶遂良,故修《实录》时以洎死归咎于遂良耳。今不取。①

宋人孙甫亦有同样的看法,其所撰之《唐史论断》卷上"刘洎赐死"条称:②

> 论曰:刘洎之死,据《旧史》所书,由褚遂良之谮也。然伐辽之行,太宗谕洎辅翼太子之意,洎有诛大臣之对,时已责其疏健。太宗至自辽东,不豫,洎谒见而深忧之,复言诛大臣事,亦与前疏健之语何异? 傥为遂良所奏,太宗迭前怒杀之,迹其事状,近于是矣。若洎止忧圣体,绝无他语,又引马周自明,周对与洎不异,太宗何至偏信遂良,遽诛大臣乎? 况洎有罪而周隐之,又安得止罪洎而不责周也? 盖遂良后谏废立皇后事以忠直被谴,奸人从而谮构之,惟恐其无罪。故刘洎之子诉冤,李义府助之,赖乐彦玮力辩其事。遂良谮洎之言当出于此矣。又,《贞观实录》本敬播所修,号为详正,后许敬宗专修史之任,颇以爱憎改易旧文,则遂良谮洎之事安可信乎?③

苏轼提出的意见与孙甫亦有相似之处,他在《书唐氏六家书后》中说:

> 河南(褚遂良)固忠臣,但有谮杀刘洎一事,使人怏怏然。余尝考其实,恐刘洎末年褊忿,实有伊霍之语,非谮也。若不然,马周明其无此语,太宗独诛洎而不问周,何哉? 此殆天后朝许、李

---

① 《资治通鉴》卷198"太宗贞观十九年(645)十二月"条,第6233—6234页。
② 王元军认为司马光及苏轼都应读到过孙氏之文。王文《刘洎之死真相考索》载《人文杂志》1992年第5期,第87—90页。
③ (宋)孙甫:《唐史论断》卷上"刘洎赐死"条,文渊阁四库全书本,第658册,第656页。

所诬而史官不能辨也。①

现代的人们的着眼点与司马光辈大有不同,他们往往从政治大局出发来看待褚遂良是否潜杀刘洎的问题。比如吕思勉先生就指出褚遂良潜诬刘洎为事实而唐太宗杀之自有别故,②汪籛先生则提出太宗之所以杀刘洎在于"刘洎与李治素不同心",而褚遂良则投合了太宗顾忌心理,于是刘洎不得不死。③ 王元军先生发挥了汪籛先生的观点,针对各家以为许敬宗借修《实录》之机而诬蔑褚遂良的说法,提出贞观十九年(645)的《实录》并非许氏所修,而褚遂良潜杀刘洎应是事实。褚遂良之所以有这样的举动,原因还在于刘洎不利于李治的顺利接班。④

司马光等人的观点显然不对,当着政治斗争尖锐复杂时,人们的是非曲直观念并不能仅仅以人品道德标准来衡量,如褚遂良,依《旧唐书》卷六○史臣所言,他非但诬陷了刘洎,而且对吴王恪、宗室李道宗也下了手:

> 永徽中(长孙)无忌、遂良忠而获罪,人皆哀之,殊不知诬陷刘洎、吴王恪于前,枉害道宗于后。天网不漏,不得其死也,宜哉。⑤

史臣所说的吴王恪、道宗案都与房遗爱谋反案有关。《旧唐书》卷四《高宗纪》称:

> (永徽四年正月)丙子,新除房州刺史驸马都尉房遗爱、司徒秦州刺史荆王元景、司空安州刺史吴王恪、宁州刺史驸马都尉薛万彻、岚州刺史驸马都尉柴令武谋反。二月乙酉,遗爱、万彻、令武等并伏诛,元景、恪、巴陵、高阳公主并赐死,左骁卫大将军安国公执失思力配流巂州,侍中兼太子詹事平昌县公宇文节配流

---

① (宋)苏轼:《苏东坡全集》卷93《书唐氏六家书后》,文渊阁四库全书本,第1108册,第502页。
② 吕思勉:《隋唐五代史》,上海:上海古籍出版社,1984年,第131页。
③ 吴宗国等:《汪籛隋唐史论稿·唐太宗》,北京:中国社会科学出版社,1981年,第112页。
④ 王元军:《刘洎之死真相考索》,《人文杂志》1992年第5期,第87—90页。
⑤ 《旧唐书》卷60《史臣曰》,第2357页。

桂州。戊子,特进太常卿江夏王道宗配流桂州,恪母弟蜀王愔废
为庶人。①

同书卷六〇《江夏王道宗传》称:

> (永徽)四年(653),房遗爱伏诛,长孙无忌、褚遂良素与道宗
> 不协,上言道宗与遗爱交结,配流象州,道病卒,年五十四。及无
> 忌、遂良得罪,诏复其官爵。②

以此而论,汪篯等先生以政治着眼的观点自是棋高一着,褚遂良实在
有诬告刘洎之动机与目的。③

但笔者以为,政治因素只是根本原因,在太宗诛杀刘洎的冠冕堂皇的
理由下面,④还有一些直接原因。征辽失败,便使太宗有发泄的可能,这
个原因不言自明;而另一个原因则千百年来均未曾引起过人们的注意,那
就是太子李治与太宗后宫嫔妃相厮混,其中便包括才人武氏。

李治与后宫厮混这样的宫闱秘事当然不能公之于众,但太宗与褚遂
良君臣也只是心照不宣,马周先是证褚遂良之伪、辩刘洎之诬,但一旦风
闻刘洎案与世民、李治父子争风有关,也只能是缄默不语了。

李治与太宗后宫厮混纯属宫闱秘事,直接的证据我们只能提出武则
天,其他的蛛丝马迹倒还有一些。《旧唐书》卷七九《李淳风传》称:⑤

> 初,太宗之世有秘记云:唐三世之后,则女主武王代有天下。
> 太宗尝密召淳风,以访其事。淳风曰:"臣据象推算,其兆已成。

---

① 《旧唐书》卷4《高宗纪》,第71页。
② 《旧唐书》卷60《江夏王道宗传》,第2356页。
③ 褚遂良和刘洎之间,也并非全如论者所言,没有私家之恩怨,比如《资治通鉴》卷196"贞观十六年(642)四月"条称:"夏四月壬子,上谓谏议大夫褚遂良曰:'卿犹知起居注,所书可得观乎?'对曰:'史官书人君言动,备记善恶,庶几人君不敢为非,未闻自取而观之也。'上曰:'朕有不善,卿亦记之邪?'对曰:'臣职当载笔,不敢不记。'黄门侍郎刘洎曰:'借使遂良不记,天下亦皆记之。'上曰:'诚然。'"(第6175页)刘洎当着太宗之面,含沙射影,褚遂良岂不耿耿于怀?
④ 《资治通鉴》卷198"贞观十九年(645)十二月庚申"条:"下诏称:'洎与人窃议,窥窬万一,谋执朝衡,自处伊霍,猜忌大臣,皆欲夷戮,宜赐自尽。'"(第6233页)
⑤ 《资治通鉴》置是事于卷199"贞观二十二年(648)六月太宗杀李君羡"条下,但司马光用的是回溯之笔法。(第6259页)

然其人已生在陛下宫内,从今不逾三十年,当有天下,诛杀唐氏子孙歼尽。"帝曰:"疑似者尽杀之,如何?"淳风曰:"天之所命,必无禳避之理,王者不死,多恐枉及无辜。且据上象今已成,复在宫内,已是陛下眷属。更三十年又当衰老,老则仁慈,虽受终易姓,其于陛下子孙,或不甚损。今若杀之,即当复生,少壮严毒,杀之立雠。若如此,即杀戮陛下子孙,必无遗类。"太宗善其言而止。①

此段所记李淳风议论,纯为赞颂其好生之德,实在形同谶纬,但在迷信的外表下,揭示的却是李治淫乱后宫的事实,观李淳风"其人已生在陛下宫内",且"已是陛下眷属",即可略知一二。尤可注意者,为太宗之言,"疑似者尽杀之",说明太宗当时还不知道具体对象,而联系《旧唐书·刘洎传》中,"洎临引决,请纸笔欲有所奏,宪司不与。洎死,太宗知宪(司)不与纸笔,怒之,并令属吏"②之语,我们大约可以知晓刘洎"欲有所奏"的是什么内容,而"宪司不与"纸笔,恐怕也不是他们的自作主张。当然,在这个时候,太宗还是不知道具体对象,他的震怒也是必然的了。

实际上,刘洎应该担负有监察李治之责任。《资治通鉴》卷一九七"贞观十七年闰六月"条称:

> 初太子承乾失德,上密谓中书侍郎兼左庶子杜正伦曰:"吾儿足疾乃可耳,但疏远贤良,狎昵群小,卿可察之。果不可教示,当来告我。"正伦屡谏不听,乃以上语告之,太子抗表以闻,上责正伦漏泄。对曰:"臣以此恐之,冀其迁善耳。"上怒,出正伦为榖州刺史。及承乾败,秋七月辛卯,复左迁正伦为交州都督。③

杜正伦负有监督之责,因其漏言而左贬,此其治罪尚轻。而刘洎当与杜正伦一样,亦负有监察之职任,于是便有太宗所说的"君不密则失臣,臣

---

① 《旧唐书》卷79《李淳风传》,第2718—2719页。
② 《旧唐书》卷74《刘洎传》,第2612页。
③ 《资治通鉴》卷197"贞观十七年(643)闰六月"条,第6202页。

不密则失身"之语。刘洎监察不力,出了如许大事,其死亦宜哉。

我们还应注意到以下事实,《资治通鉴》卷一九九"贞观十九年十一月十二月"条载:

> 丙戌,车驾至定州,丁亥,吏部尚书杨师道坐所署用多非其才,左迁工部尚书,壬辰,车驾发定州。十二月辛丑,上病痈,御步辇而行,戊申至并州,太子为上吮痈扶辇步从者数日。①

痈这种病,根据《黄帝内经素问》卷一所云:

> 营气不从,逆于肉理,乃生痈肿。(唐人王冰注:营、逆则血郁,血郁则热聚为脓,故为痈肿也。《正理论》云:热之所过,则为痈肿。)②

元人滑寿撰《难经本义》卷下称:

> 五藏不和则九窍不通,六府不和则留结为痈。③

看起来,李世民真是血气不和,急火攻心,以至留结为痈,而李治吮吸,扶辇步从,乍一看,似乎可以把它当作父子情深之极的好事例看待,或许可以把它看作是李治孝道之表现,但若联系以上所推测,知道李治与后宫有染之事实,我们大约可以说是他做贼心虚之补救措施吧?

太宗在贞观十九年十一月丙戌(22日)从幽州回到定州,同月壬辰(28日)从定州出发往并州,十二月辛丑(7日)患痈,戊申(14日)到并州,同月庚申(26日)下诏令刘洎自尽。④

了解了这张时间表,大约更能得出李世民患痈、刘洎之死与李治有关的结论。

尚有二事可证成其说,此二事都与刘洎之子为其父翻案有关。

---

① 《资治通鉴》卷198"贞观十九年(645)十一月十二月"条,第6231—6232页。
② (唐)王冰注:《黄帝内经素问》卷1,文渊阁四库全书本,第733册,第12页。
③ (唐)滑寿:《难经本义》卷下,文渊阁四库全书本,第733册,第481页。
④ 《资治通鉴》卷198"贞观十九年(645)十一月十二月",第6231—6233页。

《旧唐书》卷八一《乐彦玮传》称：

> 乐彦玮者，雍州长安人。显庆中为给事中，时故侍中刘洎之子诣阙上言，洎贞观末为褚遂良所谮枉死，称冤请雪。中书侍郎李义府又左右之。高宗以问近臣，众希义府之旨，皆言其枉。彦玮独进曰："刘洎大臣，举措须合轨度，人主暂有不豫，岂得即拟负国？先朝所责，未是不惬。且国君无过举，若雪洎之罪，岂可谓先帝用刑不当乎？"（上）然其言，遂寝其事。①

《资治通鉴》将是事系于显庆元年（656）"是岁"条下。② 这是刘洎之子第一次为其父翻案，其事当然与褚遂良的倒台有关，但没有成功。其原因，依乐彦玮的说法，还是不能推翻贞观中给刘洎定的罪名，亦即褚遂良并未诬告，而太宗的断刑没有不当。但我们假若考虑到此时武则天已成皇后，高宗与则天两位当事人当然明白刘洎之死的真相。于是所谓的"上然其言，遂寝其事"，也只能看成是高宗、武后有心为刘洎平反，而又碍于群臣反对而不得已的无奈之举了。

刘洎之子第二次的翻案却成功了，但那已是近 30 年以后的事。《旧唐书·刘洎传》称：

> 则天临朝，其子弘业上言，洎被遂良谮而死。诏令复其官爵。③

此事在《新唐书》卷九九《刘洎传》中记作"文明初"亦即公元 684 年。④ 请注意，刘洎之子的第二次翻案是在"则天临朝"之后，往事已成云烟，而武则天仍然记着当年刘洎的好处。如果说当年的高宗碍着其父太宗的面子，没有给刘洎平反的话，（尽管他也知道刘洎是替罪羊）那么，武则天就根本没有必要再有多余的考虑了。

---

① 《旧唐书》卷 81《乐彦玮传》，第 2758 页。
② 《资治通鉴》卷 200"高宗显庆元年（656）"条，第 6300—6301 页。王元军前引文关于乐彦玮语，理解有误。
③ 《旧唐书》卷 74《刘洎传》，第 2612 页。
④ 《新唐书》卷 99《刘洎传》，第 1399 页。

两次上诉，一败一成，不是也昭示着刘洎之死与武则天有关吗？

从种种迹象看来，高宗与武则天于贞观十九年（645）在定州有染大约可以确定了。

但是且慢，还有一个问题在，武则天当时在定州吗？假若她不在定州，那么我们的结论就完全变成无稽之谈了。

武则天在定州的确切记载，我们没能找得到，但旁证还是有一些。《史记》卷九《吕后本纪》称：

> 吕太后者，高祖微时妃也，生孝惠帝、女鲁元。太后及高祖为汉王，得定陶戚姬，爱幸，生赵隐王如意。孝惠为人仁弱，高祖以不类我，常欲废太子立戚姬子如意，如意类我。戚姬幸，常从上之关东，日夜啼泣云云。[①]

《隋书》卷三六《后妃炀帝萧皇后传》称：

> 帝每游幸，后未尝不随从。[②]

以此可见，帝王出征、巡游，常携带姬妾，刘邦带着戚姬，杨广携从萧后，就是很好的二例。想来唐太宗也是如此，武则天或许就跟随着太宗出京到了定州。但是，到定州后，高宗留了下来，武则天是否还跟着太宗走，还是留在定州了呢？《册府元龟》卷一八《帝王部帝德》称：

> （太宗）又尝征辽，将发定州，诏以宫女十人从，司徒长孙无忌表请："陛下躬自度辽，天下兵符及神玺悉从，宫女减少，将委官人，天下观之，以为陛下轻神器。"帝曰："度辽者十余万人，皆离家室，朕将十人，犹惭太多，夫自厚其身，必劳百姓。十人以主玺符，足可不任官人，朕心已在言前，无烦公重请。"[③]

---

① （汉）司马迁：《史记》卷9《吕后本纪》，北京：中华书局，1963年，第395页。
② （唐）魏征：《隋书》卷36《后妃传》，北京：中华书局，1973年，第1111页。
③ （宋）王钦若等编：《册府元龟》卷18《帝王部帝德》，北京：中华书局，1960年，第200页。兵符及玉玺由宫女掌管而不委官人之记载甚可注意，且待日后辨析。

以此而论,太宗征辽,宫女随军,必定也有姬妾。而太宗从定州出发,只带宫女十人,便把武则天这样的一大帮人就留在了定州。

这一留,从小的方面看,成就了李治与则天的好事,从大的方面看,或可认为是"吾国中古史上为一转折点",而"开启后数百年以至千年后之世局者也"①的前提。

<h2 style="text-align:center">三</h2>

然而,我们还得解决一个问题,为何太宗戴了绿帽子,不对李治、武则天有所行动呢?假若我们拔高此事之意义,而从社会风气、社会心态以及政治动向三方面加以考察,则可明了个中缘由。

首先,与朱熹所言"唐源流出于夷狄,故闺门失礼之事不以为异"②之社会风习有关。③

《资治通鉴》卷一九八"贞观二十一年(647)八月"条称:

> 丁酉,(太宗)立皇子明为曹王。明母杨氏,巢刺王之妃也,有宠于上;文德皇后之崩也,欲立为皇后。魏征谏曰:"陛下方比德唐虞,奈何以辰嬴自累!"乃止,寻以明继元吉后。(胡注:晋太子圉为质于秦,秦穆公以女妻子圉,将逃归,谓之曰:"与子归乎?"嬴氏不敢从,圉遂逃归。及晋公子重耳入秦,秦穆公纳女五人,怀嬴与焉,谓之辰嬴。贾季曰:"辰嬴,嬖于二君是也。")④

而太宗亦曾"密奏建成、元吉淫乱后宫"⑤。以此看来,男女混乱关

---

① 《金明馆丛稿初编·记唐代之李武韦杨婚姻集团》,第 279 页。

② (宋)朱熹撰,黎靖德编,王星点校:《朱子语类》卷 136"历代三",北京:中华书局,1994年,第 3245 页。

③ 陈寅恪:《唐代政治史述论稿》,北京:生活·读书·新知三联书店,2001 年,第 183 页。

④ 《资治通鉴》卷 198"贞观二十一年(647)八月"条,第 6249 页。

⑤ 《资治通鉴》卷 191"武德九年(626)六月己未"条,第 6009 页。己未日为六月日,是日为玄武门之变前一日。世民、建成、元吉兄弟互相攻讦,自是情理中事,但世民所言当为事实。《旧唐书》卷 64《高祖二十二子传》有"(建成)高祖所宠张婕妤、尹德妃皆与之淫乱。"(第 2416 页)

系,在当时,大约是很平常的事。

其实,非但唐朝王室,就是与李氏带有血缘关系而同样有着胡族血统的隋炀帝杨广,其所作所为亦约略相同。当隋文帝卧疾时,太子杨广即对文帝之宣华夫人陈氏无礼,而在文帝崩后,杨广就"烝"于陈氏,而在炀帝嗣位之后,陈氏"出居仙都宫,寻召入",①其事就与唐太宗崩,武则天出居感业寺,其后由高宗召回宫中有异曲同工之妙了。

至于唐玄宗与杨贵妃的故事,更为大家耳熟能详了。

于是,李治与武则天之关系,便也能为李世民所容忍。

其二,与当时的社会心态有关。武则天是太宗才人,才人虽为内命妇之一,但充其量不过是一个侍妾,②侍妾与皇后是不可同日而语的。于是,在高宗把武则天从安业(感业)寺中迎回宫中之时,我们不见朝廷中有任何的反对意见,而要把她立为皇后时,则反对者大有人在,其中的代表就是褚遂良。《新唐书》卷一〇五《褚遂良传》称:

> 帝(高宗)曰:"罪莫大于绝嗣,(王)皇后无子,今欲立(武)昭仪,谓何?"(褚)遂良曰:"皇后本名家,奉事先帝,先帝疾,执陛下手语臣曰:'我儿与妇,今付卿。'且德音在陛下耳,可遽忘之?皇后无他过,不可废。"帝不悦。翌日,复言。对曰:"陛下必欲改立后者,请更择贵姓。昭仪昔事先帝,身接帷第,今立之,奈天下耳目何?"帝羞黙。遂良因致笏殿阶,叩头流血曰:"还陛下此笏,丐归田里。"帝大怒,命引出。武氏从幄后呼曰:"何不扑杀此獠!"③

《新唐书》记载褚遂良所言"请更择贵姓",他书多作"妙择天下令族"。④ 假若我们把褚遂良谏高宗与魏征谏太宗的话两相比较:一个说

---

① 《隋书》卷36《后妃传》,第1110页。
② (唐)李林甫:《唐六典》卷12"内官宫官内侍省",北京:中华书局,1992年,第348页。其中"才人七人正四品"条称:"才人掌序燕寝,理丝枲,以献岁功焉。"
③ 《新唐书》卷105《褚遂良传》,第4028—4029页。
④ 《唐会要》卷52"识量"条(第905页)、《资治通鉴》卷199"唐高宗永徽六年(655)"条(第6290页)、《册府元龟》卷327"谏净"条记载无不如此。

"昭仪昔事先帝,身接帷第,今立之,奈天下耳目何",一个说"陛下方比德唐虞,奈何以辰嬴自累",何其相似乃尔。①

褚遂良也好,魏征也好,他们告诉我们的是这样一个信息:不管是武则天,还是杨氏,她们为侍妾是可以的,为皇后,"母仪天下"则不行。当然,太宗接受了魏征的谏言,而高宗则没有接受,于是便引出陈寅恪先生"吾国中古史上为一转折点"的大话题。②

既然如此,太宗对李治、则天无所行动,后来还把武则天赏赐给李治也是顺理成章的事,归根结底,武则天只不过是个侍妾。

其三,与当时的政治动态更有紧密的联系。问题还得回到李治的身份及地位上来。李治被立为太子曾经有过戏剧性的一幕,陈寅恪先生曾有过很精彩的论述,读者自可参而观之。③ 在李治立为太子之前,宫廷中有太子承乾与其同母弟李泰之斗争。《资治通鉴》卷一九六"贞观十六年八月"条说:"时太子承乾失德,魏王泰有宠,群臣日有疑议。"④最终,承乾被废,但李泰亦未能如愿。在长孙无忌、褚遂良的支持下,李治被立为太子。当其时,太宗曾有过关于太子身份地位的论述。《资治通鉴》卷一九七"贞观十七年四月"条称:

> 上谓侍臣曰:"我若立泰,则是太子之位可经营而得。自今太子失道,藩王窥伺者,皆两弃之,传诸子孙,永为后法。且泰立,承乾与治皆不全;治立,则承乾与泰皆无恙矣。"⑤

司马光为此大加赞叹:

> 臣光曰:唐太宗不以天下大器私其所爱,以杜祸乱之原,可

---

① 在这一点上,隋、唐两朝王室,比起后周来,汉化得更多一些。北周宣帝宇文赟即尝立五皇后,其事虽可认作是托古改制,但显然亦与其胡化婚姻不无关系。事见《资治通鉴》卷174"陈宣帝太建十二年(580)三月"条。(第5406页)

② 《金明馆丛稿初编·记唐代之李武韦杨婚姻集团》,第279页。

③ 《唐代政治史述论稿》,第236页。

④ 《资治通鉴》卷196"贞观十六年(642)八月"条,第6177页。

⑤ 《资治通鉴》卷197"贞观十七年(643)四月"条,第6196—6197页。

谓能远谋矣!①

以此而言,李治的为太子是安定朝廷的一着重要棋子,"盖皇位继承既不固定,则朝臣党派之活动必不能止息"②,也正因为如此,当"太宗又欲立吴王恪,(长孙)无忌密争之,其事遂辍"。③

在立储问题上有过几次反复的唐太宗,从心底里有着投鼠之忌,辽东军归,震怒之余,亦只能迁怒于刘洎了。这可以说是刘洎不得不死的又一原因了。

四

论证至此,我们得出的结论便是:

一、武则天在贞观二十年(646)便由太宗赏赐给了太子李治;

二、李治与武则天的恋情的开始时间要更早一些,即在贞观十九年(645),地点在定州;

三、刘洎的死非但与政治有关,也与武则天与李治的恋情相涉;

四、刘洎之死、武则天进宫、武则天为皇后都是当时社会形态、政治趋势之反映,是毫不足怪的。

论著目录

一、著作

1. 卢向前:《敦煌吐鲁番文书论稿》,南昌:江西人民出版社,1992 年。

2. 卢向前:《唐代西州土地关系述论》,上海:上海古籍出版社,2001 年。

3. 卢向前主编:《唐宋变革论》,合肥:黄山书社,2006 年。

---

① 《资治通鉴》卷 197"贞观十七年(643)四月"条,第 6197 页。
② 《唐代政治史述论稿》,第 247 页。
③ 《旧唐书》卷 65《长孙无忌传》,第 2453 页。

二、论文

1. 卢向前:《伯希和三七一四号背面传马坊文书研究》,《敦煌吐鲁番文献研究论集》,北京:中华书局,1982年。

2. 卢向前:《马社研究——伯三八九九号背面马社文书介绍》,《敦煌吐鲁番文献研究论集》第二辑,北京:北京大学出版社,1983年。

3. 卢向前:《牒式及其处理程式的探讨——唐公式文研究》,《敦煌吐鲁番文献研究论集》第三辑,北京:北京大学出版社,1986年。

4. 卢向前:《唐代前期和籴政策与政局之关系》,《季羡林教授八十华诞纪念论文集》,南昌:江西人民出版社,1991年。

5. 卢向前:《唐代胡化婚姻关系试论——兼论突厥世系》,《纪念陈寅恪先生百年诞辰学术论文集》,南昌:江西教育出版社,1994年。

6. 卢向前:《唐代西州合户之授田额》,《敦煌吐鲁番研究》第五卷,北京:北京大学出版社,2001年。

7. 卢向前:《武则天"畏猫说"与隋室"猫鬼之狱"》,《中国史研究》2006年第1期。

陈志坚

陈志坚，1972 年生，浙江义乌人。2000 年北京大学历史系博士毕业，到浙江大学任教至今。任中国唐史学会理事、杭州文史研究会理事。从事隋唐史、浙江地方史研究。出版专著《唐代州郡制度研究》等 3 部，在《中国史研究》、《文史》等刊物上发表论文多篇。

唐末中和年间徐泗扬兵争之始末：
崔致远《桂苑笔耕集》事笺之一

陈志坚

　　陈寅恪在《韦庄〈秦妇吟〉校笺》一文中曾提到："崔致远《桂苑笔耕集》代高骈所作书牒，关于汴路区域徐州时溥、泗州于涛之兵争及运道阻塞之记载甚多，俱两《唐书》及《通鉴》等所未详，实为最佳史料。"[1]陈寅恪做这个校笺的目的，一是对诗文的校释，一是希望"有裨于明了当日徐淮军事之情势"[2]，正体现了陈寅恪诗史互证的精妙方法。

　　本文即以陈寅恪先生此言为指踪，编排《桂苑笔耕集》[3]中的相关史料，略采他书，试对唐末中和年间徐泗扬相争之始末作一叙述。这里所指的"兵争"实际上就是中和年间（881—885年）发生的徐州和扬州两个强藩为了争夺泗州而展开的一系列斗争。本文就是希望通过对这个案例的分析入手，或者稍有裨于明了当日徐淮一带政治、军事之情势；同时也可见《桂苑集》对于唐末历史研究，实在具有巨大之史料价值。

一、中国学者的研究史简单回顾

　　《桂苑笔耕集》是唐末新罗人崔致远任淮南节度使高骈幕僚时所做的

---

① 陈寅恪：《寒柳堂集》，上海：上海古籍出版社，1980年，第117页。

② 《寒柳堂集》，第112页。

③ 本文所引《桂苑笔耕集》是四部丛刊本（以下简称《桂苑集》），并参考了党银平的《桂苑笔耕集校注》（北京：中华书局，2007年）。因为党注有些地方和笔者观点有所出入，引文理解都以笔者的解释为准，不一一做烦琐考证。

公私文书及诗作的结集。该文集在韩国文学史上有着特殊重要的地位，向来广受重视，研究也已经相当深入。而这部文集在中国很早就失传，后再从朝鲜传入，在中国学界也受到相当的重视。以下主要介绍一下中国学者在崔致远及《桂苑笔耕集》方面的研究状况。

关于《桂苑笔耕集》的版本和流传，金程宇的《〈桂苑笔耕集〉流传中国考》①一文相当详尽，可以参考。另外，同书中还有《日本国会图书馆藏〈桂苑笔耕集〉的文献价值》②一文，给学界提供了新发现的一个日本所藏版本。齐文榜的《〈桂苑笔耕〉叙录》③一文，介绍了崔致远在《桂苑笔耕集》之外，还有《上时务书》、《四山碑铭》等多种著作传世，指出："崔致远现今传世的作品，当以《崔文昌侯全集》所收最为完备，是今日流行的崔氏别集中最好的本子。"而金程宇的《读崔致远诗文佚作札记》④则是这方面的最新成果。

有关崔致远其人生平经历研究以及相关的唐与新罗关系研究，中国学者的研究也有不少文章，如田廷柱的《崔致远生平事迹考》⑤，韦旭升的《崔致远居唐宦途时期足迹考述》⑥，分时期、按地名逐一叙述崔致远在唐宦途时期的事迹。梁太济师的《崔致远及其笔下的唐和新罗关系》⑦一文，充分分析了《桂苑笔耕集》一书对唐、新罗关系的史料价值。党银平有系列文章考证崔致远的事迹经历，较为全面。如《唐末新罗文人崔致远占籍与家世考述》⑧，《从崔致远诸文看唐末与新罗的交往关系》⑨等。

由于《桂苑笔耕集》中的大部分内容是有关唐代的史实记录，所以其史料价值的珍贵，自不待言，在史料分析和运用方面的文章也最多。早在

---

① 见《域外汉籍丛考》，北京：中华书局，2007 年，第 89—112 页。
② 见《域外汉籍丛考》，第 1—11 页。
③ 载《周口师范学院学报》2003 年第 2 期，第 23—24 页。
④ 见《域外汉籍丛考》，第 222—235 页。
⑤ 载《史学史研究》1998 年第 3 期。
⑥ 载《延边大学学报》1998 年第 4 期，第 66—76 页。
⑦ 见《中国江南社会与中韩文化交流》，杭州：杭州出版社，1997 年，第 85—102 页。
⑧ 载《东南大学学报》2000 年第 2 期，第 130—134 页。
⑨ 载《南京师范大学文学院学报》2004 年第 2 期，第 154—159 页。

清代,就有朱绪曾在其《开有益斋读书志》①卷五中有《桂苑笔耕集》的提要,是较早的中国学者对《桂苑笔耕集》的专文评论,特抄录部分文字如下:"《桂苑笔耕集》为燕公高骈淮南从事时作,可考证唐末事迹。"其中,"《西州(当为"川")罗城图记》、《补安南录异图记》最为巨丽;《答襄阳郄将军书》、《与浙西周宝司空书》,剀切详赡。"还具体指出了补充官制制度的史料,如"《举牒》五十首,唐末官职可补史阙:将佐如《朱廓补讨击使》、《郝定补衙前兵马使》、《客将哥舒瑶兼充乐营使》、《张晏充庐(州)军前催阵使》、《安再荣充行营都指挥使》,皆战将之有功者。"也指出了集中反映淮南镇政治状况的史料,如"《诸葛启(当为"殷")知榷酒务》、《吕用之兼管山阳都知兵马使》,此二人则骈之所以致乱也。骈好神仙,故有《上都昊天观声赞大德赐紫谢遵符充淮南威仪指挥诸宫观制置》,然遵符未闻神异,即《广陵妖乱志》亦无遵符名,骈死用之与启知手。庐州杨行敏送《芝草图》,亦未免迎合祥瑞,致远代骈为报云:'王其戒尔,尔宜慎之。'盖借行敏以戒骈,其用意深矣。"在补充人物资料方面,指出:"奏状中《谢侄男宏约改名济除授扬州都督府左司马状》云:'朝散大夫前润州上元县令柱国高宏约',亦金陵志乘所未载。"②以上这些内容,虽然采用提要的方式,点到即止,但无疑给后人利用和分析《桂苑笔耕集》开了先河。

另外,他还提到了"《全唐诗》无崔致远,集中卷十七有七言记德诗三十首,卷二十有《陈情上太尉》等诗三十首"③,指示出了《桂苑笔耕集》在补佚方面的价值。

近代学者如陈寅恪等也对《桂苑笔耕集》的价值做过充分肯定(见下文)。而当代学者则有了更多、更全面的分析和运用。最开始利用《桂苑笔耕集》中史料的,当是关于黄巢起义的研究。如方积六的《黄巢起义考》④就运用了《桂苑笔耕集》中不少相关资料。另外,李希沁也有《黄巢

---

① 见《清人书目题跋丛刊》(七),北京:中华书局,1993年。
② (清)朱绪曾:《开有益斋读书志》卷5"桂苑笔耕"条,《清人书目题跋丛刊》(七),第73页。
③ 《开有益斋读书志》卷5"桂苑笔耕"条,《清人书目题跋丛刊》(七),第73页。
④ 方积六:《黄巢起义考》,北京:中国社会科学出版社,1983年。

被害与唐军收京日期考订——兼介绍唐朝学者崔致远〈桂苑笔耕集〉》①一文。

杨渭生的《崔致远与〈桂苑笔耕集〉》②是较早的一篇分析《桂苑笔耕集》史料价值的文章。继之有笔者的《〈桂苑笔耕集〉的史料价值试析》③，分析了其三个方面的史料价值：一、有关黄巢起义的若干关键史实；二、东南诸藩镇的割据自立和相互争夺；三、淮南镇内部的权力结构和统治体制。梁太济师的《别纸、委曲及其他——〈桂苑笔耕集〉部分文体浅说》④则是一篇别出心裁地分析《桂苑笔耕集》文体的文章，对我们阅读《桂苑笔耕集》颇有意义。

其他利用《桂苑笔耕集》来研究唐代历史的文章还有很多，如严耕望《新罗留学生与僧徒》⑤，对唐代宾贡科进行了详尽研究，其基本依据就是《桂苑笔耕集》；游自勇《墨诏、墨敕与唐五代的政务运行》⑥也充分利用了《桂苑笔耕集》中的珍贵史料。这类文章还有很多，因为不专以《桂苑笔耕集》为主体做研究，就不一一介绍了。

值得一提的是，最近党银平点校笺注的《桂苑笔耕集》由中华书局2007年7月出版，是惠及学界，特别是对崔致远和《桂苑笔耕集》研究有着很重要的意义。其中"前言"部分叙述了崔致远其人和《桂苑笔耕集》的版本等。而书后的附录，则是《崔致远〈桂苑笔耕集〉的文献价值》⑦一文，是一个较为全面的总结之作。

二、徐州地位之升降与徐泗分合

在分析这次兵争之前，先来回顾一下徐州和泗州的复杂关系。此前，

---

① 载《文献》1982 年第 11 期，第 139—144 页。
② 载《韩国研究》第 2 辑，杭州：杭州出版社，1995 年，第 1—13 页。
③ 载《韩国研究》第 3 辑，杭州：杭州出版社，1996 年，第 64—79 页。
④ 见氏著《唐宋历史文献研究丛稿》，上海：上海古籍出版社，2004 年，第 22—42 页。
⑤ 见《唐史研究丛稿》，香港：新亚研究所，1969 年，第 425—482 页。
⑥ 载《历史研究》2005 年第 5 期，第 32—46 页。
⑦ 原刊于《域外汉籍研究集刊》第 1 辑，北京：中华书局，2005 年，第 3—22 页。

泗州其实曾长期属于徐州,中间又有数次分离和重新归属。在兵争之前,泗州是独立的防御州,直属中央,并不归徐州镇管辖。

中和以前的徐、泗数次分合,都与徐州地位的或降或升直接相关。

咸通三年(862)八月《降徐州为团练敕》提到:"徐州本贯支郡,先隶东平。建中初,李洧以畏忌归降,遂创徐海使额。贞元初,张建封以威名宠任,特贴濠、泗两州。当时缘拒捍淄、青,犄角光、蔡,务张形势,广树藩垣。"①据《新唐书·方镇表二》:"贞元四年(788)置徐、泗、濠三州节度使,治徐州。"②则在此时,泗州始隶徐州。

贞元十六年(800)张建封卒,徐州军士拥立其子张愔。朝廷只任命张愔为徐州团练使,知本州留后,泗、濠二州另置观察使,隶淮南,实际上废除了徐州节镇。顺宗即位后虽授张愔节度使,且赐武宁军额,但未领支郡如故。直至元和元年(806)以王绍代张愔,废泗、濠二州观察使,武宁军节度使才重新领有徐、泗、濠三州,恢复张建封死前的状况,这是徐泗第一次分合的经过。自此以后直到咸通二年(861)较为稳定,未有大的变化。

自咸通三年(862)以后,徐州地位屡有升降,徐泗之间也曾数次分合。

咸通三年(862)八月,王式以忠武、义成二道兵诛杀徐州"银刀都"等骄兵。同时,朝廷下《降徐州为团练敕》,以为"武宁一道,翻长乱阶,……须为制置,以削骁锋"③。将徐州改为本州团练使,隶兖海节度;以濠州归淮南道,又置宿、泗等州都团练观察处置等使,治宿州。徐泗再分。

但徐州很快又升为观察府,泗州重又隶立。只是其时间,诸书所说,有咸通四年(863)十一月或五年(864)二月之异。《通鉴》卷二五〇载:咸通四年(863)十一月"辛巳,废宿泗观察使,复以徐州为观察府,以濠、泗隶焉"④。《旧唐书·懿宗纪》则载:咸通五年(864)二月,"[复置]徐州处置观察防御使"。四月,"以晋州刺史孟球检校工部尚书,兼徐州刺史[观察

---

① (宋)宋敏求编:《唐大诏令集》卷 99《降徐州为团练敕》,上海:学林出版社,1992 年,第 455 页。

② (宋)欧阳修等撰:《新唐书》卷 65《方镇表二》,北京:中华书局,1975 年,第 1811 页。

③ 《唐大诏令集》卷 99《降徐州为团练敕》,第 455 页。

④ (宋)司马光等撰:《资治通鉴》卷 250"咸通四年(863)十一月辛巳"条,北京:中华书局,1956 年,第 8107 页。

防御使]"。①《唐大诏令集》卷一〇七载咸通五年(864)五月《岭南用兵德音》提到:"徐州土风雄劲,甲士精强……近者再置使额,都领四州。"②所指当是上述徐州升观察府,复领徐、宿、濠、泗四州之事。

《新唐书·方镇表二》于咸通三年(862)下载:"罢武宁军节度。置徐州团练防御使,隶兖海。又置宿泗等州都团练观察处置使,治宿州。"③所据当是咸通三年(862)八月《降徐州为团练敕》。于咸通四年(863)下又载:"罢徐州防御使,以濠州隶淮南节度。"④其中,"以濠州隶淮南节度"乃上年事,误系于今年。而"罢徐州防御使"的依据,则是《旧唐书·懿宗纪》的如下记载:咸通四年(863)"四月,敕徐州罢防御使,为支郡,隶兖州"⑤。然《旧纪》所载与咸通三年(862)八月敕显属同一事,只是年月有异。而《新表》既于咸通三年(862)下摘载《降敕》的内容,又于四年(863)下摘载《旧纪》的记述,显然欠妥。又参考《会要》所载,《旧纪》"罢"下脱"为"字,《新表》为了迁就《旧纪》,反而在上年敕文"徐州宜改为本州团练使"中硬添入"防御"二字作"置徐州团练防御使",借以使次年之"罢防御"有所着落,亦欠慎重。至于五年(864)所书之"置徐泗团练观察处置使,治徐州"⑥,虽有《旧纪》此年二月记载⑦为据,然如上所述,《通鉴》则系于四年(863)十一月⑧。如果以《新表》此三年(862)关于徐州节镇的记述与《通鉴》比对,则未免事事相左,故特为澄清如上。

---

① (后晋)刘昫等撰:《旧唐书》卷 19 上《懿宗纪》,北京:中华书局,1975 年,第 655—656 页。按,前条,点校本校勘经谓:《[新旧唐书]合钞》卷 21《懿宗纪》'徐州'上有'复置'二字(《旧唐书》卷 19 上《懿宗》,第 686 页);后条,《唐尚书省郎官石柱题名考》卷 7 司勋郎中"孟球"下引《旧·懿宗纪》,"刺史"下有"徐州观察防御使"(北京:中华书局,1992 年,第 380 页)。今并从补。

② 《唐大诏令集》卷 107《岭南用兵德音》,第 511 页。按,此诏全文又载《旧唐书·懿宗纪》(第 656—657 页)、《太平御览》卷 115"懿宗恭惠皇帝"(北京:中华书局,1960 年,第 561 页)、《册府元龟》卷 484"邦计部二·经费"(南京:凤凰出版社,2006 年,第 5493 页)、《通鉴》卷 250"咸通五年(864)五月"条(第 8109 页)皆曾摘载其部分内容,时间皆系于咸通五年(864)五月或此月丁酉。

③ 《新唐书》卷 65《方镇表二》,第 1821—1822 页。

④ 《新唐书》卷 65《方镇表二》,第 1822 页。

⑤ 《旧唐书》卷 19 上《懿宗纪》,第 654 页。《唐会要》卷 78"节度使·徐州节度使"条作"至咸通四年(863)四月,降为支郡,隶兖州"。(北京:中华书局,1955 年,第 1432 页)

⑥ 《新唐书》卷 65《方镇表二》,第 1822 页。

⑦ 《旧唐书》卷 19 上《懿宗纪》云:"徐州处置观察防御使",第 655 页。

⑧ 《资治通鉴》卷 250"咸通四年(863)十一月辛巳"条,第 8107 页。

咸通九年(868)、十年(869)间的庞勋起义及其被镇压,徐州的地位又再次有所升降,徐泗之间也再次有所分合。

咸通九年(868)十月丁丑,徐州观察使崔彦曾被庞勋执囚。代崔彦曾者为王晏权,其使名,据《旧唐书·懿宗纪》咸通十年(869)记为:"武宁军节度、徐泗濠观察、兼徐州北路行营招讨等使。"①而《通鉴》卷二五一咸通九年(868)十一月康承训为徐州行营都招讨使条"考异"引懿宗《实录》则为:"徐、泗、濠、宿等州观察使,充徐州北面行营招讨等使。"②今按,徐州自咸通四年(863)十一月或五年(864)二月复为观察府后,历任长官孟球、薛绾、崔彦曾皆以观察等使系衔,无作节度使者。此时更无改观察节度之可能,《旧纪》所载当误。九年(868)末,王晏权的徐州北面招讨使为泰宁节度使曹翔所取代。但曹翔是否兼带徐州观察使,则史无明言。

咸通十年(869)十月,庞勋被镇压后,朝廷对徐州的处置举棋不定,短期内即先后采取了三种截然不同的措施。先是如《旧纪》咸通十年(869)九月所载:"以右武卫大将军、徐州(东南)[北]面招讨使曹翔检校兵部尚书,兼徐州刺史、御史大夫、徐泗濠团练防御等使。"③曹翔原是以泰宁(充海)节度使充徐州北面招讨使的,泰宁节度使迄未解除,此时当仍以泰宁节度使的身份兼领"徐泗濠团练防御等使"的。使名中无"观察使"字样,表明徐州已由观察府,即自为一道的藩镇,实际上降为充海的支郡了。后来,咸通十一年(870)十一月《建徐州为感化军节度敕》中提到的:"桂林叛卒……寻皆翦灭。是以卑其镇额,隶彼藩方"④,即是指这一最初措施而言。《新唐书·方镇表二》于咸通十年(869)下书:"置徐泗节度使。是年,复置都团练防御使,增领濠、宿二州。"⑤上述王晏权的"武宁军节度"使名,《旧纪》系于十年(869)正月⑥,当即《新表》是年"置徐州节度使"的依据所在,然而这是不正确的。又如上所述,《新表》所谓"复置"、"增领"亦都欠确。

---

① 《旧唐书》卷 19 上《懿宗纪》,第 665 页。
② 《资治通鉴》卷 251"咸通九年(868)十一月"条,第 8183 页。
③ 《旧唐书》卷 19 上《懿宗纪》,第 672 页。
④ 《唐大诏令集》卷 99《建徐州为感化军节度敕》,第 456 页。
⑤ 《新唐书》卷 65《方镇表二》,第 1823 页。
⑥ 《旧唐书》卷 19 上《懿宗纪》,第 665 页。

接着,徐州依旧为观察使。《通鉴》卷二五二载:咸通十一年(870)"上令百官议处置徐州之宜。六月,丙午,太子少傅李胶等状,以为:'徐州虽屡搆祸乱,未必比屋顽凶;盖由统御失人,是致奸回乘衅。今使名虽降,兵额尚存,以为支郡则粮饷不给,分隶别藩则人心未服;或旧恶相济,更成披猖。惟泗州向因攻守,结衅已深,宜有更张,庶为两便。'诏从之,徐州依旧为观察使,统徐、濠、宿三州,泗州为团练使,割隶淮南。"①其中"今使名虽降",胡注以为"谓降节度为观察",则上述以曹翔兼徐州刺史、徐泗濠团练防御等使只是战乱初平的临时措施,徐州的观察府地位并未正式取消。《通鉴》卷二五二咸通十一年(870)四月记事中已见"徐州观察使夏侯瞳"②,当是曹翔不再兼任后朝廷听派长官仍以"观察使"为名的反映。经过六月的百官议论,"徐州依旧为观察使"的地位遂获得诏敕的正式肯定。

但是,到了咸通十一年(870)十一月丁卯,徐州又恢复到了咸通三年(862)八月以前的地位,不仅重新设置了节度使,而且获得了钦赐的感化军军额。《唐大诏令集》卷九九《建徐州为感化军节度敕》所举理由是:"近属大兵已来,饥年荐至,且闻军人百姓,深耻前非,愿行旧规,却希建节。"③即主要是为了稳定当地统治,镇压残余反抗的需要。

《新唐书·方镇表二》咸通十一年(870)载:"置徐泗观察使,寻赐号感化军节度使。"④此年六月,徐州依旧为观察使,所领的徐、濠、宿三州。《新表》称"徐泗观察使",岂非把不属统领范围的泗州也包括在内了?由于庞勋起义期间,曾大举围攻泗州治所临淮孤城,双方相持苦战达七月之久,所以这时朝廷讨论徐州事宜,认为"泗州向因攻守,结衅已深,宜有更张,庶为两便",于是作了以"泗州为团练使,割隶淮南"⑤的处理。

不过,泗州这次割隶淮南的时间并不长。到同年(870)十一月,徐州在升改感化军节度时,泗州又重新隶属徐州了。《旧唐书·懿宗纪》所载

---

① 《资治通鉴》卷252"咸通十一年(870)六月"条,第8158—8159页。
② 《资治通鉴》卷252"咸通十一年(870)四月"条,第8158页。
③ 《唐大诏令集》卷99《建徐州为感化军节度敕》,第456页。
④ 《新唐书》卷65《方镇表二》,第1823页。
⑤ 《资治通鉴》卷252"咸通十一年(870)六月"条,第8159页。

咸通十一年(870)十一月丁卯敕,末句作"其徐州都团练使改为感化军节度、徐宿濠泗等州观察处置等使"①,据此,则泗州重又划归徐州所统。而《唐大诏令集》卷九九载同敕,即《建徐州为感化军节度敕》,末句作"徐宿濠等州观察、处置等使"②,缺泗州,则泗州似不在辖境之内。而《新唐书·方镇表二》乾符二年(875)载:"感化军节度罢领泗州"③,若泗州未再属徐州,则乾符二年感化军又何从罢领呢?故当以《旧纪》为正。

如上所述,泗州在咸通十一年(870)曾与徐州分而复合,在乾符二年(875)又再次从徐州分离。但是《新表》未言感化军罢领泗州后泗州归属何道。事实上,此后泗州业已升为防御州,而且成了直属中央的直属州。其特点是:与中央间可以直接上奏下达;不隶属于某道,自身也没有支郡。这类直属州在唐后期曾少量存在。

《通鉴》载有两条诏敕可以证明泗州正是这样的直属州。卷二五二乾符三年(876)四月,"赐宣武、感化节度、泗州防御使密诏:'选精兵数百人于巡内游弈,防卫纲船,五日一具上供钱米平安状以闻奏。'"其下胡注即称"汴、徐、泗三镇"④。又卷二五三乾符四年(877)正月,诏"更发忠武、宣武、感化三道、宣、泗二州兵",以讨王郢。⑤ 此全文见《唐大诏令集》卷一二〇所载乾符三年(876)六月的《讨王郢诏》:"今更抽忠武军一千五百人,感化军五百人,泗州五百人,宣州五百人,都计一万五千以上。"⑥由此可见,这两次诏书都将泗州区别于感化军并称,而且泗州与中央是直接上奏下达的。泗州为直属州,并无支郡,与一般的"道"还是不太一样,但泗州独立于他道却是无可置疑的。

泗州之独立反映出僖宗即位后,对汴路控制权策略的改变:即一分为三,分而治之。上引乾符三年(876)四月密诏下,胡注云:"汴、徐、泗三镇,汴水所经,东南纲运输上都者,皆由此道。群盗从横,恐为所掠,故密诏选

---

① 《旧唐书》卷19上《懿宗纪》,第 676 页。
② 《唐大诏令集》卷99《建徐州为感化军节度敕》,第 456 页。
③ 《新唐书》卷65《方镇表二》,第 1824 页。
④ 《资治通鉴》卷252"乾符三年(876)四月"条,第 8183 页。
⑤ 《资治通鉴》卷253"乾符四年(877)正月"条,第 8189 页。
⑥ 《唐大诏令集》卷120《讨王郢诏》,第 588 页。

兵游弈防卫。"①从中不难看出朝廷用意所在。

汴、徐二镇和泗州都关系到汴路畅通的问题。而泗州治所临淮正处于汴路入淮之口,扼汴路之咽喉,其地位更是关键。《白居易集》卷五一《柳经李褒并泗州判官制》云:"濒淮列城,泗州为要。控转输之路,屯式遏之师。"②《文苑英华》卷八〇九李磎《泗州重修鼓角楼记》也称:"泗城据汴淮奔会处,汴迅以射,淮广而吞,拧势雄重,翕张气象。……虽商贩四冲,舳击拖交,而气不衰杂。"③咸通九年(868)十二月,庞勋军队围攻泗州,据淮口,就造成"漕驿路绝"④的严重后果。

咸通年间,泗州两次自徐州分离,旋又重隶。可见当时朝廷采取依赖强藩以保证汴路安全的策略。这是因为晚唐"盗贼"渐盛,而咸通中,徐州因两次动乱,"余党"极多,大妨漕运。而僖宗即位后,显然是改变了策略,欲将泗州直接由中央指挥,以便更好地控制汴路,故泗州遂为直属州。

以上分析了泗州在中和以前的情况:一方面泗州长期是徐州的巡属,与徐州有密切关系;另一方面自乾符二年(875)以后又独立于诸道,成为仅有一州之地的直属州。而这些,正是中和年间徐泗扬之争的历史背景。

三、徐泗扬之争的经过

关于中和年间的徐泗之争,《桂苑笔耕集》中留有相当丰富的资料,足以勾勒出此次纷争的详细面貌。其中最为集中的是载于卷十一的中和二年(882)六月十六日《答徐州时溥书》。以下即所以此《答书》为纲,用事笺的形式组织爬梳相关资料,附加必要的考订和说明,借以究明当日相争之事实真相。

---

① 《资治通鉴》卷252"乾符三年(876)四月"条,第8183页。

② (唐)白居易著,丁如明、聂世美校点:《白居易全集》卷51《柳经李褒并泗州判官制》,上海:上海古籍出版社,1999年,第709页。

③ (宋)李昉等编:《文苑英华》卷809《泗州重修鼓角楼记》,北京:中华书局,1966年,第4276页。

④ 《资治通鉴》卷251"咸通九年(868)十二月"条,第8134页。

（一）泗州是独立的一州，徐州借口泗州是徐州的"旧属郡"而抢先夺取泗州。

《答书》云："泗州旧隶仁封，新标使额，固非郡守专辄，盖是朝廷指挥。为在顷年，独全忠节，遂编名于防御，永传赏于骁雄。"

所谓"新标使额"，"编名于防御"，当是指朝廷将泗州升为防御州，不再隶属于徐州之事。这与前文所述相符，不过其时间需要特别说明。《答书》所言泗州升为防御，不隶徐州的原因："为在顷年，独全忠节"，即咸通九至十年（868—869）庞勋起义期间泗州曾顽强抵抗徐州的围攻，极易被人误解为事平的当时即已升为防御州。然而如上文所述，庞勋平后，朝廷只是一度以泗州为团练州，且划归淮南所属。当时，成为徐泗纷争中心内容的泗州不再归徐州统领。"新标防御使额"，实始于乾符二年（875）。《唐阙史》卷下"辛尚书神力"条，谓辛谠协助保卫泗州后，"朝廷录功，累授刺史于曹州，团练于泗州，节度于邠州"[1]。则泗州在乾符之前确曾一度标"团练使"之额。《答书》特意提出咸通年间徐泗相争之旧事，正是为了比拟眼前徐泗相争之新事，用意颇深。

这段文字强调指出"泗州旧隶仁封，新标使额，固非郡守专辄，盖是朝廷指挥"这一事实，是很有针对性的。《文苑英华》卷八〇九李磎《泗州重修鼓角楼记》谓："黄巢陷关，徐以西讨急，务在广兵力，按旧属郡名取泗，泗称未奉诏，不服，徐师因大至"[2]，表明"按旧属郡名取泗"本是徐州首先加兵于泗州的借口。

（二）徐泗之争的实质，可以说是徐州与淮南之争，是泗州南北相邻的这两个强藩为控制泗州，并进而控制汴路而展开的激烈争夺。

《答书》又云："此缘将授亲仁，难逃善战，爰谋薄伐，用救倒悬。君异荀吴，莫振受降之誉；仆惭吕布，有亏解斗之言。"又云："仆累将军食，频救临淮，为分逆顺之踪，令保始终之志。实以泗州曾非杞子之无礼，亦类展

---

[1] （唐）高彦休撰，阳羡生校点《唐阙史》卷下《辛尚书神力》，收于《大唐新语（外五种）》，上海：上海古籍出版社，2012年，第257页。

[2] 《文苑英华》卷809《泗州重修鼓角楼记》，第4276页。

禽之有词。每当告急告穷,唯以行仁行义。"

所谓"将授亲仁"云云,表明淮南节度使高骈以既是第三者又是泗州的援助者自居。又《桂苑集》卷九《于涛尚书别纸》、卷一一《答襄阳郡将军书》也都提到"救援邻封"等语。毫无疑问,当时泗州绝对不是淮南的巡属。而全汉昇在《唐宋帝国与运河》的第六章"大唐帝国的崩溃与运河"中却说:"此地(指泗州)本属高骈的势力范围,为着扩张地盘,时溥却由徐州派兵南攻,以致阻绝南北运输之路。"①这恐怕是因为《通鉴》只在咸通十一年(870)六月记载了泗州割隶淮南②,而未在同年十一月记载泗州重又回归徐州,以致引起误解,以为此后泗州一直隶属淮南,因而也就将当日徐泗之争的真相理解错了。

关于淮南插手徐泗相争的真实用意,襄阳郡将军却一语道破,他寄书给高骈,认为"泗州旧属彭门",而指责高骈"妄为占护"。③徐泗之争的实质,可以说是徐州与淮南之争,是泗州南北相邻的这两个强藩为控制泗州,并进而控制汴路而展开的激烈争夺。

(三)徐、扬双方在楚州首先发生冲突。此后,在中和元年(881)的淮口之战是决定性战役,扬、泗合势击退了徐州的进攻。

《答书》云:"去岁夏初,早蒙侵伐,呼蚁军于涟水,拒虎旅于淮山。"

这是追述中和元年(881)徐州与淮南的冲突情况。爆发的时间是初夏,徐州军结集于涟水,并与淮南、泗州在淮山一带相互对抗。"涟水"是泗州属县,在其东境淮河北岸,隔淮南岸稍西就是淮南支郡楚州的治所山阳,山阳正处于淮南漕运河渠入淮之口。"淮山"指盱眙④,与泗州临淮隔淮相望,而临淮正处于汴渠入淮之口。盱眙、临淮两地都是漕运必经之路,亦是兵家必争之地。

徐淮双方的冲突就是因徐州入侵泗州而引起的。《桂苑集》卷一一

---

① 全汉昇:《唐宋帝国与运河》,上海:商务印书馆,1944年,第87页。

② 《资治通鉴》卷252"咸通十一年(870)六月"条,第8159页。

③ 见《桂苑集》卷11,中和二年(882)七月四日所作《答襄阳郡将军书》。

④ (宋)王象之撰:《舆地纪胜》卷44《盱眙军·景物下》载:"淮山楼,在郡治。"(北京:中华书局,1992年,第1793页)又有"起秀亭",治西北玻璃泉上,旧名"会景",后改曰"参云",曰"揽秀"。绍兴中,知盱眙军吴说改曰"淮山伟观"。据此,淮山当是盱眙的代称。

《答襄阳郜将军书》中对此有较详细说明："某自去年春知寇侵秦甸,帝幸蜀川,欲会兵于大梁,遂传檄于外镇,练成军伍,选定行期,便被武宁,忽兴戎役。先侵泗境,后犯淮壖,声言则狼顾旧封,实意则鲸吞弊镇,长驱猛阵,直犯近疆。是以分遣偏裨,果歼凶丑。"

而徐淮双方在山阳和涟水一带的冲突似乎还要早些。《桂苑集》卷五《奏诱降成令瓛状》提到:"楚州与徐州,涟水对岸。今春曾被寇戎,骤来攻劫。虽频讨逐,未尽诛擒。况涟水贼徒,久蓄奸谋,潜行侦谍,常排战舰,欺视孤城,再欲奔冲,终为患害。"成令瓛向高骈投降大约在中和元年(881)五、六月间。① 投降时手下有"徒伴四万人,马军七千骑",被高骈任命为"权知楚州军州事",准备倚仗他"破顽凶之窟"。

中和元年(881)的冲突中,淮口之战是决定性的战役。《桂苑集》卷一八《贺破淮口贼状》是淮南战胜时崔致远本人致高骈的贺状:"某昨日窃聆淮口镇状报,今月八日,诸军合势杀戮狂贼已尽者。状以徐州贼党,偶因啸聚,敢致喧张。……伏赖太尉相公雄声远振,妙略潜施……遂使淮山乐境,长成虎豹之威;泗水孤城,免作鲸鲵之饵。"淮泗诸军已合势击退了徐州的进攻。

泗州防御使于涛依仗淮南的声援,在徐泗冲突中"既振雄威"②,高骈就用他这时尚拥有的朝廷所授予的"墨敕除官"的权力,以都统的身份对他实行军赏,将他的本官和宪衔升为右散骑常侍兼御史中丞("宠换银珰,威兼铁柱")。《桂苑集》卷八《泗州于涛常侍·别纸》:"况属彭门叛乱,仍当汴路艰难,独守危城,终摧敌垒,果成茂绩,实验全才。且群师悦挟纩之心,邻孽缩吞舟之口。仁者有勇,信非虚谭。"就是在将"(徙官)公牒同封送上"的同时对于涛的庆贺之词。

而此年徐州和淮南在楚州一带的冲突也十分激烈。《桂苑集》卷一六《祭楚州阵亡将士》表明,当日高骈对在"爰有徐孽,来侵楚封"战斗中阵亡的将士,曾特别举行过祭礼。卷一四《曹威转补散兵马使·举牒》谓:曹威

① 参方积六:《黄巢起义考》,北京:中国社会科学出版社,1983 年,第 181 页。

② 《桂苑集》卷 4《泗州于涛尚书·别纸》。

"寻值沛戎,来侵楚壤,首登鹤列,深挫豺牙。摩垒而每能率先,殷轮而不欲言病。忠诚厉己,壮节惊人"。以其出色的表现,"郡守论功",遂让曹威"转补散兵马使",都从一个侧面反映了冲突激烈的情况。

(四)徐州和淮南间的战争,不是节度使个人之争,而是两个藩镇基本利益集团之间的纷争。

《答书》云:"是下去年忍隽不禁,求荣颇切,暂奋横行之气,果成顺守之权。"

这里指时溥在中和元年(881)发动兵变,逐杀支详,代为节帅之事。其经过据《通鉴》大致如下:感化节度使支详遣牙将时溥、陈璠将兵五千入关讨黄巢。溥至东都,矫称详命召师还,与陈璠合兵屠河阴,掠郑州而去。及彭城,溥遣亲信逼支详以印相授,详不能制,出居大彭馆。溥自知留后,送详归朝。陈璠伏兵于七里亭东详,屠其家。诏以溥为感化留后。这个全部过程,《通鉴》卷二五四皆连书于"诏以溥为感化留后"的中和元年(881)八月①,显然不可能都在八月一个月内发生。《册府元龟》卷六六七《内臣部》载:杨复光"寻收邓州。复召徐州、宋州、寿州、荆门等军,赴援京师,皆从之"。② 支详遣时溥将兵入关当是听从杨复光召命的行动,而《旧唐书》卷一八四《杨复光传》载杨复光败朱温,"进收邓州,献捷行在"③,乃中和元年(881)五月。《通鉴》卷二五四亦系于同年五月,④则时溥实际取代支详,最早亦当在中和元年(881)五月以后,五月已是中夏,而徐州、淮南间的战争,如上所述,是"夏初"乃至"今春"爆发的,早在时溥夺得感化镇统治权以前。足见徐淮之争,不是时溥、高骈个人之间的问题,而是两个藩镇基本利益集团之间的纷争。

(五)徐、泗、扬都希望得到朝廷的支持,以取得政治上的主动。

《答书》云:"泗州以实陈奏,岂为谤讟。仆也虽惭知己,尝敢荐贤。亦尝录诏寄呈,必合垂情见悉。谁料即逾望始,翻起衅端,甲兵继兴,疆场频骇。"

---

① 《资治通鉴》卷254"中和元年(881)八月"条,第8256页。

② 《册府元龟》卷667《内臣部·立功》,第7692页。

③ 《旧唐书》卷184《杨复光传》,第4773页。

④ 《资治通鉴》卷254"中和元年(881)五月"条,第8252页。

这里指徐、泗、淮都上奏朝廷,各执一端,互相指责,以致引起争端。从高骈在《答书》中强调"亦曾录诏寄呈",以及在他处屡屡转述"为朕全吴越之地,遣朕无东南之忧"的诏书①来看,中和元年的诏旨对淮南是颇为有利的。但自从时溥被正式任命为节度使(中和元年,即 881 年,十二月)②,特别是被任命为兼"催遣纲运租赋防遏使"③以后,情况已发生了相反方向的变化。

(六)朝廷将汴路的控制权的名义交给了徐州时溥。而时溥利用了这一有利形势,再次发动了对泗州的进攻,高骈则公开声讨徐州。

《答书》云:"朝廷以足下身处雄城,刃多余地,委催纲运,冀济权宜。但自戢敛收兵车,必得通流馈辇。今则却云奉朝廷意旨,收徐泗封疆,广出师徒,难穷事意。"

据《通鉴》卷二五四载:中和二年(882)正月辛未,时溥被朝廷任命为"催遣纲运租赋防遏使",胡注:"纲运自江、淮来者,皆由徐州巡内,故以溥任此职。"④《答书》所谓"委催纲运"即指此事。本来朝廷深为倚赖的是高骈,他不但是都统,还兼盐铁转运使。但中和元年(881)夏,高骈虚言出兵西征,实则阴图割据,使朝廷大失所望,故在中和二年(882)正月就以王铎为都统以代高骈。⑤ 而同时又委任时溥催遣纲运之职,显然也就是将汴路的控制权交给了时溥。这对时溥来说,正是求之不得的事。虽然这时朝廷并未将泗州划归徐州,但打着"通流馈辇"的旗号发动对泗州的进攻,当然比"按旧属郡名取泗"要响亮得多。而时溥也确实充分利用了这一有利形势,再次发动了对泗州的进攻。

对于高骈来说,都统虽然罢免了,但仍兼领"盐铁转运使"⑥,负有向朝廷转运江淮财赋的重责。时溥的新任命及其借口"奉朝廷意旨,收徐泗封疆"的行为,不仅使他的利柄受到分割,而且直接感受到了军事的威胁。

① 见《桂苑集》卷 11,中和二年(882)七月四日所作《答襄阳郗将军书》。
② 《资治通鉴》卷 254"中和元年(881)十二月"条,第 8261 页。
③ 《资治通鉴》卷 254"中和二年(882)正月"条,第 8262 页。
④ 《资治通鉴》卷 254"中和二年(882)正月"条,第 8262 页。
⑤ 《资治通鉴》卷 254"中和二年(882)正月"条,第 8261—8262 页。
⑥ 《资治通鉴》卷 254"中和二年(882)正月"条,第 8262 页。

作为军事冲突的侧翼，双方在究竟是谁阻断漕运的问题上各执一词，竭力宣扬自己行动的正当性。《答书》提到："忽睹来示，云'泗州独阻淮河，自牢城垒，使四方多阻，诸道莫通'，而又每于朝廷，妄为讪谤。"摘述的是徐州的一面之词。而《答书》又云："其于淮河久阻，道路不通，皆因贵府出兵，不是泗州为梗。……但自载敛收兵车，必得通流馈辇"，同样是淮南的一面之词。

随着军事冲突的加剧，高骈对时溥阻断河路的攻击也升级了。《桂苑集》卷一一《告报诸道征促纲运书》："某昨从中夏再集大军，不惭素饱之名，已誓无哗之众。仍差都押衙韩汶先赍金帛百万疋，救接都统令公军前。既装运船，将扣飞楫，言遵汴道，径指囷田。必值徐戎，来侵淮口，扼断河路，转攻郡城。近者又拥凶徒，直冲近境，敢凭猬结，欲恣鲸吞。当道既见阻限，暂须停驻，遂乃拣征骁勇，往讨顽凶，伫静封疆，便登道路。必可豁通纲运，广备供输。……其徐州实为国蠹，岂止邻仇？……乃作黄巢外应，久妨诸道进军。"这份告报书是高骈发给各道节度使的，所以实际上成了公开声讨徐州时溥的檄书了。这对于高骈来说，无疑是采取了一个十分严重的步骤，当是双方军事冲突正处于异常严峻境地的反映。

（七）中和二年（882）五月，双方的军事冲突加剧。扬州方面作了大规模而周密地部署和声援，反映了此年徐州攻势的凌厉和泗州处境的危急。中和二年（882）的军事冲突，最后还是以扬、泗获胜，徐州解围而去，而告结束。

《答书》云："而乃知仆再次西征，即谋北渡，便侵泗境，来犯淮壖。"又云："仆累将军食，频救临淮，为分逆顺之踪，令保始终之志。……每当（泗州）告急告穷，唯以行仁行义。"

据《桂苑集》卷一一《答襄阳郄将军书》所云："（徐州）见某自五月初再谋征讨，已排劲卒，……又兴兵甲，来扰疆陲。……某见发楚师，俾诛徐孽，一则遵行诏旨，救援邻封；二则得静长淮，欲登征路。"此《书》作于中和二年（882）七月，可见中和二年（882）的军事冲突是五月初爆发的。

为了对付这次冲突，从淮南方面说，作了远较中和元年（881）严密的部署。《桂苑集》卷九《泗州于涛尚书·别纸》："蠢彼徐戎，聚兹荧烬，敢侵贵境,再逞奸谋。只应来就诛夷,固可立期扑灭。……[尚书]去年既振雄威,今日更资茂绩。此已微驱众旅,救援仁封。永言牙爪之勤,须托指纵之妙。愿谐郡望,誓屈长才,辄敢请充都指挥使。"这时高骈的都统业已解除,中和二年(882)五月十二日的《告诸道会兵书》提到"都统王令公"云云,表明他业已接获都统被解除的诏命,不再拥有对淮南镇以外军将的调遣权力。他对于涛的这一任命显然是一种越轨行为。

《桂苑集》卷一三有《请泗州涛充都指挥使》牒词,其中提到:"其应援诸都及宁淮、盱眙、淮阴三镇将士,悉受指挥。"卷一四有《淮口镇将李质充沿淮应接使》及《淮阴镇将陈季连充沿淮应接副使》牒词,云:"彼徐寇以屡侵吾圉,莫戢其锋,急之则鼠窜彭墟,缓之则豕厖楚岸。遂征众旅,俾划群凶";"今则未歼彭孽,犹役楚军。将资首尾之权,是成蛇阵;固籍爪牙之利,共展豹韬"。李质、陈季连等人当是与于涛同时或稍前任命的。可见在划归于涛统一指挥的三镇中,两镇镇将又被授予了沿淮应接使副的名义。

划归于涛指挥的三镇中,有"宁淮"、无"淮口",宁淮镇当是淮口镇的异名。淮口镇在盱眙县北、淮河南岸的都梁山,[1]与临淮隔河相望。咸通九年(868)、十年(869)年间,庞勋围泗州之众和朝廷救援之军曾对淮口镇展开激烈争夺,可见其战略地位十分重要。淮阴镇在盱眙、淮口东淮河下游南岸,也是沿淮要津之一。

同卷又有《宋再雄差充水军都知兵马使》牒词,谓宋再雄"久居江戍,妙练舟师。今以泗上流灾,淮中聚寇……尔其总握雄兵,远张秘策,陆歼蛇豕,水截蛟螭,早令贼垒皆平,永使惊波不起。……事须差充水军都知

---

① 淮口镇的记载,除《桂苑集》外,所见仅有《通鉴》卷251"咸通九年(868)十二月"条《考异》引《续皇王宝运录》,其中提到庞勋回泗州军队与救援泗州军队的战斗经过,援军翟行约败后,"贼遂围淮口镇"。李湘出军再败,"却入镇者,使竖降旗"。(第8134页)可知官军屯驻地为淮口镇。又据《考异》所引《彭门纪乱》记载则为"时淮南、宣、润三道发兵戍都梁山旧城,与泗州隔淮而已"。(第8133页)则官军驻屯地为都梁城。又《通鉴》记载援军戴可师"欲先夺淮口,后救泗州,壬申,围都梁城。"(第8135页)从以上这些记载可以判断镇口镇在都梁山,其山上本有"都梁旧城",淮口镇或即依其旧城而筑。又据《全唐文》卷736沈亚之《淮南都梁山仓记》提到:"元和九年(814),陇西李稼为盐铁官,掌淮口院"(北京:中华书局,1983年,第7605页),于淮南都梁山筑转运仓,恐也与淮口镇之设有关。

兵马使，部领诸兵马讨除淮内贼徒"。可知在将三镇划归于涛统一指挥的同时，高骈又作了将长江水军调往淮河的部署和任命。此水军显然是应援兵马，但是否亦包括在悉受于涛指挥的"应援诸都"之内，未见明文。至于其他"应援诸都"，《桂苑集》中得见的，尚有"将淮都"等，详见下文。

淮南这样大规模而周密地部署和声援，反映了此年徐州攻势的凌厉和泗州处境的危急。《桂苑集》卷九《泗州于涛尚书·别纸第二》提到："昨者窃聆有拔城之议，遂申忠告，冀保远图。伏奉回缄，得窥深旨。"足见于涛一度有放弃抵抗、弃城奔逃的拟议。别纸下文又提到："某近奉诏旨，颇促军期，即得经过贵府，便可划除寇垒。"则于涛的"拔城之议"当在高骈出兵西征之前。高骈批评此议："虽云在虑于防川，岂可潜思于坐井？"又可见高骈所谓"唯以行仁行义"的部署和声援，全是不顾当时的朝野舆论而行的。

《桂苑集》卷一一《答襄阳郄将军书》云："泗州二年闭垒，一境绝烟，织妇停梭，耕夫释耒，满城军食，犹仰给于弊藩。"由于连年争战，泗州业已处于"满城军食"皆仰给于淮南的窘困境地。

淮南声援部队内部，亦矛盾重重，斗志不强。《桂苑集》卷一一《浙西周宝司空书》开首云："昨奉公牒，云当道临淮叛卒过江来投，集众广场，已收降讫。"表明临淮都将士有哗变而南投浙西镇的。高骈对周宝"受降"的提法十分不满，但并不否认临淮都曾经哗变的事实："况临淮一〔郡〕〔都〕，早从氾上行营，及淮边战敌，每有优赏，曾无偏颇。自是临财则竟起贪心，遇贼则皆无斗志。旋为逗挠，犹与矜宽。昨又请换都头，已依众请。殊不知犬易兴于狂痴，豕难制于喧豗，未尽诛擒，便谋奔窜。"其中提到"请换都头"事，据《桂苑集》卷一四《安再荣管临淮都·牒词》云："蠢彼顽凶，骚然侵扰，虽征众旅，未建奇功。眷彼临淮，处于要地。其在训之以三令，激之以一呼，审详于彼竭我盈，成就于先难后获。"或者前去替换的都头即是安再荣。

尽管如此，中和二年（882）的军事冲突，最后还是以淮泗获胜，徐州解围而去，而告结束。

（八）在徐淮冲突期间，淮南和泗州内部矛盾重重。而且徐、扬双方在庐、濠一线也存在着一些冲突。

《答书》云："忽睹来示，云……今有城中将校，潜来计图，请少振兵戎，即便期开泰者。"又云："来示又云：'此皆庐州、海州，皆为背叛，累来投款，不遣措词者。'"

关于前者，即泗州城中是否有将校与徐州通谋，高骈未作正面回答，只是说："所云泗州城中将校，频来计图，此乃巧饰虚辞，遍行长牒，尽知谲兆，孰肯诡随。"至于后者，则回答说："彼东海庐山，偶聚奸恶，异端斯起，既非郑有人焉；同气相求，尽是跖之徒也。"并非矢口否认。足见在徐淮冲突期间，淮南和泗州内部矛盾的复杂和严重。

庐州为淮南支郡，与徐州在淮河以南的支郡濠州边境相连。既然庐州"奸恶"曾向徐州"投款"，则徐、淮双方在庐、濠一线也存在着一些冲突。

四、徐泗扬之争的结局

虽然在中和元年（881）、二年（882）时，徐州想吞并泗州的行为没有得逞，但是到了中和三年（883）、四年（884）间，泗州还是归属了徐州，徐泗扬之争也终告结束。《答徐州时溥》（作于中和二年六月十六日）、《答襄阳郄将军书》（作于中和二年七月四日）两书反映的都是徐泗扬之争正处于白热化阶段及其以前的状况。此后的徐泗关系或徐淮关系，《桂苑集》中虽然不再有这样集中而全面的文字，但相关的材料仍有不少，若参照其他记述，仍然可以勾勒出大致近似的轮廓。

关于徐泗之争的结局，前引李磎的《泗州重修鼓角楼记》中有较明确的记载："捍守连年，徐竟解围而去。已而上欲久安徐泗，卒以泗属徐。"[1]也就是说，泗州与淮南虽然击退了徐州的围攻，但在泗州的归属上，朝廷最后还是做出了有利于徐州的裁决，徐州的初衷获得了部分的满足。这大概是中和二年（882）末，三年（883）初的事。

---

① 《文苑英华》卷 809《泗州重修鼓角楼记》，第 4276 页。

《桂苑集》卷三《谢诏示徐州事宜状》提到："伏奉二月二十五日诏旨：'今则寇孽不日剿除，藩方务息争竞，所宜加和叶，各保封疆者'。"当是中和三年（883）的二月二十五日。题中所云"诏示徐州事宜"的诏书，内容就包括了"以泗属徐"的旨意。接此诏旨后，高骈在谢状中检讨自己以前的行为是"远竭愚诚，动速圣虑"，表示今后要"仰遵微缰"，即服从朝廷的约束，对于徐州的态度，则表示："至于草寇，犹许归降，况是今藩，岂谋侵犯"，作了无可奈何的保证。

同样的诏敕，朝廷大概也发给了徐州的时溥。时溥在满足之余，首先向高骈表示了和解的姿态。《桂苑集》卷八《徐州时溥司空·别纸》第一首提到："去春特辱长牒，兼贻厚币，使者乃和门上校，觇之以华栈大宛。引夏殷罪已之言，铺陈数幅；举邾鲁息民之义，抚绥近封。有以见真男子之用心，古诸侯之行事。"而高骈正式做出响应已是次年，即中和四年（884）春首的事："今遣专人，聊驰微信，匪足为报，永以为好。"同时为"盖防阙礼"，亦向时溥致送了"投桃报李"的礼品。（见卷一○《徐州时司空·别纸》）

尽管中央作了倾向于徐州的裁决，但是当时情况下，一纸诏书并没有多大约束力。泗州最终归属于徐州，还是由于泗州内部出现了问题而导致了这样的结局。

在中央宣布"以泗属徐"的同时，原泗州防御使于涛也离任了。接任之人，《桂苑集》凡两见，一作郑庚，一作郑廉，当是同一人。卷七《泗州庚郑常待·别纸》说郑庚是在"沛帅戢兵，淮民复业"的时候上任，显然是中和二年（882）、三年（883）之际的事。上引《泗州重修鼓角楼记》亦云："会有新防御使，昧军机意，泗人含愤，复激令背徐不属，公（指泗州军都头刘某）执诏争不得。众因大呼，逐防御使，扶公坐。公不得已，诏亦因命公。"[1]这个上任不久即因兵变而被驱逐的新防御使，就是郑庚。显然，郑庚是仍然想依靠扬州来对抗徐州，重新获得独立之地位。结果泗州内部的地方实力派激烈反对，乃至发生了军队哗变，赶走了他。《桂苑集》卷一○

---

[1] 《文苑英华》卷 809《泗州重修鼓角楼记》，第 4276 页。

《前泗州郑廉常侍》提到:"窃以寇戎未殄,凡曰郡侯,实难政理。纵得上和下睦,犹为朝是夕非。……然而常待盖切奉公,匪疏抚士,虽云惊扰,终免侵伤。……伏承已离泗水,始及淮山。"表达的正是郑廉(庚)在兵变中逃离泗州州治临淮,进入盱眙之初,高骈对他的慰问之词。

通过发动兵变取代郑庚(或郑廉)成为新一任泗州防御使的刘某,[①]《鼓角楼记》谓:"郡人也,其义勇智杰,拔于万众间,始为郡诸将。……公为都马步司,转司徇,皆总兵柄。"[②]可知是地方实力派。《记》又说:"徐帅太尉钜鹿王感公于已绝无他心,曲拆惟天子命,相得益欢,甚于故焉。"[③]可见与徐州时溥有着长久的密切关系。上引《答徐州时溥书》提到时溥曾扬言:"今有城中将校,潜来计图,请少振兵戎,即便期开泰",恐非完全子虚乌有。正是由于地方实力派中军将的普遍倾向,才最终导致了泗州的重又归属于徐州。

郑庚在泗州"复激合背徐不属"的行动,其背后不管有无淮南的策动或支持,实际上都可看作是徐淮围绕泗州斗争的余波。郑庚的被逐意味着淮南高骈的彻底失败。中和三年(883)中,高骈在就"落诸道盐铁使、加待中兼实封"而作的谢状中,仍不时以时溥作为攻击的对象,对"诏示徐州事宜"只作了勉强而无奈的响应。郑庚被逐迫,使高骈不得不正视当前形势和徐淮相争的最终结局。

泗州既归徐州,淮南在泗州城中再无立足之地。上面提到淮南曾派安再荣任驻于泗州的临淮都都头。从《桂苑集》卷一四《安再荣充行营都指挥使》牒词来看,安再荣已被另行任命为"行营都指挥使,赴寿州西面备御讨逐黄巢徒党"。其时间当在黄巢撤出长安进入河南不久的中和三年(883)夏秋。毫无疑问,淮南军队业已撤出了泗州。

其次,虽然拖了近一年之久,高骈终于对徐州时溥的和解做出了正面

---

① 《鼓角楼记》作于中和五年(885),防御使刘公仍在任上。《宋高僧传》卷18《唐泗州普光王寺僧伽传附术义叉传》有"中和四年(884),刺史刘让,厥父中丞忽夜梦一紫衣僧"(北京:中华书局,1987年,第452页)云云论述,则此泗州防御使刘公当是刘让。

② 《文苑英华》卷809《泗州重修鼓角楼记》,第4276页。

③ 《文苑英华》卷809《泗州重修鼓角楼记》,第4276页。

响应。当时溥派兵追杀黄巢后,从《桂苑集》卷八《徐州时溥司空·别纸》第二首、第三首来看,高骈是抢先主动致函祝贺,接时溥告捷长笺后,又再次致函祝贺。可见,进入中和四年(884)之后,徐、淮之间确已和解。代替徐、淮之间矛盾和斗争的,淮南开始为内部的激烈斗争所困,而徐州则显露了与宣武对抗的苗头。

论著目录

一、著作

1. 陈志坚:《唐代州郡制度研究》,上海:上海古籍出版社,2005年。

2. 陈志坚:《大唐如此江山》,杭州:浙江文艺出版社,2009年。

3. 陈志坚:《杭州初史论稿》,杭州:杭州出版社,2010年。

二、论文

1. 陈志坚:《唐代散试官问题再探》,《北大史学》2001年第8辑。

2. 陈志坚:《开天之际的文化学术群体》,《文史》2009年第2辑。

3. 陈志坚:《"越为禹后"说新论》,《清华大学学报(哲学社会科学版)》2013年第4期。

冯培红

冯培红，1973年生，浙江长兴人。1997年兰州大学历史系硕士毕业后留校任教，2004年获该校博士学位。2016年起为浙江大学人文学院历史系教授，兼任中国敦煌吐鲁番学会理事、中国唐史学会理事。从事敦煌学、隋唐史、西北史研究，出版专著《敦煌的归义军时代》、《敦煌学与五凉史论稿》等3部，在《历史研究》、《敦煌研究》等刊物上发表论文80余篇。

唐五代参谋考略

冯培红

　　参谋作为军队系统中的文职官员,始见于唐,直到今日仍然存在。"参谋"一词由来甚早,最初用作动词,为参议谋划之意;到唐代使职兴起以后,使主延聘的幕府僚佐中就有参谋,遂成为一个职官名词。昔读两《唐书》,常见行军、镇军幕府中的参谋,其职掌为"关豫军中机密"①,严耕望、孙继民、石云涛对此皆有考论②。后阅敦煌文献,见到归义军幕府中有许多参谋,从事历日编撰,通晓阴阳五行、天文术数、占卜丧葬等知识,遂联想到五代后晋有天文参谋赵延义、杜升、杜崇龟等人校核历法,两者时代相近,颇有相通之处。然而,参谋的职掌何以从参议军机到编撰历日等事,颇不可解,最后读到盛唐张说在《举陈寡尤等表》中说幽州节度参谋刘待授"精通术数"③,特别是唐末李涪所撰《刊误》卷下专列"参谋"一节,才终于豁然通解:

> 秦汉之职,在宾幕中筹画戎机,非多学深识者,莫居是选。自乱离已后,每居藩翰,必以阴阳技术者处之,仍居将校之末,宜重而轻,诚可惜也。设有文人仗节统戎,举辟名士,宜于管记、支使之间,以正其名,不亦善乎?④

---

① (宋)欧阳修等撰:《新唐书》卷49下《百官志四下》,北京:中华书局,1975年,第1309页。

② 参见严耕望:《唐史研究丛稿》第三篇"唐代方镇使府僚佐考",香港:新亚研究所,1969年,第200—201页;孙继民:《唐代行军制度研究》,台北:文津出版社,1995年,第205页;石云涛:《唐代幕府制度研究》,北京:中国社会科学出版社,2003年,第55—56、94—95、226—227页。

③ (清)董诰等编:《全唐文》卷220《举陈寡尤等表》,北京:中华书局,1983年,第2250页。

④ (唐)李涪撰:《刊误》卷下《参谋》,沈阳:辽宁教育出版社,1998年,第21页。

此处说参谋为秦、汉之职,当不确切,但唐代在安史之乱以前,参谋在幕府中筹划军机,必须以多学深识者来担任,则所言甚的,于此亦见参谋地位之高。安史乱后,参谋仍然参议军机,有的还奉命出使;到唐末五代,藩镇幕府中的参谋则必以阴阳技术者处之,而且位居将校之末,成为最不受重视的文职僚佐。由此可见,参谋的职掌与地位在唐五代发生了很大的变动,甚至几度被提议废罢,使之成为幕府僚佐中变化最剧、极为特殊的官职。

一、参谋的设置

唐五代的军队主要分为两类:一是临时性的征行军队,由总管、元帅、都统、招讨使等率领;二是固定性的常驻军队,是指以节度、团练、经略等使为首的藩镇军队。对这两类军队中的参谋,唐代典志皆有所记载,如《新唐书》卷四九下《百官志四下》在元帅、都统府僚佐中记有行军参谋:

> 天下兵马元帅、副元帅,都统、副都统,行军长史,行军司马、行军左司马、行军右司马,判官,掌书记,行军参谋,前军兵马使、中军兵马使、后军兵马使,中军都虞候,各一人。①

元帅、都统、招讨使是为了平定叛乱而临时设置的,"兵罢则省"②,其幕府文职僚佐多从朝臣中选任,如武则天时武攸宜为清边道行军大总管,讨伐契丹,以"右拾遗陈子昂为攸宜参谋"③;安史之乱爆发后,新即位的唐肃宗任命房琯为兵马元帅,试图收复两京,房琯以"给事中刘秩为参谋"④;唐德宗时淮西李希烈叛乱,诏以普王李谊为诸军行营兵马元帅,进

---

① 《新唐书》卷49下《百官志四下》,第1308页。
② 《新唐书》卷49下《百官志四下》,第1308页。
③ (宋)司马光撰:《资治通鉴》卷205"则天后万岁通天元年(696)"条,北京:中华书局,1956年,第6507页。
④ (后晋)刘昫等撰:《旧唐书》卷10《肃宗纪》、卷111《房琯传》,北京:中华书局,1975年,第244、3321页。

攻希烈,翰林学士、左散骑常侍归崇敬"寻兼普王元帅参谋,累加光禄大夫"①。这些总管、元帅府的参谋,由右拾遗、给事中、翰林学士等朝廷近臣充任,大多官高职显,地位重要。

《新唐书·百官志四下》在记述藩镇节度、观察、团练、防御及其他诸使之僚佐时②,没有提到参谋,但《通典》卷三二《职官典十四》、《旧唐书》卷四四《职官志三》则记载节度使府有参谋,分别为:

> 节度使……有副使一人,行军司马一人,判官二人,掌书记一人,参谋无员(或一人,或二人,参议谋画),随军四人。③
>
> 节度使:节度使一人,副使一人,行军司马一人,判官二人,掌书记一人,参谋(无员数也),随军四人。④

在唐代各种史料中,节度参谋所见最多,最知名的例子是诗人杜甫,"上元二年(761)冬,黄门侍郎、郑国公严武镇成都,奏为节度参谋、检校尚书工部员外郎"。⑤另如窦常,贞元十四年(798),"杜佑镇淮南,奏授校书郎,为节度参谋"⑥;元结被"擢右金吾兵曹参军、摄监察御史,为山南西道节度参谋"⑦,皆属其例,不胜枚举。从他们所带的检校官(工部员外郎)、试官(校书郎、右金吾兵曹参军)、兼官(监察御史)来看,⑧其地位比元帅府的行军参谋要低得多。

除了典志所载元帅、都统、节度使府及总管府外,其他诸使幕府是否也设参谋呢?严耕望曾举张建封为例,以说明观察使亦置参谋,其史料依据是《旧唐书》卷一四〇《张建封传》所记"大历(766—779)初,道州刺史裴

---

① 《旧唐书》卷149《归崇敬传》,第4019页。

② 《新唐书》卷49下《百官志四下》,第1309—1310页。

③ (唐)杜佑撰:《通典》卷32《职官典十四》,北京:中华书局,1988年,第895页。

④ 《旧唐书》卷44《职官志三》,第1922页。

⑤ 《旧唐书》卷190下《杜甫传》,第5054页。

⑥ 《旧唐书》卷155《窦群附兄窦常传》,第4122页。

⑦ 《新唐书》卷143《元结传》,第4684页。

⑧ 参冯培红:《论唐五代藩镇幕职的带职现象——以检校、兼、试官为中心》,高田时雄主编《唐代宗教文化与制度》,京都:京都大学人文科学研究所,2007年,第133—210页。

虬荐建封于观察使韦之晋,辟为参谋"。①道州属湖南观察使管辖。唐代节度使掌军事,观察使理民政及监察,后者的职掌与军队事务无关,不应当设置参议军机的参谋。那么,湖南观察使韦之晋为何辟署张建封为参谋呢? 原因是他兼领了都团练使,张建封所任者实为都团练参谋。据《新唐书》卷六九《方镇表六》"衡州"条记载,广德二年(764),"置湖南都团练守捉、观察处置使,治衡州"。② 观察使是藩镇的基本长官,③他带有都团练使才能掌领军事大权,才可设置参谋。作为当时代人,杜佑在《通典·职官典十四》中记过这么一笔:

> 永泰(765—766)以来,都团练使稍有加置参谋者。④

《旧唐书》卷一一《代宗纪》记载,大历四年(769)二月"辛酉,以湖南都团练观察使、衡州刺史韦之晋为潭州刺史,因是徙湖南军于潭州"⑤,韦之晋正是以湖南都团练使的身份,掌领湖南军,才在其都团练使幕府中设置并辟署张建封为参谋。严耕望所论观察使亦置参谋,实际上是混淆了藩帅一身二使的特点,误解了观察使与都团练使的不同性质,前者与军事无关,后者因掌领军队才设置参谋。需要注意杜佑的话中"稍有"二字,意即只有一部分都团练使加置了参谋,而非全部,故大历十二年(777)五月中书门下奏请"厘革诸道观察使、团练使及判官料钱",提到观察使、都团练副使、观察判官、都团练判官、支使、推官、巡官等职,⑥中无参谋,就是都团练参谋并非普设之故。

前揭《新唐书·百官志四下》记载"元帅、都统、招讨使,掌征伐,兵罢则省"⑦,招讨使也和元帅、都统一样,在幕府中设置参谋,这为《李荣初墓志》所证实:

---

① 《唐史研究丛稿》,第 201 页。
② 《新唐书》卷 69《方镇表六》,第 1937 页。
③ 张国刚:《唐代官制》,西安:三秦出版社,1987 年,第 131 页。
④ 《通典》卷 32《职官典十四》,第 896 页。
⑤ 《旧唐书》卷 11《代宗纪》,第 292 页。
⑥ (宋)王溥撰:《唐会要》卷 91《内外官料钱上》,北京:中华书局,1955 年,第 1659 页。
⑦ 《新唐书》卷 49 下《百官志四下》,第 1308 页。

《唐故容管经略招讨处置使参谋大理司直兼殿中侍御史赐绯鱼袋陇西李公墓志》

公讳荣初，字□□，陇西成纪人。……先是，容管一十四州自乾元（758—760）初为西原贼帅梁牵等分裂而据，王祭不供。承招讨除者六七辈，皆无功而还。天子慎择贤哲，委而从之。乃命武陵郡守太原王公翃，喻以祸福，先招而后讨，有以见皇上好生惜战之德也。太原素钦公之景行事业，三顾于草庐之中，咨以强兵之术。公以姻懿见托，俯而从之。乃尊为军师，迁本寺司直、兼监察御史。事无大小，询而后决。故兵不血刃，卒以谋胜，实系公之筹略也。不然者，何复容之容易乎？王公封章上闻，归绩于公。明诏褒之，换殿中侍御史，加银印赤绂。①

《旧唐书》卷一五七《王翃传》载其于"大历五年（770），迁容州刺史、容管经略使"。② 当时容州失之于岭南蛮酋梁崇牵及西原张侯、夏永，前后六任经略使陈仁琇等均未能收复，容州刺史只能寄理于藤州或梧州。王翃到任后，发兵平定梁崇牵之乱，收复容州，因功"累加银青光禄大夫、兼御史中丞，充招讨处置使"。③ 王翃延聘李荣初为军师，向他咨询强兵之术，筹谋兵略，最终在军事上取得胜利。对照李荣初所任使职及其兼带的试官（大理司直）、兼官（监察御史）、章服（赐绯鱼袋）及行为事迹，可知墓志中的"军师"即容管经略招讨处置使参谋。经略使为常设之镇军，招讨使属于临时之行军，皆与军事相关，故在其幕府中设置参谋。④

以上所论总管、元帅、都统及节度、团练、经略、招讨使，或临时性行军，或常设性镇军，它们的一个共同特点是都与军事有关，故需设置参谋一职来参议军机事务。还值得注意的是，五代时出现了一个比较奇特的官职——天文参谋，隶属于司天监。后晋"天文参谋赵延乂、杜升、杜崇龟

---

① 吴钢主编：《全唐文补遗》第8辑，西安：三秦出版社，2005年，第100—101页。
② 《旧唐书》卷157《王翃传》，第4143页。
③ 《旧唐书》卷157《王翃传》，第4144页。
④ 直到元代，经略使僚佐中仍设参谋官，见《元史》卷92《百官志八·经略使》："选官二员为经略使参谋官"，北京：中华书局，1976年，第2344页。

等,以新历与《宣明》、《崇玄》考核得失,俾有司奉而行之,因赐号《调元历》"。① 此前在后唐同光二年(924)二月"丙子,以随驾参谋耿瑗为司天监"。② 这些参谋精通天文、历法知识,与原先参议军机的职掌虽然略有关联,但发生的变化却是极为显著的。关于此点,后文将结合敦煌文献进行分析。

二、参谋的废罢问题

参谋是幕府中最不稳定的一个僚佐,在唐代几次被提出废罢。首先是在"开元十二年(724),罢行军参谋,寻复置"③;其次在三年后,亦即开元"十五年(727)二月三日,敕诸军不得奏置参谋军事"。④ 但实际上在该年以后,仍然可以可见到一些参谋的身影,如石云涛所考河西节度参谋崔圆、幽州节度参谋胡某、朔方节度参谋尹某,时间均在开元末、天宝初。⑤ 安史之乱以后,各个行军或镇军幕府中的参谋更是比比皆是,如上节提到的元帅行军参谋刘秩、剑南西川节度参谋杜甫、湖南都团练参谋张建封、容管经略招讨使参谋李荣初等,这是安史之乱爆发后,军情发生急剧变化,唐廷在全国范围内的各级幕府普遍恢复了参谋,以加强军事上的应对能力。

上述两次废罢参谋,时间短暂,旋即复置,但已经显示出参谋一职颇不稳定。到开成四年(839)六月,中书门下再次奏请废省参谋,与之一同被废的还有行军司马:

> 诸道节度使参佐,自副使至巡官共七员。观察使从事又在
> 数内。虽大藩雄镇,有藉才能;而边鄙遐方,岂易供给? 况行军
> 之号,本系出师;参谋之职,尤是冗长。其行军司马及参谋,望勒

① (宋)薛居正等撰:《旧五代史》卷 140《历志》,北京:中华书局,1976 年,第 1862—1863 页。
② 《旧五代史》卷 31《唐书·庄宗纪五》,第 429 页。
③ 《新唐书》卷 49 下《百官志四下》,第 1309 页。
④ 《唐会要》卷 72《军杂录》,第 1299 页。
⑤ 《唐代幕府制度研究》,第 95 页。

停省。见任人如本道有相当职员,任奏请改转;其余官序稍高者,许随表赴京。到日,量才奖授郎、御史以下,各令冬荐。①

行军司马及参谋都带有"行军"之号,本来是出师所需,而藩镇军队常驻于地方,不必长年行军出师。杜佑早就指出,司马是官名,副使为使职,"使府不合设官充其寮吏。盖因授任者莫详其源,既有副使,又置司马,参杂重设"②,导致行军司马与节度副使经常互相干越冲突③,故在 839 年被中书门下提议废罢,得到唐文宗的批准。《新唐书·百官志四下》所记节度使僚佐为"行军司马、副使、判官、支使、掌书记、推官、巡官、衙推各一人"④,未及参谋,当是受到该年废省诸道参谋的影响;至于行军司马仍然得列其中,是因为它在后来不仅得以恢复,而且职高位显,为欧阳修、范镇所关注,而参谋居于将校之末,遂被忽略。

会昌五年(845)九月,中书门下奏请裁减诸道僚佐员额:

> 西川本有十二员,望留八员:节度副使、判官、掌书记、观察判官、支使、推官、云南判官、巡官;
>
> ……
>
> 山南东道、郑滑、河阳、京南、汴州、昭义、镇州、易定、郓州、魏博、沧州、陈许、徐州、兖海、凤翔、山南西道、东川、泾原、邠宁、河中、岭南,已上旧各有八员,望各留六员:节度副使、判官、掌书记、推官、观察判官、支使;
>
> 振武、灵夏、益州、鄘坊,旧各有八员,缘边土地贫,望各留五员:节度副使、判官、掌书记、推官、观察判官;
>
> 浙东、浙西、宣歙、湖南、江西、鄂岳、福建,以上旧各有六员,望各留五员:团练副使、判官、观察判官、支使、推官;
>
> 黔中旧有十员,望各留六员:经略副使、判官、招讨判官、观

---

① 《唐会要》卷 79《诸使下·诸使杂录下》,第 1448—1449 页。
② 《通典》卷 32《职官典十四》,第 895 页。
③ 《唐史研究丛稿》,第 182—187 页;《唐代幕府制度研究》,第 223—226 页,对此亦有讨论。
④ 《新唐书》卷 49 下《百官志四下》,第 1309 页。

察判官、度支盐铁判官。①

这里在诸道节度、团练、经略、招讨使府中,皆无行军司马及参谋,说明开成四年(839)提议废省两职的建议被认真地贯彻执行下去。会昌六年(846)八月,新即位的唐宣宗颁布《给夏州等四道节度以下官俸敕》,提到节度副使、判官、掌书记、观察判官、推官等僚佐②,亦无行军司马及参谋,同样证明了这一点。

然而,至晚在唐懿宗咸通年间(860—874)又恢复了行军司马及参谋,如咸通九年(868),令狐绹镇维扬,有小将马举破庞勋有功,被懿宗"除举淮南行军司马"。③十一年(870),剑南西川"节度使卢耽召彭州刺史吴行鲁,使摄参谋"④;中和元年(881),宰相王铎为诸道行营都统,"铎使参谋、中书舍人郑昌图知昭义留事,欲遂为帅"⑤,分别为唐末镇军之节度使、行军之都统幕府中的参谋。咸通时行军参谋及司马的恢复设置,显然是为了应对农民起义、藩镇战乱之需。

不过,唐末复置行军司马及参谋似乎没有普及所有的藩镇,到五代后唐同光二年(924)九月二十八日,吏部司封奏曰:

> 今又伏见诸道有奏置行军司马并参谋者,其职位实在副倅之上。⑥

"副倅"指节度副使,能够位居节度副使之上的当是行军司马,而参谋的地位则较为低下。在敦煌文献及莫高窟题记中,经常出现归义军幕府中的参谋,如第98窟题记有"节度押衙、行军参谋、银青光禄大夫、[检校]国子祭酒、兼御史中丞、上柱国翟奉达一心供养",而第220窟中有三处翟

---

① 《唐会要》卷79《诸使下·诸使杂录下》,第1450页。
② 《全唐文》卷81《给夏州等四道节度以下官俸敕》,第843页。
③ (宋)李昉等撰《太平广记》卷224《相四·令狐绹门僧》引《摭言》,北京:中华书局,1961年,第1723页。
④ 《资治通鉴》卷252"咸通十一年(870)正月"条,第8153页。
⑤ 《新唐书》卷187《孟方立传》,第5448页。
⑥ (宋)王溥撰:《五代会要》卷14《司封》,北京:中华书局,1998年,第181页。

奉达的题记则皆曰随军参谋①；S. 1563《甲戌年（914）五月十四日西汉敦煌国圣文神武王张承奉敕》亦提到"押衙、知随军参谋邓传嗣女自意"。②除了藩镇幕府中的参谋外，五代中央司天监中还设有天文参谋。从翟奉达从事历日编撰及赵延义等人为天文参谋看，五代时期参谋的恢复设置，更多的是与五代军阀纷争、正朔不一，参谋的职掌发生巨大的变化有关。

三、参谋的地位及其变迁

李涪在《刊误》中说，参谋最初由多学深识者担任，地位颇为重要；但到安史乱后，则必以阴阳技术者处之，居于将校之末，地位极轻。李涪生活在唐末，对于参谋在唐代前后期的地位变迁，总体上的趋势把握是准确的，尤其可以用来说明唐朝末年的情况。这种由重而轻的地位变化，也是参谋几度被提议废罢的原因。但是在安史乱后，许多参谋的职责仍然是参议军机，或者奉命出使，而非专门从事阴阳技术，其地位也不是完全居于将校之末，有的甚至还比较高。

元帅、都统府的行军参谋是从朝臣中精心选任的，他们本来的官品、地位就不低，如上文提到安史之乱期间元帅房琯的参谋刘秩，官任给事中；唐德宗时元帅李谊的参谋归崇敬，其官职为光禄大夫、左散骑常侍、翰林学士，都是五品以上的朝官，地位相当尊崇。

至于藩镇幕府中的参谋，或从无官者直接辟署③，或从巡官、支使、掌

---

① 敦煌研究院编：《敦煌莫高窟供养人题记》，北京：文物出版社，1986年，第45、101、103页。《旧唐书》卷150《德宗顺宗诸子·舒王谊传》记载在李谊幕中，"以兵部侍郎萧复为户部尚书、兼御史大夫、元帅府统军长史。旧例有行军长史，以复父名衡，特更之"，第4042—4043页。行军长史即统军长史，这与行军参谋即随军参谋相类。

② 沙知主编：《英藏敦煌文献（汉文佛经以外部分）》第3卷，成都：四川人民出版社，1990年，第94页。

③ 如《旧唐书》卷165《温造传》，第4314页；周绍良主编：《唐代墓志汇编》建中014《王士林墓志铭并序》，上海：上海古籍出版社，1992年，第1830页。

书记、水陆转运判官等职升迁上来①，或从主簿、县令、州府判司等官迁入幕府②，其地位自然远不能跟元帅、都统之行军参谋相比。但有些节度参谋从州刺史或司马等高官迁转而来，或者由其兼任，其地位并不逊色于元帅、都统参谋。《马浩墓志铭并序》云："出典颍川，兼领毫社。……又总寿春牧，才经考秩，改四镇节度参谋"③，他先后出任许州、寿州刺史，再改迁为四镇节度参谋；《广异记》首书"乾宁三年丙辰（896），蜀州刺史、节度参谋李思恭"云云④，则是刺史兼领节度参谋之例。又，《吕渭墓志铭并序》云："无何，移楚州司马，陈司徒少游留署淮南节度参谋"⑤，是从楚州司马改迁为淮南节度参谋；而高适《谢上剑南节度使表》末云："谨遣洋州司马、摄参谋臣路球，谨奉表陈谢以闻"⑥，则是州司马兼领节度参谋之例。这些州刺史、司马改迁或兼任节度参谋，时代都在安史乱后，有的甚至晚至唐末，可见唐后期节度参谋并非完全居于将校之末，其地位高下不一，不可一概而论。

作为藩镇幕府的僚佐，都要带有兼官、检校官或试官，谓之带职，以表示幕佐的等级与地位。从带职的角度也可借以判断节度参谋的地位。首先来看它的兼官，安史之乱前后品级较高，如《李史鱼墓志铭》云："拜公殿中侍御史，参安禄山范阳军事。……相国张平原镐以状闻，复授侍御史、摄御史中丞，充河南节度参谋、河北招谕使"⑦，他的兼官从殿中侍御史起，中经侍御史，最后爬升到御史中丞，并且兼任河北招谕使，地位甚高。而在安史乱后，史载韦处厚之"父万，监察御史，为荆南节度参谋"，元结被

---

① 如《唐代墓志汇编》开成 039《郑当墓志铭并叙》、元和 104《张士陵墓志铭并序》，第 2197、2022 页；(宋)晁公武撰，孙猛校证：《郡斋读书志校证》卷 18《别集类中·符载集》，上海：上海古籍出版社，1990 年，第 893 页；《新唐书》卷 176《韩愈附孟郊传》，第 5265 页。

② 如《旧唐书》卷 162《崔戎传》、卷 126《陈少游传》、卷 190 下《杜甫传》，第 4251、3563、5054 页；《新唐书》卷 161《王仲舒传》，第 4985 页。

③ 周绍良、赵超主编：《唐代墓志汇编续集》贞元 045，上海：上海古籍出版社，2001 年，第 765 页。

④ 《太平广记》卷 390《冢墓二·李思恭》引《广异记》，第 3119 页。

⑤ 《唐代墓志汇编续集》贞元 060，第 777 页。

⑥ 《全唐文》卷 357《谢上剑南节度使表》，第 3625 页。

⑦ 《全唐文》卷 520《李史鱼墓志铭》，第 5289 页。

"擢右金吾兵曹参军、摄监察御史,为山南西道节度参谋"①;墓志所见张士陵被"淮南节度王公锷署为参谋,改试大理评事、兼监察御史",王仲堪被"节使嘉之,俟其硕画,乃奏充节度参谋,拜监察御史"②,其兼官均为品级最低的监察御史。其次来看检校官,它们名目较多,官品高下不等,如校书郎(正九品上)、太子清道兵曹参军(从八品下)、大理评事(从八品下)、金吾卫兵曹参军(正八品下)、协律郎(正八品上)、③员外郎(从六品上)等。其中最引人注目的是员外郎,这不仅是因为其品级远高于他官,而且在史籍中出现频率最多。例如,剑南节度参谋杜甫为检校工部员外郎,人称"杜工部";甄济被"来瑱辟为陕西、襄阳参谋,拜礼部员外郎"④;徐浩《古迹记》记载"检校户部员外郎、宋汴节度参谋窦皋"⑤,《李景业墓志铭并序》云:"丞相固言以门下侍郎出镇西蜀,奏景业以检校吏部员外郎、参节度军谋事"⑥,均属其例。除了带有员外郎之检校官,许多参谋在离开藩镇幕府以后,往往入朝实际担任员外郎。《王仲舒神道碑铭》云:"又移荆南,因佐其节度事,为参谋,得五品服。放迹在外积四年。元和(806—820)初,收拾俊贤,征拜吏部员外郎。"⑦作为一个节度参谋,他能够得到五品朝服,即文散官达到从五品下的朝散大夫,并且入朝为吏部员外郎,可见其地位颇高。如果考虑到王仲舒原来就任吏部员外郎,遭外贬后再回朝官复原职的话,那么高锴"辟河东府参谋,历吏部员外郎"⑧,则

---

① 《旧唐书》卷159《韦处厚传》,第4182页,《新唐书》卷143《元结传》,第4684页。

② 《唐代墓志汇编》元和104《张士陵墓志铭并序》、贞元076《王仲堪墓志铭并序》,第2022、1891页。

③ 以上分别见《旧唐书》卷155《窦群附兄窦常传》、卷140《张建封传》,第4122、3829页;《唐代墓志汇编》建中014《王士林墓志铭并序》,第1830页;《新唐书》卷143《元结传》,第4684页;《唐代墓志汇编》大和067《王缓墓志铭并序》,第2144页。

④ 《新唐书》卷194《甄济传》,第5568页。传文记载来瑱为甄济建造别墅,直到来瑱去世以后,甄济仍然居住了七年,可知其所任吏部员外郎当为参谋之检校官,而非在朝中实任。

⑤ (唐)张彦远撰:《法书要录》卷3《古迹记》,丛书集成初编本,北京:中华书局,1985年,第54页。

⑥ (唐)杜牧撰:《樊川文集》卷8《李景业墓志铭并序》,收入《杜牧全集》,上海:上海古籍出版社,1997年,第84页。

⑦ 《全唐文》卷562《王仲舒神道碑铭》,第5693页。

⑧ 《新唐书》卷177《高锴附弟高锴传》,第5276页。

是入朝为吏部员外郎的更佳例证。《马卢符墓志》云:"拜殿中侍御史,充昭义军节度参谋,召为太子左赞善大夫,迁主客员外郎。"①他入朝为太子左赞善大夫,为正五品上,官品虽然高于从六品上的主客员外郎,但地位却不如后者剧要,所以后来续迁为主客员外郎。于此可见,许多节度参谋在幕府中带有员外郎之检校官,或者入朝后直接担任员外郎,是当时较为常见的现象或迁转途径。到了五代,由于带职急剧贬值,即使品级极高的检校、兼官,如前面提到的归义军行军参谋翟奉达,检校官为国子祭酒,兼官为御史中丞,官品都非常高,却已经没有什么实际意义了。

藩镇文职僚佐的排序基本上是固定的,只有行军司马与节度副使、参谋与掌书记发生过变动,这也是行军司马及参谋被提议废罢的原因。关于行军司马与节度副使的关系,自从杜佑以来学者多有论述,兹不多言,今仅就参谋与掌书记的关系略作辨证。《通典·职官典十四》②、《旧唐书·职官志三》③、《新唐书·百官四下》④、《册府元龟·幕府部》⑤所记节度使府僚佐的位序,参谋均在掌书记之下,这应当是中唐杜佑以来史家的认识,符合唐后期五代的事实状况。而在此之前,甚或在稍后的一段时间,参谋的地位往往高于掌书记,诚可谓"非多学深识者,莫居是选"。⑥贞元十六年(800)十二月敕曰:

> 诸道观察、都团练、防御及支度、营田、经略、招讨等使,应奏副使、行军、判官、支使、参谋、掌书记、推官、巡官,请改转台省官,宜三周年以上与改转。其缘军务急切、事迹殊常,即奏听进止。⑦

---

① 《全唐文》卷 639《马卢符墓志》,第 639 页。
② 《通典》卷 32《职官典十四》,第 895 页。
③ 《旧唐书》卷 44《职官志三》,第 1922 页。
④ 《新唐书》卷 49 下《百官四下》,第 1309 页。
⑤ (宋)王钦若等编:《册府元龟》卷 716《幕府部一·总序》,南京:凤凰出版社,2006 年,第 8249 页。
⑥ 《刊误》卷下《参谋》,第 21 页。
⑦ 《唐会要》卷 78《诸使中·诸使杂录上》,第 1441 页。

又,元和二年(807)五月,中书门下举当年正月敕文上言:

> 诸道及诸司副使、行军司马、判官、参谋、掌书记、支使、推官、巡官等,有敕充职掌,带检校五品已上官及台省官,三考与改转,余官四考与改转。①

这两处参谋的排序都在掌书记之前,这一位序亦见于元和十二年(817)九月十二日所立的武宁军节度使《使院新修石幢记》,在节度使李愿之下镌刻了幕府僚佐的官衔及人名:

> 摄节度副使高瑀;
>
> 行军司马李进贤;
>
> 摄营田副使刘元鼎;
>
> 节度判官谭藩,观察判□□□寮,支度□□□,营田判官何
>
> 授、郭行余;
>
> 节度参谋赵季黄;
>
> 节度掌书记王参元、张胜□;
>
> 观察推官□□□、张仲举,摄观察推官郑据;
>
> 节度巡官阎颜,摄节度巡官独□□,□□巡官□□,摄支度
>
> 巡官郑翱,营田巡官、摄支度推官吴植。②

石云涛指出,这份"武宁军节度使下之僚佐排列顺序更清楚地反映了方镇僚佐的地位高低"。③从这份名单的排序来看,节度参谋赵季黄的地位次于副使、行军司马、判官,而在掌书记、推官、巡官之上。赖瑞和将判官定位于中层文官,掌书记、推官、巡官为基层文官④,但未列参谋。《郡斋读书志》卷一八《别集类中》有《符载集》,称他"继辟西川韦皋掌书记、泽

---

① 《唐会要》卷81《考上》,第1506页。

② (清)王昶:《金石萃编》卷107《使院新修石幢记》,西安:陕西人民美术出版社,1990年,第2册,第1页。

③ 《唐代幕府制度研究》,第281页。

④ 赖瑞和:《唐代基层文官》《唐代中层文官》,台北:联经出版事业股份有限公司,2004、2008年。

潞郄士美参谋"。① 继韦皋(785—805 年在位)之后不久,刘辟(805—806年在位)为剑南西川节度使,后者发动叛乱时,"发兵署牒,首曰辟,副曰式,参谋曰符载"。② 这里在节度使、副使之下只提到参谋,足见参谋在军事动乱时期地位之重要。符载在剑南西川先为韦皋掌书记,次为刘辟参谋,后到泽潞仍任郄士美参谋,表明参谋的地位高于掌书记。

不过在更多的时候,尤其是越到后来,参谋的地位要比掌书记低。建中三年(782)五月,范阳节度使朱"滔行至宗城,掌书记郑云逵、参谋田景仙弃滔来降"③,从其排序书写来看,掌书记应高于参谋。《唐会要》卷七五《选部下·杂处置》云:

> (贞元)九年(793)十二月制:自今已后,应诸色使行军司马、判官、书记、参谋、支使、推官等,使罢者,如是检校试五品已上,不合于吏部选集,并任准罢使郎官、御史例,冬季闻奏。④

这里,参谋居于掌书记之后,而在支使之前,这一位序正好符合李涪所言"宜于管记、支使之间"。⑤《诸葛武侯祠堂碑》阴面所刻《杨嗣复等祠祭题名并诗》开列如下名单:

> 节度判官、侍御史内供奉郭勤;
> 观察支使、监察御史里行李行张洙;
> 节度掌书记、试大理评事、兼监察御史山□;
> 节度推官、监察御史里行李宏休;
> 节度参谋、试大理评事卢懿;
> 摄安抚巡官、前守秘书省正字韦□□。
> 丁巳年(837)八月祠祭毕,因题。　临淮。

---

① 《郡斋读书志》卷 18《别集类中·符载集》,第 893 页。
② 《新唐书》卷 39《房琯附族孙房式传》,第 4630 页。
③ 《资治通鉴》卷 227"建中三年(782)五月"条,第 7330 页。
④ 《唐会要》卷 75《选部下·杂处置》,第 1363 页。
⑤ 《刊误》卷下《参谋》,第 21 页。

检校吏部尚书、兼御史大夫杨嗣□。①

大和九年(835)"三月,以嗣复检校户部尚书、成都尹、剑南西川节度副大使知节度事、观察处置等使"②,则其举行祠祭的丁巳年当为开成二年(837)。这里节度参谋卢懿在排序上低于掌书记与观察支使,甚至连推官也排在他的前面,但仍高于位居最末的巡官。③

赖瑞和认为:"节度参谋并非释褐官,它在幕府官制的排位,一般在推官之上,和掌书记不相上下"④,是很有道理的,不过还要作具体的分析。掌书记是军中喉舌,负责草拟表笺文状,是不可或缺的文职僚佐,地位十分稳固;而参谋则起伏变化较大,起初的位序往往高于掌书记,但越到后来地位越低,甚至沦落到推官之下,盖即所谓"仍居将校之末"。

四、从军吏到术士:参谋职掌的变迁

戴伟华指出:"考释唐代方镇文职僚佐职掌,因其职微,非常困难,故欧阳修撰《新唐书》已不能确释,胡三省注多依《新书》或以宋例唐间有疏误,严耕望《唐代方镇使府僚佐考》务在系统整理考订但难免阙失。"⑤这主要是针对推官、巡官及衙推等低级僚佐而言。而参谋由重而轻,最后沦居于将校之末,其职掌的变迁最为剧烈,更是复杂难考。《通典》注云"参议谋划"⑥,《新唐书》所记"行军参谋,关豫军中机密"⑦,具有鲜明的军事特征,都是指其原本之职掌,主要适用于唐代前中叶。《王士林墓志》云:

---

① (清)陆增祥:《八琼室金石补正》卷68《诸葛武侯祠堂碑》,北京:文物出版社,1985年,第470页。
② 《旧唐书》卷176《杨嗣复传》,第4556页。
③ 《唐代墓志汇编》开成039《郑当墓志铭并叙》亦云:"寻转节度巡官职。洎节制大梁,职改参谋",第2197页。
④ 《唐代中层文官》,第451页。
⑤ 戴伟华:《唐方镇僚佐职掌考释》,《中国典籍与文化论丛》第4辑,北京:中华书局,1997年,第269页。
⑥ 《通典》卷32《职官典十四》,第895页。
⑦ 《新唐书》卷49下《百官四下》,第1309页。

"元戎闻而嘉之,署为节度参谋,与之参谋军事"①;《定命录》记载幽州有一参谋姓胡,刺史"郭举此人有兵谋。至十月,策问及第,得东宫卫佐官,仍参谋范阳军事"②,都体现了参谋所具有的参议军机的特征。乾元二年(759),唐肃宗召见元结,问以方略,"君悉陈兵势,献时议三篇",被当场任命为山南东道节度参谋③;白锽为"滑台节度参谋,军府之要,多咨度焉"。④由于参谋的职掌是参议军事机密,故深得节度使的信任,有的参谋甚至可以左右藩镇的命运,如元和十五年(820)底,成德军节度使王承宗去世,"时参谋崔燧密与握兵者谋,乃以祖母凉国夫人之命,告亲兵及诸将,使拜承元"⑤,承元遂被新上台的唐穆宗任命为义武军节度使。

除了参议军机之外,参谋还经常奉命出使。建中三年(782),淮西李希烈叛乱,攻陷汴州,淮南节度使陈"少游惧,乃使参谋温述由寿州送款于希烈"。⑥王仲堪被幽州节度使刘济奏充节度参谋后,奉命出使蒲州:"以为诸侯聘问,岁惟其常,妙选行人,以通两君之好。贞元十二年(796)冬十一月,公奉使于蒲;春二月,旋车自蒲,经途遥遥,旅次云鄙,以贞元十三年(797)二月三日不幸暴殂于望岩之传舍,享年六十有四"。⑦他以六十四岁高龄,仍任节度参谋,衔命出使蒲州,最终客死途中。元和七年(812),魏博田季安卒,内部发生兵变,田兴被推举为主,并被唐宪宗正式任命为节度使。他延聘布衣崔欢,"遂请摄节度参谋,俾之奏事",所上《谢授节钺表》末云:"谨差摄节度参谋、王屋山人臣崔欢,谨奉表陈奏以闻"。⑧ 又如徐泗濠节度使张"建封乃强署造节度参谋,使于幽州"⑨,都是参谋奉命出

---

① 《唐代墓志汇编》建中 014《王士林墓志铭并序》,第 1830 页。
② 《太平广记》卷 169《知人一·李峤》引,第 1237 页。
③ 《全唐文》卷 344《元结表墓碑铭并序》,第 3494—3495 页。
④ (唐)白居易撰:《白氏长庆集》卷 46《故巩县令白锽事状》,北京:文学古籍刊行社,1955 年,第 1130 页。
⑤ 《旧唐书》卷 142《王武俊附孙王承元传》,第 3883 页。
⑥ 《旧唐书》卷 126《陈少游传》,第 3565 页。
⑦ 《唐代墓志汇编》贞元 076《王仲堪墓志铭并序》,第 1891 页。
⑧ 《全唐文》卷 692《谢授节钺表》,第 7106 页。
⑨ 《旧唐书》卷 165《温造传》,第 4314 页。

使之例。胡三省曾注："行官，主将命往来京师及邻道及巡内郡县。"①参谋的这一职掌与之类同，而行官职级颇低，亦可见参谋地位的沦落。上揭《王仲堪墓志》称"公有全材而位不高，则梁竦悲乎州县，冯唐老于郎署，可以言命矣"②，可以为证。

然而，参谋职掌最大的变化还不在此，而是从参议军机转变为阴阳技术之事，这一点唐人李涪已经指出，而今之治唐代官制的学者则多所忽视。其实早在安史之乱以前，曾任幽州都督的张说在《举陈寡尤等表》中就说道：

> 幽州节度使参谋刘待授，年六十四（贯京兆府）。右怀德退
> 静，立操端确；精通术数，堪备顾问。③

与崔欢同样年龄的幽州节度参谋刘待授，"精通术数"，这是因为军事行动需要察观天文星象，行军出师之前还要进行占卜，故参谋必须具备相关的术数知识。到安史之乱以后，参谋"必以阴阳技术者处之"的特点更加突出，然其地位也因之趋低，沦落到将校之末。他参议军机的职掌已显得微不足道，主要任务是从事历法编撰及阴阳五行、天文术数、占卜丧葬等事。最为典型的例子是，后唐随驾参谋耿瑗升任为司天监，后晋司天监中的天文参谋赵延义、杜升、杜崇龟等人校核历法。敦煌文献中保存了许多参谋编造的具注历，相关研究者虽然论及了曹氏归义军参谋翟奉达、翟文进、安彦存等人④，惜对参谋一职的本身未作考察。P.3451《张淮深变文》记载归义军击败回鹘后，获得唐廷嘉奖，但回鹘王子不甘失败，再次领兵来犯，节度使张淮深得知情报后，便拟出兵迎击：

---

① 《资治通鉴》卷216"天宝六载（747）十二月"条，第6887页。不过，据孙继民《唐西州张无价及其相关文书》（《魏晋南北朝隋唐史资料》第9、10期，1988年，第86—88页）、冻国栋《旅顺博物馆藏唐建中五年（784）〈孔目司帖〉管见》（《魏晋南北朝隋唐史资料》第14辑，1996年，第132—135页）考证，行官的职责极为广泛而复杂。

② 《唐代墓志汇编》贞元076《王仲堪墓志铭并序》，第1891页。

③ 《全唐文》卷220《举陈寡尤等表》，第2250页。

④ 如邓文宽：《敦煌吐鲁番天文历法研究》，兰州：甘肃教育出版社，2002年；《邓文宽敦煌天文历法考索》，上海：上海古籍出版社，2010年；[日]藤枝晃：《敦煌历日谱》，《东方学报》（京都）第45册，1973年，第377—442页。

尚书既闻回鹘□□，□□诸将，点锐精兵，将讨匈奴。参谋
张大庆越班启曰："金□□□，兵不可妄动。季秋西行，兵家
所忌。"①

据 P.3322《推占书》末题"庚辰年(860)正月十七日，学生张大庆书记
之也"②，可知他在学生时代就学习抄写《推占书》，懂得占卜与五行知识，
故毕业后得以担任参谋。他从五行理论出发反对出兵，虽然体现了参议
军机的职掌，但把五行知识与参议军机结合起来，却遭到张淮深的驳斥，
后者果断进兵，在西桐海畔大获全胜，使参谋张大庆的五行知识在军事实
践中验证了失败，其地位越益降低，更难在军事上发挥参议谋划的作用。

除了张大庆，归义军幕府中的其他参谋身上已完全看不到军事色彩，
他们从事的是阴阳、占卜、丧葬、历法等事。P.2937《太公家教》背题：

维大唐中和肆年(884)二月廿五日，沙州敦煌郡学士郎、兼
充行军、除解纸、太学博士宋英达。③

"行军"一般指行军司马④，但宋英达的身份为学士郎，太学博士似为
"州学博士"之讹，或者是他所带的检校官，故此"行军"当为行军参谋，而
非职级甚高的行军司马。从其负责"除解纸"及兼任博士来看，行军参谋
宋英达的职掌主要是从事占卜，具备丰富的文化知识。参谋兼任沙州经
学博士(简称"州博士")的现象在归义军时期极为常见，S.2263《葬录卷
上并序》署云："归义军节度押衙、兼参谋、守州学博仕(士)、将仕郎张忠贤
集"，从"于时大唐乾宁三年(896)五月日下记"及篇中出现的"节度使南阳

---

① 上海古籍出版社、法国国家图书馆编：《法藏敦煌西域文献》第 24 册，上海：上海古籍出版社，2002 年，第 253 页。
② 《法藏敦煌西域文献》第 23 册，上海：上海古籍出版社，2002 年，第 185 页。
③ 《法藏敦煌西域文献》第 20 册，上海：上海古籍出版社，2002 年，第 166 页。
④ 见前揭《唐会要》卷 78《诸使中·诸使杂录上》贞元十六年(800)十二月敕文，第 1441
页；《全唐文》卷 428 于邵《送康兵曹入蜀序》所记"幕中有行军马公、判官张公、书记崔公"，第
4358 页。

张公讳承奉"①等句可知,他在张承奉统治初年就出任节度押衙、兼参谋、守州学博士。P.4640v《己未至辛酉年(899—901)归义军军资库司布纸破用历》凡三处提到他的名字:

> [己未十一月]廿七日,支与押衙张忠贤造历日细纸叁帖;
>
> [十二月]廿三日,支与押衙张忠贤造文细纸壹帖;
>
> [庚申年八月]廿七日,支与张忠贤助葬粗纸壹束。②

这里只是简单记录张忠贤的押衙职衔,仅代表他为节度使的亲信身份③,而略书了参谋、守州学博士。他除了通晓丧葬礼仪知识外,还参与编造历日,P.4996+P.3476《唐景福二年(893)具注历日》就有朱笔所书"吕定德写,忠贤校了"④的字样。

到曹氏归义军时期,著名历学家翟奉达、翟文进世袭担任参谋,前者也兼州学博士,他们编撰了大量具注历。向达曾经介绍过一件《逆刺占》,末题:"于时天复贰载岁在壬戌(902)四月丁丑朔七日,河西敦煌郡州学上足弟子翟再温记",姓名旁注曰"再温字奉达",可知其早年在州学中学习,抄写过《逆刺占》,⑤毕业后出仕于归义军幕府。莫高窟第220窟甬道北壁西向第三身供养人有他的题记:

> 施主节度押衙、行随军参谋、兼御史中丞翟奉达供养,后敕授归义军节□随军参谋、行州☐☐☐、银青光禄大夫、检校左散骑常侍、兼御史大夫、怀☐☐☐、上柱国之官也。⑥

---

① 《英藏敦煌文献(汉文佛经以外部分)》第4卷,成都:四川人民出版社,1991年,第54—55页。

② 《法藏敦煌西域文献》第32册,上海:上海古籍出版社,2005年,第262、264页。

③ 冯培红:《晚唐五代藩镇幕职的兼官现象与阶官化述论——以敦煌文献、石刻碑志为中心(上)》,《敦煌学研究》2006年第2期。

④ 《法藏敦煌西域文献》第24册,第300页。

⑤ 向达:《唐代长安与西域文明》所收《记敦煌石室出晋天福十年写本〈寿昌县地境〉》,石家庄:河北教育出版社,2001年,第429—430页。

⑥ 《敦煌莫高窟供养人题记》,第103页。

"州"字后面的文字残损,当为"学博士"。由此可知,翟奉达任随军参谋在先,兼州学博士在后。在他编撰的具注历日上,早期的题署"随军参谋翟奉达"①,后来的则书作"州学博士翟奉达"②,说明在五代、宋初曹氏时期,参谋的地位比正九品下的沙州经学博士还低。尤可注意的是,S.95《宋显德三年(956)具注历日并序》首题"登仕郎、守州学博士翟奉达纂",后署"写校勘子弟翟文进书"③,而 S.1473《宋太平兴国七年(982)具注历日并序》署作"押衙、知节度参谋、银青光禄大夫、检校国子祭酒翟文进撰"。④ 敦煌翟氏以历学传家,世袭参谋之职,这种私家传授的现象应与历法知识的专门性有关。

曹氏晚期还有一位节度参谋安彦存,也同样制作历日,兼擅占卜。P.3403《宋雍熙三年(986)具注历日并序》题云:"押衙、知节度参谋、银青光禄大夫、检校国子祭酒、兼监察御史安彦存纂"⑤,P.2873《参谋安彦存等呈归妹等坎卦卜辞》末署:"□□月日,参谋安彦存等呈上"⑥,他从事历日编撰,精通八卦占卜,正是参谋掌握这些知识的反映。另外他还抄写了S.4307《新集严父教一本》,末题:"雍熙三年岁次丙戌(986)七月六日,安参谋、学侍(士)郎崔定兴写《严父教》记之耳"⑦,安参谋当即安彦存,对儒家知识也有很好的把握。

归义军时期的敦煌文献,极大地丰富了我们对唐末五代参谋"必以阴阳技术者处之"的实际认知,他们几乎与军机事务无甚涉染,精通阴阳、五行、天文、历法、占卜、丧葬等专门知识,故往往兼任州学博士,这似乎又回

---

① 如 S.2404《后唐同光二年(924)具注历并序》《英藏敦煌文献(汉文佛经以外部分)》第 4卷,第 68 页)、P.3247v《后唐同光四年(926)具注历一卷并序》《法藏敦煌西域文献》第 22 册,第299 页)。

② 如 S.95《宋显德三年(956)具注历日并序》《英藏敦煌文献(汉文佛经以外部分)》第 1卷,成都:四川人民出版社,1990 年,第 45 页)、P.2623《后周显德六年(959)具注历日并序》《法藏敦煌西域文献》第 16 册,上海:上海古籍出版社,2001 年,第 325 页)。

③ 《英藏敦煌文献(汉文佛经以外部分)》第 1 卷,第 45、47 页。

④ 《英藏敦煌文献(汉文佛经以外部分)》第 3 卷,第 67 页。

⑤ 《法藏敦煌西域文献》第 24 册,第 96 页。

⑥ 《法藏敦煌西域文献》第 19 册,上海:上海古籍出版社,2001 年,第 226 页。

⑦ 《英藏敦煌文献(汉文佛经以外部分)》第 6 卷,成都:四川人民出版社,1992 年,第 29 页。

到了安史乱前"非多学深识者,莫居是选"的状态,甚至可以从"精通术数"的幽州节度参谋刘待授的身上找到渊源,但在唐末五代地位沦落到"居将校之末",已不再是"关豫军中机密"的要职。

通过对参谋一职的考察,我们发现,如果没有李涪在《刊误》中所说的那一段话,面对敦煌文献中许多参谋编撰历日的现象,就很难提纲挈领地抓住参谋职掌的变迁特征,不易理出头绪来;如果没有敦煌文献,恐怕也难以清晰地理解李涪对参谋在唐代前后期职掌、地位的变迁论述,不易体察其中的深意。[①]只有将传世文献与敦煌文献有机地结合起来,有些看似棘手的问题才能得以很好地廓清。

原载《复旦学报》2013 年第 6 期

论著目录

一、著作

1. 冯培红:《敦煌学与五凉史论稿》,杭州:浙江大学出版社,2017 年。

2. 冯培红:《敦煌的归义军时代》,兰州:甘肃教育出版社,2013 年。

3. 冯培红:《归义军官吏的选任与迁转——唐五代藩镇选官制度之个案》,香港:香港大学饶宗颐学术馆,2011 年。

4. 冯培红:《敦煌历史人物》,北京:民族出版社,2004 年。

5. 冯培红:《西北通史》第二卷(参撰),兰州:兰州大学出版社,2005 年。

二、论文

1. 冯培红:《丝绸之路陇右段粟特人踪迹钩沉》,《浙江大学学报》2016 年第 5 期。

2. 冯培红:《五凉后期粟特人踪迹考索》,《石河子大学学报》2016 年第 2 期。

---

① 参冯培红:《敦煌归义军职官制度——唐五代藩镇官制个案研究》,兰州大学博士学位论文,2004 年,第 64—67 页;陈于柱:《敦煌写本宅经校录研究》,北京:民族出版社,2007 年,第 35 页。

3. 冯培红:《粟特人与前凉王国》,《内陸アジア言語の研究》第30号,2015年。

4. 冯培红:《敦煌基层社会史刍议》,《中国高校社会科学》2015年第2期。

5. 冯培红:《法藏敦煌文献P.2207pièce1—4考释》,东方学研究论集刊行会编《高田时雄教授退休纪念 东方学研究论集》,京都:株式会社临川书店,2014年。

6. 冯培红:《论中古时代敦煌、吐鲁番大族间的关联》,王三庆、郑阿财编《2013敦煌、吐鲁番国际学术研讨会论文集》,台南:成功大学中国文学系,2014年。

7. 冯培红:《敦煌大族与西凉王国关系新探》,《敦煌吐鲁番研究》第13卷,上海:上海古籍出版社,2013年。

8. 冯培红:《敦煌大族与西域边防》,新疆维吾尔自治区博物馆、中国敦煌吐鲁番学会编《丝路历史文化研讨会论集:2012》,乌鲁木齐:新疆科学技术出版社,2013年。

9. 冯培红:《唐五代参谋考略》,《复旦学报》2013年第6期。

10. 冯培红:《敦煌大族与前秦、后凉》,《南京师大学报》2012年第2期。

11. 冯培红:《Дх.1335〈归义军都虞候司奉判令追勘押衙康文达牒〉考释》,波波娃、刘屹主编《敦煌学:第二个百年的研究视角与问题》,圣彼得堡:俄罗斯科学院东方文献研究所,2012年。

12. 冯培红:《略论敦煌吐鲁番出土的东晋南朝文献》,《东南文化》2011年第2期。

13. 冯培红:《敦煌吐鲁番所见中古时代西北与东南的交往》,《魏晋南北朝隋唐史资料》第27辑,武汉:武汉大学人文社会科学学报编辑部,2011年。

14. 冯培红:《传世本刘允章〈直谏书〉与敦煌本贾耽〈直谏表〉关系考辨》,《兰州学刊》2009年第4期。

15. 冯培红:《敦煌大族与前凉王国》,《内陸アジア言語の研究》第24

号,2009 年。

16. 冯培红:《论唐五代藩镇幕职的带职现象——以检校、兼、试官为中心》,高田时雄主编《唐代宗教文化与制度》,京都:京都大学人文科学研究所,2007 年。

17. 冯培红:《归义军镇制考》,《敦煌吐鲁番研究》第 9 卷,北京:中华书局,2006 年。

18. 冯培红:《敦煌本〈国忌行香文〉及其相关问题》,《出土文献研究》第 7 辑,上海:上海古籍出版社,2005 年。

19. 冯培红:《从敦煌文献看归义军时代的吐谷浑人》,《兰州大学学报》2004 年第 1 期。

20. 冯培红:《敦煌曹氏族属与曹氏归义军政权》,《历史研究》2001 年第 1 期。

刘进宝

刘进宝，男，1961年生，甘肃兰州人。1983年西北师院历史系毕业后留校任教；1988年在西北师大获硕士学位；2001年在武汉大学获博士学位。曾任西北师范大学、南京师范大学教授，现为浙江大学历史系教授、博士生导师，兼任国家社科基金学科评审专家、中国敦煌石窟保护研究基金会理事、敦煌研究院学术委员会院外特聘委员、中国敦煌吐鲁番学会理事、中国唐史学会理事、浙江省敦煌学与丝绸之路研究会副会长。长期从事敦煌吐鲁番文书、丝绸之路与隋唐五代史研究，出版专著《唐宋之际归义军经济史研究》、《敦煌文书与中古社会经济》等多部；主编有《转型期的敦煌学》、《百年敦煌学：历史、现状、趋势》、《新国学三十讲》等；主编学术集刊《丝路文明》；在《历史研究》、《中国史研究》、《文史》、《中华文史论丛》等刊物发表论文多篇。

敦煌文书《后晋开运二年寡妇阿龙牒》考释

刘进宝

　　P.3257《后晋开运二年(945)寡妇阿龙牒》①,主要是对寡妇阿龙牒状的审查处理。本件文书早就引起了学术界的关注和研究。

　　本卷底卷编号为 P.3257,由三件文书组成:第一件 19 行,是寡妇阿龙的状稿和归义军节度使曹元忠的指示;第二件是寡妇阿龙和其兄(自己丈夫的哥哥、儿子义成的伯父)关于土地耕种的契约;第三件 37 行,是归义军左马步都押衙王文通询问土地占有者索佛奴、陈状人阿龙、种地人索怀义的笔录和曹元忠的批示。本卷文书首尾完整,中间只有少许残损,基本上不影响阅读。

　　关于本卷的定名,《敦煌遗书总目索引》②及《敦煌遗书总目索引新编》③定名为《寡妇阿龙等牒数件(开运二年(945)有指节画押)》,池田温《中国古代籍帐研究》(以下简称《籍帐》)定名为《后晋开运二年(945)十二月河西归义军左马步都押衙王文通勘寻寡妇阿龙还田陈状牒及关系文书》④,唐耕耦、陆宏基《敦煌社会经济文献真迹释录》第二辑(以下简称《释录》)定名为《后晋开运二年(945 年)十二月河西归义军左马步押衙王文通牒及有关文书》⑤,《法藏敦煌西域文献》定名为《开运二年寡妇阿龙

---

　　①　文书图版见《法藏敦煌西域文献》第 22 册,上海:上海古籍出版社,2002 年,第 317—318 页。

　　②　商务印书馆编:《敦煌遗书总目索引》,北京:中华书局,1983 年,第 283 页。

　　③　敦煌研究院编,施萍婷主撰稿、邰惠莉助编:《敦煌遗书总目索引新编》,北京:中华书局,2000 年,第 274 页。

　　④　[日]池田温著,龚泽铣译:《中国古代籍帐研究》,北京:中华书局,2007 年,第 507 页。

　　⑤　唐耕耦、陆宏基:《敦煌社会经济文献真迹释录》第 2 辑,北京:全国图书馆文献缩微复制中心,1990 年,第 295 页。

等口分地案牒》①；李正宇《敦煌遗书一宗后晋时期敦煌民事诉讼档案》定名为《后晋开运二年(945)敦煌寡妇阿龙诉讼案卷》②（以下简称《李录一》），李正宇《敦煌学导论》定名为《后晋开运二年(945年)寡妇阿龙地产诉讼案卷》③（以下简称《李录二》）。山本达郎、池田温合编《敦煌吐鲁番社会经济文书》第三卷《券契》（以下简称《山契》）收录了本卷第二件，定名为《甲午年(934)二月十九日索义成付与兄怀义佃种凭》④；沙知《敦煌契约文书辑校》（以下简称《沙契》）也收录了本卷第二件，定名为《甲午年(934)索义成付与兄怀义佃种凭》⑤。兹参酌各家定名，改拟为《后晋开运二年(945)十二月归义军左马步都押衙王文通勘寻寡妇阿龙还田陈状牒》，简称为《后晋开运二年寡妇阿龙牒》。

一、文书校录

本卷《籍帐》第652—654页、《释录》第二辑第295—298页、《敦煌研究》2003年第2期第42—46页、《敦煌学导论》第289—291页等有全篇录文，《山契》第117页、《沙契》第337—338页收录了本卷第二件录文。兹据彩图和《法藏敦煌西域文献》第22册第317—318页影印本，并参考以上诸家录文，重新校录如下。

（一）

1.寡妇阿龙

2.右阿龙前缘业薄，夫主早丧。有男义成，先蒙

3.大王[1] 世上身着瓜州。所有少多屋舍，先向出买(卖)与人，只残

4.宜秋口分地[2] 贰拾亩。已来[3] 恐男义成一朝却得上州[4]

---

① 《法藏敦煌西域文献》第22册，第317页。

② 李正宇：《敦煌遗书一宗后晋时期敦煌民事诉讼档案》，《敦煌研究》2003年第2期，第42—46页。

③ 李正宇：《敦煌学导论》，兰州：甘肃人民出版社，2008年，第289页。

④ ［日］山本达郎、池田温：《敦煌吐鲁番社会经济文书》第3卷《券契》，京都：东洋文库，1987年，第117页。

⑤ 沙知：《敦煌契约文书辑校》，南京：江苏古籍出版社，1998年，第337页。

5. 之日,母及男要其济命。▨▨▨▨(义成瓜州)去时[一],地水分料[5]

6. 分付兄怀义佃种。恰　　　　居[二],索佛奴兄

7. 弟言说,其义成地空闲[6]。更▨▨▨▨(兼佛奴房)[三]有南山兄弟[7]一人

8. 投来,无得地水居业,当便[8]义成地分贰拾亩,割与

9. 南山为主。其他(地),南山经得三两月余,见沙州辛苦

10. 难活,却投南山部族[9]。义成地分,佛奴收掌为主,针草

11. 阿龙不取。阿龙自从将地[10],衣食极难。良求[四]得处,安

12. 存贫命。今阿龙男义成身死,更无丞忘(承望)[11]处。男女恩

13. 亲,缘得本居地水,与老身济佋(接)[12]性命。伏乞

14. 司徒阿郎仁慈祥照,特赐孤寡老身,念见苦累。伏

15. 听公凭裁判▨□(处分)[五]。

16. 牒件状如前,谨牒。

17. 开运二年十二月　日寡妇阿龙牒

18. 付都押衙王文通,细与寻

19. 问申上者。十七日　曹元忠(签名)

(二)

1. 甲午年二月十九日索义成身着瓜州,所有父祖口分地叁拾贰亩,分

2. 付与兄索怀义佃种。比至义成到沙州得来日,所着官司诸杂烽

3. 子、官柴草等小大[六]税役,并总兄怀义应料[13],一任施功佃种。若收得麦粟,任

4. 自兄收[七],颗粒亦不论说。义成若得沙州来者,却收本地。渠河口作税役,不忓

5. 自[八]兄之事。两共面[九]平章,更不许休悔[一○]。如先悔者,罚壮羊壹口。恐人无信,

6. 故[一一]立文凭,用为后验。

7. 种地人兄索怀义(押)

8. 种地人索富子(押)

9.见人索流住（押）

10.见人书手判官张盈润〔一二〕（签名）

（三）

1.都押衙王文通

2.右奉判付文通,勘寻陈□□□□□□（状寡妇阿龙及）〔一三〕取地

姪〔一四〕索佛奴,

3.据状词理,细与寻问申上者。

4.问得姪索佛奴称:先有亲叔索进君,幼小落贼,已经年

5.载,并不承忘（望）。地水屋舍,并总支分已讫。其叔进君,贼

6.中偷马两疋,忽遇至府,官中纳马壹疋。当时

7.恩赐马贾,得麦粟壹拾硕,立机緤伍疋,官布伍疋。

8.又请得索义成口分地□□□□□□（贰拾贰亩,进）〔一五〕君作户主名,佃

9.种得一两秋来。其叔久□□□□（居部族）〔一六〕,不乐苦地,却向南

10.山为活,其地佛奴承受[14],今经一十余年,更无别人论

11.说。其义成瓜州致死,今男幸通及阿婆论此地者,

12.不知何理。伏请处分。

13.取地人姪〔一七〕索佛奴［左手 中旨（指）节］

14.问得陈状阿龙称:有□□□□□（男义成干犯）〔一八〕公条,遣着瓜

15.州,只残阿龙。有口分地叁拾贰亩,其义成去时,出

16.买（卖）地拾亩与索流住,余贰拾贰亩与伯父索怀

17.义佃种,济养老命。其他（地）,佛奴叔贼中投来,本分居

18.父业,总被兄弟支分已讫,便射阿龙地水将去。

19.其时欲拟谘申,缘义成犯格,意中怕怖,因兹不

20.敢词说。况且承地叔在,□□□□（不合论）诤〔一九〕。今地水主叔[15]却

21.投南山内〔二〇〕去,阿龙口分别人受用。阿龙及孙幸通无路存

22.济,始过陈状者,有实。

23.陈状寡妇阿龙 ［右手 中旨（指）节］

24.问得佃种伯父索怀义称:先姪义成犯罪遣瓜州,地

25.水立契仰怀义作主佃种,经得一秋〔二一〕,怀义着防马群不

26. 在。比至到来,此地被索进君射将。怀义元不是口分

27. 地水,不敢论说者,有实。

28. 立契佃种人索怀义 [左手 中旨(指)节]¹⁶

29. 右谨奉付文通,勘寻陈状寡妇阿龙及姪索佛奴、怀义

30. 词理,一一分析如前。谨录状上。

31. 牒件状如前,谨牒。

32. 开运二年十二月   日左马步都押衙王文通牒

33. 其义成地分赐进

34. 君,更不回戈(过)¹⁷。其地

35. 便任阿龙及义

36. 成男女为主者。

37. 廿二日   曹元忠(签字)

【校记】

〔一〕"义成瓜州"四字,只存右边残笔,但能看出是此四字,《籍帐》、《释录》、《李录》已补。

〔二〕"恰",原为"更",从图版看,已将"更"改为"恰"。《李录一》录为"更恰",《李录二》录为"恰更"。"恰"后一字只存右上部一点点残笔,《籍帐》补为"得",《释录》、《李录》补为"遇"。"居"字的左上部已经残,但从字形看应该是"居"。《籍帐》、《释录》补为"房",《李录一》录为"居",《李录二》录为"房"。在"恰"和"居"之间约有六七字的残破,《李录一》补为"遇索进君回沙州就"八字,《李录二》为六个空格。

〔三〕"兼佛奴房"四字只存左边残笔,《籍帐》、《释录》补为"弟佛奴房";《李录一》直接录为"弟佛奴房";《李录二》则为"佛奴房别"。从残笔看,"佛奴房"三字比较明显,而"兼"字不明显,但与同卷的"弟"却有差别。从其前后文义及残笔字形看,似为"兼"。

〔四〕"良求",《释录》校为"悬求";《李录一》录为"艮",校为"悬";《李录二》录为"良",指出:"良,实也",并以《汉书·吴王濞传》"征求滋多,诛罚良重"中颜师古注曰"良,实也,信也"为据做了说明。

〔五〕"处分",原卷只残存"處"的右上部,从字形和文义可看出为

163

"处",后面的"分"是根据文义补的。《籍帐》、《释录》、《李录》已补。

〔六〕"小大",《释录》录为"大小",非原文。

〔七〕"任自兄收"之"任"为本行最后一字,已残,《籍帐》、《释录》补为"任"。"自兄",《李录二》校为"兄自"。

〔八〕"自",是本行第一字,已缺,《籍帐》、《山契》录为"□",《释录》、《沙契》补为"自",兹从之。《李录一》为"自",《李录二》为"□"。

〔九〕《释录》在"面"后补一"对"字,成"面对平章";《李录》在"面"字前面补一"对"字,成"对面平间"。不必。

〔一〇〕《释录》在此多录一"者"字。

〔一一〕"故"为本行第一字,原卷已残,《籍帐》、《释录》补为"故",《山契》、《沙契》径录作"故"。

〔一二〕"张盈润",《籍帐》、《山契》、《沙契》录为"张卺□",《释录》为"张盈□",李录为"张盈润"。从字形看,应为"盈润",兹从李录。

〔一三〕"及"字上部残,《籍帐》、《释录》、《李录》已补。"状寡妇阿龙",《籍帐》、《释录》、《李录》已补,兹从补。

〔一四〕"姪",《释录》、《李录》录为"侄",非原形。下同。

〔一五〕"贰拾贰亩,进"五字有程度不同的残损,《籍帐》、《释录》、《李录》已补,兹从补。

〔一六〕"居部族"三字已残,《籍帐》、《释录》、《李录一》补为"居部族",《李录二》录为"居戎狄"

〔一七〕"姪",《释录》未录。

〔一八〕"男义成干犯","男"字下部已残,"犯"字只有下部一点残笔,《籍帐》、《释录》、《李录》已补,兹从之。在"男"和"犯"之间有三字的残缺,《籍帐》、《释录》、《李录》补为"索义成"。根据上下文义,可补为"义成干"。

〔一九〕"不合论"三字,右边已残,从字形、文义看应该是此三字,《籍帐》、《释录》已补,《李录》径录。

〔二〇〕"南山内",《释录》未录"内"字。

〔二一〕"得一秋",原卷右部已残,从字形、文义看应该是此三字,《籍帐》已补,《释录》、《李录》径录。

二、注 释

1.大王:指清泰二年(935)去世的曹议金。清泰二年为乙未年,P. 2638《后唐清泰三年沙州儭司教授福集等状》曰:乙未年"大王临旷衣物唱得布捌阡叁伯贰拾尺"①。索义成"身着瓜州"是甲午年,即公元 934 年,正属于"大王"曹议金时期。

2.宜秋口分地:"宜秋"指宜秋渠。敦煌干旱少雨,完全靠祁连山的雪水灌溉,耕地都在水渠旁边,没有灌溉水的土地不能耕种,因此常常是地水连用。

唐令中的"先永业者,通充口分之数"的"口分",并非指口分田,而是指一口应授之田,此句《白氏六帖事类集》引的授田令为:"先有永业者,则通其众口分数也。""口分"一词在敦煌吐鲁番文书中也多有使用,如大谷3150《康大智请田辞》曰:"大智家兼丁先欠口分不充,今有前件废渠道,见亭无人营种,请勘责充分。"此时(945 年)均田制早已瓦解,并不存在永业田、口分田之说,这里的"口分地",显然是指一口或一户应授之地或所有之地。②

3.原文为"贰拾亩已来",是指大约数,"已来"犹言左右,这与第 8—9行"义成地分贰拾亩,割与南山为主"是一致的。当时阿龙上状的目的是追回这一块土地,对具体的数字并没有太在意。《李录一》为"贰拾贰亩来",与原文不符。

4.上州:指沙州,因当时归义军的主要根据地是瓜、沙二州,其政权中心在沙州,对瓜州来说,沙州就是上州。"一朝却得上州之日",是一不确定用语,即哪天义成获释回到沙州之日。如 P. 2943《宋开宝四年(971)五月一日内亲从都头知瓜州衙推氾愿长等状》:

---

① 《法藏敦煌西域文献》第 17 册,上海:上海古籍出版社,2001 年,第 37 页。
② 参阅宋家钰:《唐代户籍上的田籍与均田制——唐代均田制的性质与施行问题研究》,《中国史研究》1983 年第 4 期,第 25—42 页。

内亲从都头知瓜州衙推氾愿长与合城僧俗官吏百姓等

右愿长等,昨去五月一日,城头神婆神着不说神语,只言瓜州城隍及都河水浆,一切总是故暮(慕)容使君把勒。昨又都河水断,至今未回。百姓思量无计,意内灰惶。每有赛神之时,神语只是言说不安置暮(慕)容使君坐(座)位,未敢申说。今者合城僧俗官吏百姓等不避斧钺,上告王庭,比欲合城百姓奔赴上州,盖缘浇溉之时抛离不得。今者申状,号告大王,此件乞看合城百姓颜面,方便安置,赐与使君坐(座)位。容不容? 望在大王台旨处分。谨具状申闻,谨录状上。

牒件状如前,谨牒。

开宝四年五月一日内亲从都头知瓜州衙推氾愿长与一州僧俗官吏等牒

衙推泛愿长信紫羊角一只献上大王。①

5."地水分料",即属于自己的耕地,也可简称"地分"、"地水",如第8行就是"义成地分贰拾亩",第10行也是"义成地分,佛奴收掌为主",曹元忠的判词也是"其义成地分赐进君"。在水部式和敦煌契约文书中也有"地分",都是指"土地"。如P. 2507《唐开元二十五年(737)水部式残卷》第112行:"其京城内及罗郭墙,各依地分,当坊修理。"另如P. 3394《唐大中六年(852)僧张月光博换地契》云:"又僧法原园与东庑、地分、井水共用。"由于敦煌降雨量非常少,主要靠灌溉耕种。只有有水并且能够灌溉的土地才能耕种,所以往往"地水"连用,如第13行就是阿龙"本居地水"。②《李录一》将"地水分料"分开解释,认为"地水"即田地,"分料"应

---

① 图版见《法藏敦煌西域文献》第20册,上海:上海古籍出版社,2002年,第186页。录文参阅《释录》第5辑,第25—26页;余欣:《唐宋敦煌民生宗教与政治行为关系研究》,《中国史研究》2005年第3期,第68页。

② 参阅朱雷:《P. 3964号文书〈乙未年赵僧子典儿契〉中所见的"地水"——唐沙、伊州文书中"地水"、"田水"名义考》,载武汉大学中国三至九世纪研究所编《魏晋南北朝隋唐史资料》第17辑,武汉:武汉大学出版社,2000年;又见朱雷:《敦煌吐鲁番文书论丛》,兰州:甘肃人民出版社,2000年,第357—363页。

读为"份料"，"意即土地所有者份内所当承担的各种税役。一云'承料役次'。即下件《索义成田地托付凭》所载包括'渠河口作'在内的'所着官司诸杂、烽子、官柴草等大小税役'。"①

6. "空闲"，指没有种庄稼的土地，即荒地。索怀义佃种后，由于"着防马群"而离开家乡，使地抛荒。荒地属于归义军时期请田的范围。②

7. "南山兄弟"，即索进君。

8. "便"是租的意思。

9. "南山部族"，即"南山"，主要出现于归义军时期，指沙州、瓜州南面的祁连山谷地。据《史记·大宛列传》载："始月氏居敦煌、祁连间，及为匈奴所败，乃远去……其余小众不能去者，保南山羌，号小月氏。"归义军时期的"南山"或"南山部族"，则是指小月氏的遗种——仲云。《新五代史》卷七四《四夷附录》载："沙州西曰仲云，其牙帐居胡卢碛。云仲云者，小月氏之遗种也，其人勇而好战，瓜、沙之人皆惮之。"在敦煌文书中，多次出现"南山"或"南山部族"与归义军之间和战的记载。如敦煌研究院藏《年代不明(964)归义军衙内酒破历》载："肆月贰拾柒［日］供南山别力逐日酒壹斗"；"五日，迎南山酒壹角"；"六日，衙内面前看南山酒壹斗"；"陆日供衙前仓住南山逐日酒贰斗"；"城南园看南山酒壹角"；"拾陆日，供南山逐日酒贰斗"等。此《酒帐》还有招待甘州、西州、伊州、于阗使臣的许多记载，但南山不称使，可能是其政治势力介于部落与地方王国之间，主要从事畜牧。P.2718《李绍宗邈真赞》有"为国纳效于沙场……破南山"的记载。S.4445《何愿德贷褐契》也有"龙家何愿德扵南山买卖小禄"的记载。③

---

① 李正宇：《敦煌遗书一宗后晋时期敦煌民事诉讼档案》，《敦煌研究》2003年第2期，第42—46页。

② 参阅刘进宝：《唐宋之际归义军经济史研究》，北京：中国社会科学出版社，2007年，第23—26页。

③ 参阅荣新江：《小月氏考》，载《中亚学刊》第3辑，北京：中华书局，1990年，第47—62页；黄盛璋：《敦煌文书中的"南山"与仲云》，《西北民族研究》1989年第1期，第4—12、116页；杨铭：《敦煌文书中的Lho bal与南波——吐蕃统治时期的南山部族》，《敦煌研究》1993年第3期，第10—15页；邵文实：《敦煌遗书中的"南山"考》，《社科纵横》1992年第6期，第44—49页。

10. "将地",失去土地,即原属阿龙的土地被别人请去。这与后面阿龙陈状中的"便射阿龙地水将去"、索怀义状中"此地被索进君射将"是一致的。①

11. "丞忘",本卷第三件第 5 行为"承忘",或可释为"承望",即指望、想望,也就是说阿龙得知义成已经去世,便不再指望"男女恩情",即依靠子女供养。第三件的"承忘"是说:索进君从小就落入贼手,没有任何音讯,是死是活也不知道,根本没有指望他会回来。

12. 原卷为"佞",同"佞",但文义不通。《籍帐》、《释录》录为"接",仅仅是偏旁的互换,而文义明确。

13. "应料",承担。即附着于土地上的"诸杂烽子、官柴草等小大税役"都由土地耕种者承担。"料"有"应役"之意。王梵志诗第二七九首"身役不肯料,逃走背家里";《太平广记》卷三二《颜真卿》载:"杨国忠怒其不附己,出为平原太守。安禄山逆节颇著,真卿托以霖雨,修城浚壕,阴料丁壮,实储廪。"

14. "承受",即继承。承与受为同义复合。②

15. 这里的"地水主"指土地的实际拥有人索佛奴,"地水主叔"指索佛奴的叔叔索进君。当索进君逃回南山后,其通过请射所获得的土地便由侄子索佛奴继承。

16. 第 13、23、28 行为指节押,此为古代押记之一种,敦煌谓之"画指为记"。据《李录一》注释第 17:盖与脚板、手印同义。其法:比画出男左手女右手中指各节长短,代替本人之签字画押,用备日后验证。所见画法有三:一是画出男左手女右手中指侧视之形,勾勒出中指各节位置;二是比量标画男左女右中指长短及各节位置;三是并不画出中指全长,只点记男左手女右手中指各节所在,呈现距离不等的三点。唐五代各种指节押向无实物传世,唯敦煌遗书中多有保存,堪补传世之缺。③

---

① 关于归义军时期的请田,请参阅《唐宋之际归义军经济史研究》,第 21—28 页。

② 参阅《唐宋之际归义军经济史研究》,第 59—60 页。

③ 李正宇:《敦煌遗书一宗后晋时期敦煌民事诉讼档案》,《敦煌研究》2003 年第 2 期,第 42—46 页。

17. 回戈即回过,它是一俗语词,其义为回还。[1] 陈永胜认为是"办理过户手续"。[2]

三、内容分析

本件文书是一案卷,其主要内容是:公元 945 年(后晋开运二年)12月某日,寡妇阿龙直接呈状沙州刺史曹元忠,请求索佛奴返还已占用十余年的口分地产 22 亩,以济接生路。原来在 11 年前的后唐清泰元年(甲午年,公元 934 年)的 3 月 19 日,阿龙的儿子索义成因犯罪被流放瓜州。他们原有祖传的口分地 32 亩,在义成去瓜州前,将其中的 10 亩出卖给了索流住,另外的 22 亩交与义成的伯父索怀义佃种,并订有契约。约定佃种人索怀义获取土地上的所有收获物,但要承担耕种该地应缴纳的赋税和有关的徭役。如果义成回到沙州,就收回由伯父索怀义佃种的土地。而索怀义在佃种此 22 亩土地一年后,由于"着防马群"即成了牧马人而离开家乡,再未耕种土地,使此 22 亩土地抛荒。

恰在此时,又有索氏族人索进君回到沙州。索进君幼小落入贼手,一直没有任何音讯,索氏家族连其死活都不知道,更没有指望他能回来,所以在分割家产时就没有考虑到索进君,也就没有给他预留土地屋舍。当索进君从南山部落偷马两匹回到沙州后,归义军政府收马一匹,并给付了一定的奖励。索进君以定居为由申请口分地,官府遂将原属索义成的这 22 亩荒地分与索进君。从"割与南山为主"、"进君作户主名"、进君"便射阿龙地水将去"、"此地被索进君射将"可知,索进君便成了此 22 亩土地法律上的主人。

当官府在分配这 22 亩荒地时,阿龙虽想到官府论说争夺产权,但顾虑到她系罪犯家属,恐受斥责而未呈状。种地人索怀义外出牧放官马而

---

[1] 参阅刘敬林:《敦煌文牒词语校释》,《敦煌学辑刊》2003 年第 1 期,第 116—120 页。

[2] 参阅陈永胜:《〈后晋开运二年(945)寡妇阿龙地产诉讼案〉若干法律问题析论》,《兰州大学学报》2003 年第 2 期,第 51—55 页。

不知情,回来后也因为并非是自己的口分地,即不是土地的主人,也就没有到官府论说这些土地的归属。

索进君由于久居南山部族而不谙农耕,在敦煌居住一段时间后即嫌艰苦而复归南山,他的 22 亩土地就被其族侄索佛奴承受(继承),即索佛奴又成了此 22 亩土地实际上的主人(并非法律意义上的主人)。

现在,义成已死于瓜州,而年迈的阿龙与年幼的孙子索幸通祖孙二人相依为命,饥寒流乞,无法生活。于是寡妇阿龙呈上诉状,要求索佛奴归还其 22 亩土地。同月十七日,曹元忠就批交左马步都押衙王文通查核此案。

王文通首先找出了当年(甲午年,公元 934 年)索义成流放前夕寡妇阿龙和索怀义关于此 22 亩土地的佃种契约,并询问了此段土地法律上的主人索进君的侄子索佛奴(目前实际上的主人)、陈状人寡妇阿龙、佃地人索怀义。经过调查取证,将阿龙的申诉,阿龙与索怀义当年的佃种契约,询问索佛奴、阿龙和索怀义的笔录 5 份文件一同报至归义军节度使曹元忠。当年 12 月 22 日,沙州刺史曹元忠亲自作了既维护官府先前决定,又关切弱者权益的批示:分配给进君土地不能反悔,但进君已回到南山,土地的使用与收益仍由阿龙祖孙支配。这样一个普通的民间地产纠纷,经过提起诉讼、立案受理、调查取证、判决结案等四个基本的审判过程,而且得到了节度使的高度重视,可见当时的经济生活和敦煌社会安定的密切关系。

本卷第一件文书是阿龙要求收回土地的牒状,这是没有疑义的。第二件佃种契约的一方是义成的伯父索怀义,而另一方是义成还是阿龙则有歧义,从《山契》(《甲午年(934)二月十九日索义成付与兄怀义佃种凭》)和《沙契》定名(《甲午年(934)索义成付与兄怀义佃种凭》)可知,他们认为另一方是索义成。

本件的人物关系比较简单:阿龙是义成的母亲,怀义是义成的伯父、阿龙的婆家兄长(即义成父亲的哥哥)。从第 2 行的"付与兄索怀义佃种"、第 3 行的"并总兄怀义应料"、第 4 行的"任自兄收"、第 5 行的"不忏自兄之事"、第 7 行的"种地人兄索怀义"可知,怀义并不是以义成的伯父,而是以阿龙兄长的身份来签订此佃种契的，因此，本件可定名为《甲午年（934）寡妇阿龙付与兄怀义佃种凭》。

第三件是王文通的询问笔录，为什么第一个询问的是索佛奴呢？并且索佛奴不是作为主体，而是作为索进君侄子的身份出现的。因为从法律上来说，此段土地的所有者是索进君，官府仍然认为这是索进君的土地，作为索进君侄子的索佛奴仅仅是代为耕种或实际上的占有，并没有经过法律程序或政府的认可，所以王文通所询问的是"取地姪索佛奴"（第2行），这里的"取地"，指从法律上获得土地，也是索佛奴画押中的"取地人"索进君。第13行的"取地人姪索佛奴"都是指取地人（索进君）的侄子索佛奴。本件文书的主体是法律上的土地所有者索进君，第4行的"问得姪索佛奴称"，也是以索进君作为主体的。第29行王文通的牒文也清楚地说明，他所了解询问的三个人：上状人寡妇阿龙、土地拥有者的侄子索佛奴、土地的租佃者索怀义。

在询问陈状人寡妇阿龙时，第20行的"承地叔"是指佃地人索怀义，这里的"承地"是按契约佃种土地，"叔"是指索义成的"叔叔"。同行的"地水主叔"又不一样，"地水主"是指现在土地的实际拥有者索佛奴，"叔"是指索佛奴的叔叔索进君。

文书最后是归义军节度使曹元忠的批示："其义成地分赐进君，更不回戈（过）。"即原属义成的土地分配给了索进君，这是不再改变的。但由于进君早就离开了沙州，土地的主人不在了，由其侄子索佛奴耕种。而寡妇阿龙及孙子索幸通属于老小，没有生活来源，因此，"其地便任阿龙及义成男女为主者"，即由阿龙和其孙子耕种使用。这里的"义成男女"就是指义成的儿子、阿龙的孙子"索幸通"。

本卷文书在归义军经济史研究上有着重要价值，涉及土地请射、租佃、买卖及耕种土地所应该承担的赋役等。

另外，值得注意的是本案的调查取证方式，与现代审理民事案件的方式有相似之处，即主要通过询问当事人调查取证。此案中不仅有书证（租佃契约），而且有当事人（托付人、受托付人）的陈述。每位当事人陈述完毕后都要签字画押，构成了完整的证据体系。这件契约文书反映的各种法律制度,包括土地制度、证据制度、契约效力等,为我们进一步全面认识中国传统法律文化,深刻体察其特征提供了佐证。

原载《敦煌研究》2016 年第 3 期

论著目录

一、著作

1. 刘进宝:《敦煌学述论》,兰州:甘肃教育出版社,1991 年。

2. 刘进宝:《敦煌文书与唐史研究》,台北:台湾新文丰出版公司,2000 年。

3. 刘进宝:《唐宋之际归义军经济史研究》,北京:中国社会科学出版社,2007 年。

4. 刘进宝:《敦煌学术史:事件、人物与著述》,北京:中华书局,2011 年。

5. 刘进宝:《敦煌文书与中古社会经济》,杭州:浙江大学出版社,2016 年。

二、论文

1. 刘进宝:《从敦煌文书谈晚唐五代的“地子”》,《历史研究》1996 年第 3 期。

2. 刘进宝:《再论晚唐五代的“地子”》,《历史研究》2003 年第 2 期。

3. 刘进宝:《唐五代敦煌棉花种植研究——兼论棉花从西域传入中国内地的问题》,《历史研究》2004 年第 6 期。

4. 刘进宝:《敦煌学史上的一段学术公案》,《历史研究》2007 年第 3 期。

5. 刘进宝:《唐五代“随身”考》,《历史研究》2010 年第 4 期。

6. 刘进宝:《常何与隋末唐初政治》,载《中国史研究》1998 年第 4 期。

7. 刘进宝:《唐五代“税草”所用计量单位考释》,《中国史研究》2003 年第 1 期。

8. 刘进宝:《敦煌学术史研究有待加强》,《中国史研究》2009 年第 3 期。

9. 刘进宝:《“不办承料”别解》,《文史》2006 年第三辑。

10. 刘进宝:《唐五代敦煌种植"红蓝"研究》,《中华文史论丛》2006 年第三辑。

11. 刘进宝:《也谈吐鲁番文书中的"部田"》,《中华文史论丛》2010 年第二辑。

12. 刘进宝:《向达敦煌考察的身份问题研究评议》,《中华文史论丛》2016 年第二辑。

13. 刘进宝:《隋末唐初户口锐减原因试探》,载《中国经济史研究》1989 年第 3 期。

14. 刘进宝:《晚唐五代土地私有化的另一标志——土地对换》,载《中国经济史研究》2004 年第 3 期。

15. 刘进宝:《关于吐蕃统治经营河西地区的若干问题》,载《中国边疆史地研究》1994 年第 1 期。

16. 刘进宝:《试论唐太宗、唐高宗父子对高丽的战争》,载《中国边疆史地研究》1995 年第 3 期。

17. 刘进宝:《鄂登堡考察团与敦煌遗书的收藏》,载《中国边疆史地研究》1998 年第 1 期。

18. 刘进宝:《华尔纳及其敦煌考察团述论》,《中国边疆史地研究》2000 年第 1 期。

19. 刘进宝:《不能对古代新疆地区棉花的种植估计过高》,《中国边疆史地研究》2005 年第 4 期。

20. 刘进宝:《东方学视野下的"丝绸之路"》,《清华大学学报》2015 年第 4 期。

陆敏珍

陆敏珍,1971 年生,浙江象山人。历史学博士,现为浙江大学人文学院历史系教授。主要研究方向为宋史、中国思想史、中国文化史。现已出版专著 3 部,译著 1 部,并在《历史研究》、《学术月刊》、《文史》等刊物上发表论文 30 余篇。

刑场画图：11、12世纪中国的
人体解剖事件

陆敏珍

在以往以解剖学、解剖史为主题的研究中，有关宋代解剖的历史资料已为研究者频繁掘发。一些研究者试图通过爬梳史料去证明宋代解剖图在解剖学史上的贡献，而另一些研究者则通过宋代解剖图去阐述中国解剖学及其发展的一般状况。[①] 基于这种主旨，这些研究的分析风格往往习惯于从散见的文献记载中抽取出"解剖"的历史，而不涉及历史事件本身的阐释。以解剖史、解剖学这一体系为基底，对整个历史的长时段予以关注毫无疑问是必要的，不过，如果从"中国解剖史"或者"解剖发展史"的

---

① 相关研究如马继兴：《宋代的人体解剖图》，《医学史与保健组织》1957年第2号，第125—128页；靳士英：《欧希范五脏图考》，收入《第一届国际中国医学史学术会议论文及摘要汇编》，北京：中华医学会医史学会，1992年，第52—57页；靳士英、靳朴：《〈存真图〉与〈存真环中图〉考》，《自然科学史研究》1996年第3期，第272—281页；李鼎：《宋代解剖〈存真图〉的来龙去脉》，《上海中医药杂志》1998年第9期，第38—39页；[日]冈野诚：《北宋の区希范叛乱事件と人体解剖图の成立——宋代法医学発展の要素》，《明治大学社会科学研究所纪要》第44卷第1号，东京：明治大学社会科学研究所，2005年，第241—264页，中译文刊于周建雄译：《法律文化研究》2007年第3辑，第185—209页；詹苡萱：《以宋代解剖图——〈欧希范五脏图〉、〈存真图〉看中国解剖学的发展》，硕士学位论文，台湾"清华大学"历史研究所，2009年。除了上述专门研究宋代解剖图的论文之外，陈邦贤《中国医学史》（北京：商务印书馆，1957年，第190—191页）、洪焕椿《十至十三世纪中国科学的主要成就》（《历史研究》1959年第3期，第27—51页）、赵璞珊：《中国古代医学》（北京：中华书局，1983年，第155—158页）、[日]渡边幸三：《现存すろ中国近世までの五藏六府図の概说》（《本草书の研究》，大阪：杏雨书屋，1987年，第341—454页）、祝亚平：《中国最早的人体解剖图——烟萝子〈内境图〉》（《中国科技史料》1992年第2期，第61—65页）、靳士英：《五脏图考》（《中华医史杂志》1994年第2期，第68—77页）、于赓哲：《被怀疑的华佗——中国古代外科手术的历史轨迹》（《清华大学学报》2009年第1期，第82—95页）、邱志诚：《国家、社会、身体：宋代身体史研究》（博士学位论文，首都师范大学历史系，2012年，第13—25页）等论著中均有涉及。

广阔单位中转向个别事件,关注解剖事件的细节,并力图去揭示解剖事件与时代的历史环境、价值观念以及技术、知识方式之间密切而有趣的联系,如此,在宋代人体解剖事件中所阅读到的人类医学,既不是徘徊或迷失在医用术语之间,也不是简单地作"统治者残暴"之类的价值判断了。与此同时,通过观察中国人体解剖的起始、中间和终结等过程的完整事件,也可略窥当时人对人体解剖的态度以及对作为知识手段的解剖的理解。

一、解剖事件及其系列:类型区分

如果不特意去强调现代解剖、解剖学的概念,[①]就会发现中国历代有关人体解剖的文献记载不绝如缕。20 世纪以来,学者也曾以"解剖史"为题对中国历史上的人体解剖(或者说是对人体所进行的开膛剖腹)展开过讨论。[②] 不过,虽然可以通过"解剖"这一关键词将这些事件以一种连续的方式呈现出来,但事实上,文献中相关事件在记载风格、叙述内容上均有相当大的差异。因此,在讨论宋代解剖事件之前,我们有必要将历史中的人体解剖记载作些区分,以厘清其中的类型,概括其中的特质。大体而言,中国文献中的人体解剖记载可分为"非直接的解剖事件"与"直接的解剖事件"两类,而后者据其性质不同,又可区分为私人与公共两种。以下按三种类型分别论述。

第一类,非直接的解剖事件。这类事件通常不涉及解剖事件本身,它们虽然不是发生在某一具体时间段中的事件,但可以将之视为解剖事件

---

① 关于中国是否有现代意义上的解剖学,以及如何理解中国古代的解剖历史,可参见范行准:《中国病史新义》,北京:中医古籍出版社,1989 年,第 3—7 页;高晞:《"解剖学"中文译名的由来与确定——以德贞〈全体通考〉为中心》,《历史研究》2008 年第 6 期,第 80—104 页。

② 例如,陈垣:《中国解剖学史料》,该文 1910 年发表在《光华医事卫生杂志》第 4、5 期,后收入陈智超编:《陈垣早年文集》,台北:台湾"中研院"中国文哲研究所,1992 年,第 362—369 页;侯宝璋:《中国解剖学史之检讨》,《齐大国学季刊》1940 年第 1 期,第 1—17 页,该文后经增删,以《中国解剖史》为题刊在《医学史与保健组织》1957 年第 1 号,第 64—73 页;干祖望:《祖国医学关于解剖方面的记述》,《上海中医药杂志》1956 年第 10 号,第 14—15 页;等等。

演变的产物。例如,最早出现"解剖"一词的《灵枢经》中说:"八尺之士,皮肉在此,外可度量切循而得之,其死可解剖而视之。"①再如,司马迁所记上古神医俞跗,"治病不以汤液醴洒……因五藏之输,乃割皮解肌,诀脉结筋,搦髓脑,揲荒爪幕,湔浣肠胃,漱涤五藏"。② 根据这些记载,现代学者认为中国很早就出现了人体解剖(或"类医学解剖"),自然无可厚非,但这类"解剖"记载或是作为观察人体的一个向度,描述人体内部结构,③或是用以描述医生高妙的技艺,并没有涉及具体的人体解剖事件,包括解剖的组织者、执行者、解剖来源等信息,因此研究者无法根据这些零散的文本记载来分析中国传统社会对人体解剖的态度与观念。

第二类,私人解剖事件。这类事件往往直接记载解剖案例,施行解剖的目的通常是为了探寻身体的某种秘密。例如,据《太平广记》载:后汉末,有人得"心腹瘕病",昼夜切痛,临终时,"敕其子曰:'吾气绝后,可剖视之。'其子不忍违言,剖之,得一铜铢,容数合许"。④ 又据载:

> 隋炀帝大业末年,洛阳人家中有传尸病,兄弟数人,相继亡殁,后有一人死,气犹未绝……其弟忽见物自死人口中出,跃入其口,自此即病……临终,谓其妻曰:"……吾气绝之后,便可开吾脑喉,视有何物,欲知其根本。"……弟子依命开视,脑中得一物,形如鱼,而并有两头,遍体悉有肉鳞。⑤

这则记载还有类似的版本,不过时代为唐代永徽年间(650—655),患病者为一僧人,病症为"噎病",数年未能下食,临终时,"命其弟子云:'吾气绝之后便可开吾胸喉,视有何物,欲知其根本。'"弟子依言开视胸中,得一遍体有肉鳞的两头鱼。⑥ 另外,据唐人笔记载:河东裴同的父亲患腹痛

---

① 《黄帝素问灵枢经》卷3《经水第十二》,《四部丛刊初编》,上海:商务印书馆,1926—1929年。

② (汉)司马迁:《史记》卷105《扁鹊仓公列传》,北京:中华书局,1959年,第2788页。

③ 例如,(宋)宋慈《洗冤录》所记载的人体解剖即可归入此类。

④ (宋)李昉等:《太平广记》卷218《医一·华佗》,北京:中华书局,1961年,第1665页;(宋)李昉等:《太平御览》卷743《疾病部六·瘕》,北京:中华书局,1960年,第3299页。

⑤ 《太平广记》卷474《昆虫二·传病》,第3904页。

⑥ 《太平御览》卷741《疾病部四·咽痛并噎》,第3289页。

数年,痛不可忍,于是"嘱其子曰:'吾死后,必出吾病。'子从之,出得一物,大如鹿条脯"。①

　　这一类解剖事件分散在正史、类书、笔记等各类文献中,其中混杂着相当多的传奇色彩,但每种故事其实都含有某些类似因素。例如,故事结尾往往以从人体中取出"两头鱼"、"铜铃"、"状如鹿条脯的异物"等为最后的解剖结果,是因为当时人相信,人类难解的病因皆出于异物、邪物作祟。② 同样,超出常人的长寿、体健,也与体内形成某种物体有关。据洪迈记载,太原人王超,"曾遇道人授以修真黄白之术",年八十,仍然"精采腴润,小腹以下如铁而常暖",后因盗罪获斩,"刽者剖其腹,得一块,非肉非骨,凝然如石"。③ 又据吴曾记载,临海县捕得一盗寇,年八十,但"筋力绝人,盛寒卧地饮冰",盗寇自言长寿体健是因其"岁灸丹田百炷,行之盖四十余年",为一探究竟,盗贼弃市后,县令"密使人决腹视之",果见"白膜总于脐,若芙蕖状,披之盖数十重"。④ 这种身体观显然在一定程度上影响了某种地方风俗。例如,饶州乐平县(今属江西)吕生之妻因难产而死,其腹内死胎亦同样被视为异物,使人"沉沦幽趣,永无出期",于是,"狃于俗说"的吕生自持刀剖妻腹,"取败胎弃之"。⑤

　　此外,上述解剖事件中,除了由官员秘密组织的解剖外,施行解剖之人多是被解剖者的亲人:儿子、妻子、丈夫、弟子等,几乎没有医者参与其间;故事中每每强调病人临终时的遗命、遗言,这十数字暗含着道德与法律的张力。众所周知,唐宋律令中规定,"诸残害死尸及弃尸水中者,各减

----

　　① (唐)张鷟撰,赵守俨点校:《朝野佥载》补辑,北京:中华书局,1979 年,第 166 页。

　　② 一些疑难病症中,人们观察尸体时虽然没有发现作祟的异物,但均发现了"异状"。例如,据记载,宋太祖赵匡胤随后周世宗征讨淮南时,在战场上俘获一军校,"欲全活之,而被疮已重,且自言素有癞风病,请就戮。及斩之,因令部曲视其疾患之状。既而睹其脏腑及肉色,自上至下,左则皆青,右则无他异,中心如线直分之,不杂发毫焉"。(宋)王曾撰,张剑光、孙励整理:《王文正公笔录》,《全宋笔记》第 1 编第 3 册,郑州:大象出版社,2008 年,第 265—266 页。

　　③ (宋)洪迈撰,何卓点校:《夷坚志·支景》卷 4《王双旗》,北京:中华书局,2006 年,第 912—913 页。

　　④ (宋)吴曾:《能改斋漫录》卷 18《灸丹田之效》,上海:上海古籍出版社,1979 年,第 513—514 页。

　　⑤ 《夷坚志·志补》卷 18《屠光远》,第 1716 页。

斗杀罪一等",而所谓"残害死尸",则指焚烧、肢解之类。① 上引唐、宋时期所发生的人体解剖通过被解剖者的遗言、遗命获得了合法性与合理性。② 不过,历史上确有因解剖人体而受惩罚的案例。南朝大明元年(457),沛郡相县的唐赐往邻村饮酒后得病,"吐蛊二十余物。赐妻张从赐临终言,死后亲刳腹,五藏悉糜碎",但唐赐的遗言并没能让张氏脱罪,"郡县以张忍行刳剖,赐子副又不禁止。论妻伤夫,五岁刑,子不孝父母,子弃市"。不过,因为这则案例特殊,量刑"并非科例",士大夫对此颇有争论。三公郎刘勰说:"赐妻痛遵往言,儿识谢及理,考事原心,非在忍害,谓宜哀矜。"但吏部尚书顾觊之则认为:"以妻子而行忍酷,不宜曲通小情,谓副为不孝,张同不道。"③可见,双方争论的焦点并非是死尸禁忌与法律条文等规定,而是儒家的伦理道德。

第三类,公共解剖事件。之所以称之为"公共",一是因为解剖事件的组织者、执行者通常是皇帝、官员等,二是因其解剖目的通常宣称是为了"有利医家"。这类事件历史记载较少。其中比较有名的是王莽统治时期所发生的人体解剖。王莽捕获了反抗其统治的翟义谋士王孙庆后,"使太医、尚方与巧屠共刳剥之,量度五藏,以竹筵导其脉,知所终始,云可以治病"。④ 这则人体解剖事件记载较略,但今人对王莽组织这场解剖的目的、意义及其对中国解剖学的影响有过细致研究。⑤

本文所要讨论的两则宋代解剖事件亦属此类公共事件,分别发生在庆历五年(1045)与崇宁年间(1102—1106)。在这两起解剖中,地方官员是事件的组织者、执行者,刑死者是解剖的尸体来源,解剖现场又有画工、

---

① (唐)长孙无忌等撰,刘俊文点校:《唐律疏议》卷18《贼盗律·残害死尸》,北京:中华书局,1983年,第343页;(宋)窦仪:《宋刑统》卷18《贼盗律·残害死尸》,北京:中华书局,1984年,第286页。

② 吕生剖妻取死胎一事,因有风俗作为依据,似乎同样也可超然于法律之外。

③ (唐)李延寿:《南史》卷35《顾觊之传》,北京:中华书局,1975年,第920—921页。

④ (汉)班固:《汉书》卷99中《王莽传》,北京:中华书局,1962年,第4145—4146页。

⑤ 参见[日]三上义夫:《王莽时代の人骸解剖と其当时の事情》,《日本醫史學雜誌》1943年1311號,第1—29页;[日]山田庆儿著,艾素珍译:《中国古代的计量解剖学》,《寻根》1995年第4期,第39—42页;李建民:《王莽与王孙庆——记公元一世纪的人体刳剥实验》,《新史学》1999年第4期;等等。

医家参与其间,并留下了两幅人体解剖图。由这些元素所构成的"刑场画图"的解剖场景不仅具有强烈的视觉冲击力,而且也使得这类事件有别于其他类型的人体解剖记载。例如,它们的组织不再是为了特意去发现某些人的某种病症或者长寿体健的秘诀;其用于解剖的人体不再是刻意选择的病人、非同寻常之人等特殊对象;尤其重要的是,在私人解剖事件中不曾出现的医生在公共解剖事件中参与、观看了整个人体解剖过程,而画工的出现则使得这类公共解剖事件在医学史上的价值超越了其他类型的人体解剖。①

二、事件的细描:刑场与画图

李约瑟(Joseph Needham)曾说:"中国古代的解剖学出现较早,从扁鹊就开始了,到王莽时代广泛采用,并持续到稍晚的三国时期。从此以后,也像欧洲一样,解剖学便绝迹了,直到中世纪晚期才再度出现。"②在这一段叙述中,李约瑟按时序将各个时代所出现的人体解剖记载结构化,从而推导出中国解剖史的线索。宋代的刑场画图事件是构成这一线性历史发展的重要一环。长期以来,今人对宋代解剖事件的描述亦是从解剖学史的立场出发,注意到了这些事件在解剖学史上的意义。然而,预设的意义取向在一定程度上使得研究者往往忽视了对事件本身的阐述与分析,甚至忽略了文献中相关记载的多样性以及关键事实的不确定性。让我们先来看看解剖事件的发生过程。

宋代的第一件刑场画图事件由时任广南西路转运使杜杞发动。庆历年间,广西环州思恩县(今广西环江毛南族自治县)欧(区)希范与其叔因求朝廷录用不报,反被编管全州,于是率族人伙同白崖山的蒙赶(干)等一起叛乱。庆历五年,朝廷令杜杞率军进剿。杜杞先用计假意招安欧希范

---

① 渡边幸三曾断言:北宋是第一个以医学为目的而解剖人体的朝代。参见氏著:《现存すゐ中国近世までの五藏六府図の概說》,《本草書の研究》,第400—401页。

② 李约瑟:《中国科学技术史》卷1《总论》第2分册,北京:科学出版社,1975年,第321页。

等人,于会盟当日设宴时用曼陀罗酒灌醉诸人后将其处死,并令医者、画工解剖尸体绘成图。[①] 此事在现存的官修史书与文集中均有记载,解剖事件中所涉及的基本事实没有太多差别,但当时所解剖的人体数目究竟有多少,则颇为扑朔迷离。从文献记载看,大致有以下几种说法。[②]

其一,当日共解剖 70 余人。如据李焘记载:当时"擒诛七十余人,画五藏为图",其他百余人或因老病或因是被胁迫参加叛乱的则被释放。[③]《宋史》关于此事的记载虽散见于各处,但大略无异,认为会盟当日诛杀共 70 余人(另一处记载明确说 78 人),其余老、病等百人则被释放(另一处记载说,"余皆配徒"),至于共解剖几人,落笔时则颇为隐晦,如《杜杞传》中只说,后三日,"得希范,醢之以遗诸蛮",而《蛮夷传》中则说将欧希范处以醢刑后,"缋其五藏为图"。[④]

其二,共杀 600 余人,解剖 10 余人。如《长编》庆历五年三月甲子条下引《宋仁宗实录》称,置曼陀罗酒会盟当日一共擒杀欧希范手下 600 余人,三日后,才擒获欧希范等 10 余人,"割其腹,缋为五藏图"。[⑤]《宋朝事实》所载与之基本相同,《宋会要辑稿》在解剖一事的表述上略有差别,称后三日得欧希范等 10 数人,"醢赐诸溪峒(洞)"。[⑥] 另一些文献中,记载了曼陀罗酒会当日戮杀 600 余人一事,其余事实或隐或略。有些记载从语脉上看,似乎仅希范一人受醢刑,例如,欧阳修给杜杞所修的墓志铭中,说曼陀罗酒会当日戮杀 600 余人,释放"尪病、胁从与其非因败而降者百

---

① (元)脱脱等:《宋史》卷 285《冯伸己传》,北京:中华书局,1977 年,第 9613 页;卷 300《杜杞传》,第 9962—9963 页;卷 495《蛮夷传三》,第 14220—14221 页。(宋)李焘:《续资治通鉴长编》(以下简称《长编》)卷 146"仁宗庆历四年(1044)二月壬寅"条,北京:中华书局,2004 年,第 3541 页;卷 155"仁宗庆历五年(1045)三月甲子"条,第 3760 页;(清)徐松辑:《宋会要辑稿》蕃夷 5 之 82、83,北京:中华书局,1957 年,第 7807—7808 页。

② 下引不同文献资料中的记载可能因为征引时使用材料相同,因此所涉及的内容也雷同。为了避免主题涣散,本文并不着意区分文献的材料来源,只罗列宋人资料中对该段历史的叙述与记录,从另一角度看,文献中的重复传抄也可见该解剖事件的影响程度。

③ 《长编》卷 155"仁宗庆历五年(1045)三月甲子"条,第 3760 页。

④ 《宋史》卷 300《杜杞传》,第 9963 页;卷 495《蛮夷传三》,第 14221 页。

⑤ 《长编》卷 155"仁宗庆历五年(1045)三月甲子"条,第 3760 页。

⑥ 《宋会要辑稿》蕃夷 5 之 83,第 7808 页。(宋)李攸:《宋朝事实》卷 16《兵刑》,《丛书集成初编》,上海:商务印书馆,1936 年,第 835 册,第 245 页。

余人",后三日,擒获欧希范,"戮而醢之"。① 范镇《东斋记事》亦载擒诛600余人一事,后三日,得希范,"醢之以赐溪洞诸蛮,取其心肝,绘为五藏图,传于世"。② 曾巩《隆平集》与王称《东都事略》中说法相同,言曼陀罗酒会当时杀600余人,后三日,"擒希范至,并戮而醢之"。③ 陈均《皇朝编年纲目备要》只说当时杀欧希范及降者600余人。④ 因部分内容相同,这里将上述几种说法列入同一类。

其三,解剖数十人。此说见于叶梦得《岩下放言》、郑景望《蒙斋笔谈》,称当日欧希范带数十人赴曼陀罗酒宴,醉后被执,第二天"尽磔于市,且使皆剖腹刳其肾肠,因使医与画人一一探索,绘以为图"。⑤ 虽然文中并没有提到具体的人数,但文字中对解剖一事颇多着墨。

其四,当日解剖56人。此说出于赵与时《宾退录》:"庆历间,广西戮欧希范及其党,凡二日剖五十有六腹。宜州推官吴简皆详视之,为图以传于世。"⑥这里不仅有具体的解剖人数,而且还指明了解剖所花费的时间

① (宋)欧阳修撰,洪本健校笺:《欧阳修诗文集校笺》卷30《兵部员外郎天章阁待制杜公墓志铭》,上海:上海古籍出版社,2009年,第804页。
② (宋)范镇撰,汝沛点校:《东斋记事》卷1,北京:中华书局,1980年,第7页。
③ (宋)王称:《东都事略》卷46《杜杞传》,《宋史资料萃编》,台北:文海出版社,1979年,第691页。(宋)曾巩撰,王瑞来校证:《隆平集校证》卷13《侍从·杜杞》,北京:中华书局,2012年,第381页;卷20《妖寇·区希范》,第639页。
④ (宋)陈均:《皇朝编年纲目备要》卷12"仁宗皇帝庆历四年(1044)春正月",北京:中华书局,2006年,第275页。
⑤ (宋)叶梦得:《岩下放言》卷下,影印文渊阁《四库全书》本,台北:商务印书馆,1986年,第863册,第744页;(宋)郑景望:《蒙斋笔谈》卷上,《丛书集成初编》,北京:中华书局,1991年,第2855册,第7页。
⑥ (宋)赵与时撰,齐治平校点:《宾退录》卷4,上海:上海古籍出版社,1983年,第43页。

以及具体负责解剖官员的名字。①

其五，杀一千至数千余人。孔延之于庆历五年所写的《瘗宜贼首级记》中称：当日诛杀欧希范、蒙赶及其伪置官属共 243 人，加上以前所斩之人，总计 1494 人。② 而《太平治迹统类》中说，曼陀罗酒大会中，"擒诛数千余人，画五藏为图，释厎病被胁与非因败而降者百余人"，后三日擒获欧希范，处以醢刑后送诸溪洞。③

一次人体解剖事件的基本情节相似，但记载的解剖尸体数量却从 1 人、10 余人、70 余人到千人、数千人的记载，着实令人眼花缭乱。从解剖学的角度，解剖观察 1 人所获的人体知识与观察 10 余人、70 余人甚至千余人以后获得的知识，可能会有相当大的差异。然而，有趣的是，后世转录此段记载的人对解剖数字的多少以及记载的不统一性似乎从未提出疑问。换言之，人们似乎并不太关注获得精准的解剖人数（如果从现代解剖学的角度出发，这一点可能是难以容忍的）。相反，记述者对刑场、杀人、解剖、画图等几个细节的落笔并不怀疑，因此，就本文的讨论主旨而言，用"刑场画图"四字大略可以用来概括整个解剖事件。

宋代第二次刑场画图事件发生在崇宁年间，由泗州郡守李夷行组织。当时，"泗州刑贼于市"，李夷行"遣医并画工往，亲决膜，摘膏肓，曲折图

---

① 在历史文献记载中，欧希范事件中曾出现了另一吴姓人物——"吴香"。文献中称，在征讨欧希范的过程中，吴香与区晔、曾子华（一说"吴香、区世宏"或"吴香等人"）曾进入五峒招降（一说招降蒙赶，或说吴香作为向导帮肋杜杞攻打白崖山）。参见《长编》卷 155"仁宗庆历五年(1045)三月甲子"条，第 3760 页；《宋朝事实》卷 16《兵刑》，第 245 页；《东斋记事》卷 1，第 7 页；（宋）彭百川：《太平治迹统类》卷 9《仁宗平欧希范》，《适园丛书》，第 262 页；《欧阳修诗文集校笺》卷 30《兵部员外郎天章阁待制杜公墓志铭》，第 804 页。这一吴姓人物的出现，曾令学者对吴香与吴简究竟是同一人还是不同的人当作一个问题进行观察，见〔日〕冈野诚：《北宋区希范叛乱事件和人体解剖图的产生——宋代法医学发展的一大要素》，《法律文化研究》2007 年第 3 辑，第 205—206 页。冈野诚认为两人系同一人，不过他承认，由于历史记载中吴简与吴香官衔并不一致，两人为同一个人的说法只是"一种假设"。詹苡萱：《以宋代剖图——〈欧希范五脏图〉、〈存真图〉看中国解剖学的发展》（第 40—41 页）也单列"吴简"条来讨论吴香与吴简的关系问题，她从宋代职务官衔与虚衔经常不一致、人物本名与字之间经常同时出现在文献两个角度来佐证冈野诚的假设是成立的，可惜文中并不引证任何资料加以说明，一定程度上也是一种假设。

② （宋）孔延之：《瘗宜贼首级记》，《北京图书馆藏中国历代石刻拓本汇编》，郑州：中州古籍出版社，1990 年，第 38 册，第 100 页。

③ 《太平治迹统类》卷 9《仁宗平欧希范》，第 262 页。

之,"尽得纤悉",后来,当地著名的医者杨介根据古书校验此次解剖所画的图,并命名为《存真图》(一卷)出版印行。① 此次解剖事件历史记载比较简略,刑死者是谁、参与刑场解剖与画图的医者是谁,俱无从考索。由元人孙焕所刻《玄门脉诀内照图》有"若吴简序、宋景所画希范喉中三窍者"一段文字,可知当时画工为宋景。②

　　总体而言,文献中对泗州人体解剖事件的传抄摘引并不多见,这一点与欧希范事件明显不同。尽管如此,寥寥几句,刑场画图的解剖场景实已相当生动,整个事件仍然从刑场杀人开始,继而解剖人体、画者画图,再由医者校订图画,流程之细致、清楚与上引欧希范解剖事件如出一辙。但是,与欧希范解剖事件不同的是,文献中关于此次刑场画图场面的记载一般是附着在《存真图》之后,其注意力在刑场所画的解剖图上而非事件的整个过程,医者杨介虽然不是这次解剖事件的实际组织者与执行者,③但成为此次解剖事件最终的主角。

三、事件的定性:"杀降"与"有利医家"

　　宋代两次解剖事件发生时,民众是否可以共同观摩巧屠解剖及画工画图已不得而知。按常理推测,由杜杞下令的刑杀与人体解剖虽关乎战争阴谋,但因被解剖人员乃是当时声势颇为强大的反叛者,解剖事件本身不可能是秘密的;李夷行乃是在犯人刑市后令巧屠与医工共行解剖之事,

---

　　① (宋)晁公武撰,孙猛校证:《郡斋读书志校证》卷15《医书类》,上海:上海古籍出版社,1990年,第718页;又见(元)马端临:《文献通考》卷222《经籍考·医家》,北京:中华书局,1986年,第1795页。

　　② 此书手抄本藏于北京协和医院,后经彭静山整理后出版,见彭静山:《华佗先生内照图浅解》卷1《内照图·喉咙》,沈阳:辽宁科技出版社,1985年,第27页。在引用这段史料时,不同研究者解读时看法颇为不一,例如,马继兴《宋代的人体解剖图》一文认为宋景是画工(第125页);渡边幸三《现存すゐ中国近世までの五藏六府图の概説》则认为宋景可能是参加解剖的医师(第396页);冈野诚列举两人的说法后,认为画工说更为恰当(见[日]冈野诚:《北宋区希范叛乱事件和人体解剖图的产生——宋代法医学发展的一大要素》,《法律文化研究》2007年第3辑,第206—207页)。

　　③ 有人推测杨介为刑场画图事件中亲视解剖过程的医者,参见詹苡萱:《以宋代解剖图——〈欧希范五脏图〉、〈存真图〉看中国解剖学的发展》,第32、36页。

如此一来,无论解剖是当场发生还是易地而行,①也不可能是一件封闭的、完全可以杜绝民众谈论的事件。因此,从当时的舆论入手去讨论宋人对人体解剖事件的态度显然是一条不错的门径。然而,吊诡的是,历史记载似乎有意无意地进行着自己的筛滤,现在所能看到的文献中只是相对简单的事件记载,对于大规模的人体解剖,人们并没有如我们今日想象般有一番义正词严的辞藻与评论。

先来看对杜杞主持解剖一事的说法。杜杞剖杀欧希范后,御史梅挚弹劾杜杞,称其"杀降","失朝廷所以推信远人之意",因此要求皇帝究其罪责。② "杀降"本是宋代官员在对付边境少数民族以及其他叛乱时常用的手法,比如乾德二年(964)、五年王仁瞻、王全斌伐蜀时,乾德三年剑州刺史张仁谦对付剑州叛军时,开宝二年(969)曹翰对付江州叛军时,庆历四年田况对付保州云翼军叛乱时,均使用了"杀降"手段,元祐三年(1088),张整为广西钤辖时,也曾用"杀降"来对付当地猺族。③ 通常说来,事犯"杀降"的官员往往以贬谪了事,因此,对于梅挚的上言,仁宗皇帝只是"赐诏戒谕之",④此事也就不了了之。关于杜杞下令人体解剖一事的评价似乎就此止步,"杀降"成为朝廷对整个事件的性质认定。不过,一些文集中似乎对此事的处理并不满意,比如梅挚弹劾杜杞,朝廷虽下诏戒谕,但曾巩与王称均毫不客气地指出朝廷姑且放任的态度,说仁宗皇帝于此事根本"置而不问"。⑤ 而杜杞46岁便过世一事,文献记载中更是在相当程度上被附会了因果报应的说法。范镇《东斋记事》载:

---

① (明)章潢:《图书编》卷68《脏腑全图说》记载:崇宁五年(1106),人体解剖在法场当场开胸剖腹,并命医官、画工详视画之。(影印文渊阁《四库全书》,第971册,第22页)不过,此则记载中的刑死者为杨宗、欧希范等30多人,欧希范作恶地点为徐州而非广西。

② 《长编》卷156"仁宗庆历五年(1045)闰五月己亥"条,第3778页;《宋史》卷300《杜杞传》,第9963页;《隆平集校证》卷13《侍从·杜杞》,第381页;《东都事略》卷46《杜杞传》,第691页。

③ 参见《宋史》卷2《太祖本纪二》,第23、25页;卷3《太祖本纪三》,第49页;卷257《王仁瞻传》,第8957页;卷260《曹翰传》,第9014页;卷270《董枢传》,第9278页;卷292《田况传》,第9782—9783页;卷350《张整传》,第11087页。《长编》卷6"太祖乾德三年(965)十一月戊子"条,第159页;卷412"哲宗元祐三年(1088)秋七月丙辰"条,第10026—10027页。

④ 《长编》卷156"仁宗庆历五年(1045)闰五月己亥"条,第3778页;《宋史》卷300《杜杞传》,第9963页。

⑤ 《隆平集校证》卷13《侍从·杜杞》,第381页;《东都事略》卷46《杜杞传》,第691页。

一日,(杜杞)方据厕,见希范等前诉,叱谓曰:"若反人,于法
当诛,尚何诉为!"未几而卒。杀降古人所忌,杞知之,心常自疑,
及其衰,乃见为祟,无足怪也。[1]

范镇虽将杜杞之死与杀欧希范导致"自疑"相联系,不过,在他的记载
中,杜杞犹能进行自我辩解,并义正词严地呵斥欧希范为"反人"、"于法当
诛",而叶梦得、郑景望则缺乏这种理解的态度。他们指责杜杞,欧希范
"罪固不得辞,然已降矣,何至残忍而重苦之乎?"在他们笔下,杜杞从广西
归来不久,"若有所睹,一夕登圊,忽卧于圊中,家人急出之,口鼻皆流血,
微言欧希范以拳击我,后三日竟卒"。篇中,两人更是感叹,"因果报应之
说,何必待释氏而后知也?"[2]

与杜杞不同,李夷行下令解剖刑死者尸体,并留下一副解剖图,但历
史文献中几乎鲜有对其个人谋定此事的评价,[3]而且,这一次解剖所留下
的图画既非以被解剖者命名(如"欧希范五脏图"),也不是因解剖者或组
织者闻名,当时及后世的记载说明一个事实:校编此图的医者杨介才是与
《存真图》唯一有关联的人。那么,杨介是谁呢? 历史记载说,杨介是位谦
虚的医者,素以"医述(术)闻四方",曾受召为患脾疾的徽宗诊视,在"国医
药罔效"的情况下,仅用两服汤药便治愈了皇帝。[4] 杨介擅长方药,他开
的药方在明代仍有流传。[5] 或许是因为杨介的参与,宋人在评价《欧希范
五脏图》与《存真图》时,普遍认为后者比前者"过之远矣"。[6]

---

[1] 《东斋记事》卷1,第7页。
[2] 《岩下放言》卷下,第744页;《蒙斋笔谈》卷上,第7页。
[3] 关于李夷行以及杨介的生平事迹考证,参见宋大仁:《宋代医学家杨介对于解剖学的贡
献》,《中医杂志》1958年第4号,第283—286页;靳士英、靳朴:《〈存真图〉与〈存真环中图〉考》,
《自然科学史研究》1996年第3期,第272—281页。
[4] 《夷坚志·支景》卷8《茅山道士》,第940—941页;(宋)张杲:《医说》卷6《云母膏愈肠
痈》,上海:上海科学技术出版社,1984年;(宋)何薳撰,张明华点校《春渚纪闻》卷4《死马医》,北
京:中华书局,1983年,第57页;(宋)王明清:《挥麈录·余话》卷2《李氏医肠痈》,北京:中华书局,
1961年,第308页;(明)江瓘:《名医类案》卷5《寒中》,北京:人民卫生出版社,1957年,第159页。
[5] (明)朱橚:《普济方》卷116《诸风门·诸风杂治》,影印文渊阁《四库全书》,第750册,第
754页。
[6] 《郡斋读书志校证》卷15《医书类》,第718页。

尽管在看待解剖事件组织者的态度上历史记载较为模糊，但在对待人体解剖这一问题上，文献中的各种记载或委婉或直接地表达着宋人的看法。例如，关于王莽使太医尚方与巧屠共同刳剥王孙庆一事，政府纂修的类书以及文人文集中均有征引。征引时，文字几近照搬全录《汉书》等前代文献相关记载，但这种相同性背后却充满着暧昧与矛盾，每一次重复陈述其实都包含着各种附加的解释。

《太平御览》将王莽使太医尚方与巧屠共同刳剥王孙庆一事列为《人事部》"贪"、"虐"两类中的"虐"，《册府元龟》则列为"残虐"类。① 也就是说，尽管编纂者对所引文献资料不做任何改动与添加，但在资料编排与分类上已有强烈的价值判断。《资治通鉴》王莽天凤三年（16）下引此条，胡三省注下则插入了多种医学术语来说明五脏与经脉，似乎有意从知识的角度进行补阙而非作道德上的判断。② 南宋文献如《宾退录》、《郡斋读书志》等在述及《欧希范五脏图》、《存真图》时，行文末尾均附有王莽刳剥王孙庆一事，但从语意上看则与上述几条大相径庭。兹罗列如下：

> （《存真图》）实有益医家也。王莽时，捕得翟义党王孙庆，使太医、尚方与巧屠共刳剥之，量度五藏，以竹筵导其脉，知所终始，云可治病，是亦此意。③

> 广西戮欧希范及其党……宜州推官吴简皆详视之，为图以传于世。王莽诛翟义之党，使太医尚方与巧屠共刳剥之，量度五藏，以竹筵导其脉，知所终始，云可以治病。然其说今不传。④

此两条所引王莽刳剥王孙庆一事与上引史料一样，均是照搬《汉书》，

① 参见《太平御览》卷492《人事部·虐》，第2252页；(宋)王钦若等：《宋本册府元龟》卷941《残虐》，北京：中华书局，1989年，第3751页。有趣的是，上引几则人体解剖事件，如解剖噎病僧人以及瘕病之人，《太平御览》均列入《疾病部》，似乎承认私人解剖事件中的医学目的。

② (宋)司马光：《资治通鉴》卷38"王莽天凤三年（16）"，北京：中华书局，1956年，第1210—1212页。

③ 《郡斋读书志校证》卷15《医书类》，第718页；《文献通考》卷222《经籍考·医家》，第1795页。

④ 《宾退录》卷4，第43—44页。

但两书照录时,每位作者看到的都是他们想要看到的图景与意义。前一条记载认为,李夷行下令对刑囚"决膜摘膏肓"与王莽下令刳剥王孙庆的本意是一样的,皆出于治病的需求;后一条则强调杜杞下令戮剖欧希范及其党,"为图以传于世",实是填补了王莽时期人体解剖学说不得留传的缺憾。这样一来,不唯王莽下令刳剥王孙庆一事被追认了相应的医学价值,而且杜杞之剖欧希范、李夷行之决膜刑囚亦被置于同一种言说路径中,"为图以传于世"、"云可以治病"、"实有益医家"表达了人们对"解剖"这种知识方式的认识。

当宋人对人体解剖的叙述逐渐由道德谴责转而从医学角度进行赞美时,这种认识上的改变是否对后世医学产生过作用呢?从有益于医家的立场出发,人体解剖与观察继续在后世存在,并成为公开表达医家医术高明的有力证据。宋代以来,强调通过观察人体来提高医术的例子非常多,例如,齐州(今山东济南)人徐遁曾讲,有一年齐州饥荒,"群丐相脔割而食",其中有一人"皮肉尽而骨脉全","遁以学医故,往观其五脏"。[①] 无为军(今安徽无为)医者张济医术甚高,他在饥荒年人相食时,曾"视一百七十人",因此行医时用针"无不立验"。[②] 明代以后,这一传统依然延续,一些医者强调人体解剖以及亲自观察人体五脏的重要性。如《医学统宗》作者何柬曾说,自己年轻时,"以医随师征南,历剖贼腹,考验腑脏"。《医林改错》作者王清任强调"亲见脏腑"的重要性,他自己曾多次至义冢、刑场看破腹露脏的尸体。[③] 这里,刑场、战场、义冢等处仍然是观察尸体的主要地点,但不同的是,上述观察俱出于个人行为,而非政府有组织的解剖活动。宋代以降,有关人体解剖医学上的认识与道德上的松动并没有打开中国医学史上新的一页,由宋代有组织的刑场解剖画图事件出发所产生的影响,也没能如欧洲那样最终将人体解剖合法化、组织化。

---

① (宋)苏辙撰,俞宗宪点校:《龙川略志》卷2《医术论三焦》,北京:中华书局,1982年,第7页。

② (宋)邵博撰,刘德权、李剑雄点校:《邵氏闻见后录》卷29,北京:中华书局,1983年,第227页。

③ (明)何柬:《医旨统宗·附医书大略统体》,《日本现存稀观古医籍丛书》,北京:人民卫生出版社,1999年,第576页;(清)王清任:《医林改错》上卷《医林改错叙》,道光十年(1830)刊本,第5—12页。

四、事件的重复与不连续:作为知识方式的解剖

庆历、崇宁年间所发生的两则刑场解剖事例虽然相隔约 60 年,但事件所发生的地点(刑场)、人物身份(州官、画工、医者)、解剖来源(刑死者)、解剖实质性效果(人体内景图)以及对解剖性质的认定(有利于医家)均有类同性。从这些因素上看,我们可以暂时抛开两则事件发生经过、解剖人数等方面的差异,尽可能地将两则事件作为重复发生的案例来分析。

不仅如此,在两则事件中,刑场解剖—画图—医者校订,此流程之细致与明确在解剖学从未成为一门显学的中国历史上实属少见。因此,分析个中原因成为很多研究者的目标。有学者提出,北宋时期皇帝对医学的提倡与贡献,尤其是庆历四年以及崇宁二年,仁宗、徽宗皇帝的兴医诏令直接促成了两次人体解剖的发生;甚至大胆假设,庆历年间的人体解剖是为了教导医学教育机构里的太医生,崇宁年间的解剖则是受北宋末年疑古思潮的影响。[①] 总之,研究者相信,两起刑场解剖事件并不是出于某些州官一时心血来潮,而是与当时政府以及社会关注医学有密切关系。

从因果关系去分析这两起由政府组织的人体解剖事件,在一定程度上总结了事件得以发生的历史语境。不过,如果考虑到宋代解剖事件的不连续性——由地方官员下令组织的、以医学观察为目的的人体解剖没能为后代所继承,甚至没有在中国传统社会中重演,那么,试图运用因果关系去分析为什么宋代会发生人体解剖事件时,人们还得去追问这种有组织、有目的、重复发生过的人体解剖事件为什么后来销声匿迹了?那些曾经促成刑场解剖事件的所有因素为什么都不起作用了?这是个复杂的问题,显然并非本文所能企及。不过,要理解解剖事件的断裂性,或许我们可以放弃寻找外缘因素,从宋人如何看待解剖图这一角度,来看他们对

---

① 参见詹苡萱:《以宋代解剖图——〈欧希范五脏图〉、〈存真图〉看中国解剖学的发展》,第24,30—31 页。关于宋代皇帝与医学的讨论,参见李经纬:《北宋皇帝与医学》,《中国科技史料》1989 年第 3 期,第 3—20 页。

解剖作为一种医学基础手段的认识。

　　两次解剖事件中的图谱均由州官遣画工完成,原始图谱今已佚失,[①]
画工之笔法,以及如何用线条来呈现人体器官结构、经络走向等等绘画人
体内部构造的手法、特征只能在后世转引文献中去发现,不过,《存真图》
所附带的文字描述部分提供了解剖时或至少是人们总结解剖实践时的观
察角度与方法。杨介说:

> 宜贼欧希范被刑时,州吏吴简令画工就图之以记,详得其
> 证。吴简云:"……喉中有窍三:一食、一水、一气,互令人吹之,
> 各不相戾。肺之下,则有心肝胆脾。胃之下,有小肠,小肠下有
> 大肠。小肠皆莹洁无物,大肠则为滓秽。大肠之傍则有膀胱。
> 若心有大者、小者、方者、长者、斜者、直者,有窍者、无窍者,了无
> 相类。唯希范之心,则红而碾,如所绘焉。肝则有独片者,有二
> 片者,有三片者。肾则有一在肝之右微下,一在脾之左微上。脾
> 则有在心之左。至若蒙干多病嗽,则肺且胆黑;欧诠少得目疾,
> 肝有白点,此又别内外之应,其中黄漫者,脂也。"[②]

　　传统中国医学以"内景(境)"来指称人体内部组织结构,这一段文字
无疑很好地诠释了"内景"的观念:首先,吴简按由上至下的空间顺序来解
读人体内景,由喉出发,至肺之下—胃之下—小肠下;其次,吴简按类分,
将所观察到的不同人体内景特点进行归纳,心的大小形状、肝的多少,肾、

---

　　① 不著撰人:《循经考穴编》中收有《欧希范五脏图》1 幅(上海:上海科学技术出版社,1959
年,第 189 页),但此图是真是伪,学者说法不一,参见是书范行准"跋"(第 206 页),以及靳士英:
《五脏图考》,《中华医史杂志》1994 年第 2 期。[日]梶原性全:《顿医抄》《万安方》中载有《五脏
六府形》9 幅,现代学者研究认为系出自《欧希范五脏图》,参见[日]小川鼎三:《医学の历史》,东
京:中央公论社,1964 年,第 55 页;[日]富士川游:《日本医学史纲要》,东京:平凡社,1974 年,第
37 页。关于《存真图》在后世的流传情况,参见马继兴:《宋代的人体解剖图》,《医学史与保健组
织》1957 年第 2 号,第 125—128 页;靳士英、靳朴:《〈存真图〉与〈存真环中图〉考》,《自然科学史
研究》1996 年第 3 期,第 273—282 页;李鼎:《宋代解剖〈存真图〉的来龙去脉》,《上海中医药杂
志》1998 年第 9 期,第 38—39 页;牛亚华:《中日接受西方解剖学之比较研究》,博士学位论文,西
北大学数学系科学技术史,2005 年,第 31—35 页。
　　② [日]丹波元胤:《中国医籍考》卷 16《藏象》,北京:人民卫生出版社,1956 年,第 234—
235 页。

脾位置的不同,一一记录;再次,吴简甚至关注到个体的特征,对蒙干之肺、欧诠之肝所代表的病症均进行了分析,①从疾病的类型去区分个体器官的变化,具有与分类医学思想相同的逻辑框架。当然,一些文字描述颇令人困惑,例如,关于心脏的形状,究竟是观察者观看了因解剖手法不到位所引起的心脏形状,还是作者为了强调"了无相类"而进行的举例,就不得而知了。

从今人的角度来看,人体解剖毫无疑问是现代医学的基础,但是,在11—12世纪,个别人在刑场通过解剖实践所获得的人体知识是否会有较大的说服力,沈括对此就提出过异议。由于《存真图》的出现较《欧希范五脏图》晚60多年,沈括没能看到《存真图》所展示的人体内景,他的评论主要是针对《欧希范五脏图》提出的。他说:

> 人有水喉、食喉、气喉者,亦谬说也。世传《欧希范真五脏图》亦画三喉,盖当时验之不审耳。水与食同咽,岂能就口中遂分入二喉?人但有咽有喉二者而已,咽则纳饮食,喉则通气。②

南宋医家张杲在《医说》中曾引用此条。③ 我们无法断定沈括是否进行过人体解剖,但他在文中用以抨击"谬说"的依据似乎只是来自于日常身体的感知与经验。沈括用"验之不审"来讲明经过解剖、实证所获得的人体知识之所以错误的原因,在他看来,泛泛的目视只是承袭了当时流行的一般观点,甚至他相信知觉经验要远甚于解剖观察。

或许,杨介校《存真图》时所讲述的一段话更能表达宋代医者对解剖实质的认识。他说:

> 宜贼欧希范被刑时,州吏吴简令画工就图之记,详得其状,或以书考之则未完。崇宁中,泗贼于市,郡守李夷行遣医并画工

① 《东斋记事》卷1在记载《欧希范五藏图》时,曾将解剖时"有眇目者,则肝缺漏"的发现特意标出。(第7页)

② (宋)沈括撰、胡道静校证:《梦溪笔谈校证》卷26《药议》,上海:上海古籍出版社,1987年,第827页。

③ 《医说》卷8《药议》。

往观,决膜摘膏,曲折图之,得尽纤悉。介取以校之。其自喉咽而下,心肺肝脾胆胃之系属小肠,大肠腰肾膀胱之营叠其中,经络联附,水谷泌别,精血运输,源委流达,悉如古书,无少异者。①

杨介以"详得其状"、"得尽纤悉"来盛赞解剖的进程及画工的努力,他评价《欧希范五脏图》与崇宁所画解剖图的方法是"以书考之",《欧希范五脏图》的欠缺是"以书考之则未完",《存真图》的价值就在于"悉如古书、无少异者"。其中所设定的前提是:解剖是为了验证古书上的医学知识,评价解剖结果的好坏是以是否与古书上的记载相一致作为标准。如此,则通过解剖实践所获得的人体知识只是对古书的还原,尽管我们尚不能确切知道此处的"古书"究竟是哪些著作。② 如此一来,杨介校图时所谓"自喉咽而下,心肺肝脾胆胃之系属小肠,大肠腰肾膀胱之营叠其中,经络联附,水谷泌别,精血运输"等知识记录的模式以及概念化方式并非来自解剖后的发现与创造,从一个医者的角度来看,解剖实践本身并不是对身体的实践解析,而是对已有知识(如"古书")的验证与追加。③

这真是一种特别的认知方式。宋代解剖事件的情节——刑场杀人后解剖再请画工画图——与欧洲医学解剖兴起之初有很大的相似性,维萨留斯(Andreas Vesalius,1514—1563)从刑场上偷盗犯人尸体以作为解剖之用,是解剖学史上不断被重复的历史叙述。虽然他的解剖结论仍有错误,但他通过解剖所获得的人体知识仍被后人认为是医学史上惊人的

---

① 《中国医籍考》卷16《藏象》,第235页。
② 据政和三年(1113)贾伟节《存真环中图序》称:杨介画《存真环中图》时,"取烟萝子所画,条析而厘正之。又益之十二经"。(《中国医籍考》卷16《藏象》,第235页)杨介所取究竟是烟萝子画的什么图,以及他从何处获得烟萝子所画,参见祝亚平:《中国最早的人体解剖图——烟萝子〈内境图〉》,《中国科技史料》1992年第2期,第61—65页。
③ 在分析王莽剥剥王孙庆事件中,李建民从"脉如何被人看见"这一问题出发,也得出了相同的结论。他认为当太医、尚方、巧屠用"竹筵导其脉"时,现代人所看不到的脉,太医们之所以能看到,是因为他们先有了脉的概念。因此,王莽剥剥人体是为了证成医典已知的知识,不一定是发现新的事物。(参见李建民:《发现古脉——中国古典医学与数术身体观》,北京:社会科学文献出版社,2007年,第258—273页)而于赓哲则认为杨介之所以要"校以古书",因其无法摆脱证圣法古的思想束缚。(参见于赓哲:《被怀疑的华佗——中国古代外科手术的历史轨迹》,《清华大学学报》2009年第1期,第92页)

革命。在制作解剖图时,维萨留斯不仅亲自绘画(据说他非常擅长于绘画),他还请著名画家提香(Vecellio Titian)的学生史蒂芬·卡尔卡(Stephen von Calcar)帮助他,并得到了提香的指点。在出版解剖图时,他又亲自选择纸张并监督雕刻图版。[①]

但是,同样是从刑场获取犯人尸体解剖,同样是解剖后绘制解剖图,"刑场画图"情景上的相似性并不意味着双方在性质上具有相同性,一些表面上的差异也未必如想象中那么简单。例如,同样是对刑死犯尸体的观察,两者也存在本质上的不同。当维萨留斯剖开人体时,他抛弃了流行千年之久的盖伦解剖学的理论体系,而完全致力于观察。但11—12世纪中国的学者与医者显然并没有消除旧有理论的束缚,并没有将观察作为重要的技巧。相反,沈括用"验之不审"来表达他对观察手段的不信任,杨介则用"悉如古书"来加强旧有理论、已有知识对解剖实验的引导性。如此,维萨留斯在人体解剖实践中所读到是与旧有信息不同的人体知识,而中国医者与学者却是在人体解剖过程中找寻着自己熟悉的信息。

从"画图"的角度看,中国11—12世纪所绘的解剖图、内景图、脏腑图与维萨留斯解剖图的区别是如此显而易见,甚至引不起人们将两者进行比较的兴趣。[②] 文艺复兴时期新绘画技术的产生及其发展对维萨留斯解剖图的出版、流传是否有很大影响,这里存而不论。但就艺术风格而言,这一时期的绘画依然是线描风格,依然使用线条来表现作品,这一点与我们现在所看到的中国内境图、脏腑图并无区别,不过,这种同质性并不能取消每种文化的艺术风格中长久存在的民族类型的差异。[③] 换言之,当维萨留斯绘制出逼真的人体结构图时,至少,11—12世纪中国画工也在

---

① 参见 Erwin Heinz Ackerknecht, *A Short History of Medicine*, Baltimore: John Hopkins University Press, 1982, pp. 103—104;Buck Albert H., *A Reference Handbook of the Medical Sciences: Embracing the Entire Range of Scientific and Practical Medicine and Allied Sciences*, New York: W. Wood, 1900, vol. 1, p. 306.

② 至少在现今关于宋代解剖图的研究中,研究用以对比的图谱多集中于中国历代图谱,包括国外著作中所收录的中国脏腑图、内景图等,而鲜有见到中西方解剖图的对比研究。

③ 参见[瑞士]沃尔夫林著,潘耀昌译:《艺术风格学——美术史的基本概念》,沈阳:辽宁人民出版社,1987年,第14—18、264—266页。

自己的艺术风格中表现着自己文化中的人体解剖图式。同样是解剖人体后所绘制的图画,中西方的差异显然不只是源于绘画技术的不同。当然,中国艺术风格上的民族类型是否阻碍了人们建立"逼真"认识人体的态度与方法,那将是另外的话题了。

在中国人体解剖的历史记载中,11—12世纪的两场人体解剖事件是较为特殊的例子,由政府组织的形式以及明确的医学目的使得它们不同于中国文献中其他的人体解剖记载,当时人从有利于医学的角度去看待这两起人体解剖事件也松开了道德束缚与观念禁忌。但是,这一时期的学者与医者并没有从两场解剖事件中得出某些显而易见的结论,比如将解剖纳入医学的范畴,没有将实验与观察的意涵进一步衍生等等,更没有将人体解剖实践确认为一种圭臬,并以此圭臬作为衡量知识的可信度。相反,后人将《存真图》附刻于经络图时,虽然承认人体图是为"医家治病用",但当儒者将之"悬之坐隅,朝夕玩焉"时,通过大规模人体解剖始形成的人体图,不过是儒者"养身之方、穷理之学"的补充罢了。[①]

原载《历史研究》2013年第8期

论著目录

一、著作

1. 陆敏珍:《胡则传:历史、传说与叙述者》,杭州:浙江大学出版社,2015年。

2. 陆敏珍:《宋代永嘉学派的建构》,杭州:浙江大学出版社,2013年。

3. [美]毕嘉珍著,陆敏珍译:《墨梅》,南京:江苏人民出版社,2012年。

4. 陆敏珍:《明州区域社会经济研究》,上海:上海古籍出版社,2007年。

---

① (明)邱濬:《重编琼台稿》卷9《明堂经络前图序》,影印文渊阁《四库全书》,第1248册,第190页。

二、论文

1. 陆敏珍:《刻书、辨书、读书与南宋道学的展开——以二程著作为中心》,《哲学与文化》(台湾)509 期,2016 年 10 月号。

2. 陆敏珍:《故事与发明故事:"半部论语治天下"考》,《学术月刊》2016 年第 4 期。

3. 陆敏珍:《宋代草市镇研究中的定性与定量》,《浙江大学学报(人文社科版)》2016 年第 2 期。

4. 陆敏珍:《刑场画图:11—12 世纪中国的人体解剖事件》,《历史研究》2013 年第 4 期,人大复印资料《宋辽金元史》2013 年第 6 期全文转载。

5. 陆敏珍:《宋代家礼与儒家日常生活的重构》,《文史》2013 年第 4 期。

6. 陆敏珍:《宋代地方志编纂中的"地方书写"》,《史学理论研究》2012 年第 2 期,人大复印资料《历史学》2012 年第 9 期全文转载。

7. 陆敏珍:《笔开象外精神:郑伯熊与永嘉学派》,《浙江社会科学》2012 年第 8 期,人大复印资料《中国哲学》2012 年第 12 期全文转载。

8. 陆敏珍:《被拒绝的洛学门人》,《中国哲学史》2010 年第 3 期。

9. 陆敏珍:《尴尬的"人":思想史研究中的思想者》,《浙江社会科学》2010 年第 1 期。

10. 陆敏珍:《宋学初兴与宋代师道运动》,《文史》2009 年第 4 期。

11. 陆敏珍:《王开祖及其观念:濂洛未起前的道学思想》,《中国哲学史》2009 年第 2 期。

12. 陆敏珍:《违志开道:元丰九先生与洛学》,《中山大学学报》2009 年第 6 期,人大复印资料《中国哲学》2010 年第 2 期全文转载。

13. 陆敏珍:《韩愈〈师说〉与中唐师道运动》,《社会科学战线》2009 年第 1 期。

14. 陆敏珍:《生活世界的勾勒及其方法与材料》,《中国史研究》2007 年第 3 期。

15. 陆敏珍:《区域史研究的进路及其方法》,《学术界》2007 年第 5 期。

16. 陆敏珍:《朱熹经典诠释的理念、标准与方法——以〈论语·学而〉四种诠释为例》,《哲学研究》2006 年第 7 期。

17. 陆敏珍:《唐宋时期宁波地区水利事业述论》,《中国社会经济史研究》2004 年第 2 期。

18. 陆敏珍:《宋代县丞初探》,《史学月刊》2003 年第 11 期。

19. 陆敏珍:《从宋人胡则的神化看民间地方神祇的确立》,《浙江社会科学》2003 年第 6 期。

20. 陆敏珍:《宋代纸币伪造问题》,《浙江大学学报(人文社科版)》2000 年第 4 期。

吴铮强

吴铮强，1977 年生，浙江海宁人。2006 年获浙江大学历史学博士学位并留校任教，2008 年任副教授。兼任浙江大学地方历史文书编纂与研究中心副主任等。主要从事中国社会史、地方历史文书研究，出版专著《科举理学化》等，在《历史研究》、《文史》、《社会学研究》等刊物发表论文若干篇。

信牌、差票制度研究[*]

吴铮强

一、前　言

当前有关信牌、差票制度的研究，主要集中在两方面：一是典章制度与公牍研究中涉及的牌票渊源问题。如清人薛允升《唐明律合编》认为："凡自上行下以牌为信，故曰信牌，今白牌、纸牌皆是。愚按，唐律无文，盖本于元制，诸管民官以公事摄所部并用信牌，其差人扰众者禁之。"① 又有清人汪师韩《信牌》一文，将清代"官文书所谓信牌"与宋代传信牌、女真部族信牌、明代军用符牌等符节联系起来考察。② 《公牍通论》则称："公文名称始于元明者"有"牌面"，"元制，凡使臣过驿，驿官及差官凭以给马之文书，谓之牌面"；又"公文名称始于清代者"有"牌"，"清制各部行道府以下，府行州、州行县之文书用牌"。③ 二是利用地方档案对清代差票制度的研究，包括《清代文书纲要》利用巴县档案对清代牌票公文格式的研究，④ 戴炎辉、滋贺秀三等人则利用淡新档案对清代差票的运用程序及诉

＊ 本文为 2011 年度浙江省哲学社会科学规划"之江青年课题"《晚清民国龙泉司法文书研究》(项目号：11ZJQN046YB)阶段性成果。

① (清)薛允升：《唐明律合编》卷 10《职制中·信牌》，北京：中国书店，2010 年，第 93 页。

② (清)汪师韩：《韩门缀学》卷 3《信牌》，基本古籍库数据库清乾隆刻上湖遗集本图像版，第 30 页。

③ 徐望之：《公牍通论》，上海：商务印书馆，1947 年，第 31、34 页。

④ 戴炎辉：《清代台湾之乡治》，台北：联经出版事业公司，1979 年，第 659—660 页。

讼中差票类型等问题开展研究。① 对于宋代以来催勾事务中引入信牌制度,以及元代信牌向清代差票演化等问题,目前尚未见专题研究。

　　本文主要考察临民催勾事务中信牌、差票制度的运用。所谓"催勾","催"即"催科"、"催征",指官府向民众强行征发赋税徭役,"勾"指"勾摄"、"追勾",指官府命令或者追捕民众到官。宋代以前催勾事务中并不使用牌票,催勾事务由谁执行、如何防范催勾事务中的扰民行为,在宋代已成为严重问题。元代创置信牌制度,规定由当事人直接履行催勾事务,这就是所谓的"遣牌唤民"。元代信牌同样也适用于官府之间,并非专为临民事务而设置,而且信牌是与公文同时使用的牌印,并非公文本身。明代律法开始对临民事务中的牌票制度进行专门的规定,信牌制度也在临民事务的运用中发生演变。到清代,差票演化为地方长官饬差文书的一种。差票制度复杂的历史演化过程,以及遣牌唤民制度的失败,为理解帝制中国的君民关系、传统中国统治理念等问题提供了独特的视角。

二、宋代的催勾体制

　　宋代地方官府中,刑狱的追证主要由县尉负责。② 民事诉讼中"追呼"事务的执行者则包括县尉、县吏与乡役三类人员。屈超立认为,宋代县衙词讼中,由保正等乡役送达传唤的通知文牒,如相关人拒不到案,则由县吏执行缉捕或关押等强制措施。③ 刘馨珺则指出县尉、县吏与乡役都可能参与民事诉讼中的勾追任务,"县尉'打量田土'是处理田产诉讼案件的追证工作之一……有地方官主张以'文引'交付保正执行勾追的任务,尤其是田讼的知证人",同时"县衙的吏役除了到当地集邻人会实之外,也必须接受文引(公文),负责'勾追证逮'的工作",而"南宋的保正有

---

① ［日］滋贺秀三著,姚荣涛译:《清代州县衙门诉讼的若干研究心得——以淡新档案为史料》,收于《日本学者研究中国史论著选译》第8卷,北京:中华书局,1992年,第528—533页。
② 刘馨珺:《明镜高悬:南宋县衙的狱讼》,北京:北京大学出版社,2007年,第84—90页。
③ 屈超立:《宋代地方政府民事审判职能研究》,成都:巴蜀书社,2003年,第72页。

追逮词人的职责"。① 两位研究者都注意到诉讼中执行催勾者不止一类人员,但他们之间的关系仍需进一步讨论。

宋代一般以县吏执行催勾事务。有关县吏执行催勾事务时扰民的现象十分普遍,比如称吏胥追呼"动以军期急速为言,甚者半夜打门,左手示引,而右手索物,曾不肯旋踵也"。② 真德秀则称"乡村小民,畏吏如虎,纵吏下乡,纵虎出柙也"③,因而"民不识吏亡追呼"④成为诗人吟唱的理想。这些弊端既可归咎于官府的放纵与胥吏的贪婪,但由于县衙胥吏社会地位低下而经济待遇恶劣,不收规费则无以营生,结果就导致了"欲吏之不受赂,断无可行之策"的现象:

> 人皆日御吏不可不严,受赇必惩无赦,不知县之有吏非台郡家比。台郡之吏,有名额,有廪给,名额视年劳而递升,廪给视名额而差等,故人人皆有爱惜己身之意,顾恋室家之心。乃若县吏则不然,其来也无名额之限,其役也无廪给之资,一人奉公,百指待哺,此犹可也。县官日用则欲其买办灯烛柴薪之属,县官生辰则欲其置备星香图彩之类,士夫经从假寓馆舍则轮次排办,台郡文移、专人追逮则哀金遣发,其他贪黩之令、诛求科罚,何可胜纪。嘻!彼财何自来哉?稍有赀产者又孰肯为吏哉?非饥寒亡业之徒,则驵狡弄法之辈,非私下盗领官物,则背理欺取民财尔。愚尝妄思,周官胥徒府史之制,有名职廪稍之供,是以吏皆廉平,俗亦醇厚。今时殊事异,县道财赋,煎熬抹过不暇给,而暇办吏俸哉?……故欲吏之不受赂,断无可行之策。⑤

---

① 《明镜高悬:南宋县衙的狱讼》,第90—92页。

② (宋)欧阳澈:《欧阳修撰集》卷2《上皇帝第二书》,影印文渊阁四库全书本,台北:商务印书馆,1986年,第1136册第365页。

③ (宋)佚名:《名公书判清明集》卷1"咨目呈两通判及职曹官",北京:中华书局,1987年,第3页。

④ (宋)陈棣:《蒙隐集》卷1《钓濑渔樵行送严守苏伯业赴阙》,影印文渊阁四库全书本,第1151册第756页。

⑤ (宋)胡太初:《昼帘绪论》卷3《御吏篇》,《官箴书集成》,合肥:黄山书社,1997年,第1册第7—8页。

除了"纵吏下乡"之外,宋代乡役执行催勾事务的情况也很普遍,见之于文献记载,比如"国家宪用保长催税苗",[①]"县官追逮,多责里正",[②]"通天下使都保耆长催科,岂有须用吏卒下乡之理"。[③] 一些官员认为,乡役催勾可以避免扰民,如真德秀"曾作条行下诸县,应文引只付保司,不许差人下乡。如诸色公吏辄带家人下乡搔扰者,并从条收坐,自后犯者惩治非一"。[④] 胡石壁也主张"此等词讼,州县之间,无日无之,若合追对,但以文引付之保正足矣"。[⑤] 然而乡役催勾也有弊端:

首先妨碍本职。宋代保甲法本是寓兵于民,具有治安与军事之职能,并不承担催勾之责。因此差使保正催勾,被认为是"不惟有妨主教,恐非朝廷教养之意"的非法行为。[⑥] 但在实际运行中,保正普遍"应副州县吏使",以致宋廷再三强调保正、团长等保甲头目"非捕盗贼,不许役使"、"不得承受文引等事"。[⑦]

其次是乡役不堪苛扰。对于不能完成催勾事务的乡役,官府往往施于刑罚,"若有耆保不服差使,州县自合追断,枷项,传都号令,孰敢不畏",[⑧]"里正违初限未可遽杖……次限又不至不再挞,则益见缓慢而前杖为虚设"。[⑨]

其三则是无法解决扰民问题。乡役面对不堪承受的任务与惩罚,所能应对的措施,不是"募破落过犯人代役,在乡骚扰",[⑩]便如县吏一样索贿扰民,以补偿其任役之苦:

> 而今之里正以期会不报,被笞索者累累也,其弊在于上之给引泛滥而无统,甚至一次当限,累数十引,追逮百余辈。其里正

---

① 《名公书判清明集》卷3"不许差兵卒下乡及禁狱罗织",第67页。
② 题(宋)陈襄撰:《州县提纲》卷2《用刑须可继》,《官箴书集成》,第1册第13页。
③ 《名公书判清明集》卷3"州县催科不许专人",第66页。
④ 《名公书判清明集》卷1"劝谕事件于后",第13页。
⑤ 《名公书判清明集》卷11"弓手土军非军紧切事不应辄差下乡骚扰",第438页。
⑥ (清)徐松辑:《宋会要辑稿》兵2,北京:北平图书馆,1936年,第25页。
⑦ 《宋会要辑稿》兵2,第47—48页。
⑧ 《名公书判清明集》卷3"州县催科不许专人",第66页。
⑨ 《州县提纲》卷2《用刑须可继》,《官箴书集成》,第1册第13页。
⑩ 《名公书判清明集》卷1"劝谕事件于后",第15页。

之代役者,自知应赴不及,必遭笞决,于是并与其可以办集者一切稽违,却遍求被追者之赂。其意以为十违二三与十违七八,被杖等尔,何苦不求赂哉。①

宋代也有巡检与县尉执行催勾事务的现象。巡检与县尉,及其所属土兵、弓手,属于宋代的基层武力,负责地方治安,主要职能是缉捕盗贼、巡私捉赌,以及训练保甲与地方军事防御等。② 但巡尉职能遭受侵占,经常被地方官府借用差占于临民催勾事务,"诸县土军、弓手近日专充州县吏使及下乡追呼,教阅一事尤不之问",③"弓手之制弊坏。大县额管百人,姑以十分为率,其阙额不补者常二分,差出借事者亦二分,县中过数占留与县尉干预民事、承引追呼者又二分"。④ 巡尉催勾属于法外行为,如《名公书判清明集》中,叶提刑称"未闻使巡、尉差兵卒下乡追捕,而佐官辄置枷杖、绳索等,以威劫之也……今时民力亦已困矣,催科虽是州县急务,其忍复于法外肆其虐邪"⑤;又胡石壁称"弓手、土军等人,自非缉捕盗贼,追捉凶强,及干当紧切事务,巡、尉司皆不应辄差下乡,骚扰百姓"⑥;黄震也斥责"照对尉之为义,本取除奸以安民,今之为尉,反或滋奸以害民……曰两词互诉,必属差尉司躬亲追捕,以规破坏其家产"。⑦ 但在实际的运作中,当县吏无力完成催勾事务时,地方官员派遣巡尉下乡也被视为有效且合理的办法,朱熹就设计过多次追呼不到便由巡尉差人追呼的程序,"都厅先次类聚呈押,一日者不展,两日者许一展,三日者许再展。再展而

---

① 《昼帘绪论》卷13《期限篇》,第24页。

② 参见黄宽重:《唐宋基层武力与基层社会的转变——以弓手为中心的观察》,《历史研究》2004年第4期,第3—17页;苗书梅:《宋代县级公吏制度初论》,《文史哲》2003年第1期,第124—129页;王钟杰:《宋代县尉研究》,河北大学宋史研究中心博士论文,2006年;胡旭宁:《宋代巡检制度研究》,河南大学宋代研究中心硕士论文,2006年。

③ 《宋会要辑稿》刑法2,第137页。

④ 《宋会要辑稿》兵3,第26页。

⑤ 《名公书判清明集》卷3"不许差兵卒下乡及禁狱罗织",第67页。

⑥ 《名公书判清明集》卷11"弓手土军非军紧切事不应辄差下乡骚扰",第438页。

⑦ (宋)黄震:《黄氏日抄》卷70《申转运司乞免行酒库受诬告害民状》,影印文渊阁四库全书本,第708册第683页。

不到者,都厅指定帖某巡尉差人追呼呈押行下"。① 在其他行政手段执行能力不足的情况下,借助巡尉力量执行催勾事务,既是基层行政的惯例,也被视为合理且必要的手段。只有在巡尉下乡过度骚扰民间而引发事端或诉讼时,或者在朝廷强调基层武力不得被民事差占的特定情况下,巡尉下乡的行为才会引发上级官府的斥责或朝廷的禁令。

宋代的催勾事务,县吏、乡役与巡尉都可能成为执行人员,相互关系缺乏规范,往往是各地官府根据地方惯例或官员偏好而选择执行人员的类型。县吏地位与待遇的沦落,决定了他们不可能尽职办差,执行过程中的索贿扰民也难以避免。取代县吏的办法则是由乡役或巡检代行催勾。这种办法既侵占了乡役与巡检的本职,效果也不理想。除了同样索贿扰民以外,乡役在执行催勾事务时比县吏更加难有作为,巡尉则比县吏更具破坏力。

三、元代创置信牌制度

针对催勾事务中的扰民问题,叶适曾提出"听讼使两辞自诣,无追呼者",②但这只是一种构想。元代出现了由当事人直接履行催勾事务的信牌制度。针对"遇有催督差役、勾追官吏等事",办差者"不唯搔扰民间,转致迟悮官中事务"的现象,为加强对办差者的监督和管理,元廷特别设置信牌制度。置立信牌事载于《元典章》吏部卷七"公事置立信牌(二款)"条,又见于王恽《秋涧先生大全文集》卷八一《中堂事记》,两者文字略有出入。《元典章》载:

> 中统二年(1261)四月二十日,中书省:
>
> 奏准条画内一款节该:"置信牌事。缘为各路遇有催督差役、勾追官吏等事,多用委差官并随衙门勾当人及曳剌、祗候人等投下文字,不唯搔扰民间,转致迟悮官中事务。为此,拟定今

---

① 《名公书判清明集》附录 6"约束榜",第 643 页。
② (宋)叶适:《叶适集》卷 16《著作正字二刘公墓志铭》,北京:中华书局,1961 年,第 304 页。

后止用信牌催办一切公事。据置到信牌,编立字号,令长、次官圆押,于长官厅示封镶收掌。如总管府行下州、府科催差发并勾追官吏等事,所用信牌随即附簿,粘连文字上明标日时,定立信牌限次,回日勾销,并照勘稽迟限次,究治施行。若虽有文字无信牌,或有信牌无文字,并不准用。回日即仰本人赍擎前来,赴总管府当厅缴纳。当该司吏不得一面接受文案,如违究治。据州、府行下司、县,司、县行下所管地面,依上施行。"钦此。

【又】中统五年(1264)八月,钦奉圣旨内一款:"京、府、州、县,自来遇有科征差税、对证词讼,及取会一切公事,多令委差及曳刺、祗候人等勾摄,中间不无搔扰。今仰各置信牌,毋得似前差人搔扰作弊。"钦此。[①]

元代的信牌制度,是通过信牌直接向当事人发布指令,以此取代由官府派遣胥吏执行催勾事务的制度。中统二年(1261)制度中"拟定今后止用信牌催办一切公事",即"信牌"取代了原来执行政令的"委差官并随衙门勾当人及曳刺、祗候人等"。中统五年(1264)条:"今仰各置信牌,毋得似前差人搔扰作弊",也是指以"置信牌"取代"差人"。制度中又规定,"若虽有文字无信牌,或有信牌无文字,并不准用","文字"即发布行政命令的公文,信牌与"文字"连用,说明元代的信牌并非清代的"地方长官饬差文书"。

官府直接向当事人发布命令,固然可以不再通过胥吏执行临民事务,但当事人不可能在官府直接接受命令,行政公文也不能自行传递至当事人手上。行政公文仍需有专人传递,设置信牌的意义也正在于传递公文。《公牍通论》称"公文名称始于元明者"有"牌面","元制,凡使臣过驿,驿官及差官凭以给马之文书,谓之牌面"。这个论述当出之《元史》:"(太宗)四年五月,谕随路官员并站赤人等:'使臣无牌面文字,始给马之驿官及元差官,皆罪之。有文字牌面,而不给驿马者,亦论罪'。"[②]王恽《中堂事记》中

---

① 《元典章》卷13《吏部卷七·公事置立信牌(二款)》,北京:中华书局、天津:天津古籍出版社,2011年,第507—508页。

② (明)宋濂等:《元史》卷101《兵四》,北京:中华书局,1976年,第2584页。

统二年(1261)四月二十一日记事又称:"都堂令恽检讨唐人置信牌锁长官□事",①意味着元代创置信牌,参考了唐代的信牌制度。"唐人置信牌锁长官厅事"未知具体所指,或即《文献通考》所谓"银牌:唐制,差发驿遣使,则门下省给传符,以通天下之信"。② 据此可以判断,元代"信牌",当指作为驿传凭信之符牌。信牌与"文字"连用的意义,即以信牌为凭证,将作为行政公文的"文字"传递至当事人手上,此即元代信牌制度取代差人的含义。

元代信牌的符牌性质,本身即说明信牌制度的创置,渊源于符牌制度而非公文制度。除了文献中提到的"唐人置信牌锁长官厅事",宋、金、元时期的符牌制度,也是元代作为政令传达的信牌制度创置的重要背景。符牌(节)是权力的凭信,在历史发展与具体的运用中呈现出不同的形式与功能。简而言之,符牌可以分为通行证、身份牌、令牌、交割凭证这四种。③ 宋、金二朝的符牌制度,《宋史》、《金史》都有专门记载。《宋史》卷一五四《舆服四》"符券"条记载宋代符牌七种,功能与性质各不相同。其中"头子"、"银牌"为通行证性质之驿牌;"铜兵符"、"朱漆木牌"为征调兵将之兵符、军用令牌;"传信牌"为军中传递情报的为交割凭证;"铜符"是通行证;"虎符"是兵符一类军用令牌;"门符"是通行证;"字牌"本身可以归为驿牌类通行证,但是这种字牌又是随着重要的军令、政令文字而发出的,作为"速递"的驿牌,具有增加权威性的性质。④《金史》卷五八《百官四》符制条记载符牌主要有四种,其中"信牌"是一种令牌,也是唯一与元

---

① (元)王恽:《秋涧先生大全集》卷 81《中堂事记中》,四部丛刊本。

② (元)马端临:《文献通考》卷 115《王礼十》,北京:中华书局,1986 年,第 1039 页。

③ 郑雅坤:《谈我国古代的符节(牌)制度及其演变》(《西北大学学报(哲学社会科学版)》1985 年第 1 期,第 56—62 页)提出:1. 先秦时期符节就有出入门关凭证(通行证)的功能。此后也出现了传、过所、传符、门符等通行证性质的符牌,但不再称节。2. 秦汉以降,符节成为"直接体现君权的一种特殊标志物",颁于使者则为王朝与天子的象征,颁于重臣则为"加重权力的标志",与印章的区别在于印章体现"官员的地位",对君权的体现是间接的。这是作为君主授权凭证的符节,也有身份牌的意义。3. 符节(牌)的另一种重要形式是兵符,兴起于战国,形制从战国的虎符变为唐代的鱼形。兵符是专用于征调兵将的凭证,由君主直接掌握,执行者"执以赴君命",主要是作为令牌而出现的。4. 晚唐、五代以来又出现了一种所谓的"印牌",其实是行政运作中事物交割的凭证。

④ (元)脱脱等:《宋史》卷 154《舆服志六》,北京:中华书局,1977 年,第 3594—3597 页。

代"信牌"完全同名的符牌;"金牌"、"银牌"、"木牌"是典型的身份牌;"递牌"与南宋"字牌"非常类似,而直接以"递牌"相称,"驿牌"性质更为突显,同时也具有某种令牌性质,"递牌,即国初之信牌"一语也突出了其令牌的性质;"虎符"则是兵符类军用令牌。① 至于蒙元时期的符牌,陈永志《蒙元时期的牌符》一文结合考古数据,将蒙元符牌分为身份牌、令牌、驿牌三种。由于所据材料主要是蒙元时期的牌符实物,故未注意到"信牌"。陈文中指出,"令牌,皇帝颁发圣旨或传达皇帝口谕及其他政令的牌子……此类牌子有时与高层官员的身份牌通用"。② 元代的信牌也是一种牌符,名称上与宋代军中传递情报时作为交割凭证的"传信牌"一字之差,与金朝作为身份牌的"信牌"同名,而在性质上却与宋代的"字牌"、金朝的"递牌"相似,具有令牌与交割凭证两种性质。"拟定今后止用信牌催办一切公事"显示了信牌的令牌性质,而金朝"信牌"也是"自非穆宗之命,擅制牌号者置重法。自是,号令始一"③的令牌。同时,元代信牌"回日即仰本人赍擎前来,赴总管府当厅缴纳"属于交割凭证的性质,与"传信牌"之"如已晓会施行讫,复书牌上遣回"④略似。总之,元代的"信牌"制度,是根据地方行政的需要,综合了宋、金时代各种符牌制度而创置的,最初是作为一种特殊性质的牌符制度出现的。

由于具有符牌的性质,元代信牌并非清代的纸牌、纸票,而是金木质地的符牌,由官府事先制作,编号画押后由长官保管,遇有催勾事务,与行下公文一起施用。《元典章》载:"成造信牌、彩画图本、淹藏菜蔬、印色心红并诸名项杂支,今后年销钱内遇有似此名项,少者就支,随即申覆,多者预为申禀明文动支,亦不得冒滥支用违错"⑤,似乎各地制作信牌等所需经费可以专门立项开销。信牌从长官领出时需要登记在册(附簿),公文上则标明履行公事的截止日期,信牌则标明是第几次催限,如《元典章》吏

---

① (元)脱脱等:《金史》卷58《百官志四》,北京:中华书局,1975年,第1335—1336页。
② 陈永志:《蒙元时期的牌符》,《内蒙古大学学报(人文社会科学版)》2003年第1期,第32页。
③ 《金史》卷58《百官志四》,第1335页。
④ 《宋史》卷154《舆服志六》,第3595页。
⑤ 《元典章》卷21《户部卷七·拟支年销钱数》,第771—772页。

部卷七公事门规定:"常事各加事速,限五日,第一、第二次皆备细缘由,随即应报官司,皆符牒到日为始。"①信牌在公事履行完毕后缴回官府,并在登记簿上勾销,这就体现了信牌作为交割凭证的性质。如果第一次发遣信牌与公文,公事未能履行,官府可能多次发出信牌与公文催限,根据催限的次数判断稽迟违误的程度,并施以相应惩罚。

《元典章》信牌条施用办法是以"如总管府行下州、府"为例。上下级官府之间传递信牌、公文,固然可由驿传系统完成。这也就是《元史》所谓的"诸管民官以公事摄所部,并用信牌,其差人扰众者,禁之"。②但临民事务中的信牌、公文,不太可能由驿传系统来传递。在实际运作中,这个任务一般由里役承担。元代《居家必用事类全集》称,官员"故必量事之缓急,如杀人劫盗,必须差人掩捕,余如婚田、斗殴、钱谷、交关之讼,止令告人自赍判状、信牌,责付乡都保正勾解,庶免民害"。③又如元人许有壬"不许胥隶足迹至村疃,唯给信牌,令执里役者呼之,民安而事集"。④元代的"里役"当即"主首",魏初曾在奏议中提出"立主首,赍信牌,立限约,催督民户赴州县官局关买"。⑤《元典章》"木槌打死人系故杀"条载:"责得潘壬一名天祥招状:皇庆元年(1312)八月初十日早,有刘仁可将夯本县立限发牌,勾唤天祥,为钟奇叔告夆田事。自合依限出官……","因主首刘仁可赍公文勾唤,归对钟奇叔所告夆田公事……"⑥这里"夯"、"赍"等词均表明主首刘仁可是信牌与公文的送达人,"自合依限出官"也正说明当事人是履行公文的责任者。

信牌制度排除了执行催勾事务的胥吏,将公文直接交由当事人履行命令。一旦当事人拒绝执行,只有惩罚,缺乏相应的补救措施,这容易导致执行能力的低下。这个问题在元代似乎并不突出,可能是因为信牌制

---

① 《元典章》卷 13《吏部卷七·公事催限》,第 507 页。

② 《元史》卷 102《刑法一》,第 2620 页。

③ (元)佚名:《居家必用事类全集》丙集《十害箴·泛滥追呼》,中国基本古籍库数据库明刻本图像版,第 9 页。

④ 《元史》卷 182《许有壬传》,第 4199 页。

⑤ (元)魏初《青崖集》卷四《奏议》,影印文渊阁四库全书本,第 1198 册第 749 页。

⑥ 《元典章》卷 52《刑部卷上·木槌打死人系故杀》,第 1437 页。

度在基层催勾事务中并没有普遍实行。元人传记资料中多有地方官员实行信牌制度的记载。如黄溍撰于文传神道碑称,"公历仕所至,必以均赋役为先。催科追逮,一用信牌。度其缓急,而严为程限,民亦不敢违。村落之间,不识有悍吏之叫嚣隳突也";[①] 胡炳文称范朝列"均赋役,而富室不得容其奸,严信牌,而走卒不得肆其毒"。[②] 这些记载都将实施信牌制度作为地方官员的一种善行德政,似乎也说明信牌制度在当时的基层官府中并不普及。另外信牌制度的创置时间为中统二年(1261)、五年(1264),此时离忽必烈灭宋尚有时日。黄溍所撰李拱辰墓志称:"有所追呼,必循旧法,遣牌为信,民以不扰。"[③] "必循旧法"一语也说明信牌制度在当时并不流行。黄溍又撰王都墓志,称王都在海北海南道肃政廉访使任上时,针对"当时遣吏卒下场,视令丞如奴隶"的现象,乃"以信牌代差人,而人亦无敢违者"。这其实是在特定的情况下采用的特别措施,并不意味着王都履任所至,必用信牌。之前王都在饶州路总管任上,由于"郡所统州县地大且远,民以所差吏卒为苦。公为立印簿,令社长书其乞取之物,与凡所为之事,月一上之,由是乡落间无复叫嚣隳突之患"。[④] 这个办法只是对差吏的索取进行了限制,并没有采用信牌制度。这些都说明当时的信牌制度是地方官员在特定条件下自由裁定是否施行的,派遣胥吏执行催勾事务的情况仍然普遍。

四、从明《大诰》到《大明律》

明朝对元代的信牌制度作了调整,但明《大诰》与《大明律》的有关规

---

① (元)黄溍:《嘉议大夫礼部尚书致仕于公神道碑》,《全元文》,南京:凤凰出版社,2004年,第 30 册第 230 页。

② (元)胡炳文:《云峰集》卷 3《送知州范朝列序》,影印文渊阁四库全书本,第 1199 册第 766 页。

③ (元)黄溍:《奉议大夫御史台都事李公墓志铭》,《全元文》,第 30 册,第 324 页。

④ (元)黄溍:《正奉大夫江浙等处行中书省叅知政事王公墓志铭》,《全元文》,第 30 册第 420—421 页。

定并不相同,需要分别予以讨论。①

明《大诰》"遣牌唤民"条规定:

> 十二布政司、府、州、县,凡有临民公务,遣牌下乡,指乡村,坐地名下姓氏,遣牌呼唤。民至,抚绥发落。有司不如命者,民赴京诉。若牌至民所,三呼而民不至,方遣皂隶诣所在勾拿。民至,必询不至之由。所以询者为何?恐民单夫只妻,为生理而远出,或近处急事有妨。果如是,非民得罪也。若加以罪,实有司故虐吾民。设若有辞,有司之罪,巨微不赦。戒之哉。②

朱元璋的"遣牌唤民"是专门针对临民公务而设置的,不适用于官府之间。元代的信牌制度缺乏明文的补救措施,朱元璋的"遣牌唤民"制度则规定"若牌至民所,三呼而民不至,方遣皂隶诣所在勾拿",即以吏役的强制性勾拿作为民违牌不到官的一种补救措施,为普遍推行信牌制度提供了可能。朱元璋重典治吏,赋予民众擒官赴京的权力,并动辄以诛、族等极刑惩罚下乡官吏,至少就主观意愿而言,朱元璋希望强力推行"遣牌唤民"的信牌制度:

> 往常为有司官吏,动辄差人下乡勾扰,及官吏亲自下乡扰害,其良民被不才官吏、皂隶、弓兵人等酷害至极,无所伸诉。以

---

① 明律最早的制订时间是 1367 年(朱元璋吴元年)。洪武六年(1373)修订、次年颁行的《大明律》凡 30 卷、606 条。洪武二十二年(1389)再次修订的《大明律》,凡 30 门、460 条,后经朱元璋改定,并于洪武三十年(1397)年正式颁布,历朝相承不改。而《大诰》是朱元璋于洪武十八年至二十年(1385—1387)间亲自编纂和颁行的非常性法令。《大诰》以皇帝对臣民训诫的形式出现,在《大明律》等正式律法之外,根据朱元璋重典治吏、明刑弼教的意愿,随意制订了各种对臣民的酷刑,而且其法律效力高于一般的法令。明律的修订虽然早于《大诰》,但最终的改定与颁布晚于《大诰》。且《大明律》正式颁行后《大诰》基本上被搁置不用。现在所见《大明律》均为洪武三十年(1397)改定的版本《大诰》编纂实施以前《大明律》的具体内容不得而知。因此,现在难以确定《大明律》中有关信牌的规定,是否在《大诰》实施前后有所变化。但是《大诰》与《大明律》中有关信牌的规定几乎是两个平行的系统,两者之间似乎没有相互传承的关系。《大明律》是在《大诰》基本废止后在明代长期实施的法令,影响深远,而且《大清律例》"信牌"条承袭《大明律》而来。

② (明)朱元璋:《御制大诰续编》之《遣牌唤民条第十五》,杨一凡《明大诰研究》附录,南京:江苏人民出版社,1988 年,第 275 页。

其恃以官威,难以伸诉。古人为官者,务必便民,冤者伸之,枉者理之。今不才官吏,无故害众成家,虐害吾民,所以前编两《诰》,禁止不许官吏下乡,诸司亦不得差人勾扰,凡有一切公务必合用民者,止时遣牌。前《诰》所云:三牌不至,方许遣人捉拿。《诰》布天下,有司遵奉。①

与元代的放任自流不同,朱元璋在临民事务中强力推行信牌制度,因此遇到诸多抵制与困难也是情理之中。本来,"三牌不至,方许遣人捉拿",即以吏役下乡作为信牌不行的补救措施,在制度设计上是比较完善的,也为信牌制度的普遍推行提供了条件。但明《大诰》又试图灭绝吏卒下乡的现象,与"遣人捉拿"的补救措施产生了矛盾。朱元璋认为:"今所在有司,故违法律,滥设无籍之徒。其徒四业不务,惟务交结官府,捏巧害民,擅称的当、干办、管干名色,出入市村,虐发甚如虎狼"②;"官吏下乡"骚扰民间,"十二布政司并府、州、县,往常官吏不时亲自下乡,扰吾良民,非止一端,数禁不许,每每故违不止"③;"曩者所任之官,皆是不才无籍之徒,一到任后,即与吏员、皂隶、不才耆宿及一切顽恶泼皮,夤缘作弊,害吾良民多矣。似此无籍之徒,其贪何厌,其恶何已,若不禁止,民何以堪"。④对于"官吏下乡"现象,朱元璋不惜施于极刑。如"洪武十七年,将福建布政司右布政陈泰拿赴京师,斩道于市,勅法司行下诸司,毋得再犯。此行诸司承受禁文,非止一经,动经五、七次。诸司明有卷宗,其无籍杀身之徒,终不循教,仍前下乡扰吾良民"⑤;"再诰一出,敢有仍前为非者,的当人、管干人、干办人,并有司官吏,族诛"。⑥甚至别出心裁,诰令民众擒官赴京,"设若诰不能止其弊,所在乡村吾良民豪杰者、高年者,共议擒此之徒,赴京受赏。若擒的当人一名,干办人一名,管干人一名,见一名赏钞二

---

① 《御制大诰三编》之《民违信牌第三十六》,第 410 页。
② 《御制大诰续编》之《滥设吏卒第十六》,第 275—276 页。
③ 《御制大诰续编》之《官吏下乡第十七》,第 276 页。
④ 《御制大诰三编》之《民拿害民该吏第三十四》,第 408 页。
⑤ 《御制大诰续编》之《官吏下乡第十七》,第 276 页。
⑥ 《御制大诰续编》之《滥设吏卒第十六》,第 275 页。

十锭,的不虚示";①"有等贪婪之徒,往往不畏死罪,违旨下乡,动扰于民。今后敢有如此,许民间高年有德耆民,率精壮拿赴京来"。② 朱元璋相信推行这种办法,"若民从朕命,着实为之,不一年之间,贪官污吏尽化为贤矣。为何? 以其良民自辩是非,奸邪难以横作,由是逼成有司以为美官"。③

然而,如此严厉地惩罚官吏下乡,给《大诰》的信牌制度造成了困境:"三牌不至,方许遣人捉拿",一旦民众不能自觉遵奉信牌,"官吏下乡"就不可避免;而对"官吏下乡"的酷刑以及民可擒官的规定,使得"遣人捉拿"的规定同样难以实行。《大诰》"民违信牌"条生动描述了这里的困境:

> 如顽民余永延等故行抗拒,不服牌唤,三牌不至者二百五十一户,有司以状来闻者数矣。又最顽民人刘以能,不止三牌不行,倒将承差人绑缚赴京,以致问出前情,得罪甚不轻矣。今后凡吾良民,但凡有司牌至,不问为何事务,随牌速赴衙门。倘或官吏着令办事,诸等科差,推派不均,自合当官哀告,以诉实情。实情既诉,若官吏不准,生事留难,或收入禁中,或散羁在外,不令还家,致使有妨生理,彼时赴京伸诉,必罪有所归。今后良民钦遵朕命,毋蹈恶人之非。呜呼! 禁官吏之贪婪,以便民生,其顽民乘禁侮慢官长,及至禁民以贵官吏,其官吏贪心勃然而起,其仁义莫知所在。呜呼! 是其难治也。④

事实上准许民众擒官赴京,在削夺了官员治民权的同时,并不意味着赋予了民众监督或制约官员的权力。"擒官赴京"意味着只有皇帝才有处治官员的权力,民众在这里扮演的只是皇帝监视官员或者向皇帝告发官员的角色。因此朱元璋的严禁官吏下乡和"遣牌唤民"制度,是一种削夺由官治民权力、要求官吏与民众直接与绝对服从君权的制度。这种制度

---

① 《御制大诰续编》之《滥设吏卒第十六》,第 276 页。
② 《御制大诰续编》之《民拿下乡官吏第十八》,第 277 页。
③ 《御制大诰三编》之《民拿害民该吏第三十四》,第 409 页。
④ 《御制大诰三编》之《民违信牌第三十六》,第 411 页。

瓦解了原有的行政权力结构,容易导致行政系统的瘫痪。朱元璋因此感叹:"呜呼!是其难治也。"

如果不考虑《大诰》中对官吏下乡的绝对禁止,从而造成与"遣牌唤民"制度的自相矛盾,单就"三牌不至,方许遣人捉拿"而言,《大诰》的"遣牌唤民"无疑是对元代信牌制度的补充与完善。然而这种完善在《大明律》中并没有体现。《大明律》涉及信牌的规定主要有"擅勾属官"与"信牌"两条,均未出现类似"三牌不至,方许遣人捉拿"的规定。"擅勾属官"规定,"凡上司催会公事,立案定限,或遣牌,或差人,行移所属衙门督并"。① 这条规定不针对"临民公务",而适用于官府之间。不同的是,"或遣牌,或差人",意味着信牌与吏役是平行选择性的关系,而不是元代信牌取代吏役的制度。

《大明律》"信牌"条则规定:

> 凡府州县置立信牌,量地远近,定立程限,随事销缴。违者一日笞一十,每一日加一等,罪止笞四十。若府州县官遇有催办事务,不行依律发遣信牌,辄下所属守并者,杖一百。(谓如府官不许入州衙,州官不许入县衙,县官不许下乡村。)其视桥梁、圩岸、驿传、递铺、踏勘、灾伤、检尸、捕贼、抄札之类,不在此限。②

《大清律例》信牌条正文与《大明律》同,但注文有区别:

> 凡府州县置立信牌(拘提人犯,催督公事),量地远近,定立限程,随事销缴,违者(指差人)违牌限,一日笞一十,每一日加一等,罪止笞四十。若府州县官遇有催办事务,不行依律发遣信牌,辄(亲)下所属(坐)守(催)并者,杖一百(所属指州县乡村言)。其点视桥梁、圩岸、驿传、递铺、踏勘、灾伤、检尸、捕贼、抄札之类,不在此限。③

---

① 《大明律》卷 2《吏律·职制·擅勾属官》,北京:法律出版社,1999 年,第 33 页。
② 《大明律》卷 3《吏律·公式·信牌》,第 44 页。
③ 《大清律例》卷 6《吏律·职制·信牌》,北京:法律出版社,1999 年,第 145 页。

比较明、清律文的内容，《大明律》信牌条的规定似有含糊之处。首先，"凡府州县置立信牌"并未说明是专门针对"临民公务"，还是包括官府之间。从注文"如府官不许入州衙"等语分析，《大明律》的规定似乎包括对下级官府。但是《大清律例》该条加小注称"拘提人犯，催督公事"，且删除了《大明律》中"如府官不许入州衙"等注文，《大清律例》的规定似乎是针对"临民公务"；其次，"信牌"与"差人"之间的关系是信牌制度的关键，元代是以"信牌"取代"差人"，《大诰》是以"差人"补救"信牌"，《大明律》"擅勾属官"条是"信牌"与"差人"之间平行选择。《大清律例》则注明违牌者的身份是"差人"，说明"信牌"的功能在于"差人"，"信牌"与"差人"合二为一。然而《大明律》中信牌与差人的关系是模糊的。同时，元代信牌是牌符，另有"文字"（公文），清代信牌、信票就是纸质公文，那么《大明律》所谓的信牌是否与公文合二为一，这同样并不清楚。

从律令以外的材料看，明代前期的信牌制度仍然保留了取代差遣吏役的特点，非如清代差遣吏役的公文制度。如汪天锡《官箴集要》"销缴信牌"当即针对"遣牌勾办"取代"差人下乡"而言的：

> 凡官府皆须置立信牌。追会、钱粮、军需、刑名、造作，大小公事，不得差人下乡，止是遣牌勾办，牌上分明开写《大明律》一款，违限一日笞一十，每十日加一等，量地远近，定立限期，务要依限完缴，每日责罚。[①]

明人传记资料中也将施行信牌作为基层官员的德政予以表彰，所反映的仍是信牌取代差人的制度。如洪武年间休宁知县周德成"严立信牌之禁，发遣销缴必于其前，来者不得一迹六房，蹊关罅节吏无所容"；[②]"胡若思宰桐城，以爱民为本……议赋役必验丁产，勾摄公事，止遣信牌"；[③]成化年间（1465—1487）郭纶任华亭知县，"时官失操柄，政由吏胥，每一事

---

① （明）汪天锡：《官箴集要》卷下《销缴信牌》，《官箴书集成》，第 1 册第 35 页。

② （元）刘如孙：《休宁知县周德成墓志铭》，《新安文献志》卷 93，影印文渊阁四库全书本，第 1376 册第 541 页。

③ （明）焦竑：《玉堂丛语》卷 2《政事》，北京：中华书局，1981 年，第 35 页。

批帖四出,民无所稽信,追需旁午,应役者骚然。纶至,按律置信牌,令里胥摄事,禁隶卒无下乡"。① 这些记载说明,朱元璋以后明代信牌制度仍是元制的延续。

但是明代地方官员对于是否实行信牌制度,仍有相当的自由裁决权。以诉讼中的传唤事务为例,明代的基层官员可以灵活采用他们认为必要或方便的办法,或差人,或令原告自拘,或由乡役催勾,或由原告将原状、红票交付干证,由干证传呼被告:

> 一勾摄犯人,动差皂快,此庸吏之套习,实小民之大殃也。近日革弊爱民之官,多用原告自拘,夫两雠相见,势必起争,妄称抗违,以激官怒。亦有添差地方保伍同拘者,此是换名之皂快,需求凌虐与皂快同……若止以原状或红票付告人,令其递与干证,干证持之呼唤被告,约会同来……②

明代催勾事务中的信牌制度仍然保留了以信牌取代胥吏的特点,也不意味着这是牌的唯一功能。晚明的通俗小说《型世言》展现了牌的各种运用,其中就包括以牌差人的例子。按信牌制度的本义,官府遇有捕盗等事,可以不行信牌而差人,但在《型世言》看到的情况,恰恰是以牌差人拘捕犯人,如第二十七回还记录了一件拘牌的文字:

> 绍兴府理刑厅为奸杀事。本月初六日,蒙浙江巡按御史马,批准山阴县告人洪三十六告。词到厅,合行拘审。为此仰役即拘后开人犯,赴厅研审,毋违。须至牌者。计拘:
>
> 陈镰钱流(俱被犯)
>
> 张德昌岑岩(俱干证)

---

① (明)顾清:《正德松江府志》卷 24《宦迹下》,台北:成文出版公司,1983 年,第 1125—1126 页。

② (明)吕坤:《实政录》卷 6《风宪约·提刑事宜》,《北京图书馆古籍珍本丛刊》,北京:书目文献出版社,1998 年,第 48 册第 198 页。

洪三十六(原告)差人吴江①

除了以牌差人拘捕之外,《型世言》中也有以牌差人传唤的情况。如第二十五回,朱安国先告朱玉"灭伦奸占事","县尊准了,便出了牌,差了两个人,先到朱安国家,吃了东道,送了个堂众包儿,又了后手,说自己明媒久聘,朱玉强占。差人听了这些口词,径到朱玉家来。见朱玉是小官儿,好生拿捏",在收取了不菲的差使钱之后,差人便约朱玉反诉,"谢县尊也准了,出了牌,叫齐犯人,一齐落地。差人销了牌,承行吏唱了名。先叫原告朱安国上去"。②

不同的材料反映了明代信牌制度理想与现实的落差。理想中是以信牌取代差人,实际运作中常常是以信牌派遣差役。这种落差体现了信牌的制度性规定对于实际催勾事务运作的不适应,以及朝廷对基层官府信牌运用管理的弛懈。

五、明代嘉定县的信牌改革

制度规定与实际运作的相互脱节,最终演化的结果,只能是制度适应现实。从元代到清代,信牌已经从原来金木质地的牌符演变为纸牌,原来取代差人的信牌制度也变为以信牌差人的制度。在这个过程中,必然有一个过渡的时期,以及对信牌制度的重新定义。这个过渡应该是长期和复杂的,目前尚没有发现足够的材料去复原整个过程。但是,《万历嘉定县志》收录《知县李资坤申议六事》,其中记录了信牌向差票演化的一个实例。与元代创置取代差人的信牌制度一样,明代重新设计以信牌差人的制度,也是以防止骚扰的理由提出的。而信牌与差人关系的循环往复,也说明催勾事务中骚扰民间的弊端并不能通过文书制度的变革而革除。

如前所述,元代信牌制度的弊端在于补救措施的缺失,在临民事务中

---

① (明)陆人龙:《型世言》第 27 回《贪花郎累及慈亲,利财奴祸贻至戚》,北京:中华书局,2002 年,第 376 页。

② 《型世言》第 25 回《凶徒失妻失财,善士得妇得货》,第 346 页。

推行遣牌唤民制度,很容易演变为由乡役执牌强制执行催勾事务,这就是所谓的"换名之皂快,需求凌虐与皂快同"。① 嘉靖年间,嘉定县知事李资坤针对这种"换名之皂快",设计了一套新的信牌制度。《知县李资坤申议六事》称:

> 其六顺联络以便勿稽:切照本县钱粮重大、公务浩繁,催征勾摄之势,纷不可举。其积习之弊有二,曰总里,曰民壮。每总里一人随带家人,少则三四人、多则五六人跟随,每日与各该班散里长在县听差,遇有一应催勾牌票,出名承受,视事之大小缓急,小者缓者转发各该散里长,大者急者自差家人协同催勾,似亦少便。但因而指倚求需盘用,往往视人户之强弱,地方之远近,为之轻重,此总里之害也。因此又添差民壮,以民壮法不当差,改名曰甲首。每甲首一名,招集逋逃光棍,少则三四人,多则五六人,群养在家,谓之次身。若遇催勾,有领到牌票,探其事之大小,随差前项光棍,事大者五六人,事小者亦不下二三人,持带铁链,虚张声势,直到各该催勾人户,行凶锁打,除须索酒食,诛求贽发,不能悉举,此民壮之害也。之二者虽均之为害,而民壮为甚。

> 议将九班查叙都图联络、地里顺便,有不联络不顺便者更易之,必如官道铺舍,一铺到一铺,络绎不绝之状,各为一班。每班以在城第一等九图,各照序一图冠之首,以为之纲领,使内外联属,以便接递。照九班为总字一等九号大信牌九面,每面准皂隶一名以代总理。照均徭皂隶二十五名之数,为甲字一等二十五号小信牌二十五面,每面准皂隶一名以代甲首。照事务缓急、地理远近,为清、慎、勤信票三号,以备取用。照总字、甲字二牌各为号簿,总字九班各一扇,甲字九班共一扇,以备查考。照九班联络都图次序,为递送承受总号簿。每图里长各给一扇,以备考

---

① 《实政录》卷6《风宪约·提刑事宜》,第48册第198页。

较。遇有一应催勾,用总字号大信牌并清、慎字二号信票。其牌一面叙"该班联络以便催勾、以免搔扰事。今遣总字几号牌皂,随带后开某字号信票若干张,仰联络图分顺序递尽,依限回缴,违者查究。计开一张某字号仰里长某人。一张某字号仰里长某人。右差皂隶某人,年月日时发,限某日时缴"。其票书"嘉定县为某事",令填"某字几号信票,仰拘某人,依限赴县审理,违者如号限惩治。计拘某人某人"。右票以清、慎、勤三字号为缓急,仰照号依限销缴。如此,庶事不烦民不扰,而催勾公务亦于是乎举矣。①

第一段描述了李资坤改革以前嘉定县催勾事务中信牌制度的运作机制。元代一般由里役送达临民的信牌,这也是明代基层施行信牌制度最现实的办法。《万历嘉定县志》所描述的,就是随着县吏的退出,信牌体制在基层运作过程中形成了一个更加庞大、复杂的传递信票的里役队伍,骚扰民众有过之而无不及。嘉定县执行催勾事务的有两种人。一种是总里。"总里"是明代一些地方乡役的一种,如黄州府麻城县"都有长、有副,里有总里、小里",②胡宗宪《筹海图编》称,"乡官、举人、监生、生员,人各有识,下至耆老、总里人等,不拘贵贱……"③嘉定县的"总里"应该是该县里长的头目,因此"与各该班散里长在县听差",接受、传达"一应催勾牌票",然后由总里分配这些"牌票","小者缓者转发各该散里长,大者急者自差家人协同催勾"。总里之所以需要"随带家人,少则三四人、多则五六人,跟随每日",催勾牌票之"大者急者"之所以需要"自差家人协同催勾",说明负责将牌票回缴到官府的,正是这些总里、里长。信牌制度由当事人自行履行的初衷,已经演化为由总里这样的乡役承包执行的现实。

① (明)李资坤:《知县李资坤申议六事》,《万历嘉定县志》卷7《田赋考下》,台北:学生书局,1987年,第555—556页。
② (明)王世贞:《弇州四部稿》卷59《麻城穆侯均赋颂序》,影印文渊阁四库全书本,第1280册,第65页。
③ (明)胡宗宪:《筹海图编》卷11《集众谋》,《中国兵书集成》,北京:解放军出版社、沈阳:辽沈书社,1990年,第16册,第974页。

另一种是民壮。在前述宋代的催勾机制中,巡检、县尉及其所属弓手、土兵下乡催勾,在制度上这属于行政事务侵占军事职责的非法行为。嘉定县的民壮之害,性质与此类似。民壮是明代的一种民兵制度,明初由官府选派,以补卫所军丁之不足。正统二年(1437)改为招募,弘治二年(1489)又改为按里派充,嘉靖以后改为民户纳银,由官招募。最初主要用于防守的民壮,后来成为专供官府差遣,担任迎送、拘捕和传递文书等的杂役。《万历嘉定县志》卷六《田赋考中》"徭役"部分收录《知县王福征详定役米碑略》一文,其中记载了该县需要供养的各类"徭役",就包括"本县巡捕民壮二十四名,本县巡盐民壮十一名,本县差操民壮九十七名"。[①]李资坤申议中又有所谓"因此又添差民壮,以民壮法不当差,改名曰甲首",即指差遣民壮执行催勾事务,本属非法,于是官府以甲首的名义差遣民壮。这个记载说明,信牌制度下只有乡役执行催勾事务才是相对合法的办法,然而官府仍然需要差遣基层军事力量以保证催勾任务的完成。

嘉定知县李资坤的改革方案是一套更为复杂的信牌制度,重新由县吏(皂隶)来取代总里、民壮、甲首等乡役或民兵。原来排斥县吏下乡催勾的信牌制度,变异成为差遣县吏执行催勾的牌票制度。目前尚不能判断《知县李资坤申议六事》中的信牌制度是否成为之后国家信牌制度演变的直接源头,但这个改革方案体现了信牌制度由元制变为清制的关键环节和过渡状态。[②]

《元典章》的信牌制度,"信牌"须与"文字"合用才能生效,信牌最初是作为牌印出现的,其材质应该是金属、竹木,而非纸本。而李资坤所描述的牌、票,应该都是纸质的。据《大明会典》载:"凡火票旧例用牌。万历三

---

① (明)王福征:《知县王福征详定役米碑略》,《万历嘉定县志》卷7《田赋考中》,第438页。

② 明代中后期由皂隶取代差役的趋势,主要原因并非催勾事务中的扰民问题,而是由于明前期赋役制度的混乱,引发明中后期赋役制度一条鞭法改革中的一个环节,即纳银募役改革的结果。这方面的研究成果丰富,主要可以参考梁方仲:《明代赋役制度》,北京:中华书局,2008年;刘志伟:《在国家与社会之间——明清广东里甲赋役制度研究》,广州:中山大学出版社,1997年。本文所讨论的催勾事务中皂隶取代差役的趋势,与一条鞭法改革中的趋势是完全一致的,这里并非提出赋役制度改革动因的新观点,而只是在考察信牌、差票演变的过程中,注意到催勾事务中皂隶取代差役时所面临的扰民问题。

年(1575)议准兵部照依牌或刊票印发各沿边沿海总督镇巡衙门收用,专备飞报声息、爪探贼情,或三十张或二十张,用完缴报,再发。其各衙门纸牌纸票,概不许行。有滥用者,以故违明旨论。"①这条记载说明,万历(1573 年起)以前,各衙门早已在使用各种"纸牌、纸票",万历三年只是由兵部统一印制了火票格式。李资坤任嘉定知县的年代是嘉靖十三年至十六年(1534—1537),他新设计的牌票制度,无论牌、票都可以书写大量指令性的文字,理应是"纸牌、纸票"。

李资坤牌票制度中公文的内容,大信牌上有两个指令,一是指令皂隶传递信票等指令,一个是指令里长执行催勾事务,信票才是发给里长的催勾事务的直接指令。清代的信票的格式与内容中,仍然保留着对县吏与乡役双重指令的痕迹。比对李资坤牌票与清代差票的公文格式如下:

李资坤牌票	清代信票(据龙泉司法档案)
信牌: 该班联络以便催勾、以免搔扰事。今遣总字几号牌皂,随带后开某字号信票若干张,仰联络图分顺序递尽,依限回缴,违者查究。计开一张某字号,仰里长某人。一张某字号,仰里长某人。右差皂隶某人,年月日时发,限某日时缴。 信票: 嘉定县为某事令:某字几号信票,仰拘某人,依限赴县审理,违者如号限惩治。计拘某人某人。右票以清、慎、勤三字号为缓急,仰照号依限销缴。	某县正堂某。为某事。案据某某等。除批示外,合行饬催。为此,仰原役某某等,速往协保,催传后开有名人等。勒限若干日内带县,以凭讯断。该役如再玩延,定提血比不贷。速速。计开某人某人。某日给。定限某日销。②

李资坤新设计的信牌制度,设计了大信牌、小信牌两个层级的信牌,以及与信牌配套使用的信票。官府遇有催勾事务,将若干件事务打包成为一个大信牌交给一位皂隶,每件事务都附有一张信票说明任务。这位接受大信牌的皂隶再将各件事务分发给接受小信牌的皂隶。表面上看,

---

① 《大明会典》卷 149《勘合·火牌附》,影印续修四库全书,上海:上海古籍出版社,2003年,第 791 册第 539 页。

② 包伟民、吴铮强、杜正贞主编:《龙泉司法档案选编》第 1 辑《晚清时期》,北京:中华书局,2012 年,第 491 页。

这里皂隶的任务,"仰联络图分顺序递尽,依限回缴,远者查究",因此他们只是催勾任务的传达人,信牌只是他们传达信票的凭据。从牌、票上的文字看,大信牌上书"计开一张某字号,仰里长某人",信票上书"某字几号信票,仰拘某人,依限赴县审理,违者如号限惩治",真正发出催勾指令的是信票,其接受者是里长,或者说里长是催勾任务最终的执行者和责任者。但这只是表面现象,由于里长并不向官府直接负责,最终向县衙回缴信牌的是皂隶而非里长,因此实际运作中的执行者和责任者仍然是皂隶。清代的差票制度将牌、票合一,文中"仰原役某某等,速往协保"一语,从字面看催勾任务的执行者仍是乡役(地保),县吏只是地保的协助者,但信票的回缴是由县吏负责的,违限的惩罚也是针对差役,实质上保留了李资坤方案中县吏与乡役之间的关系。

六、清代的差票制度

《大清律例》"信牌"条正文与《大明律》同,却加注"拘提人犯,催督公事"及"指差人"等语,说明《大清律例》的修订者已经认识到《大明律》该条规定的含糊之处,并根据实际的运作状态对该条内容做出新的解释。除了增删注文之外,《大清律例》的"信牌"还有一处修改,即将该条从《吏律》之《公式》门移至《职制》门。"信牌"条列于《公式》门"封掌印信"、"漏使印信"、"漏用钞印"、"擅用调兵印信"等条之后,明显承袭《元典章》,也突显了"信牌"的牌印性质。清律承袭了明律中"信牌"条的正文,却将其归之于《职制》门,成为对官吏行为的规范制度。至此,"信牌"从原来的直接送达给当事人的"符牌",变异成为向吏役授命的"公文"。

《清代文书纲要》认为,"牌"与"票"都是下行公文;"票"是一种简易的"牌";"牌"或"票"的性质,既可以是指示、命令,也可以是通行或执行公务的凭证,或者通知、传单;"牌"或"票"都有回缴制度,但作为某些性质的"牌"或"票"并不实行回缴制度。[①] 这种解释认为牌、票基本没有区别,但

---

① 雷荣广、姚乐野:《清代文书纲要》,成都:四川大学出版社,1990年,第110—112页。

通过对《清代巴县档案汇编(乾隆卷)》①收录的若干"牌"或"票"的发文者与受文者、公文性质的梳理,可以发现清代"牌"或"票"的关系并非这样简单。

乾隆年间巴县牌文整理表

文件名	性质	发文者	受文者	页码
乾隆三十九年广东洋行商人为金川战役损纳军饷文二则之二"五月四川盐道传牌"	传牌:指令、通知	四川盐道:地方官府	东路州县:下级地方官府	41—43
乾隆四十年正月十九日重庆府牌文	牌:指令	重庆府:地方官府	巴县:下级地方官府	53
乾隆二十三年十月二十八日巴县辑牌	辑牌:指令	巴县:基层官府	役	62
乾隆二十五年四月二十二日重庆督府信牌	信牌:指令	重府督府:地方官府	巴县:下级地方官府	62—63
乾隆二十五年九月重庆督捕府缉拿遣犯信牌	信牌:指令	重府督府:地方官府	巴县:下级地方官府	63—64
乾隆三十九年六月巴县缉拿迯奴信票	信票:指令	巴县:基层官府	役	64
乾隆三十五年九月十一日巴县查牌	查牌:指令	巴县:基层官府	役	238
乾隆五十七年索金满告李正万勒索押佃银案之二"三月初七日巴县传牌"	传牌:指令	巴县:基层官府	原中:民人	256
乾隆二十七年十一月十九日巴县牌文	牌:指令	巴县:基层官府	捕衙:役	308
乾隆二十九年云南嶍峨知县顾铨督运京铜过渝文二则之二"四月十四日重庆府宪牌"	宪牌:指令	重庆府:地方官府	巴县:下级地方官府	343—344

---

① 参见四川省档案馆编:《清代巴县档案汇编(乾隆卷)》,北京:档案出版社,1991年。

乾隆年间巴县差票整理表

文件名	性质	发文者	受文者	页码
乾隆五十七年十月迎接海公爷带兵过境文一束之二"十六日巴县差票"	差票：指令	巴县：基层官府	役	47
乾隆五十七年十月迎接海公爷带兵过境文一束之二"二十六日巴县差票"	差票：指令	巴县：基层官府	役	48
乾隆二十七年智里六甲民彭尔聪具告杨茂兄弟侵挖坟冢案之一"七月十五日巴县差票"	差票：指令	巴县：基层官府	役	288
乾隆三十九年巴县哕水摸王治等打捞沉铜案之一"十月二十九日巴县差票"	差票：指令	巴县：基层官府	役	371

从表中可以发现,巴县档案所收信牌、差票主要是指令性质的,其中牌的行文,或者是地方官府对下级官府的,或者是基层官府对本衙吏役或所管民众的;而差票的行文,则一律是基层官府对差役的。前述元代信牌适用于地方官府对下级官府,以及基层官府对民众,但不适用于官府对本衙门吏役。与此对照,清代的信牌制度在保留元制的同时,也将信牌的使用扩展到派遣本衙吏役,同时又从信牌中分化出一种专门用于基层官府发遣差役的下行公文,即"差票"或"信票"。

《大清律例》信牌条的规定除承袭《大明律》律文外,又于康熙、乾隆年间增加条例两则,律文与条例一起,也反映了清代信牌、差票制度的实质:

信牌

(一)凡府州县置立信牌,(拘提人犯,催督公事),量地远近,定立限程,随事销缴。违者,(指差人违牌限。)一日,笞一十;每一日加一等,罪止笞四十。

(二)若府州县官遇有催办事务,不行依律发遣信牌,辄(亲)下所属(坐)守(催)并者,杖一百;(所属,指州县乡村言。)其点视桥梁、坝岸、驿传、递铺,踏勘灾伤、检尸、捕贼、抄札之类,不在此限。

……

条例

一、道府以上官员，凡关系叛逆、军需、驿递公文等紧要重大事情，照例差人外，其余细事，止许行牌催提。如违例差遣人役者，督抚指名题参，徇情不参者，事发一并议处。其督抚于平常细事，差役害民者，亦交部议处。

一、州县大小案件，凡有差票，务须随时缴销。如遇封印而案未完结，于封印时，将票暂行缴销，俟开印差拘，另行给票。违者，将州县官分别议处。[①]

这些规定其实是针对三种情况的：

(1)律文第一款，"凡府州县置立信牌……违者(指差人违牌限)"。这里的"信牌"的功能是"差人"，这是指以牌派遣差役的情况，是对元代信牌制度的一种背离。

(2)第一则条例"道府以上官员，凡关系叛逆军需驿递公文等紧要重大事情，照例差人外，其余细事，止许行牌催提"。这是针对地方官府上下级之间的信牌，将"信牌"与"差人"对举，"信牌"与"差人"基本是平行选择的，不存在以信牌差遣吏役的问题，比较符合元代信牌制度的本意。但这只适用于官府之间的情况。

(3)第二则条例"州县大小案件，凡有差票，务须随时缴销"，则完全是针对基层官府差遣吏役的"差票"而言的。这类"差票"的条例归之于"信牌"律文下，说明"差票"是一种特殊的"信牌"，是由"信牌"发展、分化而来的，是基层官府"差人"信牌的专门化。

七、结 语

宋代以来，为了革除临民事务中的弊端，朝廷与地方官员多次改革催勾事务的执行体制，但扰民问题始终无法解决。元代通过信牌制度直接

---

① （清)薛允升著，黄静嘉编校：《读例存疑重刊本》卷7《吏律·职制·信牌》，台北：中文研究数据中心，1970年，第190—191页。

将政令传达于当事人的信牌制度，要么在执行过程中被搁置，要么异化为由乡役执牌代行。为了适应临民事务执行的实际状况，经明代的演化，到清代又发展出以票差人执行临民事务的差票制度。清代差票制度是对元代信牌制度的背离，也是制度向实际运作机制的回归。

元、明时期努力构建的"遣牌唤民"制度为什么在实践中难以运作并以失败而告终？从形式上看，"遣牌唤民"制度与西方诉讼程序中的传票制度有类似之处，那么为什么"遣牌唤民"制度在传统中国行不通？随着信牌演变为差票，清代的地方官员再次提出了在词讼中妨止吏役下乡而类似于传唤的办法。比如原告自拘、地保等协助拘拿、让原告把差票交给干证，令其与被告同来，等等。这些办法为什么不可行？

传唤是指司法机关通知当事人自行到指定的地点接受讯问或出庭参加法庭审理的诉讼行为。从程序上讲，两者的区别在于，传唤制度是以缺席审判作为传唤不到的救济措施的。[1] 中国在清末司法变革中引进了传唤制度。[2] 在西方，以缺席审判为救济的传唤制度在罗马法中便已经形成。罗马法的诉讼程序经历了法定诉讼、程序诉讼、非常程序三个阶段。

---

[1] 　北京大学法学百科全书编委会，刘家兴等编：《北京大学法学百科全书·民事诉讼法学、刑事诉讼法学、行政诉讼法学、司法鉴定学、刑事侦查学》，北京：北京大学出版社，2001年，第48—49页。

[2] 　1906年起草的《刑事民事诉讼法》民事规则中，对"传票"的规定包括：首先，民事案件中当事人可以自由决定是否到案，传唤仅具有通知性质而无强制力。如第89条"凡民事案件，如索债、索赔偿、索回房屋或田地等案，宜用传票往传，俱不准用拘票"，第92条"凡传票，由公堂饬堂弁亲交被告"，第93条"奉传票之堂弁，如未能亲交被告，即将传票留与其亲属转交"，第94条"堂弁交到传票之后，即向公堂申覆销差。并于传票册内，将亲交或转交之处注明"。这些规定明确了在民事诉讼中不得强制当事人到案，传票的受达人是当事人（被告），而不是司法人员（堂弁），堂弁的责任仅仅是通知（亲交或转交），对于当事人是否到案堂弁不负责任。其次，由于传票的受达人是当事人，因此当事人需要对是否传唤到案负起法律责任。《刑事民事诉讼法》第98条"公堂已定审期，被告无故不到案听审者，查明传票委系交给，仍将该案照例审讯"（第102条也有类似规定），此即所谓的"缺席审判"；第一百条则规定原告不到案的法律责任，"公堂已定审期，原告无故不到案者，即将该案注销。堂弁等费应否责令原告全缴，凭公堂核夺"（第108条也有类似规定）。宣统二年（1910）的《大清民事诉讼律草案》对于传唤制度也有规定，第214条"审判长定日期后，应由书记送达传票于诉讼关系人令其到场"；第492条"原告于言辞辩论之日期不到场者，审判衙门因被告之声请，为驳回原告请求之缺席判决"；第493条规定"被告于言辞辩论日期不到场，而原告为缺席判决之声请者，审判衙门视原告所陈述之事实与被告自认同"。见怀效锋主编：《清末法制变革史料》，北京：中国政法大学出版社，2010年，第442—443、607、673页。

在法定诉讼与程序诉讼阶段,原告起诉后"应亲自向被告传唤",①非常程序阶段则建立了缺席判决的救济措施。② 缺席审判其实就是将缺席者默认为放弃辩护权,而辩护权是以当事人享有法定权利为前提的。

朱元璋曾制定过"遣牌唤民"制度的救济措施,即"三牌不至,方许遣人捉拿"。问题是,为什么只能采用类似刑狱中拘捕的方式作为救济,而不能采用类似于缺席审判的方式? 从诉讼程序本身讲,传统中国的诉讼逻辑,不是以当事人围绕法定权利进行对讦的过程,而是请求全知型的官府作出裁判和调解的过程。这种诉讼模式的背景,是传统中国的制度文化中不存在属于个人的法定权利,诉讼的意义不在于维护当事人各自的法定权利,而是重新达成官府及诉讼双方三方之间的和谐关系,而关系的重新确定是不能容许任何一方的缺席的。至于朱元璋制度失败的原因,朱元璋为了强力推行其遣牌唤民和不许官吏下乡的政策,甚至采取了准许民众擒官赴京这样的极端措施。但准许民众擒官赴京本身就是民众权力缺失、面对官吏凌辱必须直接求助于皇帝的极端表现,而皇帝是不能不依赖官僚系统进行统治的。

然而,中西比较研究,不应该只看到传统中国缺失什么,也应该看到中西差异背景下,中国有什么或是如何的。遣牌唤民制度的失败的确反映了传统中国权利观念的缺失,但并不能认为缺失了权利观念的传统中国政治体制是整体性失败的。传统中国依据其他的方式构建了另一套行之有效的统治秩序,信牌、差票制度的演变固然可以通过中西比较进行解释,但中西之间的差异,也可以站在中国本位的立场上给予理解。具体到本文需要进一步解释的问题是,在连遣牌唤民制度都无法建立、催勾事务中扰民如此严重的情况下,基层官民关系是依靠什么来有效维系的?

帝制中国对民众的统治,主要并不是由扰民成灾的差役们来完成的,差役催勾只是统治秩序出现失范时的一种行政强制手段。传统中国一般是通过教化、通过君民之间的伦理关系来维持其基本统治秩序。官府通

---

① 周枏:《罗马法原论》,北京:商务印书馆,1994年,第934页。
② 《罗马法原论》,第995页。

过差票指派吏役下乡执行催勾往往属于非常事件。所谓催科主要是针对抗粮不交之户而言的。至于诉讼,即使排除了在民间自行解决的纠纷仍有大量诉讼呈至基层官府,官员准理并签票提讯也只是其中的小部分。在吏役管理方面相当失败的同时,解决催勾事务中扰民问题的另一种办法却在发展,那就是责令乡村社会进一步加强自我管理,尽量减少催勾事务的必要。比如诉讼则强调息讼,优先由乡邻平息,征粮则有包征包解、串票、自封投柜等各种办法。清人鄂尔泰就认为朝廷防止差役扰民的办法是完备的,主要就是指这个方面:

> 如征收钱粮,则原有自封投柜并滚单纸皂之例。如缉拏盗贼,则原有着落邻右保结之例。如查禁赌博,则原有责成佐贰转责乡甲逐户具结之例。如调处词讼,则原有户婚田土细事先批乡邻公讲息结之例。如编行保甲则原有户口门牌细开名数并记簿稽察之例。凡此诸条,并无遗法。①

通过教化建立君民之间的伦理关系,通过武力与刑罚镇压威胁统治秩序的行为,再通过加强民间社会的自我管理能力减少官民之间的冲突,这些方面构成了传统中国协调官府与民众关系、维护统治秩序的主要方式。真正的问题在于,当民众不愿意服从君民的伦理关系而失范行为尚不足以需要动用武力或刑罚进行纠正时,传统中国往往会产生统治上的无力感。催勾事务或许表现了这样的一种困境,民众如果自觉遵行伦理规范,理论上不会成为催勾的对象;如果将其视为帝国刑罚的对象,那么按照传统中国的刑罚观念,受刑者本来就该沦陷于被凌辱的处境。传统中国的统治方式中,包含着一种非圣即盗的内在逻辑。整体的政治体制是按这种逻辑设计的,从中很难发展出一套清晰的个人或国家权利与义务对等的观念。在催勾事务中发展出当事人与吏役之间责权关系的努力,往往缺乏更高级的政治理念的支撑而显得苍白无力,也必然与整体的

---

① (清)鄂尔泰:《议州县不必设副官乡官疏(雍正七年)》,魏源《清经世文编》卷18《吏政四·官制》,《魏源全集》,长沙:岳麓书社,2004年,第14册第181页。

政治体制不相融洽而难以贯彻。皇帝不能不依赖官吏进行统治,在非圣即盗的统治逻辑中,临民催勾事务这样的行政过程,简直是开放给吏役凌辱民众的自留地。民众的应对办法,要么是严谨地遵循着帝国的伦理规范,要么只能像对待厉鬼那样破财消灾。当然还有一种可能即以暴制暴地应对吏役,这容易导致激烈冲突,而冲突中的民众也往往被视为刁民或暴民。总之,"民不识吏亡追呼"才是儒家社会的理想,地方官员治理吏役可能因为个人的干练而获得成功,但这种努力并不太符合儒家君子的政治追求。

论著目录

一、著作

1. 吴铮强:《科举理学化:均田制崩溃以来的君民整合》,上海:上海辞书出版社,2008 年。

2. 吴铮强:《龙泉司法档案选编》第一、二辑,北京:中华书局,2012 年、2014 年。

二、论文

1. 吴铮强:《唐宋时期科举制度的变革与社会结构之演变》,《社会学研究》2008 年第 2 期。

2. 吴铮强:《北宋南郊神位变革与玉皇祀典的构建》,《历史研究》2011 年第 5 期。

3. 吴铮强:《信牌差票制度研究》,《文史》2014 年第 2 期。

4. 吴铮强:《龙泉司法档案所见晚清屡票不案现象研究》,《浙江大学学报》2014 年第 1 期。

5. 吴铮强:《宋人志怪故事中的地域社会与伦理观念——以〈夷坚志〉温州故事为例》,《浙江社会科学》2015 年第 2 期。

马娟

马娟，1972年生，回族，内蒙古阿拉善人。2003年获南京大学历史系博士学位。2003—2005年在南开大学历史学院从事博士后研究，之后任教于兰州大学历史文化学院。2016年调入浙江大学历史系工作。任中国元史研究会理事。从事蒙元史、中国伊斯兰文化史研究。在《世界宗教研究》《元史论丛》等刊物上发表论文多篇。

元代伊斯兰教与佛、道之关系初探：以回回诗人与僧道之关系为例

马　娟

元代是中国历史上继唐朝后又一个文化高度发展的阶段，最突出的一个特点是，本土文化与外来文化相互依存，又时有冲突，如佛教与道教之争、基督教与佛道之争、基督教与伊斯兰教之争。那么，作为外来文化之一的伊斯兰教与早已本土化的佛教、本土道教之间是否有交流关系？其关系如何？传世文献中关于这方面的记载可谓凤毛麟角。由于史料的缺载，学界几乎没有这方面的探讨，从而使伊斯兰教与佛教、道教的关系处于一种模糊状态。那么，这是否意味着探讨它们之间关系的道路就此中断？在此，笔者以元代回回诗人与僧人、道士的关系作为切入点，试图探明伊斯兰教与佛教、道教有无关联，它们之间究竟存在着怎样的关联。笔者不揣浅陋，以此抛砖引玉，希望学界进一步关注探讨这一问题。

一、佛教僧人对伊斯兰教的理解

就笔者所掌握的史料来看，对于伊斯兰教记载的传世佛教文献少之又少。佛道之争是蒙元时期多元文化并存体制下十分引人注目的事件之一，其中尤以"开平城之辩"影响最大。《至元辩伪录》是僧人释祥迈在佛道"开平城之辩"后奉诏撰写、记录这次佛道大辩论的文献，史料价值不言而喻。《至元辩伪录》是元代唯一提到伊斯兰教的佛教文献。现引如下：

帝（指蒙哥——引者注）对诸师曰：我国家依着佛力……这

释道两路,各不相妨。只欲专擅自家,遏他门户,非通论也。今先生言道门最高;秀才言儒门第一;迭屑人奉弥失诃,言得生天;达失蛮叫空,谢天赐与。细思根本,皆难与佛齐。帝时举手而喻之曰:譬如五指,皆从掌出,佛门如掌,余皆如指,不观其本,各自夸术,皆是群盲摸象之说也。[①]

英国著名东方学家 A. C. Moule 指出,"迭屑(Tieh-hsieh)"即波斯语 Tarsā,是穆斯林对基督教徒的称呼,意为"贵格会教徒"(Quakers)或者是"敬畏神的人"。[②] 上引史料中的"迭屑"就是波斯语 Tarsā 之元代汉译,又写作达娑。需要指出的是,这个词不论在汉文还是波斯文文献中都曾出现过。前者如"九月二日西行,四日宿轮台之东,迭屑头目来迎";[③]后者如"今乃蛮大多为基督教徒"。[④] 至于"弥失诃(Messiah)",此处指基督教徒,确切地说,是指聂思脱里教徒。"达失蛮"亦作"答失蛮",本指伊斯兰教教士,此处代指穆斯林,即回回人。这里所说的"叫空"、"谢天赐与",笔者认为,前者指念"邦克",即波斯语 Bānk 之音译,意为"召唤"、"提醒"。穆斯林每日五次礼拜前都有专人念邦克,以召唤人们去清真寺礼

---

① (元)释祥迈:《至元辩伪录》卷 3,《续修四库全书》本,上海:上海古籍出版社,2001 年,第 1289 册第 448 页;另见《中华大藏经》,北京:中华书局,1992 年,第 73 册第 23 页。

② A. C. Moule, *Christians in China before the Year* 1550, London: Society for Promoting Christian Knowledge, Northumberland Avenue, w. c. 2, New York and Toronto: The MacMillan Co. , 1930, p. 216. 参郝镇华译:《一五五〇年前的中国基督教史》,北京:中华书局,1984 年,第 245 页。该词又写作 Tarci,见 *The Mongol Mission*, ed. by Christopher Dawson, New York: Sheed and Ward, 1955, p. 41. 又,周良霄先生对该词有详细解释,可供参考,见吕浦译,周良霄注:《出使蒙古记》,北京:中国社会科学出版社,1983 年,第 85 页第 88 条注释;张星烺:《中西交通史料汇编》第 1 册,北京:中华书局,1977 年,第 206—207 页;朱谦之:《中国景教》,北京:东方出版社,1993 年,第 170 页。

③ 王国维:《长春真人西游记校注》卷上,《王国维全集》第 11 卷,杭州:浙江教育出版社、广州:广东教育出版社,2009 年,第 574 页。

④ 'Ala-ad-Din 'Ata-Malik Juvaini, *Genghis Khan The History of the World-Conquer*, tr. by J. A. Boyle, Seattle: University of Washington Press, 1997, p. 64. 按,J. A. Boyle 英译并未给出"基督徒(Christian)"之波斯文转写形式,不过,A. C. Moule 在引用《世界征服者史》的这条史料时给出了该词波斯文的拉丁转写形式,即 Tarsā,*Christians in China before the Year* 1550, pp. 216—217. Tarsā 意为畏惧,指畏惧真主。

拜。[①] 后者则是指回回人礼拜,以感谢安拉(Allāh)所赐予的一切。两者皆属于伊斯兰教礼拜仪式。

综观《至元辩伪录》,处处体现着僧人贬损道士的记载,佛教优于道教的立场贯穿全书。上引这段史料是蒙哥汗对佛教诸师所说的一段话。从内容可以看出,佛教徒有意借大汗之言来抬高佛教,认为佛教是一切宗教中的"根本",居最高位,其他宗教"皆难与佛齐",在贬损道教的同时,佛教徒也将其他诸教,如儒教、伊斯兰教及基督教(聂思脱里教)一并贬低。将佛教之外的宗教比为"手指",为"群盲摸象之说"。如前所述,《至元辩伪录》是记录佛道开平城大辩论的文献,作者释祥迈是一位僧人,故站在佛教立场上,所反映的则只是佛教一家之言。

从"叫空"与"谢天赐与"来看,佛教徒对伊斯兰教的基本仪式是有所了解的,而且大体不错。富有意味的是"谢天"这种表述方法。从佛教徒的本意来看,其基本含义当为"感谢上天",它体现了佛教徒对伊斯兰教的理解。在笔者看来,这里的"天",应是佛教徒对伊斯兰教"独一至尊"之神——安拉(Allāh)的称呼。

事实上,这种以"天"比附"安拉"的做法并非元代佛教徒首创,其渊源可追溯到唐代。最早提到伊斯兰教的中国古籍是杜环的《经行记》,记载了伊斯兰教的基本教义、穆斯林的基本宗教义务及其风俗习惯,称"其俗礼天"。[②] 可以说,杜环是中国历史上开创以儒家"天"比附伊斯兰教"安拉"的第一人。从某种意义上来说,伊斯兰教自传入中国起,汉人就开始有意无意地以中国传统文化观念来"解读"这一外来宗教文化。杜环首开以"天"比附"安拉"的先河,这一称呼为宋人所承袭:"一日五次礼拜天。"[③] 显然,元代佛教僧人亦接受了这一概念,故有"谢天赐与"这种表达。从这一点来看,元代佛教徒对伊斯兰教是有所了解的。古代中国佛

---

① 何克俭、杨万宝编著:《回族穆斯林常用语手册》,银川:宁夏人民出版社,2003年,第12页。

② (唐)杜环:《经行记》,原书已佚,今见(唐)杜佑:《通典》卷193《边防九·西戎五·大秦》,北京:中华书局,1988年,第5266页。

③ (宋)赵汝适撰,杨博文校注:《诸蕃志》卷上《志国·白达国》,北京:中华书局,2000年,第110页。

教徒对于佛教最高神释迦牟尼的称呼,称"佛陀"而非"天"。

需要特别指出的是,有学者撰文谓《至元辩伪录》中有关于对答失蛮的解释的记载,转引如下:

> 摩诃末教别派之一。昔有伯克答失创行是教,遂以名之。"蛮"为同类之义。其徒以叫空谢天赐予为仪式。[①]

然而,笔者仔细阅读三种版本的《至元辩伪录》(续修四库本,中华大藏经本及国家图书馆所藏元刻本),均未找到这一段记载。不知其据为何,出自何处。前贤在引《至元辩伪录》关于伊斯兰教的记载时,均只提及笔者所引"达失蛮叫空"一段,从未见援引此段记载。

关于萨都刺的族属,除此外,关于上述引文中"摩诃末"之译名见于《旧唐书·大食传》,[②]但不见于金元时代任何汉文文献,不可能是元代译名。故笔者疑其另有所本。经笔者多方查证,可以肯定的是,上段引文并非史料,《至元辩伪录》中根本没有这样的记载。其本当出自《元史译文证补》:"答失蛮,亦木速儿蛮教中别派。昔有教士伯克答失,创行是教,遂以人名名之。"[③]笔者在此作一甄别,以免再次以讹传讹。

综上所述,虽然《至元辩伪录》关于伊斯兰教着墨不多,却为我们留下了弥足珍贵的记载。从"叫空"、"谢天赐与"的表述来看,佛教僧人对伊斯兰教的基本仪式已有所了解,并且继承了唐、宋汉人以"天"指代伊斯兰教独一至尊安拉(Allāh)的传统,显示出佛教僧人对伊斯兰教教规的基本理解。从中可以看出佛教僧人在伊斯兰教中国化过程中的作用,当然我们不能夸大这种作用,而且这种作用并非其有意而为之,但客观上却为伊斯兰教的中国化起到了一定作用。唐人开以"天"比附"安拉"之先河,元代佛教僧人借而用之,形成了佛教徒对伊斯兰教的认识。明初,陈诚出使西

---

① 王叔磐:《关于萨都刺的族属、家世、籍贯、生卒年、一生官历问题的考证》,《内蒙古大学学报》1986年第4期,第1—17页。

② (后晋)刘昫等:《旧唐书》卷198《西戎·大食传》,北京:中华书局,1975年,第5316页。

③ (清)洪钧:《元史译文证补》卷29《元世各教名考》,1902年重刊于东京,第4页。

域,经过撒马儿罕时,提到"城东北隅有土屋一所,为回回拜天之处……"①可见这一传统直到明初并未有多少改变。

二、伊斯兰教与佛教之关系

如果说以儒家"天"之观念比附伊斯兰教"安拉"始于唐代,那么,在中国历史上最早"以佛释伊"则起源于宋代。宋人赵汝适云:"白达国系大食诸国之一都会。……王乃佛麻霞勿直下子孙,相袭传位……以佛之子孙,故诸国归敬焉。"②因此在某种程度上可以说,最早导致伊斯兰教与佛教之间发生关联的应当是汉人,而非回回人。由宋代士大夫所开创的"以佛释伊"传统为后来的元代汉人所继承。如吴昌龄所创作的杂剧《西游记·回回迎僧》中老回回说:"却离了叫佛楼,我可也恰下得这拜佛梯,唵啰和歇把嘚呢,我这里望西天,唵啰和歇把嘚呢,叫佛了……"③关于"唵啰和歇把嘚呢",笔者认为应当是阿拉伯语 Allāh Akbar 的元代汉语音译,意为"真主至大"。有学者指出,这是回族穆斯林在礼拜入拜及其他宗教生活中或日常生活中遇到高兴、喜庆之事时的念词。④ 当代回族穆斯林的这种做法应当是元代回回人习惯的传承。在这部元杂剧中,作者借老回回之口,以其对佛教的理解方式来阐释伊斯兰教的宗教仪式。无独有偶,郭嘉在《重建怀圣寺记》中谓:"且其不立象,教惟以心传,仿佛达磨",⑤则以佛教禅宗来解释伊斯兰教的宗教传承。白寿彝先生曾就此指出:"这已都是在教义解说和礼拜寺组织上中国化及不免受到其他宗教影

---

① (明)陈诚撰,黄连宽点校:《西域番国志·撒马儿罕》,北京:中华书局,2000 年,第 81—82 页。

② 《诸蕃志》卷上《志国·白达国》,第 109—110 页。

③ (明)止云居士编、白云山人校:《万壑清音》卷之 4《西游记·回回迎僧》,《善本戏曲丛刊》第 4 辑,台北:学生书局,1987 年,第 1 册第 270 页。按,《万壑清音》未标明编者,据天一阁抄本《录鬼簿》补。

④ 《回族穆斯林常用语手册》,第 8 页。

⑤ (清)戴肇辰修:光绪《广州府志》卷 103《金石略七》,台北:成文出版社,1966 年,第 2 册第 705 页上。按,"且其不立象",原文如此。

响的开端了。"①遗憾的是,后来的继承者——元代汉人士大夫并未将这一传统向深层次推进,以推动佛教与伊斯兰教两大文化之间更深的交流,从而失去了两种文化对话的历史可能性。当然,笔者无意责难古人。需要指出的是,这种"以佛释伊"所反映的只是汉人士大夫的观点,并非佛教僧人的观点,更不是回回人的观点。

那么元代佛教与伊斯兰教的关系是如何的? 陈垣先生云:"回回教世家之诗人,莫著于萨都剌、丁鹤年。"②故笔者拟以回回诗人萨都剌、丁鹤年作为个案,以他们与僧人关系作为切入点对此进行考察。

关于萨都剌的族属,陈垣先生以翔实的考证指出其为回回人。③ 萨都剌为有元一代极负盛名的回回诗人,他一生交游极广,诗作颇丰,著有《雁门集》。据笔者粗略统计,其中有 20 首涉佛诗,即他与佛教僧侣的唱和之作。

萨都剌与僧人雪岩有交往。关于雪岩,《释氏稽古略续集》记载如下:

> 雪岩禅师 讳法钦。五岁出家,十六剃度,十八行脚,十九灵隐挂塔,移单过净慈。一日在天目殿上行,开眼见一株古柏触目省发,从此不疑生,不疑死,不疑佛,不疑祖。后住道林南明仙居,湖州光孝道场,仰山北涧诸刹。为无准之嗣,乃高峰之师。

---

① 白寿彝:《跋〈重建怀圣寺记〉》,收于《中国伊斯兰史存稿》,银川:宁夏人民出版社,1983年,第338页。

② 陈垣:《元西域人华化考》,上海:上海古籍出版社,2000年,第68页。

③ 关于萨都剌之族属,争论颇多,参见:谷苞:《元代维吾尔族人萨都剌》,《新疆文学》1963年11月;张旭光:《萨都剌生平仕履考辨》,《中华文史论丛》1979年第2期,第331—352页;林松、白崇人:《萨都剌族籍考》,《中央民族学院学报》1979年第4期,第32—38页;王志华:《关于萨都剌的族别问题》,《山西大学学报》1982年第2期,第114—120页;房建昌:《萨都剌为阿拉伯人》,《江汉论坛》1983年第2期,第81页;杨志玖:《萨都剌的族别及其相关问题》,《南开学报》1983年第6期,第24—31页;王叔磐:《关于萨都剌的族属、家世、籍贯、生卒年、一生官历问题的考证》,《内蒙古大学学报》1986年第4期,第1—17页,同氏另有《关于萨都剌的族属家世的考证》,载《民族文学研究》1988年第1期,第65—72页,内容基本与上文相同;萨兆沩:《一位蒙古族化的色目诗人萨都剌》,《北京社会科学》1997年第1期,第86—91页;桂栖鹏:《元代进士研究》,兰州:兰州大学出版社,2001年,第189页;杨光辉:《萨都剌生平及著作实证研究》,北京:高等教育出版社,2005年,第57—68页;Donald Lavern Johnson, *Sadula: Theme of Nature and Social Responsibility in the shi Verse of a Yuan Period Poet*, MA: University of California at Berkeley, 1992, pp. 6-7.

有《语录》二卷行世。①

上引史料出自明人之手。事实上，宋、元时代的汉文史料中不乏有关雪岩的记载，不过比较简略，因此关于其生平并不明了。以上所引这段史料是明代僧人大闻据宋、元相关史料所撰写的雪岩小传，其中"从此不疑生，不疑死，不疑佛，不疑祖"当本自虞集《断崖和尚塔铭》。② 雪岩为佛教禅宗——临济宗僧人，曾为振兴该宗派出力尤多，③修行境界很高，著名僧人万松曾从其学法，④著有《语录》二卷。需要说明的是，在宋、元史料中均称其为"雪岩钦公"，笔者未见关于其讳的记载。僧大闻云其讳"法钦"，而清人所编史料中均作"祖钦"，⑤《元人传记资料索引》亦作"祖钦"，当从清人之记载。⑥ 萨都剌曾作诗一首赠予雪岩这位禅宗高僧：

> 随缘驻瓶锡，顶雪已差差。莫道禅非学，心空不废时。⑦

萨都剌此处以"瓶锡"喻指雪岩寄心于佛门。从后两句来看，萨都剌对佛教禅宗有很深的理解，否则是写不出"莫道禅非学，心空不废时"这样的佳句的。

与萨都剌交往的另一位僧人是光教律师。《佛祖历代通载》中有传，据此可知其生平大概。光教律师，俗姓严，讳法闻，7岁跟随禅德辉公学佛法，15岁剃度出家，20受具戒。后随大德温公学习法华、般若、唯什、因

---

① （明）僧大闻：《释氏稽古略续集》卷1《雪岩禅师》，《大正藏》第49册，台北：台湾佛陀教育基金会，1990年，第909页。

② （元）虞集：《道园学古录》卷49《断崖和尚塔铭》，《四部备要》本，北京：中华书局、中国书店影印，1989年，第81册，第337页。

③ 《道园学古录》卷48《大辩禅师宝华塔铭》，第81册，第334页。按，《目录》中作《大辩禅师塔铭》，第81册，第15页。

④ （元）王恽：《秋涧集》卷43《雪庭裕公和尚语录序》，《元人文集珍本丛刊》本，台北：新文丰出版公司，1985年，第24页下。

⑤ （清）厉鹗：《宋诗纪事》卷93谓："祖钦号雪岩，住袁州仰山"，上海：上海古籍出版社，1983年，第2266页；（清）顾嗣立、席世臣编：《元诗选·癸之壬上》作"仰山禅师祖钦"，北京：中华书局，2001年，第1379页。

⑥ 王德毅、李荣村、潘柏澄编：《元人传记资料索引》，台北：新文丰出版公司，第4册1982年，第2154页。

⑦ （元）萨都拉：《雁门集》卷1《赠钦师》，上海：上海古籍出版社，1982年，第3页。

明及四分律等佛学知识。他是一位十分虔诚的佛教徒,"刺血书经",其虔诚可见一斑。他曾隐居于五台山 6 年,"读藏经五千卷者三番",声名远播,被仁宗"征至阙庭",诏居太原寺,后迁大普庆寺。由于其虔诚博学,"王公大臣皆仰止高风"。延祐四年(1317)卒。仁宗闻之,"恻然久之",赐币数万缗葬之。①

萨都剌曾作《送闻师之五台》:

> 闻子初识面,天涯任去留。西风洞庭树,落日楚淮舟。岁月棕鞋底,江湖竹杖头。丹阳才洗钵,又入五台游。②

从诗的内容来看,它反映了法闻一生重要的游历。由此可见,萨都剌与法闻之间是非常熟悉的。如上所述,法闻曾隐居五台山 6 年,这首诗就是法闻赴隐五台时,萨都剌相赠的,反映出他们之间深厚的友情。

萨都剌于泰定四年(1327)参加科举,中进士第。同年秋授镇江录事司达鲁花赤。③ 在镇江任职期间,萨都剌几乎游遍周边地区著名佛寺,如金山寺、鹤木寺、昌国寺、清凉寺等,并与当地名僧来往密切。如他与镇江金山寺长老之往来,曾作《寄金山长老》:

> 老师召对金銮殿,喜动龙颜坐赐茶。一日潮音起般若,九重春色上袈裟。高风已入三天竺,妙果重开五色花。渴想杨枝旧甘露,何时一到病人家。④

诗中佛教术语频繁出现,如"般若"、"袈裟"、"三天竺"、"妙果"、"五色花"、"甘露"等。萨都剌运用这些佛教术语显得得心应手,信手拈来,十分纯熟。这些细节反映出萨都剌对佛教的理解十分到位。

除这首诗外,萨都剌还有三首与金山长老的唱和诗,分别是《复次前

---

① (元)释念常:《佛祖历代通载》卷 22,《大正藏》第 49 册,第 377 页。关于光教律师法闻,《释氏稽古略续集》卷 1 亦有记载,皆本《佛祖历代通载》,文字稍有不同,《大正藏》第 49 册,第 911 页。
② 《雁门集》卷 1《送闻师之五台》,第 9 页。
③ (元)俞希鲁:《至顺镇江志下》卷 16,南京:江苏古籍出版社,1999 年,第 631 页。
④ 《雁门集》卷 2《寄金山长老》,第 44 页。

韵柬龙江上人》《谢龙江虚白上人雨中见过》与《用韵寄龙江》。这几首诗均为萨都剌病中所作，从"渴想杨枝旧甘露，何时一到病人家"[①]、"欲师更洒杨柳枝，疟鬼床头最为恶"[②]等诗句看，萨都剌在镇江任职期间曾患疟疾，并为此所困，而金山长老善治此病，二人可能因此而结为至交。而《用韵寄龙江》则反映萨都剌与金山长老的深厚友谊：

> 之子金山去，梅天雾气沉。海见吹浪急，江雨入楼深。火尽无茶味，更长过烛心。明朝晴色好，应是寄新吟。[③]

金山长老外，与萨都剌交往最多的是镇江鹤林寺长老了即休。诗人病中有多首诗是写给了即休的。从《忆鹤林即休翁》中"病起借禅榻，高低避市喧"[④]一句来看，了即休应是禅宗僧人无疑，[⑤]而病痛使诗人也产生了入禅寺暂避尘世的想法。了即休冒雨为病中的萨都剌送鲜笋，而萨都剌回赠胡桃与茶，这些都说明萨都剌与这位僧人有着很深的交情。《休上人见访》中"何如与子谈诗夜，雪冻空林落旧柯"，[⑥]反映出萨都剌与禅僧了即休的友谊是建立在二人对诗歌的相同爱好的基础之上的。《寄鹤林休上人》一诗同样反映了这一点。[⑦]

萨都剌所交往的僧人还有号称元代四大"隐僧"之一的释本诚、权上人、[⑧]甘露寺僧人无传上人、禅僧笑隐法师、[⑨]明古上人、清凉寺长老白岩上人、鹫峰上人等。

萨都剌不仅与汉僧来往频繁，他与吐蕃僧人亦有交往。《赠仁皇讲师达上人》即是这方面的明证：

---

① 《雁门集》卷2《寄金山长老》，第44页。
② 《雁门集》卷2《复次前韵柬龙江上人》，第48页。
③ 《雁门集》卷2《用韵寄龙江》，第49页。
④ 《雁门集》卷2《忆鹤林即休翁》，第44页。
⑤ 这从萨都剌《春日登北固多景楼奉即休长老二首》中"当时霸主分三国，此日吴禅老一龛"之句也可得到证实，《雁门集》卷3，第73页。
⑥ 《雁门集》卷2《休上人见访》，第57页。
⑦ 《雁门集》卷2《寄鹤林休上人》，第58页。
⑧ 名道衡，颇聪慧，识道理，见（元）陶宗仪：《辍耕录》卷9《女谏买印》，北京：中华书局，1959年，第117页。
⑨ 事见《释氏稽古略续集》卷1，《大正藏》第49册，第915页。

香山居士美如玉，亭亭秋水开芙蓉。承恩长揖紫宸殿，飞锡
遥挂乌石峰。散花天女满经阁，出海神龙闻讲钟。攒眉入社笑
陶令，载酒三生石上逢。①

这首诗的受赠对象是"达上人"。此人即国师达益巴，《佛祖历代通
载》中有传。他跟随八思巴 13 年，因而得已耳濡目染，史称"陶熏滋久，郁
成美器"。可见其得八思巴真传，对藏传佛教佛理、经论有精深的认识。
八思巴西还吐蕃，达益巴送到临洮，遂留居其地 19 年。延祐五年（1318）
卒于大都，仁宗赐币以葬，皇太子专门遣使祭奠，谥佑圣国师。②

萨都剌这首诗，开篇描写达益巴外貌，接着述其深得皇恩眷顾，"出海
神龙闻讲钟"盖指其口授大小乘律论及秘密经籍。从"飞锡"、"散花天
女"、"经阁"等佛教术语来看，萨都剌对佛教是十分了解的。另外，从最后
一句"载酒三生石上逢"来看，萨都剌对吐蕃佛教允许僧人饮酒这一规定
也是有所了解的。

综上所述，萨都剌平生热爱大好河山、名山古刹。在他一生游历生涯
中，拜访过许多著名佛教寺院，与汉僧、吐蕃僧保持密切交往，留下了许多
这方面的诗作，为我们了解元代伊斯兰教与佛教之间的关系提供了一扇
窗户。这些诗作同样是中国古代史上不同宗教文化背景的知识精英之间
在民间层次上、非完全意义上的"对话"。尽管"对话"范围极其有限，但它
还是生动阐释了元代多元文化并存的历史事实。在萨都剌这些涉佛诗作
中，尤以《寄金山长老》为突出，它是萨都剌对佛教认识的代表作，集中反
映了萨都剌对佛教的理解。必须要指出的是，这种交流与"对话"并非是
对等的、双向的，在很大程度上它应该是单向进行的。这更说明，在元代，
不管是汉人士大夫、佛教僧人还是普通民众，为什么都对伊斯兰教一无所
知或是一知半解，深层原因即在此。从另一个方面也反映出回回人与佛
教僧人不同的文化心态。

丁鹤年是元代继萨都剌后又一位声名赫赫的回回诗人。《明史·丁

① 《雁门集》卷 1《赠仁皇讲师达上人》，第 19 页。
② 《佛祖历代通载》卷 22，《大正藏》第 49 册，第 377—378 页。

鹤年传》载:"至正壬辰,武昌被兵,鹤年年十八,奉母走镇江。"①由此可知,丁鹤年生于元统三年(1335)。据陈垣先生研究,丁鹤年与 31 位僧人有交往,有多首涉佛诗,他甚至还把自己的居室称为"逃禅室",②相比萨都剌可谓有过之而无不及。他的《逃禅室卧病柬诸禅侣》这样说:

> 高秋多病客,古寺寄黄昏。野迥常疑虎,天寒早闭门。离愁
> 灯下影,乡泪枕边痕。赖有诸禅侣,情亲似昆弟。③

这首诗当作于元末农民起义、诗人避乱之时,流露出国将不国、家将不家的苦愁情绪。最后两句则反映出丁鹤年与禅宗僧侣的深厚情谊,堪比兄弟之情,可见其与佛教僧人有着密切的交往。因此,在某种意义上可以说,与僧人的交往是丁鹤年得以了解佛教的一种途径。他作有《送铁佛寺益公了庵朝京游浙》一首,其中有诗句云:

> 世尊出西域,教化极东土。大道本无为,盛德人所慕。只今
> 灭度二千年,授经弟子如亲传。我生懒僻苦贪佛,或谓三生有
> 胜缘。④

从这首诗来看,丁鹤年对佛教的历史、佛教东传、教义都是了然于胸的,诗中称佛教创始人释迦牟尼为"世尊",显示出丁鹤年对不同宗教信仰的尊重。释氏德化众生,虽已涅槃"二千年",其弟子谨守佛门教规,如同释迦牟尼亲传一样。丁鹤年对佛教佛理的理解还体现在如下诗篇中,如《二灵寺守岁》云:

> 守岁山房迥绝缘,灯光香炷共萧然。无人更献椒花颂,有客
> 共参柏子禅。已悟化城非乐界,不知今夕是何处。⑤

---

① (清)张廷玉等:《明史》卷 285《丁鹤年传》,北京:中华书局,1974 年,第 7313 页。

② 《元西域人华化考》,第 48—49 页。

③ (明)丁鹤年:《丁鹤年集》卷 1《逃禅室卧病柬诸禅侣》,丛书集成初编本,北京:中华书局,1985 年,第 5 页。

④ 《丁鹤年集》卷 3《方外集》,第 30 页。

⑤ 《丁鹤年集》卷 2《哀思集》,第 16 页。

再如《逃禅室与苏伊举话旧有感》这样写道：

> 无锥可卓香严地，有柱难擎杞国天。谩诧丹霞烧木佛，谁怜清露泣铜仙。①

此外，如《风泉清听诗为文极禅师赋》中有这样的诗句："坐阅造化机，动静互相胜"、"上人谢声尘，悠然入深定。宣寂两俱忘，是乃名真听。"②从这几首诗可以看出，丁鹤年对佛教特别是禅宗有很深的了解，否则是写不出这样的诗句的。

至于《送铁佛寺益公了庵朝京游浙》中"我生懒僻苦贪佛，或谓三生有胜缘"两句，或有人会把它看作是丁鹤年遁入空门的依据。如果结合《逃禅室述怀十六韵》中的相关诗句，如"耻洒穷途泣，间修净土缘，谈玄分上下，味道悉中边"、"惟余空念在，山寺日逃禅"，得出这样的结论似乎是合理的。但是让我们再来看他的另一首《逃禅室与苏伊举话旧有感》，其中这样说："不学扬雄事草玄，且随苏晋暂逃禅。"③据此，陈垣先生指出："鹤年之依佛，殆一种避祸不得已之苦衷，暂行遁迹空门而已。读其《逃禅室》诸诗，较然明白。"④笔者认同此说。从丁鹤年相关诗句中可以清晰地看出丁鹤年对佛教的态度，但从"已悟化城非乐界"、"谩诧丹霞烧木佛，谁怜清露泣铜仙"等句来看，丁鹤年虽然对佛教非常了解，但他并不认同佛教。《明史》载："方国珍据浙东，最忌色目人，鹤年转徙逃匿"，⑤考虑到当时这样的历史背景与环境，作为回回人，丁鹤年的"逃禅"行为就并非不可理解，相反，这是十分明智的保全自身的做法。

需要特别指出的是，伊斯兰教有一项原则称为"塔基亚"原则。"塔基亚"为阿拉伯语 Taqiyah 一词的音译，意为"敷衍"、"掩饰"、"警惕"。这项原则的本意是教徒遇到危险时可以隐瞒自己的宗教信仰。无论是逊尼派

---

① 《丁鹤年集》卷 2《哀思集》，第 18 页。
② 《丁鹤年集》卷 3《方外集》，第 27 页。
③ 《丁鹤年集》卷 2《哀思集》，第 18 页。
④ 《丁鹤年集》卷 2《哀思集》，第 14 页。
⑤ 《明史》卷 285《丁鹤年传》，第 7313 页。

还是什叶派都接受这种做法。① 而《古兰经》的这条经文为这一原则提供了重要的教法依据："信道的人，不可舍同教而以外教为盟友；谁犯此禁令，谁不得真主的保佑，除非你们对他们有所畏惧而假意应酬。"②经文中提到的"假意应酬"即是"塔基亚"原则的法理依据。由此可见，丁鹤年假依佛门来躲避兵乱对色目人的猜忌，正是伊斯兰教"塔基亚"原则的聪明应用。而陈垣先生所谓"然以吾人今日研究之结果，鹤年之依佛，殆一种避祸不得已之苦衷，暂行遁迹空门而已"③之说，更有力地说明了丁鹤年应用伊斯兰教"塔基亚"原则来躲避战争与迫害。

如前所述，丁鹤年一生之中与多位佛教僧人保持来往，与这些僧人的交游唱酬是他得以接触佛教、继而深入了解佛教的途径之一。与萨都刺一样，丁鹤年在多篇涉佛诗中对佛教术语运用纯熟，所不同的是，他的诗篇中所使用的佛教术语远远多于萨都刺，如"净土缘"、"乐界"、"维摩"、"造化"、"护法"、"六根"，此外他还多次明确提到"佛"。④《明史》云其"晚学浮屠法"，⑤可见主动学习是丁鹤年深入了解佛教的另一途径，所以他所知道的佛教术语也就更加丰富，运用起来更加得心应手。

由于史料的匮乏，对于萨都刺与他的母族文化之间的关系、他的宗教信仰诸问题一直悬而未决，但从他雄浑的诗歌风格来看，他的西域出身与伊斯兰文化背景或多或少对他的诗歌创作发生着影响。与萨都刺模糊的生平履历截然不同，丁鹤年身上体现着更多的母族文化——伊斯兰教的文化因子。他的恩师周怀孝欲嫁爱女与之为妻，但丁鹤年以母老为由予以推辞。表面上看他是为奉老母而拒绝了老师安排的婚事，其深层原因盖在于双方民族不同，信仰不同。从丁鹤年身上可以看出他恪守伊斯兰

---

① 金宜久主编：《伊斯兰教》，北京：宗教文化出版社，1997 年，第 534、209 页。

② 《古兰经》，马坚译，北京：中国社会科学出版社，1996 年，第 40—41 页。

③ 《元西域人华化考》，第 49 页。

④ 分别见《丁鹤年集》卷 2《哀思集·逃禅室述怀十六韵》，第 14 页、《二灵寺守岁》，第 16 页、《逃禅室卧病有怀故乡柬诸友生》，第 20 页；卷 3《方外集·悼湖心寺壁东文上人》，第 35 页、《风泉清听诗为文极禅师赋》，第 27 页、《白云精舍诗为诸暨上人赋》，第 28 页、《寄见心长老二首》，第 31 页、《逃禅室与苏伊举话旧有感》，第 18 页、《送铁佛寺益公了庵朝京游浙》，第 30 页、《白石诗为琦公宗师赋》，第 35 页。

⑤ 《明史》卷 285《丁鹤年传》，第 7313 页。

教教规,"非其食不食,非其衣不衣",①俨然一个虔诚的回回人。诚然,我们不能否认,元代有回回人与汉人通婚事例,但这并不能看作是回回人的婚姻常态。作为谨守伊斯兰教教规的回回人,丁鹤年敢于拒绝娶恩师爱女为妻即说明这一点。

萨都剌、丁鹤年与佛教僧人的密切交往,从某种程度上实现了元代民间伊斯兰教与佛教两种不同文化之间的交流,促进了这两种不同文化之间的了解。但是我们也要看到,这种交流实际上是不对等的,在很大程度上是两种文化之间的单向来往,即回回人(伊斯兰教)主动向僧人了解、学习佛教,而佛教僧人鲜有主动了解伊斯兰教者,其结果是,早已完成中国化历程并成为中国传统文化一分子的佛教对外来宗教——伊斯兰教依然处于一种隔膜状态。

三、道教文献对伊斯兰教的记载

道教是中国土生土长的宗教,是中国传统文化的重要组成部分,探讨元代伊斯兰教中国化历程,道教与伊斯兰教的关系是不可回避的重要课题之一。

蒙元时期记载有关伊斯兰教的道教文献为《长春真人西游记》。元太祖成吉思汗于1219年发动军事战争,西讨花剌子模帝国,这就是蒙古史、世界史上著名的第一次蒙古西征。当时成吉思汗东征西讨,希望保持旺盛的精力和强大的军事力量,渴望长生不老之术。在这种情况下,有人向成吉思汗推荐了道教真人丘处机。于是成吉思汗派遣近侍札八儿、刘仲禄前去召见丘处机。

丘处机,《元史》有传。据此记载,他先后拒绝了金、宋朝的讲道邀请,而接受了成吉思汗的邀请,于1221年西行觐见成吉思汗。②《长春真人

---

① (元)戴良:《九灵山房集》卷11《高士传》,丛书集成初编本,北京:中华书局,1985年,第152—153页。

② (明)宋濂等:《元史》卷202《丘处机传》,北京:中华书局,1976年,第4524页。

西游记》就是记载丘处机西行所见所闻的珍贵史料。该书有几处涉及伊斯兰教的记载,从中可折射出道教徒对伊斯兰教的认识与理解。

如卷上云:"故西去无僧。回纥但礼西方耳"、"铺速满国王及蒙古塔剌忽只领诸部人来迎。"①"但礼西方耳"是指当地穆斯林礼拜朝向。按照伊斯兰教规定,穆斯林在礼拜时要面向圣地麦加的方向,故中亚、中国穆斯林礼拜方向为西方。"铺速满"则为波斯语 musulmān 之音译,王国维业已指出,该词在元代还有其他音译,如"木速儿蛮"、"谋速鲁蛮"、"没速鲁蛮"。②

如果说《长春真人西游记》卷上对伊斯兰教的记载略嫌简单,那么,卷下的记载则非常详细:"遇季冬,设斋一月,比暮,其长自刲羊为食,与席者同享,自夜及旦。余月则设六斋。又于危舍上跳出大木如飞檐,长阔丈余,上构虚亭,四垂璎珞。每朝夕,其长登之,礼西方,谓之告天。不奉佛,不奉道,大呼吟于其上。丁男女闻之,皆趋拜其下。举国皆然,不尔则弃市。"③这段史料反映了伊斯兰教斋月的情况,邦克楼的形状及穆斯林念邦克时的情形,非常具体生动。据《长春真人西游记》的时间与路线来看,丘处机一行是在公元 1221 年 12 月 3 日到达邪米思干的。④ 此时为伊斯兰教教历 618 年 10 月 16 日。伊斯兰教规定,每年伊历九月即 Ramadān 为斋月,在此期间,白天不能进食、饮水,天黑之后、黎明之前才能进食。丘处机所记与此基本吻合。不过,笔者计算出 1221 年斋月为公历 10 月 19 日,斋月结束在 11 月 18 日。如果丘处机纪年使用公历的话,则他们师徒恰在开斋这天到达撒马耳罕,有机会目睹穆斯林开斋节之盛况。但是,《游记》纪年使用的是传统的天干地支,如此一来,丘处机一行到达撒马耳罕时斋月已结束。因此,丘处机此处关于伊斯兰教斋月的记载应来自于其他渠道,而非亲身经历。

---

① 《长春真人西游记校注》卷上,第 575、576—577 页。
② 《长春真人西游记校注》卷上,第 576 页。
③ 《长春真人西游记校注》卷下,第 602 页。
④ 《长春真人西游记校注》卷上,第 588 页。按《长春真人西游记》中对该地的名称并不统一,用字亦有不同,原注"邪迷思干大城,大石有国时名为河中府",第 592 页,书中有些地方又作"寻思干",均指今撒马尔罕。

其次,卷下还描述了中亚穆斯林的服饰:"衣与国人同,其首则盘以细么斯,长三丈二尺,骨以竹。师异其俗,作诗以记其事云:'回纥邱虚万里疆,河中城大最为强。满城铜器如金器,一市戎装似道装。翦簇黄金为货赂,裁缝白氎作衣裳。灵瓜素槕非凡物,赤县何人构得尝。'"①关于"么斯",王国维先生在校注《长春真人西游记》时没有解释。党宝海认为是一种产于中亚毛夕里城的白色细棉布。② 吴昌龄《西游记·回回迎僧》中有这样一个场景,老回回听到小回回报告唐僧到来,从邦克楼上下来,这样说道:"我将这四八嗰呢头上缠。"③无论"么斯",还是"四八嗰呢",据其描述来看,笔者认为指的都是中、西亚穆斯林的传统服饰的一部分,波斯语称为 dastār,阿拉伯语作'imāmah,意为"缠头巾"。头戴"么斯"或"四八嗰呢"是阿拉伯、波斯地区穆斯林的风俗习惯,由于天气炎热,将头用布包裹以御日晒。另外,伊斯兰教的创始人穆罕默德礼拜时也佩戴缠头巾,故穆斯林视之为圣行。④ 从对音来看,"四八嗰呢"当是波斯语 dastār 的音译,但"么斯"的对音问题,笔者还不能妄下断论。除了"缠头巾"外,丘处机还提到了当地穆斯林的衣着,"一市戎装似道装",道出了穆斯林长袍与道袍的相似之处。总之,《长春真人西游记》中关于伊斯兰教的记载,相比佛教文献来说,要详细、精确得多,反映了道教徒眼中的伊斯兰教。从这个意义上说,道教徒对伊斯兰教的认识要在佛教徒之上,在某种程度上也反映出元代伊斯兰教与道教的某种若有若无的亲近关系。换句话说,这种认识无意中为伊斯兰教与道教的民间交流奠定了良好基础。

四、伊斯兰教与道教之关系

如前所述,萨都剌是元代久负盛名的回回诗人,他一生的交游圈子极广,上有高官如虞集等,下有中低级官员,更有僧人、道士。萨都剌有多篇

---

① 《长春真人西游记校注》卷上,第602页。
② 党宝海译注:《长春真人西游记》,石家庄:河北人民出版社,2001年,第77页。
③ 《万壑清音》,第270页。
④ 《回族穆斯林常用语手册》,第24—25页。

与道士唱和之作,还有一些是他游道观、宿道观后留下的诗篇。据张泽洪研究,萨都剌有数十首涉道诗,[①]而杨光辉通过细致的版本考证、梳理指出,萨都剌与道士交往诗作约 60 篇,涉及道士 30 余人。[②] 从这一点来看,笔者认为,杨氏关于萨都剌涉道诗的数目当是可信的。不过,两位学者关萨都剌与道士交往研究的出发点是大不相同的。杨先生是从中国传统文化对萨都剌的吸引这个角度来阐释的,认为萨都剌的涉道诗篇反映了其思想的另一面,即向往道家清静无为、自由自在的生活。[③] 显然这是站在汉文化"化胡"的立场上得出的结论。而张先生则指出萨都剌与道士的来往唱和是"民族宗教史上的一段佳话",他对道教的了解和记录,从某种意义上体现一代回回精英的识见以及主动对话的开放心态。萨都剌的数十首涉道诗,展示出元代回回文化人视野中的道教。他与道门人士的诗文酬答,实质是回回人与道教的对话。这种不同民族、宗教间的对话,无疑有助于双方的了解。这或许能从一侧面,折射出回族伊斯兰教中国化的历史进程。[④] 笔者认为,张先生以跨文化的视野道出了萨都剌涉道诗的深刻内涵。

萨都剌交往的 30 多位道士中,茅山道士占多数。正是在与道士交往的过程中,萨都剌对中国这一土生土长的宗教有了准确的了解与理解。这从萨都剌写给道士的诗篇中可以得到印证。

萨都剌与紫薇庵道士冯友直有交谊,不同版本诗作题目有所不同,上海古籍出版社版本作《过紫薇庵访道士三首》[⑤],《续修四库全书》所收《雁门集》是以嘉庆十二年(1807)刻本为底本,题作《过紫薇庵访冯道士》。前者卷七又有《紫薇观道士冯友直与余同宿菌阁次日余过元符宫友直同僧安上人过五云观写诗赠友直》[⑥],据此可知此道士即冯友直。其诗一、三

---

① 张泽洪:《元代回族诗人萨都剌与道教》,《西北民族研究》2003 年第 3 期,第 71—80 页。

② 《萨都剌生平及著作实证研究》,第 217 页。

③ 《萨都剌生平及著作实证研究》,第 221 页。

④ 张泽洪:《元代回族诗人萨都剌与道教》,《西北民族研究》2003 年第 3 期,第 80 页。

⑤ 《雁门集》卷 7《过紫薇庵访道士三首》,第 180 页。

⑥ 《雁门集》卷 7《紫薇观道士冯友直与余同宿菌阁次日余过元符宫友直同僧安上人过五云观写诗赠友直》,第 204 页。

分别曰：

> 道士爱幽居，年来一事无。盆池新过雨，石上种菖蒲。
> 研硃滴露清，自点太玄经。尽日无人到，小窗兰叶青。①

诗一所提到的菖蒲为天南星科多年水生草本植物，为道教常用药之一。许多道教文献中都有关于菖蒲的记载，如《抱朴子》："韩终服菖蒲十三年，身生毛，日视书万言，皆诵之，冬袒不寒。又菖蒲生须得石上，一寸九节已上，紫花者尤善也。"②"自点太玄经"中的《太玄经》，作者为汉代扬雄，这是一本集儒家、阴阳家和道家思想为一体的著作。由此可见，萨都剌对道教医学、著作都有所了解。不仅如此，萨都剌还曾在玄妙观中听过道教音乐，他在《题玄妙观玉皇殿》一诗中这样写道：

> 虚空台殿枕层岑，木杪丹梯起百寻。花落鸟啼青竹里，客来
> 犬吠白云深。松坛昼日移幢影，石室天风送铎音。老鹤如人窗
> 下立，闲听羽士理瑶琴。③

张泽洪指出，历史上玄妙观道士确以擅长道教音乐，在江南道教中享有盛誉。④ 萨都剌不仅能够欣赏道教音乐，对道教术语更是信手拈来，运用自如，"老鹤"、"羽士"、"瑶琴"等即是。他的涉道诗中多次出现"鹤"、"瑶台"、"玉皇"等道教专门术语。如他在写给谢舜咨的诗《赠谢舜咨羽士》中云：

> 扬子江头春水动，三茅洞里碧桃开。道人不问天南北，夜半
> 月明骑鹤来。⑤

另有《夜宿升龙观》曰：

---

① 《雁门集》卷7《紫薇观道士冯友直与余同宿菌阁次日余过元符宫友直同僧安上人过五云观写诗赠友直》，第180页。
② 王明：《抱朴子内篇校释》，北京：中华书局，1985年，第208页。
③ 《雁门集》卷9《题玄妙观玉皇殿》，第233页。
④ 《元代回族诗人萨都剌与道教》，《西北民族研究》2003年第3期，第71—80页。
⑤ 《雁门集》卷6《赠谢舜咨羽士》，第152页。

> 旧日宸游地,朱栏护辇纹。龙飞九天雨,鹤梦一龛云。神火
> 丹炉见,仙音客枕闻。殷勤谢道士,深夜礼茅君。①

谢舜咨是另一位与萨都剌交往较多的道士。在这两首诗中,萨都剌再次运用了"鹤"这一道教象征,另外还提到道教的炼丹术。

萨都剌与茅山道士刘云江亦有交往,曾有三首诗文相赠,其中《送刘云江还茅山》甚至明确提到了《道德经》:

> 八十华阳洞里仙,朝回剑履御阶前。丹砂出鼎无余火,白发
> 翻经有太玄。三月去江春似海,九重金阙日如年。归来依旧茅
> 山月,道德名言说五千。②

这首诗所赠对象刘云江,《元人传记资料索引》中没有其信息。关于其考证详见下文。据此诗来看,刘云江曾应诏在大都,但他本人并不喜欢这种生活,回归茅山后讲解《道德经》。从"白发翻经有太玄"看,《太玄经》似为元代茅山道士所看重;而"道德名言说五千"则告诉我们,萨都剌对只有五千字的道教经典《道德经》并不陌生。

张雨,名天雨,旧名泽之,又名嗣真,字伯雨,号贞居子,又号句曲外史,钱塘人。为道士于茅山,住持西湖福真观,延祐七年居开元宫,历主茅山崇寿观、元符宫,后至元二年归杭,至正二年仍提点开元宫,十年卒,年68。工诗,文士多与其交游,著有《句曲外史集》、《玄品录》。③ 他是与萨都剌交往最多的一位道士。在与萨都剌未曾谋面之前,张雨寄《茅山志》给萨都剌,从而揭开了道教名士与回回诗人交往的一页,也揭开了民间不同宗教之间交流的新篇章。《酬张伯雨寄〈茅山志〉》云:

> 恨余未识茅君面,喜得茅山道士书。灯外雨声那厌听,风前
> 石发岂堪梳。碧窗云所寒生楮,清室丹珠夜绕厨。梦到层如夜

---

① 《雁门集》卷7《夜宿升龙观》,第170页。
② 《雁门集》卷7《送刘云江还茅山》,第188页。
③ 《元人传记资料索引》,第2册第1055页。

披卷，桂林风动月疏疏。①

　　这首诗清晰地反映出萨都剌得到张雨赠《茅山志》的喜悦心情，以致废寝忘食"夜披卷"阅读刚得到的《茅山志》。这里有一个问题，为什么张伯雨要寄送《茅山志》给素昧平生的萨都剌呢？《茅山志》是当时道教各派中较有影响的一部山志。作者为刘大彬，号玉虚子，钱塘人。正一道茅山宗第四十五代宗师。②《两浙名贤录》谓："隐居茅山，延祐间得九老仙都君玉印，仁宗即以赐之，加号洞观微妙玄应真人，作《茅山志》三卷，张伯雨为之书。寻，蜕骨于华阳洞中。"③按，此处云其著《茅山志》三卷不确，应是三十三卷之误。需要特别说明的是，《元人传记资料索引》在"刘大彬"条下所列史源中有出自李孝光《五峰集》中的一首《谢刘宗师云江先生》，④受此启发，联系上文提及的《送刘云江还茅山》一诗所述其事迹与《两浙名贤录》中的记载，可以肯定的是，刘宗师云江与撰写《茅山志》的刘大彬为同一人，即萨都剌所交往的刘宗师云江与刘大彬实为一人，云江或为其字。由此也可以解释为何张伯雨与萨都剌尚未谋面即寄《茅山志》给他，这应当是张伯雨受刘云江大彬之托而为。萨都剌也因此而与张伯雨结为一生至交好友。

　　张伯雨殁后，萨都剌做《梦张天雨》一诗，表达了他的追思之情，同时也反映出二人的深厚交情：

　　　　政恐梅花即是君，一床蝴蝶两床分。邀予悟读玄真子，羡尔偕升太素云。开箧取书银字减，卷帘呼酒玉笙闻。觉来不省谁同梦，云影翻窗似水纹。⑤

　　这首诗是一篇追思之作，其中反映出萨都剌对道教的熟悉程度，他熟练地运用道教典故或术语，如"蝴蝶"、"太素"等。更为可贵的是，他的诗

---

① 《雁门集》卷7《酬张伯雨寄〈茅山志〉》，第203页。
② 《元人传记资料索引》，第3册第1816页。
③ （明）徐象梅：《两浙名贤录·外录卷二·元》，《续修四库全书》本，第544册第167页。
④ 《元人传记资料索引》，第3册第1816页。
⑤ 《雁门集》卷13《梦张天雨》，第368页。

中还透露出张伯雨曾邀请他读道教经典。诗中所云"玄真子"即指唐代道士张志和,其号玄真子,著《玄真子外篇》。

萨都剌在茅山访道时,还与龙虎山道士吴全节有交往。吴全节,字季成,《元史》有传。① 他是元代玄教大宗师张留孙的弟子,后袭其师成为玄教第二代大宗师。萨都剌有《和闲闲吴真人二首》与之。其一云:

> 天上神仙王子晋,丹凤楼前驾鹿车。红门下马见天子,袖有一卷养生书。②

据《元史·吴全节传》载,吴全节至元二十四年(1287)至大都,跟随从其师张留孙觐世祖;至元三十一年(1294)又得成宗召见。《元史》虽未明言其给蒙古帝王讲授道教养生之说,但这并非不可能,以其亲得帝王召见来看,道教养生之说当是其得以被召见的原因之一。而萨都剌的诗"红门下马见天子,袖有一卷养生书"恰好弥补了《元史》记载的缺漏。由此亦可知,萨都剌对道教的了解是多方位的。

从萨都剌与道士的交往来看,他热心学习道教文化,因而他对道教的了解远胜于道士对伊斯兰教的了解,在他们之间的唱和诗作中,萨都剌纯熟地运用道教术语,不仅如此,他知道《道德经》,还熟知当时茅山道士喜读《太玄经》,他还与张伯雨一起钻研唐代道士的著作《玄真子外篇》。除了了解道教经典,他对道教的养生之道亦有所耳闻。相比之下,道士之诗仅限于对萨都剌本人诗名的仰慕。

陈垣先生在《元西域人华化考》中重点论述了丁鹤年与佛教之间的关系,而对他与道教之间的联系未著一字。张泽洪《元代回族诗人丁鹤年与道教》通过对丁鹤年涉道诗的深入探讨,指出丁鹤年对道教有着深刻理解。③ 这篇论文在充分收集丁鹤年涉道诗的基础上首次探讨了丁鹤年与道教的关系。经笔者检阅,除张泽洪文中提到的丁鹤年首 22 涉道诗外,还有一部分是其文未提到的。笔者不揣浅陋,拟以此为契机对此再做探

---

① 《元史》卷 202《释老传》,第 4528—4529 页。
② 《雁门集》卷 7《和闲闲吴真人二首》,第 186 页。
③ 张泽洪:《元代回族诗人丁鹤年与道教》,《回族研究》2001 年第 3 期,第 43—46 页。

讨,以期有所补阙。

从丁鹤年涉道诗来看,他不仅熟谙道教名词术语,而且对道教女仙传说亦有相当了解,更令人称奇的是,丁鹤年对道家内丹修持理论有着深刻的理解。张泽洪认为这是丁鹤年涉道诗的显著特点。[①] 丁鹤年对道家名词术语的纯熟应用,除了体现在上面提到的诗篇中外,同样也出现在以下诗篇中,如《挽定海章处士》云:

> 流年惊逝水,世事逐飘风。卜筑邻蓬岛,移家类葛洪。丹还金鼎伏,剑解玉棺空。惟有松坛月,通宵贯彩虹。[②]

丁鹤年在这首诗前有小字注释:处士晚年好道。我们无法知晓这位定海章处士的身世、履历,但其与道教关系密切则是明确的。这首五言律诗只区区四十字,却包含了许多道教信息。它提到了道教仙地"蓬岛",还有道教炼丹术,更为难得的是还提到了道教著名人物、炼丹家葛洪。"葛洪认为长生之道,不在祭祀鬼神,不在导引和屈伸,而在金丹大药。"[③]由此可见,丁鹤年对葛洪这位笃信道教的学者是非常了解的。他在《元旦寄朝真宫诸道侣》用"最爱群仙持绛节,朝真不惮九天遥"[④]来描绘众道士。再看《环翠楼歌》:

> 大山摩穹宵,小山翻洪涛。或翔丹穴凤,或舞寒江蛟。奔腾起伏,奇观不可状。云锦屏风金碧障,中有仙家太古坛,鸟啼花发春自间。子晋鸾笙乘月过,王乔凫舄凌云还。环翠楼开紫霞里,更揖鸡峰朝舜水。千岩秀色傍穿浮,万壑涛声从座起。烟消日出天溶溶,玉壶倒插金芙蓉。钩帘相对坐长夏,洒然冰雪生心胸。君不见天台嵯峨四万八千丈,若非飙车羽轮那得上。又不见终南盘亘中原五百里,天梯云栈,悬绝那可履。何如羽人高居环翠楼,调笑日月轻公侯。仙韶灵乡每坐听,日观霞城时卧游。

---

① 张泽洪:《元代回族诗人丁鹤年与道教》,《回族研究》2001年第3期,第46页。
② 《丁鹤年集》卷1《海巢集》,第5页。
③ 王明:《道家和道教思想研究》,北京:中国社会科学出版社,1984年,第56页。
④ 《丁鹤年集》卷2《哀思集》,第17页。

还丹练就颜如玉，读书学道日不足。琅函金检五千言，锦帙牙签三万轴。星为冠兮霓为裳，或参麒麟翳凤凰。翩翩上游白云乡，手把绛节朝紫皇。钧天九奏赐霞觞，醉乘冷风还下方。眼空四海小八荒，层楼栖真寿而昌。此名此境孰敢当，蓝山道士身姓梁。①

从全诗来看，当是描写梁道士修身之处——环翠楼的一首诗。诗中频频使用道教术语，如"仙家"、"羽轮"、"羽人"、"还丹"等，还游刃有余地使用道家典故——传说中的道教仙人王子晋与王乔，使这首涉道诗的道家意味更为浓重。当然，王子晋的典故在此并非首次引用，《赠全真李止冰》中已有运用："不见吹笙王子晋，秋来几度候缑山。"②此外诗中还提到了道教名山终南山。如果说道教术语的熟练应用还不足以说明丁鹤年对道教的认识与了解，那么诗中"琅函金检五千言"句则明确涉及了道教经典《道德经》，可见他的道教知识之全面。而"何如羽人高居环翠楼，调笑日月轻公侯"一句，则可以说更深刻地触及道教之"内核"，即庄子的"逍遥游论"。许地山先生指出，"逍遥底意义是将功名去掉，便能悠悠然自适其生活，一点也没有挂念。"③正是道士淡泊名利、无欲则刚之心态，才使其能够悠然看待岁月之流逝，表现出轻视权贵之节操。丁鹤年亦借此诗流露出对道士笑看尘世之人生态度的赞赏之情。

《山居诗呈诸道侣》是丁鹤年最后一首涉道诗，其二有"不共羽人谈太易"④一句，应当指的是道教《太平洞经》与《易经》。这更说明丁鹤年对道教的了解并非一般程度。

丁鹤年的道教知识在很大程度上当是来自他与之交往的道士，当然也不能否认他自身对道教的学习。丁鹤年从兄吉雅谟丁谓："鹤年弟尽弃纯绮故习，清心学道，特遣楮帐，资其淡泊之好，仍侑以诗"⑤，当可为证。

---

① 《丁鹤年集》卷3《方外集》，第28页。
② 《丁鹤年集》卷2《哀思集》，第19页。
③ 许地山：《道教史》，上海：上海古籍出版社，1999年，第67页。
④ 《丁鹤年集》卷3《哀思集》，第36页。
⑤ 《丁鹤年集》卷1《海巢集》，第9页。

值得注意的是,丁鹤年在两首诗中使用了"清真"一词,其中一首为《题刘伯昇所藏兰亭》,诗云:

> 右军高致极清真,盛筑兰亭咏暮春。文彩风流那复见,摩挲
> 遗墨想丰神。①

这首诗中的"清真"与宗教无关,其意为"真实自然",是"清真"一词的本义。另一首使用"清真"一词的为涉道诗《梅南老人读易图为四明陆都事赋》:

> 昼省归来谢缙绅,傍梅观易最清真。孤根下应先天气,太极
> 中含大地春。傲睨乾坤双老眼,婆娑香影一吟身。岁寒莫问调
> 羹事,且作耆英会里人。②

从字面来看,这里的"清真"意指观察道士读《易经》最清楚、最真切;其深层含义盖指道教"超凡脱俗"、"纯真无邪"的极高境界。再一次显示出丁鹤年对道教的深刻认识。张泽洪教授谓:"丁鹤年巧用伊斯兰教的清真,比附道易学之清、真。"③笔者认为,金、元之际,"清真"一词除了沿用唐、宋以来所开创的诗体外,在宗教方面,主要用来描述道教。一些道观名为"清真观"、"清真道院",金、元时代的著名文人如元好问、王恽、虞集、揭溪斯、杨维桢等曾为这些道观撰写碑记。④ 袁桷有一首赠峨眉侯道士的诗:"白苎藤冠自在身,独看潭影认清真。还丹已化千年雪,玩易重寻太古春。楚观江流通白帝,蜀山云气接青神。冥鸿南北疑无迹,万里乘风问世人。"⑤因此,在当时的环境下,回回士人是否已有用"清真"来代指伊斯兰教的概念还是值得商榷的。但不论如何,丁鹤年是较早使用"清真"一

---

① 《丁鹤年集》卷4《续集》,第57页。
② 《丁鹤年集》卷4《续集》,第36页。
③ 张泽洪:《元代回族诗人丁鹤年与道教》,《回族研究》2001年第3期,第44页。
④ 《遗山集》卷35《清真观记》、卷39《清真道院营建疏》,四部丛刊初编本;《秋涧集》卷56《卫州创建紫极宫碑铭》,第161—162页;《道园学古录》卷47《玉笥山清真宫碑》,第81册第328—329页;《揭文安公集》卷12《乐工碑》,四部丛刊初编本;陈垣编纂、陈智超、曾庆瑛校补:《道家金石略》《清真观碑》,北京:文物出版社,1988年,第1212页。
⑤ (元)袁桷:《清容居士集》卷11《次韵赠峨眉侯道士筑宫江陵》,四部备要本,第116页上。

词来表达对道教理解的回回诗人,这应当是没有疑问的。

除上面提到的萨都剌、丁鹤年外,据陈垣先生统计,出自哈剌鲁部的诗人逎贤涉道诗数量不在萨、丁之下。在其诗集《金台集》中共有二十首是写给道士的。[①] 逎贤之外,还有赡思,《元史》称其"穷于经,而易学尤深,至于天文、地理、钟律、算数、水利,旁及外国之书,皆究极之",著有《老庄精诣》、《西国图经》、《西域异人传》,[②]可谓是贯通中西之学者,他对道教有深入的研究,撰有专门之作,惜未能流传下来。

总之,蒙元时期伊斯兰教与道教的关系可分为两个阶段,前期即大蒙古国时期,道教徒对伊斯兰教的理解大部分是正确的,有意思的是,这一时期回回人对道教的认识几乎为零;第二阶段即元朝建立后,这一时期很少再有道教徒前往西域地区,故其与伊斯兰教的接触主要来自元帝国境内,尤其是汉地的回回人,所以道教与伊斯兰教之间的关系多是以一种回回人学习、了解道教为主,而鲜有道教徒了解伊斯兰教的态势出现在世人面前的。因此,整个蒙元时代,道教与伊斯兰教之间的交流是单向的、不对等的。尽管如此,回回人对中国传统文化之一——道教的学习与了解、认知,无形之中促使了伊斯兰教对道教一些概念的吸收,如"清"、"真"等,客观上促进了伊斯兰教之中国化。

五、结　语

陈高华先生指出:"有元一代,宗教在社会各阶层的精神生活中占有头等重要的地位。多种宗教并存,各种庙宇林立,多种多样的宗教活动连年不绝,声势之盛为前代所未有,成为这一时代文化生活中的一大景观。"[③]在这种历史背景下,当时世界上的主要宗教佛教、道教、基督教、伊斯兰教、摩尼教等均汇集于元帝国。不同的文化背景,不同的宗教教义,

① 《元西域人华化考》,第39—40页。
② 《元史》卷190《儒学二·赡思传》,第4353页。
③ 陈高华、张帆、刘晓:《元代文化史》,广州:广东教育出版社,2009年,第7页。

加上不同的政治、经济利益,导致了本土宗教之间、外来宗教之间的矛盾摩擦甚至冲突,但是我们看到,各种不同宗教之间的冲突是短暂的,交流与融合是各种宗教文化发展的主流途径。元代伊斯兰教与佛教、道教之间的关系即是这方面有力的证据。

元代佛教文献《至元辩伪录》与道教文献《长春真人西游记》分别记载了伊斯兰教,为后世留下了弥足珍贵的不同宗教视阈下的"宗教理解"。不过,通过对比可以发现,这种"宗教理解"或"宗教解读"的程度是不同的,佛教徒借助唐、宋汉人对伊斯兰教的解释来理解伊斯兰教,处于基本了解伊斯兰教的层面;相比之下,道教方面由于丘处机西游而亲身感受伊斯兰教,故道教徒对伊斯兰教的记载与理解较佛教徒之深是情理之中的。要指出的是,蒙元早期,伊斯兰教对佛教、道教的了解非常有限,而佛教对伊斯兰教则是有所了解,道教对伊斯兰教有较深的了解。

通过考察元代回回诗人萨都剌、丁鹤年与僧侣、道士的交往,可清晰地看到,元代中后期,回回人特别是精英阶层一改前期对中国传统文化——佛教、道教一无所知之局面,而是主动去接触、了解、学习中国传统文化。萨都剌与丁鹤年的诗作频频出现佛道术语,体现着诗人在这方面深厚的知识素养。与前期恰好相反,这一时期僧人与道士对伊斯兰教的认识则几乎停留在前期层面上而无深化。因此,整个蒙元时期,伊斯兰教与佛教、道教之间尽管有交流,但这种交流规模非常小,而且这种交流往往呈现出单向的、不对等的态势。这也从侧面反映出这样一个事实,蒙元时期,作为一种外来文化,伊斯兰教需要面对如何生存的重要问题,而作为这种文化载体的回回人,其移民身份更驱使他们去接触、了解、学习汉地的传统文化。此外,萨都剌与丁鹤年所生活的时代背景与政治环境大不相同。萨都剌时代,作为色目群体的一分子,回回人的社会地位明显高于南人,生存环境可谓"优越",故萨都剌是主动去接触和了解佛、道的;而丁鹤年时代,随着元廷势力日益衰微,各地农民起义不断,回回人的社会地位亦岌岌可危,尤其在丁鹤年寄身的江浙一带,色目人遭忌恨,这种"忌恨"很容易引发回回人的生存危机感。正因如此,丁鹤年才有"逃禅"之举,才会寄情于"道"。因此,相比萨都剌,由于生存环境的变化,丁鹤年对佛、道的学习更加主动,更加有意识。这应该就是萨都剌、丁鹤年等回回士人为何热衷与僧人、道士交往,并具有深厚佛道素养的深层原因之所在,进而说明蒙元时期是伊斯兰教处于寻找生存之道的时期,这种生存之道即是主动去了解中国传统文化,故这一时期鲜有回回人向外主动宣传伊斯兰教的举动,这与明末清初"以儒诠经"活动形成了鲜明对比,说明在不同的历史时期,伊斯兰教发展的需求也是不同的。

是故,由于生活时代的不同,回回精英阶层对待异质文化——中国传统文化佛教、道教的态度也存在差异——即前期萨都剌的开放心态与后期丁鹤年由生存危机所导致的"内敛心态"。这种"内敛心态"可以说是伊斯兰教和回回人在有明一代的生存写照。然而,不管是哪种心态,都使元代回回精英阶层在与僧侣、道士交往过程中,吸取佛教、道教的宗教术语,客观上成为明清回回学者"新文化运动"的滥觞。

原载《世界宗教研究》2015 年第 4 期

论著目录

论文

1. 马娟:《试析元代汉人对伊斯兰教的"解读"》,《世界宗教研究》2005 年第 1 期。

2. 马娟:《元代回回法与蒙古法之间的冲突与调适》,《回族研究》2004 年第 3 期。

3. 马娟:《马八儿国与元朝之往来及其相关问题》,《兰州大学学报(社会科学版)》2005 年第 2 期。

4. 马娟:《元代钦察人燕铁木儿事迹考述》,《元史论丛》第十辑,北京:中国广播电视出版社,2005 年。

5. The Conflicts between Islam and Confucianism and Their Influence in the Yuan Dynasty, *Eurasian Influence on Yuan China*, edited by Morris Rossabi, published by ISEAS Publishing Institute of Southeast Asian Studies in Singapore,2013.

杨雨蕾

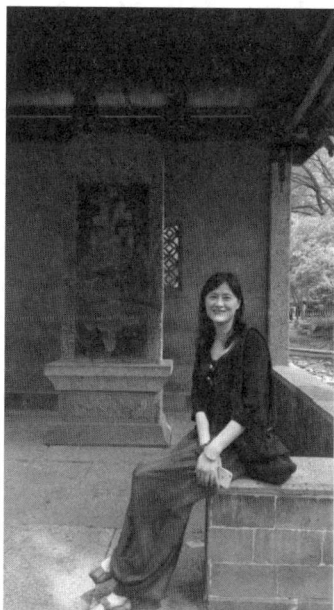

杨雨蕾，1969年出生于上海，浙江大学历史学硕士、复旦大学历史学博士。现为浙江大学历史系教授、博士生导师，兼任中国朝鲜史研究会常务理事。曾为韩国延世大学、香港城市大学、韩国国立首尔大学以及法国社会科学高等研究院（EHESS）访问学者。从事中外关系史（侧重中韩关系史）、东亚史、地图史研究，出版专著《燕行与中朝文化关系》等，在《学术月刊》、《历史地理》、《文献》等国内外刊物上发表论文30余篇。

朝贡体制的另一面：
朝鲜和琉球使臣在北京的交往

杨雨蕾

　　朝贡体制是传统中国处理对外关系事务的一般行为模式。长期以来，学界对此的探讨较多以中国为中心，重点从中国对外交往的角度出发，分析不同历史时期中国和周边各国家、地区所构建的册封朝贡关系的内容、特点等。近年来，不少学者开始关注周边国家和地区的视角，相关研究成果陆续出现，深化了人们对于朝贡体制内涵和外延的认识。[①] 然而，因为史料不足等因素，这方面的分析还较有限。本文主要利用明代朝鲜使臣入华行纪——"朝天录"，同时参照《明实录》、《朝鲜王朝实录》和琉球《历代宝案》等相关史料，讨论万历年间(1573—1620)明代朝贡体制下，作为藩属国的朝鲜和琉球两国朝贡使臣在北京交往的史事，分析其交往的具体情况和社会背景，以期在当时东亚局势的大背景下，深入认识这一时期的朝琉关系，并希望从周边地区之间关系的视角，认识明代朝贡体制的另一个侧面。

　　我们知道，传统以中国为中心的朝贡制度在明代发展到高潮。时入华朝贡国数量之多、朝贡规模之大、组织管理之完备，前所未有。万历《明会典》记载入明朝贡国家地区的总数超过 100 个，虽然其中不乏徒有朝贡

---

　　① 代表性的研究有庄国土：《略论朝贡制度的虚幻：以古代中国与东南亚的朝贡关系为例》，《南洋问题研究》2005 年第 3 期，第 1—8 页；葛兆光：《西方与东方，或者是东方与东方——清代中叶朝鲜与日本对中国的观感》，《九州学林》2005 夏季 3 卷 2 期，上海：复旦大学出版社，2005 年，第 54—70 页；[韩]郑容和：《从周边视角来看朝贡关系——朝鲜王朝对朝贡体系的认识和利用》，《国际政治研究》2006 年第 1 期，第 72—87 页；黄纯艳：《藩服自有格式：外交文书所见宋朝与周边诸国的双向认识》，《学术月刊》2008 年第 8 期，第 131—138 页；等等。

之名,但是众多国家和地区的使节来往于明朝是不争的事实。这些国家和地区中,朝鲜和琉球尤为突出,被认为是与明朝建立册封朝贡关系的代表。朝鲜使行来往最多,除了明政府规定的一年三贡定期使团,还有相当多不定期的使行入京。① 琉球仅次于朝鲜,永乐时规定其二年一贡,后来是一年一贡,但现实中并不严格执行,使行次数远超于此。② 频繁来往于明朝的两国使行,常会有在北京不期而遇、相互交往的情形。相关研究目前仅见松浦章对嘉靖十三年(1534)入明朝贡两国使者的相遇进行讨论,主要揭示该个案双方交流的实况。③

一、万历前的朝琉关系

早在 1386 年,朝鲜半岛还处在高丽王朝统治时期(918—1391),出使明朝的贺正使李崇仁(字子安,号陶隐,1349—1392)在明太祖上早朝以及觐见皇太子时遇到琉球使臣,因此作《咏流求》诗,曰:"插羽仍将帛裹头,斑衣却使别人羞。说来言语侏僞甚,土贡唯看果下驹"④,颇有些文化自得的吟唱。1392 年,朝鲜王朝(1392—1910)建立,很快向明朝行"事大"之礼,频繁派遣使臣入明朝贡。时琉球山北、山南、中山三王并立,均派遣使臣入明。到 1429 年琉球统一,继续入贡明朝,没有间断。

万历朝前,两国入明朝贡使臣在北京偶有相遇,相互的交往基本上属使臣间的私人行为。官方层面,两国存在直接的通交。1392 年,朝鲜王

---

① 明代朝鲜定期的朝贡使团一开始有冬至、正朝、圣节和千秋四行,嘉靖十年(1531),明礼部移咨令正朝进贺移于冬至,于是定期的使团改为冬至、圣节和千秋三行。至于不定期的使行,种类繁多,经常可见的有谢恩、进贺、奏请、陈奏、辩诬等等。参见《通文馆志》卷 3《事大》;[朝鲜]洪凤汉等编著《(增补)文献备考》卷 174《交聘考四》。

② 参见徐玉虎:《明朝与琉球关系之研究》,载氏著《明代琉球王国对外关系之研究》,台北:学生书局,1982 年,第 9—43 页。

③ [日]松浦章著,郑洁西等译:《明清时代东亚海域的文化交流》,南京:江苏人民出版社,2009 年,第 56—78 页。实际上使臣出发的时间是在 1533 年年底。

④ [高丽]李崇仁:《陶隐集》,载《韩国文集丛刊》第 6 册,韩国民族文化推进会,1997 年,第 582 页。

朝刚建立,琉球中山王便遣使入朝鲜。[①] 之后,察度又多次派遣使臣。据统计,太祖年间(1392—1398),中山王 4 次派使臣到朝鲜,或遣送被倭掳掠以及遭风到琉球的朝鲜人,或进献方物。[②] 之后在朝鲜定宗(1398—1400)、太宗(1400—1418)年间,中山国不断有使臣到朝鲜。对此,朝鲜的态度虽不算积极,但也是"受而厚报"。[③] 太宗十六年(1416),朝鲜首次派使臣前往琉球,带回"为倭寇所掳、转卖于琉球国四十四人"。[④] 世宗(1418—1450)时期,朝鲜方面亦有派遣使臣到琉球的纪录。

琉球统一后,双方这种使臣互往更为频繁。据《朝鲜王朝实录》的记载,琉球使臣入朝鲜最多的时期是在世祖年间(1455—1468),共有 15 次,超过一年一次。之后有所减少,成宗年间(1469—1494)有 13 次,燕山君时期(1494—1506)2 次,中宗年间(1505—1544)仅 3 次[⑤]。琉球使臣前往朝鲜主要是从事贸易活动,送还朝鲜漂流人和一些被倭所掳、之后又被转卖到琉球的所谓"被掳人";而朝鲜方面多以答谢和送还琉球漂流人为主,兼以赏送书籍。从来往的国咨上看,双方都采用明国号[⑥],表明其在承认明朝朝贡体制的基础上建立友好"交邻"关系。

不过这种"交邻"关系到 16 世纪初因为"伪使臣"事件的频繁出现而告一段落。所谓"伪使臣"事件,是指日本商人冒充琉球使臣到朝鲜半岛从事贸易活动。事实上,世宗(1419—1450 在位)以后,琉球和朝鲜的交流逐渐被博多港和其他北九州地区往返琉球的船只所控制,许多情况下,琉球政府授权由这些地区的商人代表琉球使节和朝鲜往来。[⑦] 但代表琉球使臣的商人常常改变琉球和朝鲜官方往来的内容,甚至自称琉球使臣从事贸易活动。1423 年,朝鲜方面就发现"有称琉球国使送人,将土物来

---

① 《太祖实录》卷 1"太祖元年(1392)八月丁卯"条;卷 2"太祖元年(1392)闰十二月甲辰"条。

② 参见[韩]孙承喆:《近世朝鲜의 韓日關係研究》,韩国国学资料院,1999 年,第 227 页。

③ 《定宗实录》卷 6"定宗二年(1399)十月丙午"条。

④ 《太宗实录》卷 32"太宗十六年(1416)七月壬子"条。

⑤ 参见《近世朝鲜의 韓日關係研究》,第 227 页。

⑥ 有关咨文参见《历代宝案》第一集卷 39—41,台北:台湾大学出版社,1972 年影印本。

⑦ 参见[日]滨下武志:《中国、东亚与全球经济:区域和历史的视角》,北京:社会科学文献出版社,2009 年,第 76—80 页。

进,其书契、图书皆非琉球国"。① 之后,"伪使臣"事件时有发生。这些伪使臣大多是九州、对马岛的商人。据统计,从 1461 年到 1524 年共有 21 次琉球使臣入朝鲜的纪录,但其中大多数是伪使臣。② 到 16 世纪初,朝鲜方面以此为由断绝了和琉球的直接通交。

二、朝贡使行和万历年间朝琉在北京的国书往来

对朝鲜而言,断绝通交虽然可以避免倭寇的侵扰,但也直接影响到与琉球的事务往来,尤其在处理漂流民的问题上,有诸多不便。1530 年,7 名琉球人遇海难漂到济州岛,朝鲜方面在确认其琉球人身份后,礼曹就如何处置经过了一番讨论。③ 起初朝鲜打算交付给对马岛使节,④由他们转送回琉球。但是,琉球人得知这一消息,"以手指其顶,中夜痛苦"。⑤ 于是朝廷再次商讨,最终决定由当年的正朝使行入送至明朝,交由明政府转送。⑥ 1589 年,类似的事情再次发生,从而拉开了万历朝双方通过入明朝贡使臣在北京国书往来的篇章。

这一年七月,朝鲜方面将漂流到珍岛的三十余名琉球商人顺付冬至使之行,"解送于中原",⑦第二年他们回到琉球。⑧ 之后东亚地区笼罩在丰臣秀吉对外征战的计划和行动中,史料显示双方似乎并无往来。直到万历二十三年(1595)朝鲜与倭的战事稍有所平静,入明朝贡的琉球使臣才将表达谢意的咨文和礼物"两色绢各十疋"交由到北京的朝鲜冬至使闵

---

① 《世宗实录》卷 19"世宗五年(1423)正月丙戌"条。
② 参见《近世朝鮮의 韓日關係研究》,第 176—177 页。
③ 参见《中宗实录》卷 69"中宗二十五年(1530)十月戊午"条、"中宗二十五年(1530)十月己未"条。
④ 参见《中宗实录》卷 69"中宗二十五年(1530)十月辛酉"条。
⑤ 《中宗实录》卷 69"中宗二十五年(1530)十月癸亥"条。
⑥ 参见《中宗实录》卷 69"中宗二十五年(1530)十月甲子"条。
⑦ 《宣祖实录》卷 23"宣祖二十二年(1589)七月戊辰"条。
⑧ "(万历)十八年(1590)庚寅,本国商船漂至朝鲜,舟破。朝鲜王遣使解送至京,而后回国。"《中山世谱》卷 7"尚宁王"条,载《国家图书馆藏琉球资料续编》下册,北京:北京图书馆出版社,2002 年,第 226 页。

汝庆(字而吉,号棠沙,1546—1600)带回。① 万历二十五年(1597)八月,朝鲜方面在派出冬至使奇自献(字士靖,号晚全,1567—1624)使团时,"亦为移咨修谢,并送礼物。是一谢而一报矣"。② 此"一谢一报"为16世纪初双方断绝通交后的首次国书往来。对于咨文中的称谓,朝鲜方面还颇斟酌了一番:

> 承文院启曰:"琉球世子元咨自书其名。而我国回咨,依元咨因书其名,似为未安。去其宁字而空其地似当。右咨下书琉球国中山王世子,亦为未安。本国元咨,亦只书朝鲜国,今亦(除)中山王世子等书,而但书琉球国,似为稳当。"传曰:"知道。"③

时琉球尚宁王虽已于尚永王(1573—1589在位)去世的第二年(1590)即位,并在万历二十二年(1594)以琉球王世子身份派使臣入明请封,但由于抗倭战事等各方面缘由,明朝直到万历三十四年(1606)才予正式册封。④ 因此这期间尚宁王都以世子的身份向明朝、朝鲜致送国咨。在遵从明朝朝贡体制的原则下,考虑到与琉球建立的是平等的"交邻"关系,朝鲜最终决定在以朝鲜国王名义回送的国书最后,只书"琉球国",形成了一种颇为特殊的国书形式。

朝鲜的回咨,《历代宝案》的记录较为完整,⑤《朝鲜王朝实录》也留下一部分相关内容。⑥ 从《历代宝案》的资料看,回咨引述不少琉球给朝鲜的咨文内容,其中写道:"上年本国所差进贡官员,京师常遇贵国使臣,倾盖与语,备闻荷询人民、政事、土地、物产,归踵启知,足见重劳远念。此情

---

① 《宣祖实录》卷172"宣祖三十七年(1604)三月丁卯"条。
② 《宣祖实录》卷172"宣祖三十七年(1604)三月丁卯"条。
③ 《宣祖实录》卷78"宣祖二十九年(1596)八月庚戌"条。
④ 参见《中山世谱》卷9"尚宁王"条,载《国家图书馆馆藏琉球资料续编》下册,第227—228页;徐斌:《明清士大夫与琉球》,福建师范大学历史系博士学位论文,2004年,第66—82页。
⑤ 《历代宝案》第一集卷39,第1259—1262页。参见《近世朝鲜의 韓日關係研究》,第243页。
⑥ 《宣祖实录》卷78"宣祖二十九年(1596)八月甲寅"条。

此义,令人激切,感佩数岁,乏船往来,以通音信,而图报一念,须臾不忘。"①这里"上年本国所差进贡官员"即为琉球1595年派遣的入明使臣,咨文后面还记载了使臣的姓名和官职。引文中我们看到,此次双方使臣在北京相遇,授受国书和礼物外,朝鲜方面私下还询问琉球的物产、风俗等国情。朝鲜的回咨写道:"我皇上声教所暨,普天之下,凡有民社,冠带而国者,皆皇上臣子也,即俱北面受命为兄弟之义。"很明显,朝鲜认为,两国建立所谓"兄弟之义"的"交邻"关系,必须是在明朝宗藩体制的框架内开展。此次朝鲜方面的回礼包括"白苎布二十匹、白绵䌷二十匹、人参三十斤"。②

此后,通过到北京的朝贡使行,就上述朝鲜送还琉球漂流民事件,双方又有多次谢报之举。先是万历二十七年(1599)十一月,到北京的琉球使臣将所携带的官方咨文和礼物传授当年朝鲜的冬至使行,以感谢朝鲜对琉球漂海人的帮助。这次琉球使团的情况,《历代宝案》有载:

> 琉球国中山王世子尚(宁)为进贡谢恩请封等事,今特遣长史使者通事等官郑道等赍捧表文一通,坐驾小船一双,装载马肆匹、生硫黄一万斤、黑漆霸沙鱼皮靶腰刀二十把、红漆霸黑漆靶镀金铜结束枪壹拾柄、线穿铁甲贰领头盔、全细嫩土夏布贰拾疋、花螺一百个、海螺贰仟个赴京进贡谢恩所据。……
>
> 万历二十七年(1599)贰月拾柒日给。③

《明神宗实录》中也记载有"琉球中山王世子尚宁奉表进方物谢恩请封命进收"④、"命侍郎朱国祚宴侍琉球进贡陪臣郑道等"⑤,可知该使团为尚宁王派出的进贡谢恩请封使。

朝鲜使团则是当年九月抗倭战争结束不久所派出的冬至朝贡使团,

---

① 《历代宝案》第一集卷39,第1259—1262页。
② 《历代宝案》第一集卷39,第1262页。
③ 《历代宝案》第一集卷32,第1089页。
④ 《明神宗实录》卷三四二"万历二十七年(1599)十二月甲申"条。
⑤ 《明神宗实录》卷三四三"万历二十八年(1600)正月癸酉"条。

正使韩德远(字毅伯,号江远,1550—?)。因为是例行,所以《明实录》和《朝鲜王朝实录》对此行均未多加记载,《朝鲜王朝实录》只是记录了使团归国带回明朝所颁赐的新历,由于没有及时复命,司宪府主张要对韩德远"慢忽不敬之罪"问责的内容。[①]

不过该使团书状官赵翊(字翊之,1556—1613)撰有《朝天录》[②]和《皇华日记》[③],记录使行经过。《朝天录》为沿途所作诗词,《皇华日记》则为纪行文。《皇华日记》记载使团于九月十一日渡鸭绿江,十月二十三日抵达北京东馆,十一月二十二日踏上回程,第二年(1600)正月初一渡江回到义州。使团来回行程近四个月,在北京停留一个月,期间与琉球使臣相遇。通常情况下,新年正旦是传统中国一年最为重要的节日,在此期间也是各国派遣使臣入贡的高峰期,不同国家使臣常常因此在北京相会。万历年间朝琉两国恢复交往也正是借此机会通过双方的入明使臣建立起来。

双方的交往,赵翊记录得颇详细:

> (十一月)十八日,琉球使卜物则初十日已为到馆,而使则今日始入来云。闻琉球有本国移咨,且送礼物等件,令下辈问见于其寓。

> 十九日,通事往琉球馆,面见使臣,亲问其由,则先送咨文草,元本则事必经禀礼部,然后可以相授。而时未见朝,不果。为之云琉球文,即令从人致谢。盖琉球国人数十漂海到本国,本国厚待之,指路以送,故琉球国中山王感其恩,移咨以谢。礼物:细嫩土夏布二十疋,芭蕉布二十疋,排草二十斤。

> ……

> 二十一日晓头,诣阙辞朝。……琉球使长史郑(道)、使者俞

---

① 参见《宣祖实录》卷一二二"宣祖三十三年(1600)二月己卯"条。

② 载[韩]林基中编:《燕行录全集》第9卷,首尔:韩国东国大学出版社,2001年,第111—136页。

③ 《燕行录全集》第9卷,第138—179页。

美玉,通事蔡得信亦于今晓见朝,班在吾等之下,各于阙庭,略行揖礼而出,食后进礼部辞堂。侍郎朱国祚到衙,不坐,许免辞。仪制郎中李叔元在本司,故行礼而出。琉球使亦同往同还。即已辞朝,势不可留。而提督马应龙曰:外国之人私相授受,于法有碍,当俟下馆,面为看检。故不得已仍留。授受事,琉球国礼物。礼部送历一百副,且有回咨。

二十二日,提督当晚下馆,吾等进辞而出。琉球亦行见官礼,仍呈本国移咨。提督招通事面给所受咨文。前者擦去药材,今始出给,而其中材之贵者,杂色段数十疋,副使等潜自偷去。译官张应箕等进告于提督,亲到馆中,以为推问之计,而终不穷敷,事甚骇怪。午后始发行……①

可以看到,朝贡体制下,藩属国之间按照要求不得私相交通,因此在北京使臣间的交往形式上必须要通过明礼部,由礼部官员主持,琉球使臣将带来的咨文和礼物交给朝鲜使臣。然而实际上双方经由通事已先有所接触。

在冬至使带回琉球再次表示感谢之意的咨文和礼物后,1601年朝鲜通过冬至使行"又移咨修谢,又送礼物"。② 琉球方面的咨文迄今未发现,但《历代宝案》存有朝鲜方面的回咨。从回咨的引述看,琉球的咨文除了涉及漂流民事务和授受礼物,还通报了丰臣秀吉身亡的消息:"所属七岛山来报,关白于二十六年七月初六日身亡,尤为贵国深幸。且闻天朝兵威,将其余众之蚕食者尽欲驱去,姑俟捷书,再图恭贺。"③对此,朝鲜方面在表示感谢的同时,还特别提出这类消息,当由明朝转示为妥,回咨写道:"敝邦与贵国俱世守藩职,均霑圣化。地虽隔海万里,自来诚意相孚,交欢之情有同邻封。因此先前敝邦凡遇贵国漂流人口,俱即奏闻天朝转解回乡,而贵国亦如之。先年敝邦将贵国运米布员役奏解回乡,此系遵行旧

---

① [朝鲜]赵翊:《皇华日记》,载《燕行录全集》第9卷,第169—171页。
② 《宣祖实录》卷172"宣祖三十七年(1604)三月丁卯"条。
③ 《历代宝案》第一集卷39,第1262页。

例,不足深谢。而贵国再行备物咨谢,又报贼囚死亡消息,厚意郑重,无以为报。所□关贼罪盈恶积,天降之罚,此非敝邦之幸,实是天下之幸。余贼蚕食者亦已俱被官兵驱剿,遏海去讫。烦乞贵国日后凡有□□,不拣缓急,需径报天朝,以转示敝邦。"①以强调自己对明朝朝贡体制原则的遵从。

这是双方第二次通过到北京的朝贡使团交送国书和礼物。1604 年,琉球第三次通过到北京的两国使臣"移咨修谢,又送礼物"②,咨文强调之所以将丰臣秀吉身亡的重要消息同时直接通报明朝和朝鲜,是因为"职在藩封,谊在友邦"。对此,朝鲜在 1606 年通过冬至使又行报礼的回咨中写道:"贵国疆场有截,义虽私交,而诚意相孚,彼此无间。……今蒙厚仪,又出心觊谕以藩封之重,申之友邦之谊,更期分探贼情,驰奏转示。天下同伦,祸福相济,理宜如此。"③虽然依旧主张转示,但很明显双方的感情有所加深。三谢三报,表明两国均希望保持并加强相互间的联系,尤其是琉球,主动积极。而朝鲜方面为了方便起见,甚至决定简化相关程序。1604 年,礼曹奏请今后与琉球这种相互谢报的国咨和礼物来往,不必报礼曹处置,而由"议大臣定夺"即可,此请很快得到允准。④ 第三次双方交换的礼物,琉球方面有"线绢二十端、黄石绢十端、花纹绢十端、土扇三百把等";朝鲜方面则有"白苎布二十匹、白绵绸二十匹、人参十斤、虎皮三张、豹皮三张、霜华纸一十卷、黄毛笔五十枝、油煤墨五十锭、花砚二面、连陆厚油纸五块",⑤种类和数量都比第一次丰富许多。

1608 年,琉球第四次通过朝贡使臣携送国书和礼物。这次的国书与之前有所不同,不再仅仅答谢厚情,而是希望永结邻好事,咨文写道:"九顿拜登,感谢厚情,垂之不朽矣。但照敝邦,与贵国虽有风马牛之隔也者,然自同称臣于天朝视之,则共在覆载之内。以心相照,以神相驰,合异姓

---

① 《历代宝案》第一集卷 39,第 1262—1263 页。
② 《宣祖实录》卷 172"宣祖三十七年(1604)三月丁卯"条。
③ 咨文见于《历代宝案》第一集卷 39,第 1264—1265 页。
④ 《宣祖实录》卷 172"宣祖三十七年(1604)三月丁卯"条。
⑤ 《宣祖实录》卷 200"宣祖三十九年(1606)六月庚戌"条。

之好,不以远近隔耳。是故屡蒙厚贶,岁问不绝,敝邦何修得此于下执事哉?……自今以往,请结永盟。贵国为兄,敝邦为弟,以弟兄而仰事天朝父母,欢睦聘问,愿与天长地久耳。"①然而不久萨摩藩入侵琉球,这一提请最终不了了之。可知朝鲜方面在不知萨摩藩入侵琉球的情况下通过1610年出使的冬至使向受制于萨摩藩的琉球使臣转送回咨和礼物,相关情况下文再述。这也是万历年间双方的最后一次国书的往来,迄今没有发现有史料记载朝鲜回咨的具体内容,因此对其答复不甚知之。

三、朝琉使臣在北京的交游和 1610 年的琉球朝贡使行

万历年间以朝鲜通过明朝送还琉球漂流人为契机,双方利用各自到北京的朝贡使团建立官方联系。需要进一步说明的是,两国朝贡使臣在北京的往来并不仅仅限于官方背景下交送国书和礼物,他们或以诗文或通过译官,还进行了更为广泛的直接交流,彰显出朝贡体制所具有的文化意义。

李廷馨(字德薰,号知退堂,1549—1607),万历三十年(1602)五月作为圣节使被派遣入明朝贡,其《朝天录》中有一首《赠琉球国使臣》:

> 屡此相逢似有缘,休嫌倾盖语频频。诗书礼乐千年会,南北
> 东西四海人。
> 一理岂缘风土异,两心还似弟兄亲。除非孤枕清宵梦,此后
> 难会面辰。②

表达对两国入明朝贡使臣常能见面交流的感慨。在他看来,虽然风土各异,但文化的共通性,使臣间亲如兄弟。类似这种诗文的相赠在朝琉使臣见面交游的过程中常有发生,反映出朝贡体制下入贡明朝的各国使臣在北京从事文化交流的实像,也充分体现周边国家和地区对明朝文化

---

① 《光海君日记》卷 14"光海君元年(1609)三月癸卯"条。
② 此处疑缺一字。[朝鲜]李廷馨《知退堂集》卷 3,载《韩国文集丛刊》第 58 册,韩国民族文化推进会,1997 年,第 38 页。

的认同。

李晬光(字润清,号芝峰,1563—1628),万历三十九年(1611)作为奏请副使被派遣入明朝贡。此行在北京与琉球使臣相遇,双方除了有诗文和礼物互赠①,还进行了笔谈。类似的史料存留很少,故笔者在此不显冗长,将双方笔谈的内容转录如下:

问:贵国地方几里?

答曰:壤地褊小,不及朝鲜一布政所。东西仅万里,南北七千里。(李氏注:《续文献通考》曰:琉球最小。则地方万里七千里之说,谬矣。)

问:贵国尚儒道乎? 释道乎?

答曰:尊尚孔子之道,而释子亦参半焉。

问:科举取人之规。

答曰:三年一大比,取文武科各一百二十人。国有庆事则有别举。俺等亦登第之人。

问:风土寒暖。

答曰:土气甚暖,而北山一都为最。稻一岁再熟。

问:国王姓氏。

答曰:姓尚。(李氏注:名宁。)

问:立国以来传祚久近。

答曰:经今二百五十余年,传二十四世。

问:开国以前为何国?

答曰:国名"吾气",享国仅百年。

问:"吾气"之先为何国?

答曰:"吾气"以前未有文字,无书籍可记。

问:距日本几许?

答曰。可万余里。其间有诸岛,各自为国,修贡于琉球、日

---

① 李晬光的《琉球使臣赠答录》收录有李晬光赠与琉球使的十四首诗以及琉球使的两首赠诗。[朝鲜]李晬光:《琉球使臣赠答录》,载《燕行录全集》第10卷,第162—167页。

本。(李氏注:《续文献通考》曰:自萨摩开船,可四日到琉球。则此说谎矣。)

问:贵国与暹罗相通乎?

答曰:远不能相通,道路不知几何。

问:贵国与何国相近?

答曰:上国最近,贵国次之。曩者贵国送回敝邦漂海人口,其人尚在北山生住,以此知道里不远。

问:贵国有三国分立,皆号琉球云。信否?

答曰:否。本国方都中山,而设都三处,曰中山,曰南山,曰北山。此必传说之误。

问:贵地有鹦鹉乎?(李氏注:尝闻祖宗朝,琉球遣使献鹦鹉。故问之)。

答曰:否。如玳瑁、硫黄、芭蕉布,是土产也。

其使臣又问译官曰:贵国常着纱帽、网巾乎?译官答言:纱帽着于公会,平居皆着冠。至于网巾,无贵贱常着。其使臣曰:本国则常时不着网巾与冠矣。①

上述问答包括琉球的地理位置、气候、物产、国名、国王的姓名、风俗习惯及其与周边国家的关系等内容。这些内容在两国使臣交谈时多有涉及,前述朝鲜1597年的咨文中也有类似记载,可见朝鲜使臣对琉球各方面的关注。尽管当时两国官方没有直接的往来,但因为常互有漂流民,再加上双方过去有直接交通,所以相互都有一定的认识。笔谈中可以看到,李晔光入明前得益于中国文献的相关记载和一些传闻,对琉球有所了解,故他在详细询问琉球各方面情况的过程中,能结合已有的知识,质疑琉球使臣的一些回答。朝贡体制下,周边国家派遣使臣入贡明朝,他们有机会在北京相遇。而作为入明使节最多的朝鲜,使臣担当的角色是多重的,除了完成对明朝贡的出使任务,他们还从事经济和文化活动,并通过各种方

---

① 《琉球使臣赠答录》,载《燕行录全集》第10卷,第168页。

式收集明朝和其他国家的有关情况,成为政府获取相关信息的重要渠道。① 补充说明的是,上引琉球使臣的回答除了有李晬光所指出的不实之处,"如玳瑁、硫黄、芭蕉布,是土产也"也并非实情,②玳瑁当为从东南亚进口的物品。

此次与李晬光交游的琉球使臣,《琉球使臣赠答录》记载名为蔡坚、马成骥。使行"从人十七人,皆袭天朝冠服。自言庚戌(1610)九月离本国,水行五日抵福建。由福建陆行七千里,辛亥(1611)八月达北京"。③《历代宝案》没有该使行的相关记载,以往研究者对此也未有论说。实际上李晬光所记述的这次琉球入明使行过去少有人关注。我们知道,1609 年 3 月日本萨摩藩入侵琉球,两个月后,尚宁王、王妃、王子等王室贵族一百余人被俘至日本。此即所谓"庆长琉球之役"。1611 年 9 月,尚宁王被迫与萨摩藩签订《掟十五条》,表示臣服。之后,他才得以回国。也就是说,蔡坚出行之时,尚宁王已被俘至日本一年多。《历代宝案》有万历三十八年(1610)另一次使行的记录,此行这年正月出发,正副使分别为王舅毛凤仪、长史金应魁。④ 该行官方文献则有所记述,因此也常被研究者论及。

从史料的记载看,毛凤仪使行为陈奏行,任务是"驰报兵警,致缓贡期"。⑤ 按照明朝当时琉球两年一贡的规定,琉球贡使当于 1609 年派出,参加 1610 年新年正旦的朝贺大典。但因为时萨摩藩入侵,贡使并未能按期出行。萨摩藩入侵琉球的主要目的是欲控制琉球对明朝贡贸易,从中

---

① 类似的情形也出现在清代,相关研究参见沈玉慧:《清代朝鲜使节在北京的琉球情报收集》,《汉学研究》第 29 卷第 3 期,2011 年,第 155—190 页。

② 参见《明清时代东亚海域的文化交流》,第 61—63 页。

③ 《琉球使臣赠答录》,载《燕行录全集》第 10 卷,第 168 页。

④ 《历代宝案》载:"天恩恤怜,遭乱赎修贡职等事,今特遣王舅毛凤仪……"(第一集卷 32,第 1110 页)。

⑤ "本年(按:指万历三十七年)(1609)冬,王遣王舅毛凤仪、长史金应魁等驰报兵警,致缓贡期。福建巡抚陈子贞以闻。"载《中山世谱》卷 7,尚宁王条,载《国家图书馆馆藏琉球资料续编》下册,第 233 页。"琉球国中山王尚宁咨遣陪臣王舅毛凤仪、长史金应魁等急报倭警,致缓贡期。福建巡抚陈子贞以闻,下所司议奏,许续修贡职,赏照陈奏事例减半。仍赐毛凤仪等金织彩假各有差"。载《明神宗实录》卷 473"万历三十八年(1610)七月辛酉"条。

获取实际利益。① 因此为了能维持琉球和明朝的朝贡关系,萨摩藩入侵琉球后,以尚宁王的名义先派出该陈奏使行,②奏明因遭受萨摩藩兵袭,导致推迟派出朝贡使团的情况。郑士信(字子孚,号梅窗,1558—1619),万历三十八年(1610)以朝鲜冬至贺正副使身份入京朝贡。此行九月初一渡鸭绿江,十月二十三日入住北京玉河馆,在北京停留一月有余,于十二月初四离开玉河馆。就是该使团带去了前述万历年间朝鲜给琉球的最后一封国书。从郑士信的记录可知,使臣在得明礼部提督许可后,向毛凤仪一行转送了国咨和礼单。③ 他写道:"(琉球)正、副使语用倭语,译官不解倭语,故招管狎使之倭译官金孝舜传语。"可见毛凤仪、金应魁两人通倭语而不通汉语,这是以往史料未有提及的情况,可能这也是萨摩藩委任他们出使的重要原因。交谈中郑士信问及前一年琉球国王"为倭所掳之变"的情况,其答曰:"去年四月倭人与无名之师国王越在草莽,以今年九月讲和,还国无事,云云。"④这当然不符实情,毛凤仪一行没有透露尚宁王当时仍被萨摩藩扣押在日本的事实,实乃受萨摩藩之制,而隐瞒相关情况。

与毛凤仪使行不同,蔡坚此行琉球方面无官方记录,其出使的情况不甚明确,不过推测其即为前述未能按期出行的定期贡使。事实上,对于萨摩藩入侵琉球的具体情况,明朝直到1612年六月得浙江总兵官杨崇业奏

---

① 参见米庆余:《琉球历史研究》,天津:天津人民出版社,1998 年,第 62—70 页;[日]宫城栄昌:《琉球の歴史》,东京:吉川弘文馆,1977 年,第 99—107 页。

② "本年〔万历三十九,1611〕,为禀明进贡王舅事竣回国事,遣毛氏池城亲方安赖(按:即毛凤仪)到萨州,又赴骏府。其冬回国。……万历己酉(三十七年,1609),安赖庽从尚宁王在萨州,家久公遣伊势兵部少辅、镰田左京亮曰:'中国若闻中山为我附庸,嗣后不可以为进贡。当早遣安赖,以为纳款云。'"《中山世谱》附卷 1"尚宁王"条,载《国家图书馆藏琉球资料续编》,北京:北京图书馆出版社,2002 年。

③ [朝鲜]郑士信:《梅窗先生朝天录》,载《燕行录全集》第 9 卷,第 330、333 页。

④ "仍问其国王为倭所掳之变。答曰,去年四月倭人与无名之师国王越在草莽,以今年九月讲和,还国无事,云云。略闻流传之言,琉球与倭讲好,岁一遣使,往在戊申,家康使之春秋修贡,琉球王不从,家康命萨摩岛兴师伐之。琉球王曰,咎在予身,不可以累我无辜之民,遂诣军前,萨摩执之以去。家康曰,身当其难,而志在爱民,天下之义主也,遂遣还云云。"[朝鲜]郑士信:《梅窗先生朝天录》,载《燕行录全集》第 9 卷,第 338 页。

侦报才有所觉察。① 八月,兵部讨论如何应对时,曾提及万历三十八年(1610)倭"两遣伪使觇我虚实",又说:"数十年来倭所垂涎者,贡耳。故既收琉球,复纵中山王归国,以为通贡之路。彼意我必不入倭之贡,而必不逆琉球之贡,或仍如三十八年(1610)约毛凤仪、蔡坚之事……"②,明确指出萨摩藩入侵琉球的目的所在。此处所及"毛凤仪、蔡坚之事"应该就是指前述两次使行,他们在出使过程中均未告知明朝琉球的实际境况。李晬光记载蔡坚"能解汉音"③,其出使在毛凤仪一行出使后的八个月,所以可以基本确定蔡坚一行就是所奏报推迟贡期的朝贡使节。该行"(1612年)正月二十三日离北京,五月到福建。七月初一日开船,十二日在海遇风",至朝鲜济州岛么罗岛港口。"牧使领进军兵,将欲接应。坐船人等疑恐,却弃卸下人口,挂帆还走。不知去向。"其所弃共有八人,一人名为马喜富,"稍解华语"。④ 朝鲜方面后予盘缠,付冬至使押解至明朝⑤,其后情形不详。

上述两次授意派遣琉球使行入明朝贡,充分反映了萨摩藩对维持琉球和明朝朝贡关系的重视,也进一步说明萨摩藩入侵琉球是企图通过明朝和琉球的朝贡贸易关系获取利益。两次使行的目的当时是达到了,明依惯例还礼,并表明会继续和琉球保持朝贡关系。但随着明朝对琉球局势的了解,双方关系发生变化。万历四十年(1612)十一月,"礼部覆福建巡抚丁继嗣奏,谓琉球情形叵测,宜绝之便。但彼名为进贡,而我遽阻回,则彼得为辞,恐非柔远之体。请谕彼国,新经残破,当厚自缮聚,候十年之

---

① "浙江总兵官杨崇业奏侦报倭情。言探得日本以三千人入琉球,执中山王,迁其宗器。三十七、八两年(1609、1610)叠遣贡使,实怀窥窃。近又用取对马岛之故智以愚朝鲜,而全罗、庆尚四道半杂倭奴矣。嘉靖之季,海禁大弛,遂有宋素卿、徐海、曾一本、王直之徒为之祸。始今又十倍往时,宜敕海上严加训练,著实举行。至于稽查海外夷使,责在抚道。并移咨朝鲜国王,严禁倭奴之入全罗庆尚者,一如中国之禁,从之。"《明神宗实录》卷 496"万历四十年(1612)六月庚午"条。

② 《明神宗实录》卷 498"万历四十年(1612)八月丁卯"条。

③ 《琉球使臣赠答录》,载《燕行录全集》第 10 卷,第 168 页。

④ 《琉球使臣赠答录》,载《燕行录全集》第 10 卷,第 168 页。

⑤ 《光海君日记》卷 57"光海君四年(1612)九月庚子"条,"光海君四年(1612)九月癸卯"条,"光海君四年(1612)九月乙巳"条。

后,物力稍充然后,复修贡职未晚。见今贡物,著巡抚衙门查,系倭产者,悉携归国;系出若国者,姑准收角□羊。其来贡国人,照旧给赏,即便回国,不必入朝,以省跋涉劳苦"。① 之后琉球方面多次遣使奏请恢复贡期,但直到天启三年(1623)才获准"五年一贡"。② 这期间朝鲜使臣与琉球使臣在北京的交往也因此暂时告一段落。

四、结　语

16世纪初,曾经繁荣的琉球对外贸易走向衰落。明朝因为成化十年(1474)发生琉球使臣在福建的杀人事件,第二年遂将琉球贡期由一年一贡,延长至两年一贡,并严格规定使臣数量。③ 虽然经过琉球方面的多次奏请,到正德二年(1507)恢复一年一贡,④但嘉靖元年(1522)再度改为两年一贡⑤,且严格限制人数,还禁止使臣私附货物贸易等。与朝鲜的贸易,15世纪中叶以来双方主要通过博多港等地区商人的联系到16世纪初已断绝。而和南海地区的贸易量也因为大航海以来葡萄牙、西班牙的东进逐步下降,⑥再加上中国沿海走私海商的活跃、与日本本岛的商品往来又多受制于萨摩藩。16世纪末主要依靠转口贸易维系生存的琉球在东亚地区的贸易活动困难重重。在这样的背景下,万历年间琉球透过明代朝贡体制寻求和朝鲜建立官方联系,究其缘由,是希望重开16世纪初与朝鲜中断了的贸易往来。壬辰倭乱结束,丰臣秀吉身亡后,琉球不再和日本幕府往来,至此琉球曾经一度在东亚地区存在的海上贸易网络几近崩溃,其迅速向朝鲜通报这一消息,更为积极地与朝鲜加强联系,无疑是想尽快恢复和朝鲜的贸易联系。

而对于朝鲜,与琉球加强联系,则更多出于政治方面的考虑。由

---

① 《明神宗实录》卷501"万历四十年(1612)十一月乙巳"条。
② 《明熹宗实录》卷32"天启三年(1623)三月丁巳"条。
③ 《明宪宗实录》卷140"成化十一年(1475)四月戊子"条。
④ 《明武宗实录》卷24"正德二年(1507)三月丙辰"条。
⑤ 《明世宗实录》卷14"嘉靖元年(1522)五月戊午"条。
⑥ 参见[日]赤嶺誠紀:《大航海時代の琉球》,沖繩タイムス社,1988年。

1523 年"宁波争贡"事件引发,到 1549 年,明朝与日本绝交。之后,贸易的需要使日本幕府希望通过朝鲜、琉球恢复与明朝的朝贡关系。[1] 对此朝鲜方面于日本多有顾忌而予以拒绝,随后与之也断绝了往来,但因为担心受到侵扰和报复,一直密切关注日本的一举一动。与朝鲜不同,琉球则通过萨摩藩与日本幕府保持着贸易往来。在此情形下朝鲜通过琉球,可以了解日本的行动。事实上,倭乱前后,朝鲜即曾要求同在北京的琉球使节提供日本之相关情报,琉球其时担当着传递日本情报的重要角色。[2]因此对于琉球方面的联系,朝鲜予以了相当积极的回应。

所以万历年间朝鲜和琉球在与明朝建立册封朝贡关系的基础上,借由双方到北京的入明朝贡使臣交换国书,互赠礼物,积极恢复通交,乃双方应对当时东亚复杂局势,基于本国现实困境,积极发展对外关系之举。在此过程中,以明朝为中心的朝贡体制为双方沟通和重新建交提供了通道。尽管藩属国间私相通书有违朝贡制度的外交原则,但现实中明朝并不太多实际干涉他们的接触联系。[3] 万历年间朝鲜与琉球正是利用它们和明朝的册封朝贡关系建立互信,交换国书,恢复并发展友好"交邻"关系。然而萨摩藩的入侵影响到琉球和明朝的朝贡关系。虽然萨摩藩觊觎的是琉球与明朝的朝贡贸易所得,在控制琉球后继续以琉球王之名按例派遣琉球使臣入明朝贡,以避免损害朝贡贸易之实。但是它欲间接融入朝贡体制以获得经济利益的行为对明朝所构建的华夷秩序造成威胁。明政府在获知有关信息后,对此最终采取较为保守的对策,将琉球的贡期延长到十年一贡。随着琉球与明朝朝贡关系的破裂,其与朝鲜在万历年间

---

① 参见[韩]闵德基:《조선시대 일본의 대외 교섭》,韩国景仁文化社,2010 年,第 103—139 页。

② 参见沈玉慧:《明末清初期的中日交涉与琉球——以情报的传递为中心》,"中国文化大学"硕士学位论文,2004 年;沈玉慧:《琉球情报传递角色之形成及建立——以明清时期中日间的往来交涉为中心》,载辛德兰主编《第十届中琉历史关系学术会议论文集》,台湾中琉文化经济协会,2007 年,第 161—169 页。

③ 明朝干涉的情况出现在有边境安全之时,如英宗时曾特别招谕朝鲜对女真要"谨守法度,以绝私交"。参见《明英宗实录》卷 302"天顺三年(1459)夏四月庚辰"条。

经由双方入明朝贡使臣建立的联系也无法维系。① 直到 1621 年琉球与明朝的关系有所改善,双方使臣在北京的交流才重新恢复,而此时的东亚又到了将发生重大变化的前夜。

原载《学术月刊》2014 年第 12 期

论著目录

一、著作

1. 杨雨蕾:《燕行与中朝文化关系》,上海:上海辞书出版社,2011 年。

2. 杨雨蕾编著:《韩国的历史与文化》,广州:中山大学出版社,2011 年。

二、论文

1. 杨雨蕾:《汉译西学书传入朝鲜述论》,《文献》2001 年第 2 期。

2. 杨雨蕾:《〈资治通鉴〉在朝鲜王朝的传播及其影响》,《中华文史论丛》2001 年第 4 期。

3. 杨雨蕾:《〈资治通鉴纲目〉在朝鲜半岛的传播》,《世界历史》2002 年第 3 期。

4. 杨雨蕾:《燕行使臣与汉籍东传朝鲜》,《韩国研究》第六辑,北京:学苑出版社,2002 年。

5. 杨雨蕾:《韩国所见〈两仪玄览图〉》,《文献》2002 年第 4 期。

6. 杨雨蕾:《朝鲜燕行录所记的北京琉璃厂》,《中国典籍和文化》2004 年第 4 期。

7. 杨雨蕾:《利玛窦世界地图传入韩国及其影响》,《中国历史地理论丛》2005 年第 1 辑。

8. 杨雨蕾:《传入朝鲜的清代禁毁书籍》,《文献》2006 年第 2 期。

9. 杨雨蕾:《明清时期朝鲜朝天、燕行路线及其变迁》,《历史地理》第

---

① 参见[日]夫馬進:《一六〇九年日本の琉球併合以降における中国・朝鮮の对琉球外交－東アジア四国における冊封、通信そして杜絶》,《朝鮮史研究論文》46,2008 年。

21 辑。

10. 杨雨蕾:《朝鲜燕行使臣与西方传教士交往考述》,《世界历史》
2006 年第 5 期。

11. 杨雨蕾:《18 世纪朝鲜北学思想探源》,《浙江大学学报(人文社会
科学版)》2007 年第 4 期。

12. 杨雨蕾:《通过李廷龟的诗文看明代中韩文化交流》(李廷龜의 詩
文을통해서본 明代中·韓文化交流)(韩文),载《东方学志》第 139 辑,韩
国延世大学国学研究院,2007 年。

13. 杨雨蕾:《明清朝鲜文人的江南意象》,《浙江大学学报(人文社会
科学版)》2010 年第 6 期。

14. 杨雨蕾:《天学问答——十八世纪朝鲜文人安鼎福的辟邪论说》,
《九州学林》2010 年春夏季卷,2010 年。

15. 杨雨蕾:《金壽弘 의〈天下古今大總便覽圖〉板本研究》,《韩国古
地图研究》第 3 卷第 1 号,2011 年。

16. 杨雨蕾:《천지전도(天地全圖)〉와 18 세기 동아시아 사회의
세계지리 지식》,《韩国文化》Vol. 57 (2012.3);中文修订稿《〈天地全图〉
和 18 世纪东亚社会的世界地理知识:中国和朝鲜的境遇》,《社会科学战
线》2013 年第 10 期。

17. 杨雨蕾:《关于"土泮题识舆地图朝鲜摹绘增补本"的韩国藏本》,
《文献》2012 年第 4 期。

18. 杨雨蕾:《〈坤舆万国全图〉朝鲜彩绘本及相关问题》,载《历史地
理》第 29 辑,2014 年。

19. 杨雨蕾:《朝贡体制的另一面:朝鲜和琉球使臣在北京的交往》,
《学术月刊》2014 年第 12 期,《新华文摘》2015 年第 5 期摘编。

20. 杨雨蕾:《江南对外关系史研究的回顾和思考》,《浙江大学学报
(人文社会科学版)》2015 年第 6 期,《高等学校文科学术文摘》2016 年第
1 期全文摘录。

吴艳红

吴艳红，1971年生，浙江杭州人。1988年进入北京大学历史系学习，1992获该校学士学位，1997年获该校博士学位。同年进入中国社会科学院历史研究所工作，2001年成为副研究员。2001年至2008年，在美国普林斯顿大学、俄克拉荷马州立大学访问、学习，2008年获得俄克拉荷马州立大学社会学系博士学位。2008年至2010年在美国博懋大学、艾德里艾大学任教。2010年起成为浙江大学人文学院历史系教授。主要从事明史、中国古代法制史研究，出版专著《明代充军研究》等2部，在《历史研究》、《中国史研究》等刊物上发表论文30余篇。

明代宗藩司法管理中的分别议处：
从《鲁府招》谈起

吴艳红

　　宗藩是明代社会一个特殊的群体，因为具有皇家的血统，他们在社会生活各个方面享受种种特权。近年来，关于明代宗藩的研究有深入进展。① 比较而言，明代宗藩在经济、政治和军事等方面所受到的特殊待遇及其在明代的变化，研究相对丰富，②但是在司法方面，宗藩如何得到特殊对待，朝廷和司法官吏如何看待这种特权，明代相关的政策和司法实践出现怎样的变化，这些问题却还没有得到很好地回答。

　　具体来说，在明代宗藩与司法这一领域，已有的研究对于宗室犯罪的原因、明代宗室犯罪的类别与特征等多有讨论，③从国家角度展开的有关宗藩犯罪的司法管辖、对犯罪宗藩的量刑原则、对于宗室犯罪采用的惩治

---

　　① 杨志清：《近十年来明代宗藩研究述评》，《中国史研究动态》1992 年第 11 期，第 14—20 页；顾锦春、叶剑飞：《近 20 年来国内学者对于明代宗藩的研究述评》，《兰州教育学院学报》2006 年第 4 期，第 14—19 页；闫海清：《九十年代以来明代宗藩研究综述》，《山东教育学院学报》2006 年第 6 期，第 102—105 页。

　　② 顾诚：《明代的宗室》，收于《明清史国际学术讨论会论文集》，天津：天津人民出版社，1982 年，第 89—111 页；张显清：《明代亲藩由盛到衰的历史演变》，《社会科学战线》1987 年第 2 期，170—175 页；赵毅：《明代宗室政策初探》，《东北师范大学学报》1988 年第 1 期，第 53—58 页；苏德荣：《明代分封制度的演变》，《郑州大学学报》1996 年第 5 期，第 117—124 页。

　　③ 雷炳炎：《关于明代中期宗室犯罪问题的思考》，《求索》2004 年第 10 期，第 232—234 页；《明代宗禄问题与宗室犯罪》，《云南社会科学》2009 年第 3 期，第 129—141 页；《试论明代官吏对宗室犯罪的影响》，《南华大学学报》2010 年第 3 期，第 47—50、59 页；《王府官与明代宗室犯罪关系探论》，《湘潭大学学报》2010 年第 5 期，第 130—134 页；《试论明代中后期亲郡王对中下层宗室犯罪的影响》，《云梦学刊》2010 年第 6 期，第 56—61 页；顾锦春：《明代的宗室犯罪》，华东师范大学硕士论文，2007 年。

方式等问题,也均有论及。① 但是,有关明代朝廷宗藩司法管理的研究在以下两个方面依然薄弱。一方面,目前的研究在这一问题上还缺乏整体脉络的梳理,因此有明一代对于宗藩司法管理的情况仍然模糊不清;其二,从既有的研究看来,一般性的讨论较多,个案研究相对较少。在仅有的有关王府案例的研究中,关注的中心似乎多在政治,而不在司法。② 因此,对于明代宗藩的司法管理,仍然需要更多细致的考察与分析。

本文考察明代朝廷对于宗藩的司法管理,重点关注宗藩与其余社会成员在司法中分别议处的问题,包括这一司法政策的发生、演变和落实。利用明代主要法律文本,包括《皇明祖训》、《大明律》、《问刑条例》、《宗藩条例》等,本文一方面从宏观层面梳理和探讨"分别议处",分析这一司法政策所反映的明朝廷和司法官吏对于宗藩的司法态度,勾勒明朝廷在先期以家法和国法对宗藩和非宗藩成员分别进行司法管理,之后又试图改变这一司法格局的轨迹,分析其间朝廷和一般司法官吏在"亲亲"原则与国家统一司法原则之间的矛盾。这样宏观的考察与具体的个案研究相结合。本文从嘉靖年间鲁王府案件的审理记录《鲁府招》③谈起,引出相关的明朝宗藩司法管理的主要问题,具体展示司法实践中宗藩与非宗藩成员分别议处的做法。本文从这一个案出发,具体分析讨论明初以来朝廷有关宗藩司法管理的政策和措施及其在明代中后期的演变。

---

① 周致元:《初探"高墙"》,《故宫博物院院刊》1997年第2期,第23—30页;《明代的宗室犯罪》,《安徽大学学报》1997年第5期,第94—100页;怀效锋:《明代宗藩的犯罪与处罚》,见氏著《明清法制初探》,北京:法律出版社,1998年,第175—187页;雷炳炎:《明代中期罪宗庶人管理问题初探》,《船山学刊》2003年第1期,第96—100页;《明代贬废罪宗及其家眷的给养问题》,《云南社会科学》2010年第4期,第135—139页;《明代罪宗的请复及其子女的袭封爵问题》,《西南大学学报》2010年第5期,第63—69页。
② 暴鸿昌:《"高煦之叛"辨》,《历史研究》1988年第2期,第99—101页;[日]佐藤文俊:《明代王府の研究》,东京:研文出版社,1999年。
③ (明)不著撰人:《鲁府招》,明抄本,现藏美国普林斯顿大学图书馆。

一、《鲁府招》与问题的提出

(一)《鲁府招》

洪武三年(1370),朱元璋第十子朱檀被封为鲁王。洪武十八年(1385),年仅 15 岁的鲁王就藩兖州,从此开始鲁王王府的历史。在其283 年的存续期间[①],鲁王府子孙繁衍迅速,前后出现 11 位亲王,70 位郡王,将军、中尉则有数百人之多,加上郡君、县郡以及仪宾,人丁兴旺。

嘉靖初年,鲁王朱观𤏳与其叔祖馆陶王朱当𣵀不和,分别向朝廷上书攻击对方,揭露对方的种种不法行为。在刑部的建议下,皇帝诏令刑部左侍郎杨志学、锦衣卫都指挥佥事袁天章、户科给事中周琬等到山东勘问。[②] 杨志学等三位钦差到达山东,会同巡抚山东都察院右副都御史胡缵宗、巡按山东监察御史李松、山东右布政使刘漳、临清兵备副使张邦教、带管分巡东兖道副使孟居仁,督同济南府知府司马泰、青州府知府李朝纲、濮州知州杨估、临清州知州马骥等一起查勘,其中杨志学、袁天章、周琬、胡缵宗、李松等直接参与了审理。此次审理涉及轻重人犯 195 名。[③]嘉靖十六年(1537)九月,钦差杨志学、袁天章、周琬等奏称审理完毕,"具得其实,遂列上各罪状,请上割恩正法"。[④]《鲁府招》是这次审理的记录。

对照《明实录》的记载,《鲁府招》成书时间应该在嘉靖十六年,作者可能就是钦差杨志学等。该书现有明抄本存世。全书一册一函,单页十一行,每行二十字。其中第九页等段落有错置。《鲁府招》不分章节。从内容看,大致包括以下三个部分。

---

① 1644 年,明朝灭亡,鲁王朱以海一度监国,主持南明政务。陈勇认为鲁王府存续的时间应该从洪武三年算起,直至南明永历七年取消鲁监国,因此提出鲁藩世系延续 283 年(参见陈勇:《明代兖州鲁王和王府》,《中州今古》2003 年第 1 期,第 8—16 页);冯启计算鲁王爵号存在的时间,从洪武三年(1370)到康熙元年(1662)鲁王朱以海去世,提出时间为 293 年(参见冯启:《明鲁王研究》,山东大学硕士论文,2010 年,第 10 页)。本文采用陈勇的说法。

② 《明世宗实录》卷 204"嘉靖十六年(1537)九月丙戌",台北:"中央研究院"历史语言研究所,1962 年校勘本,第 4264 页。按,本文所引各朝《明实录》均采用此版本。

③ 《鲁府招》,第 43 页下。

④ 《明世宗实录》卷 204"嘉靖十六年(1537)九月丙戌",第 4264 页。

其一,介绍这次查勘审理的由来。在《鲁府招》的开篇,刑部左侍郎杨志学、锦衣卫都指挥袁天章、户科给事中周珫等首先介绍了自己作为钦差,奉旨到鲁王府进行审理的由来和过程。这一部分列举历年来鲁王府所上奏疏,这些奏疏如何经圣旨转发"法司"或者"礼部"知道后得到相应的处置,以及最后刑部请旨,提议"敕差三法司、锦衣卫各堂上官,并给事中各一员,前去该地方会同彼处抚、按官员从公查勘",奏准之后成行。①

其二,审理记录。这是《鲁府招》的核心部分,占据了《鲁府招》整个文本约 3/4 的篇幅。从其构成看,这是一份明代比较典型的判决书。明朝的判决书一般由"问得"、"议得"和"照出"三个部分组成。② 大致而言,"问得"部分叙述整个犯罪的前后经过。在有两人以上共犯的案件中,"问得"部分一般要求以一个主要犯罪人为线索,即"招首",对案情进行叙述;在以"招首"为主的叙述结束之后,开列其余犯罪人的姓名、年龄、籍贯、职业等,称"招"与"招首"同,是为"小招"。"议得"部分根据法律条规对犯罪者予以相应的定罪量刑。而"照出"部分则处理与本案以及与本案人员有关的善后问题,包括涉案人员的诉讼费用、赎罪银米、犯罪之物、借调之文卷、证件追缴、提结及其他。

《鲁府招》第二部分的内容包括了明代一般判决书的以上三个部分,分别为"会问得"③,"会议得"④,和"照出"⑤。《鲁府招》的"会问得"部分,列典膳所典膳秦信为招首,以秦信为线索,叙述鲁府、馆陶王府发生的一系列罪案。而小招中则列鲁府、馆陶王府的王府官吏、仪宾、王府人役、入府生事的乐工、普通百姓等一共 62 人。《鲁府招》在列举这些人的姓名、年龄、籍贯和职业之后,说明"各招与秦信招同"⑥,是非常规范的"招首"与"小招"。因涉及多起命案,《鲁府招》"会问得"部分还包括了长达 13 页

---

① 《鲁府招》,第 2 页下。
② 杨雪峰:《明代的审判制度》,台北:黎明文化事业公司,1978 年,第 333—339 页。巨焕武:《明代判决书的格式及其记载方法》,《大陆杂志》1984 年第 3 期,第 17—42 页。
③ 《鲁府招》,第 6 页上。
④ 《鲁府招》,第 29 页下。
⑤ 《鲁府招》,第 34 页上。
⑥ 《鲁府招》,第 29 页下。

的尸检报告,并列举了大量的人证。《鲁府招》"会议得"部分仍以秦信为首,定拟各罪犯的罪行和相应的惩治方式。按明代中后期通行的程序,先按律定拟,除真犯死罪外,按例发落。① 这样,秦信、张容"俱合依故杀者律",②为真犯死罪。而夏宗尧等"俱依诓骗人财物者计赃准窃盗论,免刺","俱一百二十贯罪止律,各杖一百流三千里";③照例,夏宗尧等"俱定发边卫","各充军终身"。④ 其余徒、杖人犯,分有力、稍有力与无力分别予以纳赎、的决的发落。《鲁府招》的"照出"部分注明各罪犯的诉讼费用、各犯纳赎的米银数量、各犯需要交回的赃物等。以诉讼费用一项论,"照出"部分规定,定拟真犯死罪的秦信等、定拟充军的夏宗尧等免纳;王府官吏如常富等交纳诉讼费用"官纸一分,每分折银二钱";⑤乐工王儒、滋阳县民徐辅等交纳"民纸一分,每分折银一钱"。⑥

其三,审理人员向皇帝陈述审理意见,分"参照"、"看得"、"再照"、"又照"等部分。"参照"部分叙述审理者对案件审理的整体看法。这一部分仍从鲁府人役秦信说起,评论各类案犯的罪行与惩治。如秦信等"各拟前罪,死有余辜";⑦而仪宾"赵惠、李世梅、王诰"等,"本以市人联姻天脉,不思敌体于王姬,乃自纵淫于乐妇,相应革去衣冠,用惩无耻"。⑧ 在"参照"之后的"看得"部分,审理人员则专门评论了以鲁王为首的宗藩成员的行为。文中先列鲁王的问题,指出其罪行斑斑,至于"不能殚述者"。⑨ 次论其余宗室成员如馆陶王等行为,指出,"揆诸《祖训》",俱属有违。⑩ 在接下来的"再照"部分,审理人员议论鲁府田土、护卫等事。比如建议"遵照

---

① 吴艳红:《明代的法律与运作》,张显清、林金树主编《明代政治史》,桂林:广西师范大学出版社,2003年,第661—745页。

② 《鲁府招》,第30页下。

③ 《鲁府招》,第31页上。

④ 《鲁府招》,第32页下。

⑤ 《鲁府招》,第34页下。

⑥ 《鲁府招》,第35页上。

⑦ 《鲁府招》,第38页上。

⑧ 《鲁府招》,第38页下。

⑨ 《鲁府招》,第39页上。

⑩ 《鲁府招》,第39页上、下。

《祖训》内事理",将鲁府护卫军士量拨部分护卫兖州,以屏蔽地方;比如建议将"鲁府节年添造离宫新城并大池合无拆毁"等。① 在之后的"又照"部分,审理人员提出,鲁府发生之罪案,多由群小作恶所致。为此建议"精选素有贤能声望之人"任王府各级官员,对鲁王及其余宗室成员进行规谏。②

最后,审理群臣表示,"前项勘议事情皆非臣等所敢定拟,均乞圣明裁处"。③ 为此,将问过人犯按照罪名与处罚的程度,从重到轻,一一条列于《鲁府招》的末尾。

（二）宗藩与非宗藩人员的分别议处

从《鲁府招》看来,在司法实践中,宗藩与非宗藩人员得到明显的区别对待:两者得到的处罚不同,在司法程序和依据的法律等各个方面均显示出差别。换言之,在司法中,宗藩与非宗藩人员之间出现明显的分别议处的状态。

这一点首先在作为《鲁府招》核心部分的判决书中,得到明显的反映。《鲁府招》"会问得"部分对鲁王府案件进行描述,其中记录鲁王以及其余宗室成员的犯罪行为,也对王府官吏、王府人役以及与王府交往的普通民众的违法事实予以交代。但是,"会问得"部分中的招首为鲁府典膳所典膳秦信,即主要罪犯,小招所列 62 名罪犯则为鲁府、馆陶王府的王府官吏、仪宾、王府人役,以及乐工、普通百姓等。也就是说,在"会问得"部分,宗藩成员的犯罪行为虽有条列,但是并没有一个宗藩成员被列为罪犯。不仅如此,在"会问得"部分中,宗藩成员的犯罪多被描述为因王府人役的"拨置"而起,即宗藩犯罪,多在非宗藩成员的引导和劝诱下发生。比如鲁王修盖别宫一节,《鲁府招》记录:在官典仪正韩元佐明知《祖训》诸王宫室并不许有离宫别殿,不合故违,向世子怀王拨置,于本府体仁门外东园内创盖离宫一所。④

---

① 《鲁府招》,第 41 页下。
② 《鲁府招》,第 42 页上。
③ 《鲁府招》,第 42 页下。
④ 《鲁府招》,第 45 页下。

与以上"会问得"中并无宗藩成员被列举为罪犯相对应,在判决书的"会议得"部分,被定罪量刑的罪犯为王府官员、王府人役,以及与王府交往的平民,"会议得"中并没有宗藩成员被定罪量刑。也就是说,《鲁府招》作为鲁王府案件的审理记录,在其核心部分的判决书中,宗藩成员既没有以罪犯的形象出现,其罪行也没有得到认定和惩治;在判决书中,只有非宗藩成员受到了审问,并得到了相应的惩治,非宗藩成员是判决书的主体。

在《鲁府招》的判决书中包括了三位仪宾,即选配曲阜郡王的赵惠、选配即墨郡王的李世梅,以及选配清远郡王的王诰。他们在"会问得"部分被列入小招,与鲁府文职同列。① 在"会议得"部分,这三位仪宾的罪、刑没有单列。从《鲁府招》最后开列的审过人犯的名单上,可以看出这三位仪宾被定罪名为"不应罪重",相应的惩罚为"照例纳米折价赎罪,革去冠带为民"。② 在《鲁府招》的"照出"部分,这三位仪宾亦与鲁府文官一起,"各该纳官纸一分,每分折银二钱",③交纳诉讼费用。可见,仪宾与具有皇室血统的宗藩成员是有区别的,当宗藩与非宗藩成员在司法中被分别议处时,仪宾被归入非宗藩成员,受到与宗藩成员不一样的对待。

《鲁府招》中的判决书集中针对非宗藩成员,而列于判决书之后的"看得"部分,则专门针对以鲁王为首的宗室成员。在这部分中,杨志学等官员直言鲁王打死、逼死 30 余条人命,"混奸面奸二十余妓","酗酒失常","酣饮不检","争夺地土","轻藐宗亲",罪行至于"不能殚述者"。④ 但是在列举鲁王罪行之前,这些审理官员首先说明"鲁王年本幼冲,事未经涉,前后左右皆非正人",⑤在罪行列举之后,又再次重申"若非群小相诱,未必悖违至此"。⑥ 同样,馆陶王"先违宪章,荷蒙戒谕,未闻省咎,仍蹈前

---

① 《鲁府招》,第 29 页上。
② 《鲁府招》,第 76 页下。
③ 《鲁府招》,第 34 页下。
④ 《鲁府招》,第 39 页上。
⑤ 《鲁府招》,第 38 页下。
⑥ 《鲁府招》,第 39 页上。

非，不及三年，致死五命。及王告薨，托疾不临而哀毁无闻"；[1]宗室其余成员如朱当清等"招集群奸"、"奸占乐妇"，皆"不顾行检"，宗室朱观爥等"占隙人犯，不令出官"，"揆诸《祖训》"，俱属有违。[2] 行文至此，《鲁府招》再次说明，鲁王"止因年幼纵酒，加之群小拨置，是以致此耳"。[3] 在这一部分中，审理官员对宗藩成员的罪行进行了总结和评论，总结虽然彻底，评论则多有回护。更重要的是，在判决书中，非宗藩成员以被问罪定刑的状态出现；而当宗藩成员成为"看得"部分的主角时，他们的行为并没有被定罪和量刑。这是宗藩与非宗藩成员得到不同司法对待的另一反映。

其次，在《鲁府招》中，针对非宗藩人员，无论是"会问得"部分中对其犯罪行为的指责，还是"会议得"中对其犯罪行为的量刑，依据的均是明初制定的《大明律》与弘治年间颁布的《问刑条例》。比如"会问得"部分追溯弘治十五年（1502）军余卢山等十几人投充馆陶王、钜野王等府为家人，《鲁府招》称："各不合故违投充王府作为家人伴当等项名色，事干拨置，打死人命，强占田地等项情重者，除真犯死罪外，其余俱发边卫充军事例"，投入各王府，"拨置生事害人，向未事发"。[4] 同样，乔岳、张相各明知有例"乐工纵容女子擅入王府行奸者问发边卫充军"，却仍令乐妇王赶嘴等进入王府。[5] "议得"部分引用的《大明律》条目则包括"故杀"、"官怀挟私仇故勘平人因而致死"、"斗殴杀人者不问手足他物金刃律"、"诓骗人财物者计赃准窃盗论，免刺"、"不应"等。[6]

而值得注意的是，在《鲁府招》中，司法官员在提及宗藩的违法行为并对之进行分析时，均不提《大明律》与《问刑条例》。在"看得"部分，在评论宗藩成员的犯罪行为时，杨志学等官员简单提到"揆诸《祖训》，俱属有违"。[7]《祖训》之与宗藩成员，似乎与《大明律》与《问刑条例》之与非宗藩

---

① 《鲁府招》，第 39 页上。
② 《鲁府招》，第 39 页下。
③ 《鲁府招》，第 39 页下。
④ 《鲁府招》，第 46 页上、下。
⑤ 《鲁府招》，第 56 页下。
⑥ 《鲁府招》，第 30 页下—31 页上。
⑦ 《鲁府招》，第 39 页下。

成员具有类似的功效。但是，从《鲁府招》的情况看，第一，《祖训》的应用并不得力。司法官员们虽然指出宗藩行为"揆诸《祖训》，俱属有违"，至于如何"揆诸《祖训》"，为何"俱属有违"，并无明说。即《祖训》的具体条目并不能与宗藩违法行为一一对应。其次，《鲁府招》中，《祖训》并不只应用于宗藩成员。在其中的"会问得"部分，审理官员们也以《祖训》为依据，议论部分王府人役的违法行为。比如上述鲁府典仪正韩元佐故违《祖训》，向世子怀王拨置修建离宫。之后，韩元佐与夏宗尧等又"故违《祖训》，拨置世孙"修池盖亭。① 嘉靖十五年（1536），鲁府纪善所纪善林馨"不合故违《祖训》"，拨置鲁王，在寝宫东南修筑墙垣房舍。②

此外，《鲁府招》卷首，以嘉靖皇帝的敕旨表明钦差官员此行山东的目标："将各王所奏事情，行提应审人犯到官，逐一从公审勘……有罪人犯照依律例问拟，情轻者先行摘发，情重者奏请定夺。"③但从《鲁府招》包含的记录看来，以上敕旨主要针对的是非宗藩成员。非宗藩成员，包括王府官员和仪宾，王府一般人役以及与王府交往的平民，受到了审问，从"问得"、"议得"到"照出"，程序规范，罪行清楚，量刑合理。而对于宗藩成员而言，以上官员只在"问得"部分描述了其犯罪的情况，在"看得"部分对其罪行进行了总结，并予以相关的评论。他们对于王府的一些具体事宜，比如安排更好的王府官员等提出了自己的建议，但是对于如何处置宗藩成员，却没有提出丝毫的意见。由此可见，对于宗藩与非宗藩成员，钦差杨志学等出行山东的目的并不一致：对于非宗藩成员，这是一次审理；而对于宗室成员，这只是一个查勘。

嘉靖十六年九月嘉靖皇帝收到来自钦差官员的审理报告之后，最后的裁定如下：鲁王朱观𤊟虽然"乖违《祖训》，法当革爵"，但是"念其幼稚，姑从轻，革禄米三分之二，令图省改"。馆陶王朱当㳸革禄米三分之一，从馆陶王讦奏的朱观燏等住禄半年。唯王府人役"处决发遣如拟"。④ 非宗

---

① 《鲁府招》，第46页上。

② 《鲁府招》，第63页上。

③ 《鲁府招》，第1页下，2页上。

④ 《明世宗实录》卷204"嘉靖十六年（1537）九月丙戌"，第4265页。

藩成员所受处罚从死刑到充军,从徒到杖,或收赎或的决,是在《大明律》与《问刑条例》所规定的五刑之内;而宗藩成员的惩治,以革禄米或停禄米的方式进行,显然是在五刑之外专门为宗室成员设定的特殊惩治方式。换言之,针对宗藩成员与非宗藩成员的惩治体系也不一样。

以上情况,似乎都可以说明,在司法中,明朝廷对于宗藩与非宗藩人员给予了不同的对待:宗藩与非宗藩人员,司法程序不同。对于非宗藩成员,国家司法官员可以审理,而对于王府宗藩,他们只能奉旨查勘;两者依据的法规不同,非宗藩成员的司法依据是《大明律》和《问刑条例》,而《大明律》与《问刑条例》并不成为宗藩司法的依据;此外,两者的惩治方式也有差别。非宗藩成员的惩治在国家规定的笞、杖、徒、流、死五刑之内,而对于宗藩的惩治却在五刑体系之外。此外,从《鲁府招》看来,这一时期,针对非宗藩成员的司法相对规范,而针对宗藩成员的司法则显得散乱。最主要的一点是,《大明律》和《问刑条例》既不能规范宗藩行为,而曾经作为规范宗藩行为的《祖训》,在司法实践中也体现出模糊和不确定的特征。

《鲁府招》所反映的宗藩与非宗藩成员不同的司法处置,也就是两者在司法中的分别议处值得关注。由此而来的问题是:第一,《鲁府招》的记录反映了这一时期怎样的司法现实?也就是说,《鲁府招》所反映的有关宗藩的司法实践具有怎样的代表性?这一司法实践与这一时期相关的法律规定和司法政策之间是否吻合?是否存在差距?第二,嘉靖前期出现的《鲁府招》,其中所反映的宗藩与非宗藩成员之间的分别议处,在明代宗藩司法政策及其实践的演变过程中处于怎样的位置?《鲁府招》所反映的宗藩的司法实践,在明初是否曾有出现,在嘉靖以后是否有所改变?第三,《鲁府招》所反映的宗藩与非宗藩成员不同的司法处置,其依据何在?即明朝廷为什么把宗藩群体独立在国家司法体系之外?皇帝与明臣对此又有怎样的看法?下面的论述旨在回答这些问题。

二、国法与家法:分别议处的根据

宗藩与非宗藩人员的司法分离,其实践与根据可以一直追溯到明初太祖时期。

（一）《祖训》与《大明律》

洪武一朝，明太祖朱元璋多次将《祖训录》、《皇明祖训》与《大明律》并列论述。洪武六年（1373），《祖训录》初成。在序言中，明太祖称："盖自平武昌以来，即议定著律例，损益更改，不计遍数，经今十年，始得成就，颁而行之，民渐知禁。至于开导后人，复为《祖训录》一编，立为家法。"①洪武后期，《祖训录》经过修订，以《皇明祖训》为名出版，这一说法仍然保留。②洪武二十八年（1395）六月己丑，明太祖御奉天门敕谕文武群臣，规定"以后嗣君统理天下，止守《律》与《大诰》"。又曰："皇亲国戚有犯，在嗣君自决，惟谋逆不赦，余犯轻者，与在京诸亲会议，重者与在外诸王及在京诸亲会议，皆取自上裁。其所犯之家，止许法同举奏，并不许擅自逮问。"可以享受这一司法特权的合议亲戚，"朕皆已著之《祖训》"。③

与此相应，《皇明祖训》第一条规定："凡王所守者祖法，如朝廷之命合于道理，则惟命是听。不合道理，见《法律》篇第十二条。"④《皇明祖训·法律》第十二条规定："凡朝廷使者至王国……言语非理，故触王怒者，决非天子之意，必是朝中奸臣使之离间亲亲。王当十分含怒，不可辄杀，当拘禁在国，鞫问真情，遣人密报天子。天子当询其实，奸臣及使俱斩之。"⑤不仅明确宗藩的司法特权，而且明确规定宗藩所守之法为具有特殊性质的"祖法"，与一般的"朝廷之命"不同。

《祖训》以家法出现，集中关注宗藩及其行为，其中具体规定了宗藩的司法管理，明确宗藩与一般臣民在司法上的区别。从司法程序来说，《皇明祖训》规定，若亲王和宗室之家犯罪，并不许一般司法官吏介入。在国家司法体系内具有纠举职责的风宪官，若"以王小过奏闻，离间亲亲者，

---

① （明）朱元璋：《祖训录》，见（明）朱元璋《明朝开国文献》第 3 册，台北：台湾学生书局，1966 年，第 1674 页。

② （明）朱元璋：《皇明祖训》，见日本古典研究会《皇明制书》卷下，东京：古典研究会，1966 年，第 1 页。

③ 《明太祖实录》卷 239"洪武二十八年（1395）六月己丑"，第 3478—3479 页。

④ 《皇明祖训》，第 5 页。

⑤ 《皇明祖训》，第 12 页。

斩。风闻王有大故，而无实迹可验，辄以上闻者，其罪亦同"。① 但凡亲王有过，重者，要召至京城，宣召者首先为"皇亲或内官"，三次不至，再遣"流官同内官"召之至京。果有实迹，要先由"在京诸皇亲及内官陪留十日"，"五见天子"，"然后发放"。就审讯过程而言，亲王宗室的主审在天子，即所谓"天子亲谕以所作之非"。其间，"虽（亲王）有大罪，亦不加刑"。最后，亲王宗室的处罚在国家的一般刑罚体系，即五刑之外。《皇明祖训》明确规定，宗藩犯罪，"重则降为庶人，轻则当因来朝面谕其非，或遣官谕以祸福，使之自新"。②

与《祖训》相对应的《大明律》，则以一般臣民为主要规范对象，以"统理天下"为目标，以"朝廷之命"为特征，其中并不包括宗藩作为犯罪主体的条目。《大明律》中直接提及宗藩的条目仅《吏律》"制书有违"下一条、《兵律》"擅调官军"一条以及《刑律》"诈传诏旨"一条，③其中亲王宗藩只作为受害者出现。所以以上涉及亲王宗藩的条目，其犯罪主体与惩治的对象仍是一般臣民，而不是亲王宗藩。此外，《刑律》"皇家祖免以上亲被殴"条涉及宗藩，与上述条目具有相似的特征。④《名例律》"应议者犯罪"条规定，"凡八议者犯罪，实封奏闻取旨，不许擅自勾问。若奉旨推问者，开具所犯及应议之状先奏请议，议定奏闻，取自上裁"。⑤ 此条目也涉及宗藩成员，条目设立的目的则在于从程序和内容上确定"八议"人员在司法程序上的特殊性，保护宗亲的司法利益，并不以规范宗亲行为为目的。因此，总体来说，亲王宗藩并不是《大明律》条目规范的对象，他们在《大明

---

① 《皇明祖训》，第 12 页。

② 《皇明祖训》，第 11—12 页。

③ 以下《大明律》条目，均引自(明)姚思仁：《大明律附例注解》，北京大学，1993 年影印本。《大明律·吏律》"制书有违"条规定：违亲王令旨者，杖九十，减违皇帝和皇太子圣旨、令旨一等。稽缓者同，减违亲王令旨一等(第 284 页)；《兵律》"擅调官军"条提到，若亲王所封地面有警，调兵已有定制(第 520 页)；《刑律》"诈传诏旨"规定，凡诈传诏旨者斩，诈传皇后懿旨、皇太子令旨、亲王令旨者绞(第 838 页)。

④ 《刑律》："皇家祖免以上亲被殴"条规定，凡皇家祖免亲而殴之者，杖六十徒一年，伤者杖八十徒二年，折伤以上重者，加凡斗二等。缌麻以上各递加一等。笃疾者绞，死者斩。参见《大明律附例注解》，第 732 页。

⑤ 《大明律附例注解》，第 119—120 页。

律》所设定的规范对象之外。

《祖训》与《大明律》因此分别成为家法与国法，或者说私法与公法的代表。《大明律》代表国家一般法律系统，治理一般臣民；而《祖训》则代表家法，规范宗藩。

洪武二十八年，朱元璋第二子秦王朱樉去世。太祖亲书《谕祭秦王祝文》，其中指责秦王行为不端，屡次违反《祖训》，最后指出，"观尔之为，古所未有，论以公法，罪不容诛"。[①] 朱元璋表达得十分清楚：若是依据朝廷根本大法，比如《大明律》的规定，秦王的行为至于得到极刑的惩治。但是作为皇子，他受家法约束，因此得到这一私法的庇护，秦王因此才得以天年。

正统初年，靖江王朱佐敬与其弟奉国将军朱佐敏互相讦奏。皇亲英国公张辅等奉旨先对王府府属及内使进行审问。罪状确定之后，张辅等要求逮治佐敬。正统皇帝答复："府属内使治如律，佐敬等念是宗亲，其以敕切责。如不悛，朕当论以《祖训》，不曲宥也。"[②]比较典型地体现了这种分别而治的司法状况。即，王府宗室受《祖训》规范，有过宗藩的处罚由皇帝钦定。而一般臣民，包括王府官员、人役，则受《大明律》规范，依据《大明律》确定其惩治的方式和力度。

当然，宗藩与非宗藩成员的分别议处也并不绝对。《大明律》"应议者犯罪"条给予宗藩司法特权，即应议者犯罪，其审理需要经过多官会议，议定之后再行奏请，取自上裁。但是这一条目同时也规定，"其犯十恶者，不用此律"。[③]《大明律》所定"十恶"之首为"谋反"，即"谋危社稷"；第二为"谋大逆"，即"谋毁宗庙、山陵及宫阙"。[④] 也就是说，若宗藩有谋逆之举，威胁帝室，朝廷当将宗藩一体纳入国家司法的体系，以国法惩治。永乐十五年（1417）正月，楚王等议定谷王橞罪状，确认谷王"违弃《祖训》，阴结

---

① 转引自陈学霖：《关于〈明太祖皇帝钦录〉的史料》，中国社会科学院历史研究所明史研究室编《明史研究论丛》第 6 辑，合肥：黄山书社，2004 年，第 92 页。

② 《明英宗实录》卷 70"正统五年（1440）八月庚午"，第 1349 页。

③ 《大明律附例注解》，第 120 页。

④ 《大明律附例注解》，第 116 页。

恶党,谋为不轨",指出谷王此罪"天地之所不容,祖宗之所不佑,国法之所不恕者",要求"按法诛之"。永乐皇帝收到楚王等人的审理意见后,一方面认为楚王等说的在理,"治以国法固是正论";同时指出:"然朕于同气,宁失之厚"。侍臣进言,认为谷王谋逆,"背恩叛义",所以皇帝不应该"以私亲废公法"。① 同样,宣德二年(1427),晋王以同谋危害朝廷等罪被废为庶人,皇帝也以"不敢以私亲废大义"为辞。② 可见,从司法政策到司法实践,分别议处存在限制。如果宗藩所犯罪行极重,朝廷可以不再考虑分别议处的原则,而以国法惩治宗藩。

其次,洪武后期,朝廷也明确表明:朝廷之法虽然不及宗藩本身,但是王府,包括王府内的官吏、人役以及藩国内的百姓,则都在朝廷之法的控制之内。这与洪武前期的情况明显有别。从形成于洪武初期的《祖训录》看,不仅宗藩本身独立于国家司法体系之外,在其藩国之内,宗藩还获得独立的司法权力,对王府官吏和藩国内的百姓独立司法,不受朝廷法律与司法体系的限制。比如,《祖训录》一条规定:"凡亲王所自用文武官吏并军士,生杀予夺,从王区处,朝廷毋得干预。"③即,王府对其属官具有直接的、完全的司法权力。又一条规定,"凡王所居国城,及境内市井乡村人民,敢有违犯及侮慢王者,从王区处,朝廷及风宪官毋得举问"。④

从《祖训录》到洪武后期成书的《皇明祖训》,《祖训》内容几度修改。⑤ 就其中包括的《法律》部分而言,从《祖训录》到《皇明祖训》相关内容的变化,显示出朝廷对王府宗藩司法权力进行限制的特征。在《皇明祖训》中,以上两条条目有明显的改变。有关王府属官的司法一条,在《皇明祖训》中改为:"如或文武官员犯法,王能依律剖判者,听。法司毋得吹毛求疵,改王决治。"⑥对于"律"的强调,保证了针对王府属官的司法不完全脱离

---

① 《明太宗实录》卷184"永乐十五年(1417)正月甲辰",第1979页。

② 《明宣宗实录》卷27"宣德二年(1427)四月甲子",第708页。

③ 《祖训录》,第1714页。

④ 《祖训录》,第1714页。

⑤ 张德信:《〈祖训录〉与〈皇明祖训〉的比较研究》,《文史》第45辑,北京:中华书局,1998年,第139—161页。

⑥ 《皇明祖训》,第11页。

国家的司法格局。关于王国内百姓的司法一条则改成:"凡王所居国城及境内市井乡村军民人等,敢有侮慢王者,王即拿赴京来,审问情由明白,然后治罪。若军民人等,本不曾侮慢其王,左右人虚张声势,于王处诬陷良善者,罪坐本人。"①这样,朝廷也将宗藩对藩国内百姓的司法权收回。

与此同时,《皇明祖训》还明确规定:"凡王国内,除额设诸职事外,并不许延揽交结奔竞佞巧知谋之士,亦不许接受上书陈言者。如有此等之人,王虽容之,朝廷必正之以法。"②明确表明宗藩的司法权力存在限制,朝廷之法可以深入藩府、藩国。

(二)分别议处存在的问题

尽管如此,在司法理念和司法实践等方面,分别议处均存在问题。

从司法理念来看,明代宗藩作为皇帝的家人,皇帝对其有"亲亲"的义务。在司法领域,依据"亲亲"的原则,朱元璋以家法规范宗藩,使得宗藩群体独立于国家一般司法体系之外,表达对宗藩群体的私亲、恩宠和可能的曲宥。当《祖训》把宗藩独立于国家司法体系和司法官员的控制之外,皇帝及其代表的朝廷、朝臣以及宗藩之间的关系就殊为微妙。国家官员不得轻易涉及宗藩之事。本以监督为职责的风宪官吏,如果上言藩府事情不当,还有"离间亲亲"的罪名,会遭受斩首的惩治。③ 从朝廷来说,上文引用过《皇明祖训》一款规定,"凡朝廷使者至王国……言语非理,故触王怒者",王可以"拘禁在国,鞫问真情,遣人密报天子"。如果言语非理、故触王怒为真,则朝内必有奸臣。朝内奸臣与出使王国者俱斩。④ 这一规定直接为王府宗藩评论朝廷政策和朝廷官僚提供依据,根据这一规定,王国甚至具有任意拘禁朝廷大臣的权力。显然,分别议处以及《祖训》的相关规定,赋予皇帝更多朱氏皇族家长的特征,更强调宗藩皇族家人的特征,在这一格局下,皇帝与宗藩成为联盟,而朝臣则成为异姓的外人。朝廷和朝臣的权威性受到很大程度的挑战。

---

① 《皇明祖训》,第 11 页。
② 《皇明祖训》,第 12 页。
③ 《皇明祖训》,第 12 页。
④ 《皇明祖训》,第 12 页。

这样,分别议处就带来以下难以回答的问题:第一,宗藩是否属于明朝臣民?如果他们也属于明朝的臣民,他们该如何接受朝廷的管理,遵守朝廷统一的法规?第二,分别议处的格局下,皇帝和皇亲族属处理宗藩案件,国家司法官员被排除在外,那么这是否还属于国家的司法行为?

而从司法实践来看,首先,分别议处以《祖训》为依据,主要依靠皇帝和皇亲族属处理宗藩的不法行为,将国家司法体系,包括国家法律、司法程序和司法官员排除在宗藩司法之外,这直接导致了明朝廷对宗藩司法管理的不力。明太祖时期宗藩人口数量有限,洪武末年,全国仅亲王 18人就藩各地,全国宗室人数仅 58 人。[①] 以《祖训》为代表的家法还能发挥实际的规范效用。但是明初以后,宗藩数量快速增长,至明末,这一群体的人数可能已经达到了 20 万之多。[②] 随着宗藩人口数量的增加,宗藩违法犯罪的行为也从数量和种类上有相应的增长,明初分别议处格局下对宗藩的司法管理很快出现问题。《大明律》总计 460 条,而《皇明祖训》总计 96 条的条目中,只有 12 条具有司法或者刑法的特征。[③] 《祖训》显然承担不了规范这样庞大而复杂的宗藩人口的责任。而朱元璋在洪武后期更明确规定,"后世敢有言更改祖法者,即以奸臣论,毋赦"。[④] 终明一代,《皇明祖训》没有新的条目增加。这样更进一步影响了《祖训》在规范宗藩行为上的效力。而从司法程序来说,随着宗藩数量的增加,由皇帝和皇亲族属亲理所有宗藩案件,显然很难落实,但是国家的司法程序和司法官员又不能直接介入,明朝廷在宗藩司法管理上明显薄弱。正德年间鲁王府发生朱当㴐案这样的冤案,固然有多方面的原因,但其中与宗藩司法中缺

---

① 蒋兆成:《明代宗藩制度述评》,《中国社会经济史研究》1988 年第 3 期,第 65 页;李国华:《明代的宗藩》,《江西师范大学学报》1985 年第 1 期,第 20 页。

② 顾诚:《明代的宗室》,收于《明清史国际学术讨论会论文集》,天津:天津人民出版社,1982 年,第 98 页。

③ Edward Farmer, *The Early Ming Legislation*, Leiden: E. J. Brill, 1995, p. 69.

④ (清)查继佐:《罪惟录》,《帝纪》卷 1,杭州:浙江古籍出版社,1985 年,第 50 页。

乏足够的程序和固定的司法官员也密切相关。①

第二,分别议处的目标在于体现国家对于皇亲的恩宠;而分别议处的格局下,家法对宗藩缺乏足够的约束,宗藩又独立于国家司法体系之外,不受地方官府和国家法律的管理,这一直接后果就是宗藩群体的"豪横纵恣,肆行无忌"。② 万历年间,崇阳王府奉国中尉景山等与武昌府江夏县张香儿等谋划劫财,张香儿等担心说"这事犯了便害性命,不可做贼",而宗室景山等回应,"我们是有禄的,事犯只是革禄,无甚么事"。③ 宗室的以上心理,是这一后果的直接体现。

明代亲王就藩,在各地建立藩国,居于王府之中,虽然有进京、出城的限制,但是与当地官府、百姓仍有交往。明代中后期,宗藩人口增加之后,这样的交往就更为频繁。隆庆三年(1569),礼部官员戚元佐议论分别议处的问题,直接指出"宗室不加刑责,原非古道。即宗室有罪而有司刑罚不加,则大乱之道也"。其原因在于,"夫人情有欲,所以平其情而不乱者,恃有司之法绳之耳。今宗室一有小过,不以有司治之,而动必奏请。苟以锱铢斤两,彼必忿争,而遽欲闻之朝廷,则往来劳费,废时妨业,彼小民者,岂愿为此哉?"而宗室则因此而变本加厉,争夺民产。④ 宗藩与地方官府的交往也存在类似的问题。明人于慎行指出,因为宗藩人口的繁衍,"族属益疏",更因为"禄粮支给仰哺有司",所以明代中后期宗藩在与地方官

---

① 鲁府归善王朱当沍豪健有力,好兵善射。王府长史马魁与其有隙,竟阴告于朱当沍父亲,即鲁庄王处,称朱当沍谋逆。鲁王怕惹祸上身,奏闻朝廷。同时,朝廷中,吏部主事梁谷与兵卒袁质等有怨,而袁质等与朱当沍数次操习射术,梁谷因此向兵部告变,圣旨下,逮问朱当沍。马魁又买通证人,贿赂太监。因缺乏罪证,朝廷上下皆知当沍无谋反。御史李翰臣劾梁谷与马魁,无果。最后朱当沍被降为庶人,发凤阳幽禁高墙。朱当沍到达凤阳才知审理结果和对他的处罚,口呼冤枉,触墙而死。事见(清)张廷玉等撰《明史》卷116《诸王一》,北京:中华书局,1974年,第3576页;《明武宗实录》卷118"正德九年(1514)十一月辛酉",第2382—2383页;(明)朱国祯:《涌幢小品》,北京:文化艺术出版社,1998年,第105—107页;陈勇:《明代兖州鲁王和王府》,《中州今古》2003年第1期,第8—16页,等等。

② (明)张翰:《松窗梦语》卷8《宗藩纪》,北京:中华书局,1985年,第156页。

③ (明)张问达:《抚楚疏稿》卷8《三宗因赌纠党行劫疏》,万历刊本,第26页下—27页上。

④ (明)陈子龙等辑:《明经世文编》卷388戚元佐《议处宗藩事宜疏》,北京:中华书局,1962年,第5册,第4202页。

员的交往中地位有所下降,①但是这一时期,因为禄米供应不及和禄米分派中出现的纰漏等问题,宗室成员聚众滋事,欺凌地方官府,毁伤抚、按官之舆从等事发生频繁。② 也就是说,对宗藩和非宗藩成员进行分别议处,导致国家司法官员在宗藩司法中无力介入,一个数量相当可观的宗藩人群被置于国家一般司法体系之外,成为国家司法体系很大的漏洞,对明代整体司法实践的有效性造成了负面的影响。这些问题在洪武时期就存在,洪武以后,随着宗藩人口的增加,这些问题就更为突出。

以宗藩奏请一事为例。在朱元璋看来,宗藩与朝廷之间应该有直接和便捷的沟通,这样的沟通不应该受到朝廷机构和官僚的干扰。因此,《皇明祖训》一条规定,"凡王遣使至朝廷,不须经由各衙门,直诣御前,敢有阻挡者,即是奸臣"。③ 这一条文对朝廷规制与官员的忽视还在其次,当宗藩人口增加,各地宗藩为大小事宜奏请无度时,问题的严重性才显露出来,皇帝感到不胜其扰。

为此,天顺年间,相关条例开始形成并颁发各地藩府,尤其对郡王的无度奏请进行限制。除机密重情外,规定一般郡王的奏请应该交由亲王及王府属官先行参详,确定是否应该奏请,其中应该奏请的才遣使奏请。④ 弘治六年(1493),刑部官员再次就此事上奏皇帝,指出尽管禁止随意奏请的条例存在已久,但是朝廷"笃念亲亲",但凡宗藩有所奏请,朝廷总是予以回应,这样,宗藩随意奏请之事至不可止。这些司法官员提醒皇帝,若长此以往,"各藩效尤,日甚一日,法例具存,有名无实"。他们再次强调条例的重要性,指出"立法垂训,较若画一,上下相信,令出惟行",希望皇帝维护已定条例的权威和有效性,"庶得法有定体,人知遵信"。⑤

---

① (明)于慎行撰,张德信、吕景琳点校:《谷山笔麈》卷3《藩封》,北京:中华书局,1984年,第25页。

② 《松窗梦语》卷8《宗藩纪》,第156—157页。

③ 《皇明祖训》,第12页。

④ (明)戴金:《皇明条法事类纂》卷2,《中国珍稀法律典籍集成》乙编第4册,北京:科学出版社,1994年,第70—71页。

⑤ 《皇明弘治六年(1493)条例》七月条,《中国珍稀法律典籍集成》乙编第2册,北京:科学出版社,1994年,第177—178页。

以上宗藩奏请事例充分反映出上述分别议处带来的问题。同时，也可以看到朝廷试图解决这些问题的努力。首先，这一时期，以条例管理宗藩已经得到一定的落实。《皇明条法事类纂》收集成化与弘治初年的条例，其中涉及王府司法的条例已有 25 条。宗藩司法显然远远走出了《祖训》的范围。其次，在宗藩司法中，司法官员强调条例的重要性，要求皇帝与宗藩同时遵守已经形成的条例，减少宗藩司法中浓厚的家法特征，对于提高宗藩司法中的程序性和规范性具有重要的意义。上述司法官员表达的理念，是明朝廷宗藩司法政策发生更大变化的先声，反映出明代司法官员试图重新将宗藩纳入国家一般司法体系的最早的努力。

三、重新纳入国法体系的努力与成效

弘治以后，明朝廷将宗藩司法重新纳入国法体系的努力更加明显，这样的努力和相应的成效在立法和司法层面上得到了更多的表达。

（一）《问刑条例》：立法层面的成效

弘治十三年（1500），《问刑条例》颁布。《问刑条例》收录"情法适中，经久可行"的条例，[①]以"通行内外，与《大明律》兼用"为目的。[②] 弘治《问刑条例》共计条目 279 条，涉及王府的条目只有 18 条左右，而且其中多数条目与王府官吏和王府人役犯罪有关，但是在这 18 条左右的条目中，也有 4 条条目以宗藩本身为犯罪的主体。这 4 条条目因此非常值得关注，表 1 列此 4 条条目。[③]

---

① 弘治《问刑条例》卷首，《中国珍稀法律典籍集成》乙编第 2 册，第 217 页。

② 《明孝宗实录》卷 65"弘治五年（1492）七月壬午"，第 1245 页。

③ 弘治《问刑条例》，《皇明制书》卷 13，《北京图书馆古籍珍本丛刊》第 46 册，北京：书目文献出版社，1998 年，第 343—380 页。

表 1 弘治《问刑条例》中以王府宗藩为犯罪主体的条目

序号(在《问刑条例》中的序号)	内容	页码及附注
1(69)	弘治三年(1490)二月二十七日,节该钦奉圣旨,钟锵、奇泥、奇遇(澖),节次重出领状,冒支官粮,好生不遵《祖训》。就将他每禄米革去十分之二,以示惩戒。今后将军、仪宾有犯,都照这例行。钦此。	第352页
2(99)	各王府不许擅自招集外人,凌辱官府,扰害百姓,擅作威福,打死人命,受人投献地土,进送女子,及强取人财物,占人妻妾,收留有孕妇女,以致生育不明,冒乱宗支。及蓄养术士,招尤惹衅,无故出城游戏。违者,巡抚、巡按等官即时奏闻。先行追究设谋拨置之人,应提问者就行提问,应奏提者奏提。杖罪以上官员,奏请降调边防。旗校舍余人等,发边卫充军。	第356页
3(101)	各处郡王并将军、中尉,凡有奏请,务令长史司具启亲王知会,参详可否。若应该具奏者,然后给批差人赍奏。如违,该衙门将赍奏人员并教授一体参究,其所奏事件仍行长史司具启亲王查勘,参详明白具奏,方才施行。若机密重情,或与亲王事有干涉,及郡王分封,相离窎远,不在一城居住者,许令径自具奏。本府将军以下俱启王代奏。若事与亲王无干,及不系机密重情,无故蓦越具奏者,所司备查前例,上请区处。若已经参详,奏行勘问未结,重复奏扰,就将奏词立案不行。	第356—357页
4(104)	各处郡王除正妃外,妾媵多不过四人;镇国、辅国将军除正夫人,奉国将军除正淑人外,妾媵各不过三人;镇国中尉除恭人,辅国中尉除宜人,奉国中尉除安人外,妾媵各不过二人。生子之日,先行开具姓名奏报。以后请名、请封,庶无僭差。若是滥收过数,将辅导隐匿不奏官员参提究问,奏请降调边方。	第357页

　　这4条条目中,犯罪行为的主体明确指明为王府宗藩。表1第一条录孝宗皇帝圣旨,以将军、仪宾为惩治对象;第二条针对天下各王府而定;第三条和第四条则将郡王、将军、中尉确定为犯罪的主体和惩治的对象。弘治《问刑条例》具有辅《大明律》而行的位置,因此是国家一般司法的代

表。在这样性质的法律文本中,宗藩成员,包括郡王、将军、中尉等第一次以犯罪主体的身份,与其余社会成员被放置到了一起。换言之,这是国家一般法律首次将宗藩列入其规范的对象。这是一个根本性的变化。其次,尽管只有4条条目,条目规定的具体罪行因此仍然有限,但是,这4条条目也涵盖了王府宗藩相当部分的行为。其中既包括宗藩本身的违法行为,如冒领官粮、冒乱宗枝、奏扰朝廷、滥收妾媵等,还包括宗藩在与地方官府、地方百姓交往时的违法行为。第三,在《祖训》中,王府宗藩的犯罪行为与惩治方式之间没有直接的对应关系,但是上表所列第一条明确规定,"节次重出领状,冒支官粮"的将军和仪宾,以后都将受到"禄米革去十分之二"的惩治。对有过宗藩进行革禄米的惩治,在弘治以前的司法实践中早有出现,但是,这是第一次被明确写入国家一般法律条文。此外,上表条目第二条规定,王府有违反条例规定之行为的,"巡抚、巡按等官即时奏闻"。自《祖训录》和《皇明祖训》颁布以来,在国家的法律文本中,这是第一次明确规定国家司法官员在宗藩违法中的纠举责任,为国家司法官员介入宗藩司法给予了依据。与具有根本大法地位的《大明律》内容相比较,《问刑条例》以上4条条目充分反映出朝廷将宗藩司法纳入国家一般司法体系的努力。

弘治《问刑条例》在嘉靖和万历朝均有重修,所以有嘉靖《重修问刑条例》和万历《问刑条例》。[①] 从嘉靖《重修问刑条例》和万历《问刑条例》的相关条目看,弘治《问刑条例》中体现出来的将宗藩纳入国家司法体系的努力有持续的发展。嘉靖《重修问刑条例》与万历《问刑条例》中以王府宗藩为犯罪主体的条目均增加到了7条。随着条例数量的增加,针对王府宗藩行为的规范,其范围也在逐渐扩大。比如嘉靖《重修问刑条例》中对

---

① (明)顾应祥:《〈重修问刑条例〉题稿》,见黄彰健编著《明代律例汇编》,台北:"中央研究院"历史语言研究所,1979年,第7—10页;万历十三年(1585)刑部尚书舒化进万历《问刑条例》表文,见《大明律附例注解》卷首,第4—17页。

宗藩兜揽钱粮、宗室赴京奏扰、宗室互相讦奏等行为进行规范和惩治。① 万历《问刑条例》对宗室置买田产、不纳差粮等行为进行惩治等等。② 与弘治《问刑条例》中的相关条目相比较,嘉靖和万历条例中对违法宗藩的惩治更为明确。除了革禄米以外,"降为庶人"、"发送高墙"、"送发闲宅拘住"、"着该府收管"等惩治方式开始进入条例。同样,在嘉靖和万历条例中,国家司法官员在处理宗藩案件上似乎也被赋予了更多的权力。

而最值得指出的一点是,万历《问刑条例》首次将亲王本身确定为犯罪主体。该《问刑条例》一条规定,亲王收用妾媵数量超额及违反相关规定的,与郡王、各级将军和各级中尉等一起,"分别罚治"。③ 亲王与郡王、将军、中尉等虽同属宗室,但是亲疏贵贱有别。从弘治、嘉靖《问刑条例》收录的以王府宗藩为犯罪主体的条目看,针对的主要还是郡王及其以下的宗藩,亲王本人一直没有成为犯罪的主体。从这个意义上说,万历《问刑条例》的此条条例具有相当重要的意义。

明初以来,宗藩司法中的"先例"、"事例"有广泛的行用。为整理这些"先例"与"事例",嘉靖四十四年(1565),朝廷有《宗藩条例》的编纂。《宗藩条例》编订的目标在于"立为万世不刊之典,颁行天下王府永远遵守"。④ 其中包含的 67 个主题均涉及王府宗藩事宜。似乎与《祖训》有同

---

① 嘉靖《重修问刑条例》一条规定:凡王府将军、中尉,及仪宾之家,用强兜揽钱粮,侵欺及骗害纳户者,事发参究,将应得禄粮价银扣除完官给主。事毕,方许照旧关支禄粮(见《嘉靖〈重修问刑条例〉》,《中国珍稀法律典籍集成》乙编 2 册,第 438 页)。又一条规定:凡宗室悖违《祖训》,出城越关赴京者,即奏请先革为庶人,伴回。其奏词应行勘者行巡按衙门查勘。果有迫切不得已事情,曾启王转奏而辅导官刁难,曾具告守巡等衙门而各衙门阻抑者,罪坐刁难阻抑之人。其出城越关之罪,题请恩宥,叙复爵秩。若曾经过府州县驿递等处需索折干,挟去马匹铺陈等项,勘明,爵秩虽复,禄米仍行减革。若非有不得已事,不曾启王转奏,又不曾具告抚按守巡等衙门,辄听信拨置,蓦越赴京,及犯有别项情罪,应合降革,发送高墙等项,悉照节年题准事例施行(第 439 页)。又一条规定:宗室互相讦奏,行勘未结,而辄诬奏勘官,及以不干己事捏奏抚按者,不论事情轻重,俱立案不行。仍将责奏人员从重问究(第 439 页)。

② 此条例规定:凡宗室置买田产,恃强不纳差粮者,有司查实,将管庄人等问罪,仍计算应纳差粮多寡抵扣禄米。若有司阿纵不举者,听抚按官参奏重治。详见《大明律附例注解》,第 333 页。

③ 该条例规定:各处亲王妾媵许奏选一次,多者止于十人,世子及郡王额妾四人,长子及各将军额妾三人,各中尉额妾二人……如有不遵限制,私合多收,或年未及而预奏,已生子而复娶,及滥选流移过犯与本府军校厨役之女为妾等项,抚按官将本宗参奏,分别罚治。辅导等官隐匿不举,事发一体降黜(见《大明律附例注解》,第 121—123 页)。

④ 《宗藩条例》卷上,《中国珍稀法律典籍集成》乙编第 2 册,第 528 页。

样的特征。万历时期,朝臣提议建立宗学,其中建立祖训堂,也提到祖训堂中应同时"尊崇《皇明祖训》并《宗藩条例》"。① 但是,《宗藩条例》与《祖训》已经不可同日而语。万历十三年(1585)四月辛亥,万历《问刑条例》修成。《实录》记载:"先是,礼部修《大明会典》,移咨刑部。于是尚书化与吏部尚书巍辑嘉靖三十四年以后诏令及《宗藩条例》、《军政条例》、《捕盗条格》、《漕运议单》与刑名相关者,律为正文,例为附注,凡三百八十二条,刊布中外,问刑衙门奉书从事。"②《宗藩条例》与《军政条例》等并列,作为专项法规,为辅律而行的《问刑条例》所收录,意味着《宗藩条例》这一专项法规只是国家法律《问刑条例》的一个部分,这与以家法出现、与《大明律》相提并论的《祖训》具有截然不同的性质。

从弘治《问刑条例》的 4 条条目,到嘉靖《重修问刑条例》和万历《问刑条例》在此基础上的发展;从《宗藩条例》进入《问刑条例》,明朝廷在这一时期将宗藩纳入国家统一司法体系的努力在立法上已经得到了充分的体现。

(二)朝廷在司法上的努力

与上述朝廷在立法上的努力相呼应,弘治以后,朝臣中不仅讨论宗藩事宜的奏疏增加,③在宗藩司法这一问题上,态度也日渐鲜明,宗藩司法,"法在朝廷"的认识更加明确。

成化、弘治间,名臣马文升仍然强调《祖训》对于宗藩的约束作用,指出"亲莫亲于宗室,法莫严于《祖训》"。但是,在马文升看来,《祖训》不是皇帝与宗藩之间结成的一种家法和私法,《祖训》是朝廷约束宗藩的公法。所以,他指出:"宗室奉藩循理,恪遵《祖训》者,朝廷亲亲之恩为益笃;纵欲败度,有违《祖训》者,朝廷黜罚之典所必加。"④这里,马文升强调的是朝廷对宗藩的管理,似乎已经有"法在朝廷"的意思。

---

① 《明神宗实录》卷 50"万历四年(1576)五月壬寅",第 1149 页。

② 《明神宗实录》卷 160"万历十三年(1585)四月辛亥",第 2932 页。

③ 《明经世文编》收录 59 篇以宗藩为主题的奏疏,其中 80% 上奏于嘉靖和嘉靖以后各朝。(《明经世文编》第 6 册《分类目录》,第 52 页)

④ 《明经世文编》卷 62 马文升《题为选辅导豫防闲以保全宗室事疏》,第 1 册第 506 页。

马文升之后,这样的观念显然有进一步的发展。正德间,代王府潞城、和川郡王府下属的奉国将军朱聪濯等有违法行为。朝廷派钦差勘问,勘问结果上报皇帝,皇帝转发以刑部为首的多位官员进行讨论,提出相应的惩治建议。该建议经内阁票拟,送皇帝做最后的决定。正德皇帝对臣下的决定表示不满,要求内阁重新票拟,在惩治之外,要求将代府藩国内迁。时任内阁大学士的梁储上言,他指出代府事情,"刑部会多官覆奏,臣等谨拟一票封进",认为如此处治,"已足示戒宗藩,亦在廷众论之公",①所以不能轻易改动。与上述马文升说的一样,在梁储看来,在宗藩的司法中,程序和朝廷的公论应该得到尊重,对于这样的决定,皇帝不应该轻易加以否决。

而另一个涉及宗藩移地的案例也可以成为上述观察的佐证。嘉靖四年(1525),庆王台浤被废为庶人。与上述正德间代府的案例相反,这一次,因为庆王府的重要地理位置以及庆王所犯罪行的性质,很多大臣认为除了将庆王台浤降为庶人,庆王府有内迁的必要。而嘉靖皇帝却不以为然。时任内阁首辅的费宏以《请徙代庶人疏》为题,专门为此事上书皇帝。费宏认为内迁的决定,"揆之事体,稽诸国法,所引代王聪沐事例,最为亲切"。②"国法"在这里的内涵可能比较宽泛,但是,在宗藩的司法中,以执行"国法"为理由,似也说明当时朝臣司法理念上与明初的不同。这一时期,宗藩司法也是国法的一个部分,亦即,法在朝廷的观念已经比较明确。

嘉靖前期,宗藩司法中,"事例"或者"先例"仍然重要。比如上述费宏专门把庆庶人内迁的事情与弘治年间代府聪沐的案例进行比较。费宏认为庆庶人所犯罪行远比弘治时期的代王聪沐要严重,而聪沐当时就从大同被内迁到了山西内地。这样庆庶人的案例正可引弘治代王的事例,即"大同之迁山西与宁夏之迁陕西亦正相合"。③但是,这一时期,事例积存既多,朝臣在事例运用中体现的主动性已经比较明显。以"追封亲王"一

---

① 《明经世文编》卷113梁储《议处代府疏》,第2册第1054页。
② (明)费宏:《费宏集》卷6《请徙庆庶人疏》,上海:上海古籍出版社,2007年,第201页。
③ 《费宏集》卷6《请徙庆庶人疏》,第201页。

事为例。亲王世子早逝,实未封王,而只是追封亲王,其子奏请加封时,嘉靖间起码有两个事例可以作为处理类似案例的依据。其一,弘治年间事例。根据这一事例,王世子次嫡、庶子授镇国将军,不许加封;其二,正德年间事例。根据这一事例,在同样的情况下,可以给予郡王的封号。这样,到嘉靖年间,但凡宗藩有类似奏请,朝臣中"欲塞其冒滥之求",则引弘治年间之定例;"苟遂其朦胧之请",就会引用正德事例。①

这种引用不同事例的状况,在很多官吏看来当然是个问题,所以之后有《宗藩条例》的编纂,对既存事例进行整理,以求司法上的统一。但是,也有官吏持不同看法。在他们看来,考察具体情况,引用不同的事例处理宗藩事宜,体现国家在宗藩司法中的主动性,"正以见国法之公耳"。所以在革爵庶人陈乞复爵这一事情上,宗室钟禄等有罪,得以故从末减,而宗室贵燮等,卒不可贷,正说明"……法在朝廷,未尝以亲废者"。②

与以上关于宗藩司法认识层面的理解相呼应,宗藩司法实践上也出现变化。明代中期以后,监察官员更多更主动地纠劾犯罪宗室人员,而在审理过程中,刑部等官员的介入也更为频繁。③ 嘉靖三十一年(1552)十月,荆府辅国将军朱厚熺与都昌王朱载塎有隙,夜率家人进入载塎府邸,将载塎捽缚,劫千余金而出,载塎"发狂,自焚其宫,投一子于井溺死"。抚按以闻,皇帝"诏下法司拟罪"。厚熺家人吴俸等各处斩、谪戍,厚熺夺俸禄一年。④ 同样,万历四十三年(1615)七月,河南巡按张至发参不法属宗镇国将军朱朝填报生诡匿、请名矫托等事,认为朝填大干宪彝,法应参降。朝廷也同样明令"命付法司"。⑤ 以上两个事例中,涉及宗藩的案件直接由法司审理并拟定罪名,虽仍经过皇帝的诏令,国家司法机关在宗藩司法中的作用却似乎更为直接,与以往法司在宗藩案件中主要承担勘案的作

---

① 《宗藩条例》卷上,《中国珍稀法律典籍集成》乙编第 2 册,第 539 页。
② 《宗藩条例》卷上,《中国珍稀法律典籍集成》乙编第 2 册,第 557 页。
③ 周致元:《明代的宗室犯罪》,《安徽大学学报》1997 年第 5 期,第 99 页。周致元认为这是宗室地位下降的结果,而本文认为更重要的原因可能还是国家对于宗室司法管理理念和实践的改变。
④ 《明世宗实录》卷 390"嘉靖三十一年(1552)十月丁丑",第 6862 页。
⑤ 《明神宗实录》卷 534"万历四十三年(1615)七月癸酉",第 10126 页。

用似有不同。

如果说以上的记录仍见简略,那么张问达《抚楚疏稿》所记录的这一时期的宗藩司法实践则更为具体。张问达,字德允,陕西泾阳人,万历十一年(1583)进士。万历年间巡抚湖广,有《抚楚疏稿》成书。其中收录《三宗因赌纠党行劫疏》,又名《宗室纠党行劫招疏》,实际上是将一份由湖广按察司审理的包括宗室成员在内的判决书奏请处置。该案件中,楚府崇阳王府镇国中尉显木朔,又名友志,某夜府邸被劫,实为其未请封男橘洲和奉国中尉蕴鍫,又名景山,等人谋划,橘洲与江夏县民张香儿等联合所为。值得注意的是,张问达上疏中描述,案件审理过程中,友志、景山以及橘洲等均"散拘在官";而在湖广按察司出具的判决书中,"问得"与"议得"部分均将奉国中尉景山、未请封宗室橘洲以及庶宗朱二包括在内。① 尽管这三位宗室最后的处罚仍需题请皇帝,但是国家司法官员不仅直接审理宗室案件,而且拟定宗室罪名,与前述《鲁府招》的情形形成差别。这一时期,国家司法程序和司法官吏介入宗藩司法之深,由此可见。

总体来看,弘治以后,宗藩司法层面也出现变化,与立法层面发生的变化相呼应。在这一时期宗藩司法的实践中,不仅在程序上,国家官吏的介入更为明显,更重要的是,宗藩司法,法在朝廷,这样的观念似乎已经广为朝臣接受。《祖训》所规定的宗藩司法,即宗藩违法,由皇帝自理,司法官员被排斥在外的情况,已经有所改变。换言之,在明初设定的格局中,宗藩司法在国家整体司法体系之外,而这一时期,宗藩司法已经被认为属于国家司法体系的一个部分,与立法领域中发生的变化一样,在司法实践中,宗藩司法也在逐渐地被纳入国法的体系。

(三)"大破常格以处之"的可能

嘉靖、万历时期,因为宗藩给国家财政带来的压力,朝臣讨论宗藩问题得到鼓励,相关议论较前积极、大胆,在有关宗藩司法的讨论中,也开始涉及宗藩与非宗藩成员之间分别议处最根本和核心的问题。

关于分别议处,最核心的问题在于,分别议处的根据是什么?洪武朝

---

① 《抚楚疏稿》卷8《三宗因赌纠党行劫疏》,第25、46页。

这一司法规制设定之初,对于这个问题的回答很直接,即宗藩是皇帝家人,因此分别议处是对具有皇家血统群体的优待,体现的是"亲亲"的原则。然而,到嘉靖和万历时期,在廷臣涉及这一问题时,虽然"亲亲"的理论仍然存在,同时也出现了不同的理解,这些不同的理解为宗藩司法中更进一步的改变准备了理论的基础。

首先,很多朝臣提出,并不是所有的宗藩都应该受到特殊的司法待遇。比如嘉靖间刑科右给事中张岳认为,对宗藩这一群体应该有所区分。他提议以奉国中尉为界,奉国中尉以下为"五世以外亲也",虽然仍"纪名玉牒",但是应该令其自食其力,"各成世业"。当这些宗藩中出现"败礼败度骄纵不法者,即以凡民之罪罪之"。①

万历初年任礼部尚书的徐学谟显然同意张岳的观点。他也认为应该以"五服"为界,对宗藩群体进行区分,不仅从经济上,也从司法上对其进行区别的对待。徐学谟指出:"夫今之宗藩,得以恣睢横行而有司莫敢问者,以其名为宗人耳。试定之以五服之制,是朝廷之上,业已疏之,而与齐民等矣。即有彊愎不逞,违犯法令者,有司以三尺绳之,彼将若之何?臣固以为可无虑也。"②认为五服之外的宗藩可以不再享有司法的特权。

五服以外的宗藩如此,对于已经废为庶人的宗藩,朝臣也认为应该与非宗藩成员一体司法。嘉靖四十三年(1564),兵科给事中刘世昌上书限制宗藩妾媵之事,建议按照宗藩亲疏级别、年龄、是否已经育有子女等情况在这一事情上进行限制。末了,刘世昌指出:"至于庶人之妾,律有明条,必年四十以上无子,方许照前申呈奏选。"③直接提议以《大明律》来对待废为庶人的宗藩。

以上的讨论反映出两个值得关注的理念。第一,宗藩成员之所以得到特殊的司法待遇固然与他们的血统有关,但是血统已经不能保证宗藩享受特殊司法待遇。宗藩中的远亲、因各种原因被剥夺了爵位的宗藩,他

---

① 《宗藩条例》卷上,《中国珍稀法律典籍集成》乙编第2册,第524—525页。
② 《明经世文编》卷341徐学谟《题酌议宗藩事宜疏》,第5册第3659页。
③ 《宗藩条例》卷上,《中国珍稀法律典籍集成》乙编第2册,第568页。

们尽管具有皇家的血统,但是朝臣明确提出他们在司法上应该与非宗藩成员受到同样的对待。第二,在朝臣张岳等看来,宗藩成员享受特殊的司法待遇,不仅仅是"亲亲原则"使然,同时与其不从事四业的生存状态有关。因此,一旦宗藩成员从事四业,在司法上就应该与四民平等。

关于宗藩司法与其职业的关系,这一时期的官员有更多的议论。当张岳和徐学谟等提议以宗藩的亲疏贵贱来决定他们是否应该从事四业时,徐光启则建议只对宗藩开放部分的职业。比如他认为士、农、工、商四业中,其余三业都可以对宗藩开放,但是宗藩仍应禁商,因为一旦从事商业,货运千万里,会出现很多问题。徐光启建议部分对宗藩开放职业,所以,有关宗藩司法,他的建议也相对保守:"可量绳以有司之法,而不至于讦罔。"①

与以上议论相关,明代名臣吕坤等认为,宗藩之所以受到不同的处置,很大程度上是因为他们的生活受到朝廷的限制。吕坤在讨论宗藩请名请封一事时,充分表达了对宗藩的同情。他指出,"宗室本不出户庭之人",所以根本没有足够的世俗经验,在请名、请封等事上,只好依赖游棍,而"游棍者,积年鬼域之雄也。财货诳收未必为人出力,骗吓不遂却能倚法为奸"。② 对于这样没有世俗经验,受朝廷约束不能涉足社会的群体,司法上予以特殊的对待是情有可原的。

在这一时期众多有关宗藩司法的讨论中,隆庆三年(1569)礼部官员戚元佐的议论最为彻底。戚元佐也要求开启藩禁,但是针对的是全体宗藩成员。他认为全部宗藩都应该自食其力,从四业,入仕途,这样,既可以为国效力,也可以减轻国家财政上的压力。戚元佐指出,对于这样的建议,可能有人会以"宗室有罪,例不加刑"这一事实进行反对。因为如果宗藩进入仕途,或者从四业,如有违法过错,一律免罪,"则贪婪凶纵、凌弱暴寡,益多事矣"。戚元佐回复这样的议论说:"臣愚以为,宗室不加刑责,原

---

① (明)徐光启:《徐光启集》卷1,上海:上海古籍出版社,1984年,第15页。
② (明)吕坤:《吕新吾先生去伪斋文集》卷2《宗藩二要疏》,《四库全书存目丛书》集部第161册,济南:齐鲁书社,1997年,第62页。

非古道。即宗室有罪而有司刑罚不加,则大乱之道也。"①也就是说,在戚元佐看来,分别议处本来就存在问题,如果要开放藩禁,那么宗藩独立于国家司法体系之外这一做法就必须彻底取消。戚元佐称此为"大破常格以处之"。②

以上朝臣的议论具有重要的意义。如果宗藩与非宗藩成员司法分别的依据在血统,那么这一司法实践就失去了改变的可能性。但是,从这一时期官员的议论看来,他们认为具有皇家的血统与宗藩享受特殊司法待遇之间不存在必然性。他们认为宗藩在司法中得到特殊待遇的原因在于他们不从四业,"不出庭户",那么,当这些条件改变,宗藩与非宗藩在司法上分别议处的现实就会自然地发生改变。换言之,这些议论撼动了宗藩与非宗藩之间司法分别最后的基础,为更彻底的宗藩司法变革准备好了条件。

四、结　论

明代宗藩属于一个特殊的社会群体。因为具有皇家的血统,所以在社会各个方面享有特殊的待遇,在司法上也是如此。明朝建国伊始,在司法中,宗藩与一般的臣民就出现分别议处的状态。这样的分别议处具有两个层面的内容。其一,宗藩与非宗藩的司法是以不同方式分开进行的。首先,两者在司法中遵循的程序不同。一般臣民的司法由司法官员主持,依据一般司法程序进行审理;宗藩成员的审理则由皇帝主持。其次,司法中,两者依据的法规不同。一般臣民受《大明律》的规范,而宗藩则主要受《祖训》,即《祖训录》与《皇明祖训》的约束。还有,从违法的结果看,两者所受的惩治也不同。一般臣民的惩治在国家规定的笞、杖、徒、流、死五刑之内,宗藩成员的惩治采用的是五刑之外的特殊惩治方式。

其二,宗藩与非宗藩成员在司法上的分别议处体现的是家法与国法

---

① 《明经世文编》卷388戚元佐《议处宗藩事宜疏》,第5册第4202页。
② 《明经世文编》卷388戚元佐《议处宗藩事宜疏》,第5册第4198页。

的分野。具体而言,宗藩受家法的控制,家法以《祖训录》与《皇明祖训》为主要代表,而不在国法的体系之中。一般臣民则受国法的规范,国法则主要以《大明律》为代表。国家一般司法程序不适用于宗藩司法,国家司法官吏也被屏蔽在宗藩司法过程之外。宗藩司法独立于国家一般的司法体系之外。

明初,虽然家法、国法的分割未必绝对,朱元璋对于分别议处这一司法格局可能出现的问题也设置了种种防范的措施,但是明初以后,这一格局的问题就开始逐渐地得到暴露。把宗藩独立于国家司法体系之外,从司法理念和司法实践方面对明朝廷提出了考验。

明代中期以后,朝廷逐渐表现出将宗藩纳入国法系统的努力。从立法层面看,弘治十三年(1500)颁布的《问刑条例》以辅助《大明律》为目标,具有国家一般法律的特征。其中,王府宗藩首次以犯罪主体的形式被包括进来;同时,国家一般司法官吏在宗藩犯罪处置中的介入也得到一定程度的确定。弘治《问刑条例》在嘉靖、万历朝重修,以上特征得到进一步的发展。此外,嘉靖后期,《宗藩条例》修订,专为规范宗藩的行为而定。但是,《宗藩条例》与《祖训》具有实质性的差别。《宗藩条例》始终没有与作为国法的《大明律》和《问刑条例》对立的意思,即不具备家法的性质。万历《问刑条例》修订之时,《宗藩条例》的条目收入其中,是为证明。从司法实践的层面来看,不仅在程序上,国家官员的介入更为明显,宗藩司法,法在朝廷,这样的观念似乎已经广为朝臣接受。与立法领域中发生的变化一样,宗藩司法也在逐渐地被纳入国法的体系。嘉靖、万历年间,部分朝臣开始对宗藩与非宗藩人员的司法分别本身提出异议。在他们看来,宗藩与非宗藩人员在司法中的分别议处,虽有"亲亲"的特征,但是具有皇家血统与宗藩享受特殊司法待遇之间并不存在必然的因果关系。他们认为宗藩在司法中享受特殊待遇的原因在于他们不从四业,"不出庭户"。这些议论对宗藩与非宗藩之间司法分别最后的基础提出了挑战。

但明朝廷在将宗藩彻底纳入国家一般司法体系的过程中,行进仍然艰难。戚元佐论宗藩事宜,指出,宗藩事体,动关《祖训》,是以议即窒碍,法多掣肘。然欲不拂《祖训》而聊且通融,则亦补偏救弊之法,而非拔本塞源之道也。为此建议,"大破常格以处之"。① 然而终明一朝,在宗藩的司法问题上,朝廷还是没有"大破常格以处之"的魄力。弘治以后,宗藩与非宗藩人员在司法中分别议处的第二个层面的内容已经得到"补偏救弊"。即从立法与司法原则的方面来看,宗藩司法已经被纳入国家一般的司法体系,但是,进入国家一般司法体系的宗藩仍以特殊的群体存在,与一般臣民在司法的诸多方面存在区别。也就是说,分别议处第一个层面的内容仍然得到了保留,终明一代,没有彻底的改变。

嘉靖前期的鲁王府案例只涉及宗藩成员之间、王府与周围平民之间的一些纠纷,虽然也涉及人命,但具有王府犯罪一般性、日常性的特征。从这个意义上说,其审理报告《鲁府招》能够反映出当时宗藩司法的一般特征。另一方面,鲁府案件与《鲁府招》发布的时间也具有特殊的意义。嘉靖前期,立法层面的变化已经出现,司法层面的观念也在更新,因此《鲁府招》不仅反映这一时期宗藩司法的现实,同时也反映宗藩司法承前启后过渡阶段的特征。

从《鲁府招》反映的情况看,宗藩与非宗藩成员在司法上仍然具有分别议处的特征。宗藩与非宗藩人员之间在司法程序、依据的法规、惩治的方式各方面存在差别。但是,《鲁府招》中宗藩与非宗藩成员的司法分别显然已经与明初设定的格局不同。首先,《鲁府招》中国家司法官员们更为积极。尽管他们在"看得"部分对鲁王的违法行为多有开脱之词,这种开脱以及他们对于鲁王以及鲁府其余宗藩违法行为的描述与指责,在一定程度上反映出司法官吏在宗藩司法中的规范化介入。其次,《鲁府招》包括的判决书中,在"会问得"和"照出"部分,宗藩成员都被包括在内,尽管在"会问得"中,宗藩并不以罪犯的形象出现,他们的罪行还是在其中得到了充分的描述。而在"照出"部分,宗藩与一般臣民的善后事宜也得到了一并的叙述。总之,以一般臣民为叙述对象的判决书中已经包括了宗藩的内容。

值得关注的还有《鲁府招》所反映出来的《祖训》的法律效力。总体来

---

① 《明经世文编》卷 388 戚元佐《议处宗藩事宜疏》,第 5 册第 4198 页。

看,《祖训》的应用并不得力。在《鲁府招》描述宗藩的违法行为中,《祖训》引用不多,此其一;当司法官吏们指出宗藩行为"揆诸《祖训》,俱属有违"的时候,他们也没有提及《祖训》的具体条目,以与宗藩的违法行为一一对应,此其二;《鲁府招》中,司法官吏也以《祖训》为依据,指责部分王府人役的违法行为,同时,却也没有依据《祖训》具体条目,明确其罪行与惩治,此其三。以上三个方面都反映出《祖训》在当时的司法中存在通泛而没有实际法律效力的特征。换言之,在明初,《祖训》以家法出现,与《大明律》并行,以规范宗藩行为为目标,从嘉靖前期的《鲁府招》看来,《祖训》基本不再承担这样的任务。如果与国法并列的家法已经失去效用,那么家法与国法的分野显然也难以维持。这样,虽然宗藩与非宗藩的司法还是不同,但是宗藩司法似乎已经不完全在国家的司法体系之外。从这个意义上说,《鲁府招》还是反映了当时宗藩司法演变的结果。

另一方面,《鲁府招》也反映出这一时期的宗藩司法实践与立法层面的发展不尽吻合。到鲁府案件发生的嘉靖前期,弘治《问刑条例》已经颁布并行用了30多年,但是其中有关宗藩的法规并没有一条出现在《鲁府招》中,作为司法官员评论宗藩行为的依据。这一时期宗藩人口增加,宗藩犯罪复杂,鲁王府中宗藩违法行为数量多,种类杂,程度轻重不同,《问刑条例》包括的相关条目有限,这当然也是理由,但是,《祖训》的司法效力疲弱,仍在《鲁府招》中出现,《问刑条例》中条目新立却没有行用,恐怕也反映了这一时期宗藩司法在立法和司法观念层面与具体司法实践之间存在的差距。

原载《中国史研究》2014 年第 2 期,收入本书前略做修改

论著目录

一、著作

1. 吴艳红:《明代充军研究》,北京:社会科学文献出版社,2003 年。

2. 吴艳红:《明代法律》(合著),南京:南京出版社,2016 年。

3. 吴艳红主编:《明代制度研究》,杭州:浙江大学出版社,2014 年。

二、论文

1. 吴艳红:《明洪武朝上告初探》,《北大史学》1997 年第 4 期。

2. 吴艳红:《明代军犯定卫考》,《法律史论集》1999 年第 2 辑。

3. 吴艳红:《元代出军的两个问题》,《中国史研究》1999 年第 3 期。

4. 吴艳红:《明代流刑考》,《历史研究》2000 年第 6 期。

5. 吴艳红:《试论中国古代的发罪人为兵》,《中外法学》2001 年第 3 期。

6. 吴艳红:《明代军政条例初探》,《明清史论丛》2002 年第 3 辑。

7. 吴艳红:《明代武职立功考论》,《史学集刊》2002 年第 4 期。

8. 吴艳红:《明代法律及其运作》,《明代政治史》,桂林:广西师范大学出版社,2003 年。

9. 吴艳红:《明代卑幼人法律地位研究》,《晚明社会变迁:问题与研究》,北京:商务印书馆,2005 年。

10. "'Satisfying Both Sentiment and Law': Fairness-Centered Judicial Reasoning as Seen in the Casebooks of the Ming" (with Dr. Yonglin Jiang), in Charlotte Furth, et al. (e)ds., *Thinking with Cases*, Honolulu: University of Hawaii Press. 2007. pp. 31 - 61.

11. "The Emperor's Four Bodies: Embodied Rulership and Legal Culture in Early Ming China." 2007. *Frontier in Chinese History* 1: 1 - 36.

12. 吴艳红:《明代法律领域中的游民》,《南京大学学报》2012 年第 2 期,《人大报刊复印资料》之《明清史》2012 年第 8 期全文转载。

13. 吴艳红:《国家政策与明代的律注实践》,《史学月刊》2013 年第 1 期。

14. 吴艳红:《试论明代中后期生员的司法参与》,柳立言主编《性别、宗教、种族、阶级与中国传统司法》,"中央研究院"历史语言研究所,2013 年。

15. 吴艳红:《选拔制度与明代官员的法律知识》,吴艳红主编《明代制度研究》,杭州:浙江大学出版社,2014 年。

16. 吴艳红:《明代宗藩司法管理中的分别议处》,《中国史研究》2014年第2期,《人大复印报刊资料》之《明清史》2014年第7期全文转载。

17. "The Community of Legal Experts in Sixteenth and Seventeenth Century China", in Li Chen and Madeleine Zelin, eds., *Chinese Law*: *Knowledge*, *Practice*, *and Transformation*, 1530s to 1950s. Leiden: Brill. 2015. pp. 207 – 230.

18. 吴艳红:《制度与明代推官的法律知识》,《浙江大学学报》2015年第1期。

19. 吴艳红:《孙存案与明代中后期的法律知识》,《法国汉学》2015年第16辑。

20. 吴艳红:《布政司与明代省级司法》,《南京大学学报》2016年第4期。

孙竞昊

孙竞昊，1964年生，山东威海人。现任浙江大学历史学教授、博士生导师。华东师范大学学士，华东师范大学、孟菲斯大学硕士，多伦多大学博士。主要研究明清时期区域与城市史（侧重江南和华北）及其近现代变迁。曾任教于华东师范大学、密西西比大学、维多利亚大学等。先后在《历史研究》、《中国史研究》等发表中文论文40余篇，在 *Journal of Asian History*、*Late Imperial China* 等发表英文论文7篇，参与校译论著2部，主编合著1部、论文集1部，另有英译中及中译英学术文章、札记多篇。

明清北方运河地区城市化途径
与城市形态探析：
以济宁为个案的研究

孙竞昊

一、明清时期城市的多样化与城市形态和
欧洲视角的城市化

（一）问题的提出

在中外学者关于明清时期城市和市镇史研究中，明清阶段作为全国商品经济发达地区之一的北方运河地区的城市化问题长期没有得到应有的重视。虽然近一二十年来出现了漕运、运河贸易以及若干北方运河地区与城镇的史学著述，[①]但是北方运河地区特有的城市化道路及其城市形态没有得到深入的研究。而本文以济宁为个案，试图从城市化、城市形态以及城乡关系的角度，考察明清时期北方运河区域内运河所牵引的经济和社会变迁的过程和风貌，归纳其区域性特点。

（二）欧洲城市形态和城市化模式

依据中世纪末期和近代早期欧洲社会发展的经历，城市首先是交易

---

① 山东运河流域的研究则较少。关于近 20 年来北方运河城镇史研究的相关成果，参见王云：《近十年来京杭运河史研究综述》的第四部分"关于运河沿岸工商业城镇研究"的举例，《中国史研究动态》2003 年第 6 期，第 18—19 页；胡梦飞：《近十年来国内明清运河及漕运史研究综述（2003—2012）》"明清运河区域社会变迁与运河城市史研究"的举例，《聊城大学学报》2012 年第 6 期。

中心、生产场所和消费中心。它还可以是军事要塞和行政管理机构的处所。在市场动力的驱使下,工商业者迁入迁出,使得城市成为社会和地理意义上变动不居的中心地。在这些新中心里,至少按照关于社会历史变化的欧洲模式,一切"现代"的事情,如资本主义、科学革命、工业化发生了。马克斯·韦伯认为:与欧洲不同,传统中国社会缺少"真正"的"城市市民阶级"和"城市社区";中国的城市仅仅作为"帝国权威的营垒和行政驻地"。①

基于欧洲经验,保罗·霍亨伯和格林·霍伦·利兹指出:"城市性发展并不仅仅是多个城市部分的集合,而是一个相互联络的网。要想有效地研究城市,必须研究城市化。"②而且城市化关涉的不仅是一个单个的城市空间,而且是一个区域系统。他们认为城市研究必须处理三个特殊的题目:城市起源、经济活动和城市里的人口过程,以及城市生活的社会结果。大卫·哈维把"城市性"(urban)看作"可以检验空间结构、社会组织和政治意识之生产的几个空间尺度之一"。③ 对城市性的测绘有助于我们把握社会发展的趋向和程度。

以上关于城市史的观念和论述是以西方历史经验为原型的若干理论概括。欧洲城市模型显然无法覆盖世界历史中的全部城市历史内容,但既有的研究说明西方关于城市形态和城市化的一般观点可以作为一个比较分析的起点和评判的参照系。

(三)济宁个案和北方运河城市类型

位于山东西南部的济宁城及其主要前身任城在明代之前大都作为县一级的行政管理处所,也是历史悠久的文化名城。但直到明清时期,济宁才成为经济发达的都市,其政治、文化地位也进一步提高,尽管它多数时期是作为兖州府下的州或直隶州的治所。本文所探讨的明清时期的济宁

---

① Max Weber, *The City*, translated and edited by Don Martindale and Gertrud Neuwirth, Glencoe, III.: Free Press, 1958, pp. 83 – 84.

② Paul M. Hohenberg and Lynn Hollen Lees, *The Making of Urban Europe*, 1000—1950, Cambridge: Harvard University Press, 1985, p. 2.

③ David Harvey, *The Urban Experience*, Baltimore: The John Hopkins University Press, 1989, p. 6.

城市化和城市形态将集中在经济和人口领域,有关其社会、政治和文化方面的则另文研究。

济宁在明中期的崛起是北方运河地区商品化和城市化的一个缩影。明朝把大运河作为南北运输的大动脉,改变了运河流域既有的自然生态环境,进而改变了包括济宁在内的北方运河地带的地方经济结构和市场取向,从而导致城市化过程,不仅促使既有城市、城镇的扩张和转型,而且催生了一系列新的市镇。

济宁及其他北方运河城市这种特殊的外在"植入型"的城市化之路规范了一种新的经济形态。这些城市不仅在各自的城区和郊区,而且作为区域中心,在更宽广的范围内获得了重要性,所以本文所探讨的济宁应该被置于地方城乡连续体里;同时,济宁还应被置于一个通向其他城市中心的更为宽广的网络里——因其在作为国家经济命脉的大运河上的居中位置,济宁在山东西部和全国范围内的经济往来和市场结构中发挥着重要作用。于是,本文将济宁放在地区和全国的网络中去评估其经济功能和地位,同时也在与其他北方城市的比较视野里去审视运河流域城市化和城市形态的共性、个性。

二、明清漕运、运河贸易与济宁地方经济体系的确立

(一)漕运和运河贸易及其对北方运河沿岸地区的影响

1. 明初重修大运河之前的济宁及山东西部

山东省的辖地在历史上长期作为传统的农业区。从春秋战国到唐中期,处在华北平原上的山东西部曾是中国重要的经济地区。中唐以来,尤其是北宋以来频仍的战争和动乱,把济宁与华北平原的其他大部大都变成了经济上无足轻重的地区。但是,1293 年京杭大运河的最后竣工开启了华北平原运河流域生态系统的巨大变迁和一系列经济和社会变革。在济宁地区,"元至元十七年(1280)置汶、泗都漕运使。二十年(1283)自任城开河至东阿三百余里,立都漕运司于鲁桥。二十二年(1285)二月乙巳增济州漕舟三千艘,役夫万二千人……二十六年(1289)……立会通、汶、

泗提举司,专职河渠"。① 其后,管理机构随着漕运的起伏、兴衰而时有变更,但济宁地区在蒙元的漕运时代始终作为北方运河段的一个重要枢纽和周围地区的水利管理重镇,带动起该地区经济与生活的变化和发展。

然而,限于元代漕运的较小额度、短暂和不稳定性,济宁在元中后期作为一个运河城市没有获得充分而持久的重要性。运河运输和贸易在元末战火中败落,运河基础设施被破坏殆尽。从生产和赋税的角度看,济宁地区的经济到 15 世纪晚期才恢复到中唐时的水平。②但这个结局并不简单意味着传统农业生产能力的恢复,而是归诸明政府重修大运河所引导的商品化和城市化。

2. 漕运以及法内、法外的运河运输与贸易

京杭大运河自明初重修全线贯通后成为明清王朝的生命线。③漕运正常的时候每年运道上的"官运"漕船和"民运"、"商运"船只络绎不绝。④

法内的额外征收和法外的追加征收迫使漕船增加装载的粮食量。⑤按明制,漕船大约有 12,000 只。船身长度在 27—30 米不等,每船运丁为 10—12 人,在全国大约超过 120,000 人。清康熙时期,大约有 14,500 只漕船。随着田赋征银化,老残船舶只淘汰,却不增加,到 19 世纪中叶漕运可用的漕船只剩下 6,500 只左右。⑥

大多数漕船由两个能容纳 2,000 石粮食的船舱组成。依清廷规定,每船运载漕粮的限度为 500 石,而且使用期最长不超过 10 年。⑦但是有学

---

① (清)徐宗乾修,卢朝安续修,许瀚纂:道光《济宁直隶州志》卷 1 之 3《大事志》,咸丰九年(1859)刻本,第 3 页。

② 孙祚民主编:《山东通史》,济南:山东人民出版社,1992 年,第 62、338—339 页。

③ 关于明代京杭大运河的修建和投入使用,参见拙文《明朝前期济宁崛起的历史背景和区域环境述略》,《明史研究论丛》第 10 辑,北京:故宫出版社,2012 年,第 83—86 页。

④ (清)张廷玉等:《明史》卷 79《食货志三》的"漕运"一节对明代漕运包括定额的制定过程有详细的记录和解释,北京:中华书局,1974 年,第 1915—1924 页。

⑤ 参见李文治、江太新:《清代漕运》,北京:中华书局,1995 年,第 12—17 页。另外,从明中期以来,一些额外和暂时性的漕粮征收变成了常规的耗米加征,"正耗"之外还有名目繁多的各式附加费用,参见梁方仲:《中国历代户口、田地、田赋统计》,上海:上海人民出版社,1980 年,第 507—508 页。

⑥ 统计数字来自《清代漕运》,第 195—206 页。

⑦ 参见吴琦:《漕运与中国社会》,武汉:华中师范大学出版社,1999 年,第 23 页。

者研究显示,漕船很少装载超过 300 至 400 石的漕粮,这样更多的空间用于装载运丁的私货,即所谓"随船土宜"。[①] 从明中期开始,政府公开允许运丁装运私货免税出售。开始,每船的私货定额是 10 石,以后不断增长:40 石,60 石,直至清代的 150 石。现代研究证实了船员从私货交易中获取利润得以支撑他们应付法内和法外的负荷。[②]总的趋势是私货的比例在不断增加,这同样体现在承担漕粮和其他物品运输的民运或商运比重的增加上。

由南向北航行运载的货物以粮食(稻米)为主,主要是来自经济发达的南方。秋天南返的船只运载的主要是农林食品和原料,用于商业循环。不管法内还是法外的产品,皆沿河一路贩卖,牵动着两岸市场。其中,漕船运丁深深卷入法外的粮食走私,与粮食商人的长途南北贩运交汇在了一起。同时,运河线上盐的走私十分猖獗。从 18 世纪后期开始,日益增长的盐走私导致了国库的严重损失。[③]

尽管存在严重的税收偷漏,国家依旧可以从运河贸易中收取巨额税利。在明清两朝的多数时期,钞关税收入仅次于田赋和盐税;作为国内流通领域中的过税,钞关税是商税中最为主要的部分。明代 8 个税关中的 7 个设在京杭大运河的交通要冲之地。[④]船只和货物征税的课额在明中后期一度占到全国关税总量的 90%,这充分反映出运河商贸活动在全国范

① Jane Kate Leonard, *Controlling from Afar*:*The Daoguang Emperor's Management of the Grand Canal Crisis*,1824—1826,Ann Arbor,MI:Center for Chinese Studies,University of Michigan,1996,pp. 102 - 103.

② [日]星斌夫(Hoshi Ayao)估计私货的装载量是一条漕船的 10%—15%。即便这种估计颇为保守,他也认为私货交易是漕运制度得以维持的一个原因,见 Hoshi Ayao, *The Ming Grain Tribute System*,Translated by Mark Elvin,Ann Arbor:Center for Chinese Studies,University of Michigan,1969,pp. 45 - 46.

③ 1810 年夏嘉庆皇帝给内阁的一道谕令中,对漕船南返中出现"官盐之滥售"忧心忡忡,强调:"于帮船回空之际,实力巡查……如有例外多带盐斤,一面伤令军船归次受兑,一面扣留私带之人,严行惩办。务使闽户奸丁,咸知畏法。"(《仁宗实录》卷 232"嘉庆十五年(1810)七月辛未",《清实录》第 31 册,北京:中华书局,1986 年,第 121 页)

④ 明政府关于钞关的设置以及调整性的增减,与运河运输、贸易影响下的区域商品经济的变迁有关联。参见余清良:《明代钞关制度研究中的四个问题》,《学术月刊》2009 年第 11 期,第 120—130 页。

围内商品流通中的显要作用。①7 个运河税关及税额规定都延续到清代，只是清廷在沿海和沿长江新设了税关，运河关税的比重因全国关税总额增加而下降。

作为商路主干线，运河上的公、私运输与商业活动促使了沿岸地区市场规模的扩大和商业元素的活跃，而其节奏及变化极大地牵动了运河流域人民的生活。特别是河北南部、山东西部和江苏北部这些原本商品经济水平低的地区愈来愈依赖运河，生机勃勃的狭长北方运河地带可匹敌同时期的长江三角洲和珠江三角洲。同时，正如许檀所指出的，运河交通、运转贸易有力地促进了明清时期区域之间的商品和经济联系，成为近代开埠前全国范围内"城乡市场网络体系"形成的一个重要因素。②

3. 大运河成为山东西部经济的主动力

明清时期纵贯山东西部地区的大运河上的运输和贸易成为该区域经济活动的主动力。第一，大运河的运行和维系要求巨大的政府投入。大量的劳力、差役和书吏受雇在水闸、税关、码头以及泉河的关键河段处，当然还有管理、监督运河事务和漕运事务的官吏队伍。③同时，政府通过兴办旨在保障运河运行的水利工程涉入了山东西部的经济和生活。这些工程的展开，特别是频繁的例行疏浚"挑河"，需要征发或雇用当地劳动力，报酬通常用现金支付，这也有利于减轻由于无业人口增长带来的社会危机。前后几个时期的济宁地方志的记载显示，河工报酬是地方政府预算规划的重要部分。

第二，运河还刺激了农业灌溉系统的发展。运河流经的华北平原历来少雨缺水，而政府持续、稳定的人力、物力投入，保障了运河和水利网络

---

① 参见许檀：《明清时期运河的商品流通》，《历史档案》1992 年第 1 期，第 80—85 页。在黄仁宇列出的"1570—1590 年左右杂色岁入估计"中，钞关税份额最多；其余为：商税、番舶抽分、房地契税、竹木抽分、矿银、渔课。（黄仁宇著，阿凤等译：《十六世纪明代中国之财政与税收》，北京：生活·读书·新知三联书店，2001 年，第 339—340 页）

② 许檀：《明清时期城乡市场网络体系的形成及意义》，《中国社会科学》2000 年第 3 期，第 191—202 页。

③ 黄仁宇认为山东境内就有 14150 名"泉夫"等劳力为维持运河的正常运行而工作。（黄仁宇著，张皓、张升译：《明代的漕运》，北京：新星出版社，2005 年，第 31—36 页）

正常运行的水资源供应,也有益于农业生产,即使政府时常牺牲地方水利以确保足够的水量支持运河运行。

第三,公、私运河运输业催生了运河沿岸其他商业性机会。对人口贫困而又密集的山东西部而言,促进了如小麦等高质量粮食的输出用以输进大量的较粗糙粮食,而且运河带来的雇佣机会吸引并聚集了民众,这应该是山东西部尚可维持着一个相对庞大人口的主要原因之一。船舶停靠运河码头,往来流动人口的消费自然刺激了运河城镇的商业和服务业活动。税关所在地及其他运河口岸成了大小商品交换聚散的中心,其对当地以及周围地区产生的市场辐射促进了地区经济的商品化转变。

济宁州所辖地区占据了一个较为狭长的运河地带:从南边起,其长期的属县鱼台县境内有大约 43 千米的运河段;在济宁本州(不领县)长 38 千米;往北 8 千米在济宁卫辖地。[①] 这是运河全线上水闸最为集中的河段,船舶必须停下来通过水闸,于是运丁顺势就地参与买卖。船舶集中在城南运河及支流越河(又名"月河")地带的闸口等待过闸和从事交易活动,使得济宁成为最为繁忙的运河码头之一。于是在济宁及其周边一个庞大的非农业人的雇佣劳动力人口直接服务于漕运和其他与运河相关的职业,如船行、车铺、搬运服务等中介业等。他们依地域起源、职业,有时还因宗教组成不同的行帮,不断地吸引着外来人口。[②]

诸如此类外来人口及其组织都烙上了商业化和城市化的印记。城镇人口的增加改变着当地的社会构成和性质。大运河促使了人力资源、商品、资本在济宁的集中。结果如同在其他北方运河城镇的情形一样,一个运河城市取向的经济与社会结构在济宁形成。以运河上商品的流动为中轴,地方市场和商品生产自明中期以来迅猛发展,并且是南方导向性的。发达的城市商品交换和生产功能使得济宁与长江三角洲的城镇具有诸多相似性。

---

① (清)许鸿磐:《许氏方舆考证稿》卷 21《山东五》,济宁潘氏华鉴阁刻本,1933 年,第 25 页。

② 活跃在运河上的行帮中,势力浩大的安清帮(也称清帮,后来更常称作青帮)在清初由山东西部的船工组成。济宁曾是安清帮重要的基地,其势力在民国初期衰微。(参见李鼎茂:《安清帮在济宁的概况》,济宁市市中区政协主编:《文史资料》第 10 辑(1997 年),第 131—141 页。按:济宁市及其下属区、县由各自政协文史委员编辑,一般每年一期,自行印刷,无出版社;格式不一,现做统一处理)

(二)济宁城市空间与市场体系

运河运输与贸易激发了济宁城区和城郊的发展。明清地方文献的大量信息显现出济宁作为一个活跃的区域市场体系中心和全国性运河口岸的形象。自从明初用砖重建城墙到 20 世纪 50 年代初,济宁城内的基本轮廓没有变更过。济宁城市的实质成长在于明中期以来它向城外的拓展,其中使用土坯建立起外城城墙以延伸城市的防卫系统,并容纳增长着的商业活动。

这种内城和外城功能的区分在明清时代十分普遍。不似内城的整齐、对称的格局特点,外城空间的不规则分配更多地服务于商业的需求。因为地方商业经济的主要驱动力是运河运输及相关贸易,大多数专业市场、贸易活动和手工制作作坊都集中在城南和城西南的运河和越河两岸及其与南门之间地带。而城墙外的变化也影响到内城。城内的南北大道和东西大道成了主要的商业街,城内商业繁荣区还有吉市口大街、税务街、小南门街、姜店街、安阜街等。① 从 1927 年《济宁县志》的城区图,可以在很大程度上窥测其当年盛况。清初的文献显示,在明末内城四周的外城(郭)面积已远远大于内城;南外城尤其是商业聚集区,占地尤为开阔。康熙十二年(1673)的州志列出了处于各自地理位置上的专门店铺和作坊。不少街巷因工、商经营活动的门类而得名,如"南关"的鸡市口街、纸坊街、小纸店街、枣店街、税课街、棺材巷、打绳巷、打铜巷、竹竿巷、油篓巷、果子巷等。主要按行业划分的"市集"集中在城墙内外的这些专业街巷里。19 个大类别的市集大都在外城,其中在"南关"和"南乡"的有 7 个(再加上"四关俱有"的"杂粮市")。②

与此同时,外城工商空间不断扩张。乾隆五十年(1785)的州志中可以看到因工商活动成长而增加的专业街巷,如"南关外"的糖房巷、驴市

---

① 刘捷编绘的《清代济宁商业分布》图形象地展现了城内外的商业和手工业风貌。(参见刘捷:《明清大运河与济宁城市建设研究》,《华中建筑》2008 年第 4 期,第 153—156 页)

② (清)廖有恒修,杨通睿纂:康熙《济宁州志》卷 2《疆舆志下·市集》,康熙十二年(1673)刻本,第 8—10 页。

街、炭沟街等。①咸丰九年(1859)的州志又新加了几个市集。②这些以商品类别命名的专业街道也反映了包括在运河上流动的产品的地方生产和贸易活动;商业街道数目和密度的增加标志着市场行为频率的加快,预示着城市化的增长。

靠运河贸易谋利、谋生的浮动人口积极从事粮食和其他商品交换。1957年,景甦和罗仑到济宁采访清末运丁在1910年停止漕运前后的经历,了解到他们在运河贸易中所扮演的富有活力的角色:农历十月,漕船从苏州、杭州兑米起运,因为运粮免税,船工等船上人员购置南方土货,在北上途中出售。四月底到济宁,就地销售货物一半以上,北至临清时售罄。从通州回空南下途中收购北货,八月到济宁,收购周围地区的土产,然后运到南方售卖。虽然他们在回空航程中是被当作民船而缴税,但依然能从跨区域转卖中取得利润。③这种说法与明清文献中的散落记载相吻合、呼应,可以反映出明清时期漕船人员商业活动的一般情况。这些季节规律性的商业活动也在一定程度上左右了济宁城市市场和区域性商品经济的节奏。

如同明清时代北方的其他运河口岸一样,粮食是济宁最主要的交易产品。不似作为官仓重地的临清,在济宁人们主要是从事私粮交易。稻米基本来自南方,小麦和玉米则来自附近区域。粮商把济宁作为山东西南部的集散中心。当地最大的粮食市场是城南运河西岸的坝口,也是当地最大的运河市场之一。著名的人和粮行成立于崇祯十五年(1642),其兴盛时在繁忙的季节雇用近200名员工,一直经营到1949年。④

得益于其在运河上的中间位置,济宁作为集散中心向附近地区供应

---

① (清)胡德琳、蓝应桂修,周永年、盛百二纂:乾隆《济宁直隶州志》卷2《舆地一·街衢》,乾隆五十年(1785)王道亨、盛百二增刻本,第22—23页;(清)徐宗乾修,卢朝安续修,许瀚纂:道光《济宁直隶州志》卷3之5《风土志·市集》,第16a页。

② 道光《济宁直隶州志》卷3之5《风土志·市集》,第16页。

③ 罗仑、景甦:《清代山东经营地主经济研究》,济南:齐鲁书社,1985年,第29页脚注①。

④ 石贡九:《解放前的粮行》,济宁市政协主编:《济宁文史资料》第4辑(工商史料专辑)(1987年),第84—87页;王仲荣:《跋山涉水 惨淡经营——人和粮行始末》,济宁市政协主编:《济宁文史资料》第4辑(工商史料专辑)(1987年),第89—95页。

来自各地尤其是南方的其他各种商品,如陶瓷器、茶、盐、糖、纸张等。故此,专业店铺和作坊在济宁南郊运河河段和越河的两岸鳞次栉比。[①]清陈梦雷曾谈到在济宁、兖州附近地区行之已久的大众日常生活,"服食器用,鬻自江南者十之六七矣,此皆诸邑所同"。[②]

济宁的城镇商业根据功能可以归纳为以下几类:1. 服务于行商的中介机构;2. 服务于四周地区和跨地区贸易的批发商点;3. 服务于城区和城郊的零售点。一些大的商铺设有仓库储藏货物并提供临时食宿。另外,不少商铺还兼营加工制造业。总体上看,城区和城郊的市场具有批发、零售和分派功能。

(三)城区和城郊手工制造业与区域经济商品化

明清时期长江三角洲地区的工商重镇,如苏州、杭州、南京以及一些大的府治、州治、县治和市镇,都拥有大型的官办和私办丝绸工场。山东的临清也建立了大规模的官办砖厂。济宁的手工业则几乎都是家庭作坊和师徒为核心的小作坊,仅在皮毛和烟草加工业等少数领域出现了一些较大作坊。大多数专业店铺集中在城南和城西南,多兼具产、销功能。

大量原料和半成品通过运河从外地运来,大宗产品也销往外地。从市场上的类别和每一品类在流通中占的大致比例来看,我们不仅可以追踪商品的动向,而且可以形成关于当地城区、城郊及附近地区商品生产的粗略形象。济宁的市场可以作为窥测大济宁地区产业商品化的窗口,包括种植业、手工业、饲养业、渔业、园艺业等,下面择要叙述。

1. 经济作物专业化经营与商业性农业经济

明清时期农业经济商品化的一个主要内容为经济作物的增长。济宁由运河激发出来的制造业和商业对周围地区的种植业产生了巨大影响,并有力地改变了农村经济模式。越来越多的农民减少种植传统糊口和纳

---

① 从明代中期以来,济宁便开始成为山东西南部杂货业的中心。韩海岑关于 20 世纪初济宁杂货业的回忆也能够提供更早时期的信息,因为许多当地著名的商铺可以追溯到清代甚至是晚明,而它们的轨迹可以反映出长时段杂货业发展的一般特点。韩海岑:《漫忆济宁杂货行业之兴衰》,济宁市市中区政协主编:《文史资料》第 4 辑(1988 年),第 158—164 页。

② (清)陈梦雷编纂,蒋廷锡校订:《古今图书集成》之《方舆汇编 职方典》卷 238《兖州府部汇考三十》,"兖州府物产考",台北:鼎文书局,1985 年,第 2 册,第 2212 页。

税的粮食,代之以种植为制造业提供原料和直接用于售卖的经济作物。除了直接受到运河贸易影响的干鲜果品的生产外,商业性棉花、烟草的种植及加工业的发展,对区域商品经济而言最为重要。

明初洪武政令使得棉花种植在山东各地渐次推广,而黄河冲积平原地区的西部逐步成为主要产区。[①]永乐时期运河重新贯通后,跨区域的南北交流有力地促进了区域性专业分工,而山东运河流域植棉业正是沿着商品性发展的指向扩大的;特别是一条鞭法实行以来的田赋折银,刺激了以盈利为目的的棉花市场化经营。山东西部棉花种植的发展和棉纺业的落后导致了如徐光启在明末所讲的形势:"今北土之吉贝贱而布贵,南方反是;吉贝则泛舟而鬻诸南,布则泛舟而鬻诸北。"[②]然而,从清初以来,山东西部的以家庭单位为主的棉纺业不断进步,以致棉花从长江中游和河南地区通过运河输入。[③] 其中济宁地区在清代的多数时期生产的棉织品不仅可以满足地方需要,而且有剩余产品输往其他地区。[④]在清代济宁的市场上,有两种棉布:从南方或者说从长江三角洲输入的细布和四乡生产的土布。鉴于济宁城乡消费水平的提高,当地存在对细布的需求。[⑤]

烟草比棉花更有竞争力,并后来居上。尽管明末有在山东西部运河关于烟草的零星记录,但直到清康熙年间兖州府辖地大规模的烟草种植才广为记载。[⑥]乾隆年间,烟草种植在山东中部和西部迅速扩展,济宁成为最重要的烟草种植和加工中心之一。乾隆五十年的州志中《济州臧氏种蜀黍记》一文记录了种烟的利润所在:"方亩之地种烟草三千株……亩

① 李令福的研究显示,明前期兖州、东昌、济南三府的"地亩花绒占全省的89%以上"。(参见李令福:《明清山东省棉花种植的发展与主要产区的变化》,《古今农业》2004年第1期,第13页)

② (明)徐光启:《农政全书》卷35《木棉》,北京:中华书局,1956年,第708页。

③ 参见高元杰:《明清山东运河区域水环境变迁及其对农业影响研究》,聊城大学硕士学位论文,2013年,第213—214页。

④ 参见许檀:《明清时期山东商品经济的发展》,北京:中国社会科学出版社,1998年,第327—328页。有一个情形值得注意:嘉庆重修《大清一统志》中济宁、兖州等西部地区的土产未列棉花,或可表明清中后期当地植棉业的缩小和其他经济作物如烟草等更为盈利的产业的兴起。

⑤ 山东省济宁市政协文史委员会编:《济宁运河文化》,北京:中国文史出版社,2000年,第89页。

⑥ 参见《明清山东运河区域水环境变迁及其对农业影响研究》,第213—214页。

得烟叶五百斤，斤得钱十五文。"①咸丰九年（1859）的州志记载："今观济州种烟草……大约膏腴尽为烟所占，而五谷反皆瘠土。夫烟，毒草也，谷，养人者也。人之骛利，其忘本一至此乎！"②该志有诗讥讽道："愚民废农偏种烟，五谷不胜烟直（值）钱。"③但是，道德说教无法抑制种植烟草回报率的诱惑，抑商的正统观念不敌市场价值的冲击力。

行商去周边腹地采购烟草，汇集到济宁储藏、加工和转运。包世臣在道光九年（1829）的一篇日记中写下他在济宁的观察："其出产以烟叶为大宗，业此者六家，每年买卖至白金二百万两，其工人四千余名。"④实际上，当英美烟草公司在19世纪末20世纪初向山东输入新烟草品种时，整个山东省已经有40％的县份在种植烟草了，而济宁地区是一个重要的产地。

2. 作为区域中心的加工业

作为大济宁地区以至整个山东西南部的区域中心，济宁为广大农民提供农副业产品加工服务，如食油、果品的加工和交易，日常用品的生产，酒、醋、绳子、瓶子、炉子、铁制农具和铜器的制作。产品或出售给当地城乡居民，或通过水、陆商路输往外地。这种功能强化了济宁作为城市自身和区域中心的"生产性"能力，从而与长江三角洲的中心城市具有相似性。济宁发展起以下富有地方特色的产业，在当地经济生活以及跨区域流通中发挥了重要作用。

皮毛加工业是济宁的一个主要产业。从元代开始，该行业几乎全为回族人经营，在明清时期得到了高度发展，至近代开埠后的19世纪下半

---

① （清）盛百二：《济州臧氏种蜀黍记》，乾隆《济宁直隶州志》卷33《艺文拾遗下》，第59页。依陈冬生考据，盛百二其实大大压低烟草的亩产量，而抬高高粱的亩产量。实际上当时1亩烟叶的收益应是高粱的3倍之多。（参见陈冬生：《明清山东运河地区经济作物种植发展述论——以棉花、烟草、果木的经营为例》，《东岳论丛》1998年第1期，第77页）

② 道光《济宁直隶州志》卷3之3《食货志三·物产》，第10页。

③ （清）刘汶：《种烟行》，道光《济宁直隶州志》卷9之3《艺文志三·诗录》，第95页。

④ （清）包世臣：《安吴四种》卷6《中衢一勺卷第六·闸河日记》，光绪十四年（1888）刻本，第14页。

叶,近一万名回族人聚居在济宁南郊,多数在皮毛加工作坊和工场里工作。①原料部分取自山东中部山区和西部平原,更多的来自东北和河北。②皮毛产品沿运河长距离广为售卖。咸丰年间,大约在 1850 年前后,马东彪和马西彪兄弟开设的著名家族皮毛工厂雇用了 100 多名工人。在 19世纪晚期,大约有 20 家大的工场,平均每家拥有 20 万两白银和 100 多名工人。有的还在苏州和其他城市拥有代理商。③

竹器业是济宁非常有特色的行业。最初,南来的漕运船工借助大量竹竿通过济宁段密集的水闸,过后便就地遗弃,当地人便用之制作各式各样的竹器。于是,商人专门从南方贩运竹竿牟利,竹器业在晚明十分兴旺,产品主要在山东西部销售。大多数的生产单位是家庭式的小作坊,并兼营零售和批发业务,均受同业行会制约。④在晚清,"元太竹货铺"雇用了十几个制器师傅,他们下面还有学徒和帮工,还附设了一个店铺。⑤

从清中叶一直到民国初年,济宁的酱菜业闻名遐迩。康熙五十三年(1714)旅居济宁的一位戴姓苏州商人成立了名为"姑苏戴玉堂"的酱菜店铺。其制品具有南方风味:咸中带甜。在清嘉庆十二年(1807),当地最有势力的望族孙家联合商人冷家买下该酱园,改名为姑苏玉堂酱园,产业迅速壮大。在 19 世纪中叶,资本积累计有 39 万两白银;近 400 名工人在300 多个车间里生产 50 多种产品,成为济宁最大的综合性工场和商业、金融机构,其经营跨及酒、粮、盐、食油、药品等品类,其所发行的钱票在全

---

① 马秉新:《济宁回族》,济宁市市中区政协主编:《文史资料》第 11 辑(1998 年),第 5 页。济宁回族凭借其传统的职业在近代地方经济中依旧活跃和重要;1927 年的县志曾描述济宁回族:"回教……其教约有二、三千户,以居住南关为最多。"潘守廉修,袁绍昂纂:民国《济宁县志》卷 2《法制略·宗教篇》,1927 年铅印本,第 77 页。

② 参见《济宁运河文化》,第 100—101 页。济宁地区盛产优良品种大黄牛、大山羊。

③ 参见王守中、郭大松:《近代山东城市变迁史》,济南:山东教育出版社,2001 年,第 41 页。

④ 今清、坤岩:《济宁竹器业概览》,济宁市市中区政协主编:《文史资料》第 10 辑(1997年),第 292—295 页;石贡九:《我所知道的济宁茶业、陶瓷业、北果业、竹器业》,济宁市市中区政协主编:《文史资料》第 4 辑(1988 年),第 146—148 页。

⑤ 转引自《清代山东经营地主经济研究》,第 31 页。城南运河南岸曾存在 4 个竹竿巷;笔者在 2011 年夏的访问中曾参观过一项拆迁工程中尚未被毁的一小段巷区,但翌年也消失了。

国享有信誉。[①]

3. 商业中介与金融机构

与商品化和产品生产的专业化扩张相应的是金融业的发展。济宁当地的一些制造业,如酿酒、榨油、皮毛、烟草等加工业需要大额资本的投入,长途贩运同样需要大额资本。在济宁及其周围地区,商品化产品从农民的副业到专业化的手工业,与经纪人和商人发生市场联系。外地商帮与本地产业和商业机构经常合作。如其他北方运河城市一样,济宁的批发业、借贷业、钱庄、票号、当铺和牙行都十分发达。

如罗仑和景甦的研究所示,本来没有工商家庭背景的当地人建立了经纪人机构。具有"包税商"性质的牙行经营者取得政府行帖,代政府向工商业者收税。[②]他们是如此有权势,商人恐惧自己的利益遭到侵害。崇祯十二年(1639)地方衙门颁布了若干征税条规,并勒令立碑,如《剔蠹疏商记碑》、《除害疏商记碑》。后者载文:"为严除五害以甦姜商事,一禁坏科,一禁奸商,一禁牙蠹,一禁市弊,一禁脚弊。"[③]

当然,经济领域的情况与吏治紧密相关。其实,作为商税的一部分,"牙杂税"延续到清朝。康熙时期,济宁城有18个较大的牙行,具有包买、包卖代理和钱庄的色彩。[④]他们还建立了批发业的行栈去垄断市场,进而左右地方经济,而外地行商不易涉足,加之本地商人资本财力雄厚,外地商人资本难以在济宁控制当地市场,这与山东乃至华北的绝大多数地方不同。[⑤]

----

① 参见孙序东:《济宁孙氏家世的回忆》(回忆录未刊稿),济宁市政协图书室藏;张正宽、时家驹:《京省驰名,味压江南——记玉堂酱园》,济宁市政协主编:《济宁文史资料》第4辑(工商史料专辑)(1987年),第1—15页。美国传教士 Alexander Armstrong 在1891年到济宁访问中注意到有500余人受雇于玉堂。参见[英]魏根深(Endymion Wilkinson)在景甦、罗仑专著《清代山东经营地主底社会性质》(济南:山东人民出版社,1959年)英文版里加的一个注释:Jing Su and Luo Lun, *Landlord and Labor in Late Imperial China*, translated from the Chinese with an introduction by Endymion Wilkinson(Cambridge: Council on East Asian Studies, distributed by Harvard University Press, 1978, p. 279: note 6)。

② 参见罗仑、景甦的描述和分析,《清代山东经营地主经济研究》,第27页。

③ (清)徐宗乾:《济州金石志》卷4《济宁石三·明》,道光二十五年(1845)闽中刻本,第75页。

④ 参见傅崇兰:《中国运河城市发展史》,成都:四川人民出版社,1985年,第308页。

⑤ 包世臣评论在济宁的情形:"西客利债滚剥遍天下,济宁独不能容。"参见(清)包世臣:《安吴四种》卷6《中衢一勺卷第六·闸河日记》,第14页。

概言之,金融机构在济宁成为城乡制造业和农业生产商品化的组织者;发达的商业网络和金融体系深刻地影响到了济宁及其附近地区的经济生活,从而决定了济宁城市与区域的空间构造及其功能。济宁地方市场严重依赖运河承担的跨区域贸易,造成了其经济的外向性。南北运河上长距离贸易扩大和深化了生产的区域性分工。济宁最重要的流通是与南方之间的流通,这导致了其市场、经济的南方趋向性。

三、人口和城市化

人口被广泛地作为检验城市化的标尺。《1500—1800 年间的欧洲城市化》一书强调人口在这里不单指数目,作者认为城市化可以从一个视角称之为"人口城市化",关涉的是城市定居居民的"集中",[①]即相对于整个人口增长的城市人口波动,或者城乡人口比例的变化。这涉及是否有根据人口和生活方式重新编组的程度,以及这种重新编组是否反映了导致农村人口向城市迁徙的城市性活动。城市化率的提高代表着城市化的过程。在明清时代的济宁及其周围地区,随着大运河带来的经济转型,人口数量在国家稳定的阶段不断增长,人口结构更是剧烈变动。对这种前所未有的人口变化的考察,有助于理解济宁及济宁地区城市化的程度和特色。

(一)人口增长和城市化的人口

1673 年的州志中谈到了本地元代以前人口资料的缺乏:"按济宁户口,自元以前无考。"[②]一个原因在于济宁所处的行政区划的变动不居。但有一点很清楚:在任城或其他名字下,这个坐落在容易受到洪水和其他自然灾害侵袭的传统农业区的行政中心,是在元代中期大运河兴起之后才出现人口密集的局面的。在元末战乱之后,从洪武二年(1369)开始为

---

① Jan de Vries,*European Urbanization*,1500—1800,Cambridge:Harvard University Press,1984,pp. 10 - 12,254 - 255.

② 康熙《济宁州志》卷 3《田赋志》,第 5 页。

了应对地荒人稀的局面,明初政府组织从山西和其他地方移民到山东西部地区。[①]这也是为什么济宁史志中很多人物的祖先可以追溯到从山西等外地迁来的渊源。

济宁地方志中的官方文件提供了明初以来一个比较完整的人口变化谱系。但这些人口资料并不连贯,统计标准不一,时常冲突,存在人口统计上的严重失实问题,主要表现在入籍人口的数字往往少于实际人口。其中一个缘由是曹树基所指出的大量女性人口尤其是没有出嫁的女"小口"被漏记。[②]还有特定时期"逃户"、"流民"等因素造成的误差十分显著。根本说来,尽管明清时期因赋役变革而导致的户籍制度不断变更,[③]但明、清政府承袭历代"编户齐民"的思维,其赋税征调和社会控制的根本旨趣削弱了传统户籍制度的人口统计功能。[④]因为难以取得精确数据,本文主要呈现"在籍"人口的大约数目,进行有所依据的分析性评估。下面表1粗略地展示出在一个长时段里变动着的注册人口数据。

---

① 参见李令福:《明代山东省人口发展的时空特征》,《中国历史地理论丛》1994 年第 3 期,第 131—146 页;曹树基:《洪武时期鲁西南地区的人口迁移》,《中国社会经济史研究》1995 年第 4 期,第 16—27 页。

② 曹树基:《中国人口史》第 4 卷《明时期》,上海:复旦大学出版社,2000 年,第 39—43、102 页。卜正民(Timothy Brook)在分析明代中国一些人口统计数据时也指出,女性人口在很多情况下没有被计算在内,没有被登记的大约占 2/3 以上。(参见[加]卜正民著,方骏、王秀丽、罗天佑译:《纵乐的困惑:明代的商业与文化》,北京:生活·读书·新知三联书店,2004 年,第 102—107 页)

③ 其中的一个主要因素正如何炳棣及曹树基所指出的,明中后期以来丁税摊入田亩的趋势使得原来以 16—60 岁作为男丁的人口统计标准不具普遍意义,文献中户口数据已经"全面演化为赋税单位",所以迄至 1776 年的明清官方统计没有囊括全部人口。(参见曹树基:《中国人口史》第 4 卷《明时期》,第 1—4、102 页)

④ 栾成显指出,明代黄册人口失实的主要症结在于户籍编制与以男丁为纳税对象的赋税征调密不可分。(参见栾成显:《明代黄册人口登载事项考略》,《历史研究》1998 年第 2 期,第 39—53 页)

表 1 明清时期济宁本州(不领县)人口统计

年份	本州		城内和城关 (城区和郊区)		资料来源
	户	口或丁	户	口或丁	
1391	3376	34166 口			乾隆《济宁直隶州志》
16 世纪 70 年代某年		40324 丁			康熙《济宁州志》
1609	.	52038 丁		8240 丁	康熙《济宁州志》
1644		17590 丁			康熙《济宁州志》
1669		22933 丁			康熙《济宁州志》
1712		26840 丁			乾隆《济宁直隶州志》
1766	50251	54851 丁 177438 口			乾隆《济宁直隶州志》
1785	67197	377293 口 (203697 男; 173596 女)	20958		乾隆《济宁直隶州志》
1820	173303	889350 口			多种资料①
1840	107721	503800 口	21355		道光《济宁直隶州志》
1906		174937 丁			民国《济宁直隶州续志》
1911			17732	77322 口	民国《济宁县志》②

上面统计表格中,"户"的标准前后变化颇大,"户"、"丁"、"口"的依据

---

① 引自傅崇兰对嘉庆重修《大清一统志》等文献里相关数据的整理。傅崇兰:《中国运河城市发展史》,第 193 页。但如曹树基等作者所指出的,《大清一统志》的人口数字来源甚不可靠,见《中国人口史》第 5 卷《清时期》,上海:复旦大学出版社,2001 年,第 10—12 页。

② 但按照民国初年方志独立编修者李继璋的估计,清末"本州城乡通共粮户 13,375 户。又城区居民 17,733 户,77,430 口。乡区人口无确数"。(参见李继璋:《济宁直隶州拟稿·疆域志·城乡》,1927 年稿本,山东省博物馆藏)

在实际统计中表现得更为复杂,加之登记、抄录等其他疏失,产生不少谬误。但总的说来,这组数字尚能反映历时性的人口变动大势。①除去特定时期天灾人祸所导致的人口减少外,②济宁当地的人口数量呈现增长的势态。人口的增长固然与明中期以来丁银并入田赋的税制改革有关,但在嘉庆晚期"摊丁入亩"全面推行而带动起的人口膨胀之前,与物质财富的增长、市场的扩张、经济的发展大致成正比。③

如保罗·霍亨伯和格林·霍伦·利兹所指出的:"最直接地说,城市化描述了人口成分的变化。居住在城市的人口增加,留在农村的减少。"④要观察这种城乡比例的结构性关系,有必要对济宁人口中城区、城郊和农村地区的比例作更近距离的观察(见表2)。

除前文及稍前注释中所提到人口统计中的一些带有普遍性的问题外,关于表2的统计还有如下问题:(1)因为郊区"城关"没有分列,其人口是包含在四乡之内,不算作城内居民。但实际上,城郊人口在晚明时代已经超过城内人口,从职业活动和日常生活上看他们已经或多或少地"城市化"了。(2)在城市人口中,官僚、衙役、书吏及其家眷、仆役的户籍基本都是在其家乡地区,但他们却生活、活动在当地城市中,所以在城内居住的实际人口要远远大于注册人口。(3)军事人员包括卫所辖内的人口不在州、城编户内,尽管他们偶尔也在城内外的人口记录中出现。济宁是明政

---

① 在明初以里甲制为基础编制的黄册里,"户"为政府征敛赋税的依据,是作为登记家庭与人口的单位。但这种户籍与赋税相连的制度从明中期后解体。刘志伟从明清时期广东地区赋税与里甲之间的关系入手,认为明一条鞭法改革后,"丁"、"田(粮)"作为计税单位,"户"不再与赋役相连,从而不能代表实在的家庭单位,而只是个赋税"催征"集合,即可以是包含多个现实家庭的宗族。(刘志伟:《在国家与社会之间——明清广东里甲赋役制度研究》,广州:中山大学出版社,1997年,第248—253页)

② 参见曹树基对明末北方地区自然灾害和鼠疫导致人口锐减的论述,《中国人口史》第4卷《明时期》,第405—421页。

③ 按照清初核定户籍的人丁编审制度,计纳税的16—60岁的男丁,而不计口。"摊丁入亩"后,计丁变得无意义,人丁编审制度终结,于是计口成为主要形式,保甲户籍制度得以普遍实行,其人口统计于是相对比较确切些。(参见姚秀兰:《户籍、身份与社会变迁——中国户籍法律史研究》,华东政法学院(现"华东政法大学")博士学位论文,2004年,第62—63页;聂红琴:《清代前期的户籍与赋役》,《史林》2001年第1期,第79—86页)

④ Paul M. Hohenberg and Lynn Hollen Lees, *The Making of Urban Europe*, p. 3.

表2 万历三十七年(1609)济宁本州城市与农村注册人口

行政属地	地方单位与人口性别	地方单位:里或图	男	女	总人口	在总人口中的百分比
总数		54	52038	33210	85248	100.00
城区:城		14	8240	5284	13524	15.9
乡村(乡)	东乡	11	9466	6057		
	南乡	14	13354	8446		
	西乡	9	10488	6710		
	北乡	6	10490	6713		
	总计	40	43798	27926	71724	84.1

资料来源:康熙《济宁州志》卷三《田赋志》。

府设置卫所之重地,虽然多有变更,而且在清代出现体制性的改革,但始终统辖着一个庞大的人口,由是也增加了大济宁地区的人口数量。[①]他们中靠近州城人口的日常活动与济宁城市生活的节奏息息相关,且勿论他们中的运丁在大运河上的公私兼营活动。(4)流动人口没有计算在内。文献显示,一个庞大的流动人口活动在城墙内外,并给当地的管理带来了困难。[②]

明中期以来究竟多少人口城市化了?哪些人口可以算作城市人口?官方统计疏于非注册人口计算,私人记载则可以提供实际居民的一些信

[①] 关于济宁及其附近地区的卫所设置及其演化,参见张荣仁:《明代兵制与济宁"卫所"的设置及演变》,《济宁师范专科学校学报》2004年第1期,第59—61页;王晓慧:《山东运河沿岸卫所研究》,中央民族大学硕士学位论文,2007年,第18—21页。明中叶以来,内地卫所体系衰微,所隶军民多散入当地民籍,而残存的卫所主要承担起漕运职能,并传续至清末,所以运河流域卫所编户人口虽然起伏波动,却构成当地人口的一个相当可观的成分。参见李巨澜:《略论明清时期的卫所漕运》,《社会科学战线》2010年第3期,第94—101页;温娜:《山东卫所在清代的变革》,陕西师范大学硕士学位论文,2008年,第56—60页。

[②] 乾隆州志描绘了这样一种缤纷的景象:"济宁五方杂处之区,大半外方人士在州置产立户。又邻境之民与临清、济宁二卫屯军,买济之地、住济之房者甚多,皆称不系本州之人,丁在原籍,不应两处当差,而奸猾之徒因而托名影射……"见乾隆《济宁直隶州志》卷5《舆地四·丁口》,第7—8页。

息。根据明末清初著名济宁士绅郑与侨《守御记》载:总河大司空陈道亨等官员与士绅紧密合作,在天启二年(1622)应对白莲教徐鸿儒可能的进犯时,紧急招募"土著","四关丁壮,得数万人,分为九营"。[1] 这是种描述性说辞,但折射出济宁的人口规模和生活气氛。现代学者罗仑和景甦推算明末济宁城区、郊区的人口不少于 10 万人。[2]而曹树基利用文献和演绎的综合研究也得出了相近的数目。[3]

乾隆五十年(1785)的人口资料在表 3 中更具体地反映了城区、城郊和乡村的分际,其中"城关"独立了出来。

表 3　乾隆五十年(1785)济宁城市和农村注册户籍人口

行政属地　地方单位和人口		地方单位:"地方"	村	户	百分比
总数		108		65644	100.00
城区和城郊	城内	4		4917	
	城关	18		15978	31.83
	总计	22		20895	
乡村	东乡	22	177	10595	
	南乡	32	358	13466	
	西乡	18	283	12186	
	北乡	14	156	8507	68.17
	济宁卫		4		
	临清卫		35		
	总计	86	1,013	44,749	

资料来源:乾隆《济宁直隶州志》卷二《舆地一·里社》。

尽管表 3 可以给我们一个关于城市化的更好对比,它与万历三十七年(1609)的统计具有同样的缺陷。另外,乾隆五十年(1785)的统计尽管

---

① 道光《济宁直隶州志》卷 4 之 5《兵革志》,第 6 页。
② 《清代山东经营地主经济研究》,第 26—27 页。
③ 《中国人口史》第 4 卷《明时期》,第 304—305 页。

展示了卫所的部分信息,但并没有给予户数。既然全部的户数(如表 1 所显示的那样)为 67197,那么没有出现的两个卫的户数应该是 1553(67197 减去 65644),将农村户数增加到了 46302。如此,基于这个新分母,城(城区和城郊)乡比例可调节为 3∶7,为依据 1609 年的比例的两倍。然而,毕竟有一部分缴纳农业税的农业户口是住在城区以内,这种情形持续到现代。如,1911 年济宁城内 6885 住户中的 1160 户属于这种农业户口。[①]纵然如此,因为他们的日常生活和家庭副业已经融入了城市日常生活的节奏,所以在某种意义上可以认作城市居民。

从比较的角度看,应该如何评估济宁人口的城市化程度或城市化率?许檀的研究揭示济宁在商业和经济的规模上排在临清之后,在山东位居第二。据她的推算,乾隆年间临清的城区和城郊人口介于 15 万到 20 万之间。[②]曹树基推测乾隆年间临清的城市人口为 20 万之上,而在晚明即达到这个规模。他推测乾隆年间济宁的常住城市人口在 4 万户以上,人数或达 16 万。[③]由于 19 世纪中叶漕运的中断和盐运业的萧条,临清经济的支柱坍塌,一蹶不振;而 19 世纪末和 20 世纪初济宁的人口因为经济没有大衰败未出现锐减现象。

上面的信息显示了济宁人口以及城市化人口的增长态势。济宁人口扩张是与当时山东以及全国的大趋势大致同步的。何炳棣以官方数据为基础估算山东在洪武二十六年(1393)的"口"为 5255,876。[④]按照魏根深的估计,山东人口在建文二年(1400)大约为 500 万,到 1900 年增长到了

---

① 潘守廉修,唐烜、袁绍昂纂辑:民国《济宁直隶州续志》卷 4 之 2《风土志·里社》,1927 年铅印本,第 1 页。

② 《明清时期山东商品经济的发展》,第 226—230 页。罗仑和景甦对临清人口的估算相对保守一些:临清在鼎盛时期的明中叶人至多为 15 万左右;在清朝时的鼎盛时期乾隆前期大概 10 万左右。(参见《清代山东经营地主经济研究》,第 48—49 页)

③ 《中国人口史》第 5 卷《清时期》,第 363—365、727—728 页。

④ Ping-ti Ho, *Studies on the Population of China*, Cambridge: Harvard University Press, 1959, p. 10. 按照梁方仲的统计,山东户数在天顺年间(1457—1464)介于 617,980—658,900。全省人口数在 1898 年已达 37,789,000。(参见《中国历代户口、田地、田赋统计》,第 214、266 页)

3500万。[①]李令福推算山东人口在 1600 年前后突破了一千万,大约印证了何炳棣从明初到晚明中国北方人口至少翻了一番的总体论断。[②]山东的人口密度在明代中后期在全国排第二,仅次于浙江;在清代则浮动于第三与第四之间,即低于江苏和浙江,有时也低于安徽。[③]在山东境内,从明中期到 19 世纪中叶,西部运河流域的人口增长率及人口密度远高于东部,显示了在运河运输与贸易所驱使的商品化和城市化扩张下山东经济重心与人口重心分布的西部优势。[④]

　　人口的自然性或生物性增减及其群体性移动都是在一定的社会环境下发生的。虽然有几种因素可以解释明清时代的人口增长,但一个更重要的问题是增长的人口和其赖以生存的资源之间的关系。在技术和耕地都没有大变动的情况下,中国面对着一个马尔萨斯危机。当时的中国人如何处理人地紧张关系? 首先,我赞成魏根深的观察:在勃兴的市镇里的城市扩张促进了农业领域的专业化和商业化,提高了农业生产力,从而支撑了增长着的人口。在高度商业化的地区,一些借贷农民变成了被追求市场效益的"经营地主"所雇用的"农业工人"。于是,在人口增长刺激农业经济的同时,它又为农业生产的专业化和商品化所支撑。[⑤]

　　其次,从济宁城市化的个案中,我们也会增加一个结论:强劲发展了的城市经济也滋养了很大的特别是从农业、农村游离出来的人口。长期

---

　　① 依魏根深估计,中国全国人口从 1600 年的 2 亿增长到 1900 年的 4.1 亿。这种人口增长主要发生在中国北部:从 1600 年的 0.6 亿增长到 1900 年的 2 亿。(Endymion Wilkinson, "Introduction," in Jing Su and Luo Lun, *Landlord and Labor in Late Imperial China*, p. 4)魏根深的估计虽然超出学术界的一般看法,但他正确地指出了人口变动的大势。

　　② 李令福:《明代山东省人口发展的时空特征》,《中国历史地理论丛》1994 年第 3 期,第 142 页。

　　③ 《中国历代户口、田地、田赋统计》,第 207、272 页。

　　④ 参王云在李令福、许檀等相关研究基础上的富有说服力的统计和量化论述。(王云:《明清山东运河区域社会变迁的历史趋势及特点》,《东岳论丛》2008 年第 3 期,第 47—56 页)

　　⑤ 参阅魏根深的 "Introduction", in Jing Su and Luo Lun, *Landlord and Labor in Late Imperial China*, p. 1, 13, 37 - 38。但伊懋可(Mark Elvin)则重视两宋以来的商业化及其在明清时期的扩张,认为虽然缺乏导致革命的斯密动力,却带来了"高水平"的人口—资源"均衡",见 Mark Elvin, *The Pattern of the Chinese Past*, Stanford: Stanford University Press, 1973, pp. 312 - 315。

以来,在山东西部,消化人口增长的压力对生态和经济产生了不容忽视的危害作用。明初以降,伴随着黄河和运河水利工程的繁盛局面,人口的增长逐步导致耕地的最大限度开发和既有自然资源的耗尽。当洪水等自然灾害发生时,大量人口便暴露在大自然的淫威下,于是农村人口蜂拥进城镇。在济宁,城市工商业持续地从周围地区,特别是从最近的属县吸收劳动力,从而在一定程度上减轻了区域人口压力。

人口布局的改变也改变着区域社会环境。移入城市的农村人口和外地迁入者多数居住在城墙外的郊区从事商业和商品生产。在济宁的例子里,我们看到新近城市化的南部、西部郊区是新来者的密集定居地。如表3所示,在18世纪80年代早期,济宁城区与郊区的居住人口比例接近1∶3(4917∶15978)。除了永久居民外,大量作为流动人口的农民来到济宁充当贩夫走卒、码头搬运工,以及在城墙内外从事各种体力劳动的短工。"济当河漕要害之冲,江淮百货走集,多贾贩,民竞刀锥趋末者众。然率奔走衣食于市者也。"[1]他们大都可称为"运河居民",即直接或间接地依赖或服务于运河运输和贸易。许檀估计明末济宁城区和城郊每年大约活动着四五十万流动人口。[2]他们的数量大于当地注册人口,而且构成了济宁从事工商及其他有酬职业的主体。因而在城市边缘地区呈现了较高的人口增长率。

济宁及其近郊增长着的繁荣与包括其属县在内的周边腹地的贫困形成了鲜明的对照。既然城市化吸引四周农村和更远距离的人口,在济宁附近地区,城市和农村在一定程度上交汇、模糊起来。毗邻城镇的农村地区融入城郊,城关面积增加,其中的很多居民也相应地全部或部分地转变了职业,获得了程度不等的城市性。同时,虽然济宁城周边的农村地主——佃农关系依旧是主体,但租佃地主卷入越来越多的市场活动,适应变化着的经济和生活环境。这种乡村的城郊化是城市扩张的一个结果。

(二)城区与城郊居民的社会构成

历史文献并没有提供济宁城区与城郊职业构成的准确信息,但乾隆

---

① 道光《济宁直隶州志》卷三之五《风土志·风俗》,第17页。

② 《明清时期山东商品经济的发展》,第175页。同时参看该页的注③。

五十年(1785)州志讲到了一个新移民对居住环境选择的有趣故事：

> 臧子彦曰:旭窗陈先生祖,南阳人,与高姓祖同来卜居。至济州关南,则百物聚处,客商往来,南北通衢,不分昼夜,高氏祖遂居之。先生之祖曰:"此地可致富,非吾志也。"于是入城,观东南隅,多有子弟效梨园者,曰:"后日子弟必有度曲忘学者。"去之。观西南隅,多有子弟聚赌博者,曰:"后日子孙必有博簺废学者。"又去之。观东北隅,多有子弟乐酣饮者,曰:"后日子孙必有沉湎荒学者。"又去之。至西北隅,见其地人罕,曰:"此可以居矣。"遂卜居焉……济人至今传之。[①]

尽管这个故事蕴含着"孟母三迁"式的道德寓意,但主人公的迁居经历折射出各种职业民众在城中工作、活动、居住的空间分布信息,也表明新迁进者在城内、城外似乎有选择居住地的些许自由,意味着城市居民与外来者在一定程度上发生交合的可能性。[②]

明清济宁城区与城郊社区存在着复杂的、层叠的社会职业结构以及各种城市社会组织。散见的证据显示在这个人口稠密的城市里的旅居和流动人口中,商人们扮演着一个在经济生活领域里富有活力的角色。其他职业包括官吏及其仆役、士兵、搬运工、经纪人、店铺主及其伙计、工场和作坊主、宗教人士、流民、力夫、盗匪、长短期雇工、伙计、工匠,各色人等,不一而足。

与作为兖州府府治的滋阳城相比,济宁的内城略小些,但外城即郊区则大得多。也可以肯定的是济宁的城区与城郊工商业人口数量要大得多,常住的和流动的工商业人口的比重更高,城市社会更复杂。基于济宁工商人口及其活动的概况,我们有理由认为商品化和城市化支撑了人口增长;特别是城郊人口的增长,反映了真正的社会发展。

---

① 乾隆《济宁直隶州志》卷2《舆地一·街衢》,第23页。

② 地方志中关于迁居的记载颇多,如郑与侨的《自撰志铭》讲到其宗族于1407年迁徙到济宁近郊,属济宁卫籍,"此济族所自始也"。而后家族的一些分支淡出卫籍,移居城里。参见(清)郑与侨:《自撰志铭》,道光《济宁直隶州志》卷9之4《艺文志四·文录》,第165页。

（三）城市里的商人及其组织

明清时期经济上活跃的城郊社会通常主要由非本地户籍的人口组成，特别令人瞩目的是长期和短期旅居的商人。如何炳棣所描述的，这些外地商人依据共同的家乡地域组成了自己的组织即会馆。会馆不同于当地人士控制的行会。①

济宁地方志没有行会的记载，大概是由于它们处在官方史志所规范的类别之外。但这些外地人的组织却在当地的经济和文化生活中扮演了不可或缺的角色。散见的资料只能拼凑出会馆活动的一个不齐备的概貌。可查的最早的会馆是17世纪20年代建立在城南运河南岸的浙江会馆，其多数成员从事竹器、丝织品、茶、米等诸多来自江南产区商品的贸易。乾隆年间由陕西、山西和河南商人合办的三省会馆也建在运河南岸，主要经营票号、草药、烟草、漆器、食油、金属和百货。其他成立于17世纪20年代的会馆还包括经营茶、墨、木材的安徽会馆和以纸张贸易著称的福建会馆。清代中期出现的还有河南会馆、金陵（又称江南）会馆和经营瓷器的江西会馆。所有这些会馆都坐落在南关郊区。②各会馆商人经营的商品反映了他们的区域来源，并折射出在全国商品流通网络中生产和交换的区域性分工。多数会馆都从事与南方的贸易。如在其他城市一样，这些外地商人及其组织通过他们的商业活动和作为商帮参与当地的公共活动，如修建寺庙、戏台、庭院、货栈、墓地、客栈，以及修缮城墙、码头、堤坝，重构了济宁南郊的经济基础。这些会馆在漕运于1849年中断后萎缩，并在1912年津浦铁路投入使用后衰败。③

华北各地普遍的经济类型是来自其他地方的行商主导了当地的市

---

① 参见何炳棣为其中文著作《中国会馆史论》所写的英语摘要。《中国会馆史论》，台北：学生书局，1966年，文末所附"English Abstract"，第1—4页。

② 赵玉正：《济宁城区的私家园林》，济宁市市中区政协主编：《文史资料》第10辑（1997年），第208—214页；山东省济宁市政协文史委员会编：《济宁运河文化》，第128—135页。李华：《山东商帮》，香港：中华书局，1995年，第86页讲到在南郊的三个会馆：元宁会馆、浙绍公仁堂、苏州锡箔商之同仁公所。

③ 来源于20世纪80年代的访问材料，济宁市政协图书室所藏未刊稿《济宁市中区市场资料长编稿》，第40—43页。

场,而本地人居于边缘位置。在包括临清在内的多数北部运河城里,晋商和徽商控制了地方市场和经济命脉。与江南相比,明清时期北方或华北的士绅精英力量薄弱,而且往往对工商盈利行为持有敌意。但济宁的情形不同:这就是地方金融势力与作为地方社会领袖的士绅的结合。济宁的士绅积极地参与当地经济事务并成为城市生活的领导力量,开办玉堂酱园的孙家即是一个例证。济宁包括士绅、商人及经营牙行的经纪人的本地精英有效地阻止了行商的影响,使得包括来自南方的外地资本在济宁手工业及附近地区农副业中扮演着辅助角色。

当然,从一个长时段来看,本地与外地的界限也在衰退;当地居民数量的增加与外地人的本地化是有关联的。与其他北方城市或者抵制外地人的归化或者屈从他们的主导不同,济宁社会融合了他们中间的一部分,或者将他们置于辅助地位。同时,增长着的本地资本还输出到外地。作为山东商帮的一个主要集团,济宁商人在江南、华北和东北其他地方的山东会馆里扮演着重要角色,不但从事长途贩运业务,还投资于当地的产业。清中期他们在盛泽创立了自己的会馆,在其他一些江南城镇也有分支机构或代理人。[①]

在济宁,如同在其他北方运河城市,回族人在合股集资的商业活动中尤其突出,他们的社区和领地使得地方生态更加复杂多样。尽管零散的材料显示早在宋、辽时期就有一些回族人在济宁活动并居住下来,大规模的移民却是发生在元代大运河通航之后。从那时起,回民从北方沿运河南下的过程一直没有间断过。他们大都在南郊运河和越河两岸从事依托运河交通的贸易、生产及服务行业,如前文所说的皮毛业,形成了颇具规模的回族社区。[②]

简言之,从济宁的例子中我们可以看到商品化、城市化的发展引发了

---

① 参见《吴江盛泽镇济宁会馆置田建庙碑》(康熙六十一年,1722)、《吴江盛泽镇续修济宁会馆碑》(嘉庆二十二年,1817),苏州博物馆、江苏师范学院历史系、南京大学明清史研究室合编:《明清苏州工商业碑刻集》,南京:江苏人民出版社,1981年,第326—327、351—352。在多数情况下,济宁商人更多地与本省其他地方的商帮以“齐鲁”或“山东”冠名合在一起。

② (清)王赓廷修,邓际昌纂:光绪《济宁州乡土志》卷3《户族录·实业》,光绪三十一年(1905)石印本。

人口和社会变动。大量的人口涌入城市和市镇,从事商业和商业性生产,急剧地改变着济宁及周边的职业和社会构成,加剧了社会复杂化。而运河运输和贸易对济宁及其区域经济和社会特质的塑造,又与江南等其他类型的商业化和城市化有所区别。

四、区域视野中的城与乡、核心与边缘、中心与腹地关系

一个城市无法从它所在区域空间的和功能的系统中抽离出来。它沿着市场运动伸展,不囿于其所在的自然环境和行政区划。它的威力使得其自身所处的系统成为一个城市化连续体网络,其"中心性的程度从高度发展的核心依次减弱到不发展的边缘"。[①]作为有机体自身,"城市网络拥有它们的节点与汇合处,它们的通道和门户,它们的核心和边缘"。[②] 从明中期到清晚期,济宁城市和济宁地区正是存在于这样的一个环境里。

(一)济宁地区的城市化:济宁城周围市镇的勃兴

在大济宁地区,大运河及其辅助性水网的贸易将济宁与周围地区联结起来,并使后者成为它的腹地。这个从明初一直在扩大的地区逐步地发展出了一个充分的市场层级体系。在这个区域市场体系内,一系列沿着南北运道以及相关水路的市镇成了济宁功能意义上的卫星城。这似乎表现出一个"中心地"配置的构架。

"城西南,滨运河"的安居镇距济宁州城9公里。[③]从明中期到清末,因为"处地扼要,为车船更易之所",安居镇成为一个盐运区域分发中心,"安居盐园惟行销济南及南运各地方始得卸入"。[④] 运销地区包括山东西南部、山东南部、江苏北部、河南东部、安徽北部。镇上其他的重要行业,

---

① 参见萧邦齐(Keith Schoppa)对〔美〕施坚雅(William Skinner)概念的归纳和阐释(Keith Schoppa, *Chinese Elites and Political Change：Zhejiang Province in the Early Twentieth Century*, Cambridge and London：Harvard University Press, 1982, p. 16)。

② Paul M. Hohenberg and Lynn Hollen Lees, *The Making of Urban Europe*, p. 5。

③ 康熙《济宁州志》卷2《疆舆志下·镇店》,第10页。

④ (清)张曜、杨士骧修,孙葆田等撰:宣统《山东通志》卷86《田赋志五·盐法》,宣统三年(1911)修,民国四年(1915)印,第61页。

如粮仓、市场和各式杂货店铺、手工作坊都依赖于运河,或者由运河供给并服务于运河运输。在盛清时代,镇上的几个钱庄发行钱票或银票,流通到外地。安居还是一个文化、教育和城市消费中心,人口繁盛,被称为"小济宁"。明天启五年(1625),有 4 位安居居民考中进士。[①]

长沟是济宁以北 22 千米的大镇。其兴隆的商业和娱乐业使其获得了"二济宁"的民间称誉。[②]"州南六十里"运河畔上的鲁桥镇同样"居民稠密,商贾萃集"。[③] 其他著名的市镇包括鱼台县的谷亭镇和汶上县的南旺镇,还有为数众多的小镇,有的称为"店"或"店镇"。[④]

这些大大小小的市镇很多从运河上闸口发展而来,即便不靠近运河,也受到运河为中轴的贸易机制的牵引。市镇里的工商经营与作为区域中心的州城的经济体系紧密相连而呈现出相似性。在这些市镇里,居民稠密,且流动人口比重大,手工业经济的地方色彩显著,商业设施齐备,娱乐业发达,饭店、酒肆、商铺、烟馆、赌场一应俱全。通俗文艺也活泼多样,顾客、赞助人中不少是行商。[⑤]他们以在济宁的会馆为总部,定期往来于济宁和周边市镇之间,还购置住所。这些环绕着济宁的市镇确认了济宁的中心性,并支持着济宁物质、资本和人力资源的统御地位。它们介于济宁与区域内农村之间,直接将它们自己及其各自范围的农村经济和生活纳入区域市场层级系统,刺激了商品性生产。

(二)中心地模式,还是网络模式?

济宁及其周边卫星市镇,就其功能而言,好像符合施坚雅的区域市场

---

① 王兆善:《名噪一时的安居盐场》,济宁市任城区政协主编:《文史资料》第 11 辑(1998年),第 34—41 页;史仍瑞、褚庆台、梁汉文:《安居八景》,济宁市郊区政协主编:《文史资料》第 2辑(1987 年),第 123—128 页。

② 张显美:《昔日长沟镇》,济宁市郊区政协主编:《文史资料》第 2 辑(1987 年),第 128—132 页。

③ 康熙《济宁州志》卷 2《疆舆志下·镇店》,第 9 页。

④ 文琦还在更大的范围内列出了济宁地区的运河市镇:今梁山县境内的安山镇和寿张集、微山县的夏镇和韩庄。(文琦:《明清济宁运河经济与市场体系研究》,青海师范大学硕士学位论文,2013 年,第 25—29 页)

⑤ 朱玉岱:《新闸漕运与股份合作经济》,济宁市任城区政协主编:《文史资料》第 11 辑(1998 年),第 111,139 页;廉成玉:《运河农村民间曲艺繁华似锦》,济宁市任城区政协主编:《文史资料》第 11 辑(1998 年),第 139—141 页。

层级结构。基于中心地理论,施坚雅的地区分析方法从经济独立性和地方城市系统的方面勾画了空间地带。在一个任何大小的区域内,相互依赖的生态的和社会的变量,例如自然环境、人口、技术、社会经济结构和文化类型,在程度和类别上表现出差异。[①]一个中心地供给"它的四周特殊的服务,包括经济的、管理的或者文化的,这要求在空间上集中。在诸多中心的层级内,高一级的对小的中心地来说作为中心地,围绕着主要中心形成了一个地区"。[②]

施坚雅表述了一个既定区域的核心—边缘方案序列,把城市作为经济中心,与行政中心进行区隔:"经济中心地形成了城市的区域体系;每个体系形成了多个层级,这是由各自组成部分的经济集中性的程度和它们在区域核心—边缘结构中的位置而内在地区别开来。"[③]而城市和市镇"有更强的经济联系","人口密集和城市化"的核心与其人口稀疏的边缘形成了一个层级体系。[④]

按以上标准,对济宁地区的相关考察显示出济宁及其附近地区在很大程度上商品化了,而它广大的周围地区作为其腹地而存在。运河运输贸易作为当时区域经济的主要整合力使得济宁因具备其广阔腹地的集散中心功能而取得重要性。济宁和其卫星城镇、闸口及附近乡村经由运河联系在一起,形成了一个商业层级网络。商品化和城市化的深化不断地将农村、郊区和城镇拖入一个具备内在功能的地区体系,于是在山东南部运河段,济宁和它的周围地区形成了一个多层级的核心—边缘地区结构,催生了一个较为松散地联结在一起的前近代运河类型的"区域"。其层级相对完备的等级市场系统,使得济宁区域或济宁地区存在之经济意义大

---

① G. William Skinner, "Regional Urbanization in Nineteenth-century China," in *The City in Late Imperial China*, edited by G. William Skinner, Stanford: Stanford University Press, 1977, p. 228.

② Paul M. Hohenberg and Lynn Hollen Lees, *The Making of Urban Europe*, p. 4.

③ G. William Skinner, "Introduction: Urban and Rural in Chinese Society," *The Cities in Late Imperial China*, p. 253.

④ 参见施坚雅的有关论述:"Cities and Hierarchy of Local Systems," *The City in Late Imperial China*, pp. 283 - 285。

于其行政区划的意义。

然而,这个地区系统不甚切合施坚雅所阐发的中心地模式,是因为济宁对跨区域运河贸易的严重依赖。济宁更多的是将其腹地的市镇和农村主要通过运河而与全国市场网络联系起来。从这个意义上说,济宁颇似安东篱笔下的扬州。她建议用网络系统说取代中心地论,因为网络系统"设定一个城市的存在或其重要性是由于它作为将其腹地与远距离贸易的网络连接起来的门户的角色",而扬州正是作为通过运河运输的国家网络中的一个关节点而存在的。[①]"网络"模式强调的是跨区域贸易在塑造城市与区域经济中的决定作用,从而脱离于区域城市层级的严格限定。

总的来说,济宁地区的多级市场的跨区域联系还是沿着本地区内部的等级程序。商品和资本的流动从定期的农村集市到市镇再到地区中心济宁。尽管市场的这种形体空间上的安排并不似"施坚雅模式"那般整齐,但区域市场体系依然展现了结构和功能上的中心化或集中化。同时,不管中心地模式的实用性有多大成效,像济宁地区或亚地区这样的沿运河地区的开放性远大于内在封闭性。如罗威廉所指出的,高层级的城市同时具备"跨地区网络系统和地区自身系统"。[②]于是,在济宁个案里,把这两个分析模式看作互补而非对立应该更有益。这种复杂的特征缘自济宁地区由运河制造的城市化路径。

(三)济宁区域经济体系的非独立性和独立性及其作为运河地区的特殊性

尽管明中期至清晚期的济宁地区在一定程度上表现出如中心地理论所表述的在一个层级体系内的机制,但它的形成并没有沿着这样一种逻辑:在本地区内"从下而上"逐步创立市场和市镇。相反,它起源于一个"自上而下"的类型:农村市场和市镇被中心城市济宁所驱动,而济宁自身

---

① Antonia Finnane, *Speaking of Yangzhou: A Chinese City*, 1550—1850, Cambridge: Harvard University Press, 2004, pp. 37 - 38.

② William T. Rowe, "Introduction: City and Region in the Lower Yangzi," *Cities of Jiangnan in Late Imperial China*, edited by Linda Cooke Johnson, Albany: State University of New York Press, 1993, p. 11.

的商品经济却起源于运河运输和贸易。[①]这不同于同时期经历着更为普遍和深刻商品化的长江三角洲——在那里农村的蓬勃商品性生产和星罗棋布的基层市场是地区市场体系的基石,而济宁地区所在的山东西南部大都不发达。

济宁的崛起和最初成长与其贫瘠的腹地没有什么关系。大致上济宁及其腹地经济的起伏与运河运输和贸易的节奏相吻合。一方面大运河转输系统刺激贸易和生产,统合区域化,其商品流通成为当地财富的主要源泉;另一方面也因地方经济过度依赖运河而形成受制于外部因素的瓶颈。济宁经济区形成的推动力并不是内生的,即为本地区小经济单位的要求驱使,而是运河上跨区域商品和资本运动的结果。这个城市化进程,伴随着与之俱来的人口的职业分化,以及携带商品、组织、信息、风尚和资本的职业性移民,在很大程度上重新塑造了济宁的性格和走向。这个过程奠定了以济宁作为地区放射核心的功能和特色,以及受外来因素制约的经济非独立性。

济宁及其周边商品化的加深和经济的发展增加了地区内部的生产能力。从明中期开始,为了满足济宁及其腹地商品生产与流通的区域分工背景下的城乡手工业的要求,商品性强的经济作物被广泛种植。这种趋势加剧了农村市场的扩张,远远超出了作为主粮过剩的偶然交换以及基本消费品流通。同时,跨地区的贸易和劳动的分工,如明末布—棉的南北交换,加速了济宁地区内的农业商品化和原本农村地区的城市化。在这个过程中,济宁与它的卫星市镇不但领导着商品的市场交易,而且成为雇佣、资本、交换、金融服务和技术传播的渊薮。如此,济宁城市系统的功能接近或达到了这么一种状态:"城市经济取得了穿越零乱的郊区进入农村的外围的大都会形式。"[②]农村地区受到城市化的推动,市场力量逐渐地将农村地区城市化或城郊化。

---

① 关于"从下而上"、"自上而下"这两种类型,可参阅 Jan de Vries 对 Gilbert Rozman "'前城市性'城市发展"七阶段模型的理论讨论,见 Jan de Vries, *European Urbanization*, pp. 9 – 10.

② Jan de Vries, *European Urbanization*, p. 7.

像其他大城市一样,济宁有专门的蔬菜和其他日用品市场,"菜市在东关","鸡市在南关"。① 最邻近的郊区生产主要供给城市与城郊人口的日常消费,蔬菜、家禽、渔业等副业发展起来。它们有力地支持了城市和郊区经济。其实,它们本身就是其中的一部分。在地区市场层级中,农村市集是最基层的市场节点。在济宁及其属县和附近地区的方志中,都有这类市、集、店的条目,尽管缺少更为详细的资料。②农村市场的增长支持了城市、市镇的商业和生产,同时也反映了城市化向农村的渗透。

这意味着地区经济的某种独立性,如施坚雅所说的作为一个"总的城市系统"而运行。在这个系统里,城市的网络通过分类、动员和调节劳动、资本和信息有效地启动地区经济。③在济宁地区,整个地区商品化和城市化从根本上改变了城乡关系,形成了以分层的、分级的市场为基础的地区经济系统。在施坚雅意义上的"地区系统"范畴内,从明中期开始的济宁地区的城—乡连续体可以被认作一个"整合起来的构架",这是考虑到济宁与它腹地上多级的节点上的互动;这些节点的市场功能上的联系和"城市性"的程度是根据它们逻辑上而非仅仅地理上与济宁的远近而变化不一。④济宁的经济中心性是将它的腹地化合成一个统一的地区市场层级的根本向心力。

---

① 道光《济宁直隶州志》卷3之5《风土志·市集》,第16页。

② 一些日本和中国历史学家对山东商品经济的研究显示:山东农业市场的兴隆开始于明代中期,在清代中期达到顶峰。许多农业市场起源于寺庙附近定期举办的集市,并与宗教节日有关。[日]山根幸夫(Yamane Yukio)曾考察到明代以前山东的不少集市起源于宗教活动(引自 Gilbert Rozman, *Urban Networks in Ch'ing China and Tokugawa Japan*, Princeton:Princeton University Press, p. 206)。斯波义信(Shiba Yoshinobu)同样看到"庙市"、地方社稷以及佛、道聚会作为宋代江南的集市、市场的起源(Yoshinobu Shiba, *Commerce and Society in Sung China*, edited by Mark Elvin, Ann Arbor:Center for Chinese Studies, the University of Michigan, 1970, pp. 156 - 164)。许檀的研究显示:山东省的集市在清中叶约为2300个,至光绪年间达到3000个;西部平原地区的密度高。全省平均交易半径为5—8千米,为半日步行往返的距离(《明清时期山东商品经济的发展》,第302页)。文琦列举了济宁周围县的乡村集市和庙会,但难以呈现一个全面的场景,见《明清济宁运河经济与市场体系研究》,第20—22页。

③ G. William Skinner, "Regional Urbanization in Nineteenth-Century China," *The City in Late Imperial China*, p. 211.

④ G. William Skinner, "Introduction:Urban and Rural in Chinese Society," *The City in Late Imperial China*, pp. 258 - 259.

概言之,济宁城区和城郊及其邻近地区在山东西南部组合成了一个具有核心—边缘结构的地区共同体。济宁个案中显现出一个核心—边缘的特殊运河地区结构:紧靠运河地带的城镇商品化、城市化发达,它们的邻近地区则作为其边缘腹地而存在。同时,作为华北平原大区内的一个组成部分,大济宁地区可以被视作一个亚北方地区。然而,济宁的"地区"界限并不明朗。这个地区的经济导向意味着其地区系统越出了施坚雅关于传统中国境内大区划分的藩篱。运河运输使得跨区域交换穿透了施坚雅地区模式的整齐规则性。大体上说,明清阶段济宁所在地区的整合力和生命力因为运河的活力而空前增强了,而济宁作为山东西南部的经济核心由于市场基础而存在。在济宁地区内,市场杠杆测量着市场层级体系和网络中各个节点的城市化程度和深度:中心城市、市镇以及大小不一、姿态各异的农村集市。我们可以认为:这个地区被适度地整合成了一个前现代或准现代地区和运河类型的地区,与当时中国其他相对独立的发达经济地区相似(如江南、岭南各大区内的亚区),但不同于为一个统一的全国市场所驱使的现代地区的模式。

五、跨地区与比较视野中的济宁

明清时期的山东西部整体上还处在较低的商品化和城市化程度上,尽管人口稠密。但是,如大济宁地区的情形所示,山东西部毗邻运河地带出现了发达的商品经济和城镇社会。为了更好地评判济宁和济宁地区的地位,有必要将之放到更大的地理和经济背景中去。

(一)山东省视野中的济宁和济宁地区

从明清时期地理、经济和文化的角度看,处在华北平原上的山东省由

几个特色各异的地区组成。①在饶济凡将开埠前的明清中国城市分为 7
级的谱系中,山东省内只有沿运河的济宁、临清和距运河不远的济南被列
入 3a 级城市,在 19 世纪中叶之前的华北平原,排在被定为二级城市的京
师北京之后。②鲍德威将 19 世纪的山东分成 4 个地区,分别以济宁、临清、
济南和潍县为中心。每个城市都有 10 万以上的人口,属于饶济凡意义上
的"三级"城市。③周村在 19 世纪末作为手工业和商业中心也跻身这一行
列。所有这些城市都占据交通之便。在明清时期的山东,几条纵横的驿
路或陆路干线为沿线的商品化、城市化和区域间的经济联系提供了条件。
其中,南北驿路在运河以东,与运河平行,穿越山东西部;有些路段直接以
运河替代。④东西大道贯通济南与胶东半岛东部,并有几条支路通达各沿
海港口。从东到西,三级或四级的城市包括蓬莱(登州府府治)、潍县、济
南以及县一级和县以下的城镇都在这条路上或距离不远。⑤潍县的重要
性取决于它连接西部内陆与东部沿海的战略位置。济南的重要性主要源
于它作为省治的政治和文化地位。

在山东西部,财富和人口向运河两岸城市、市镇和初级市场的集中,

---

① 彭慕兰(Kenneth Pomeranz)着眼市场机制,将清末民初的山东分成三个区域资本市场:
北部沿海、核心地区(包括北部黄河—运河的大部分地区)、西南地区(即南部黄河—运河地区);
但黄—运地区作为一个功能整体化的区域而存在(参见 Kenneth Pomeranz, *The Making of a
Hinterland: State, Society and Economy in Inland North China*, 1853—1937, Berkeley:
University of California Press, 1993, pp. 27 - 28, 33 - 35);周锡瑞(Joseph W. Esherick)运用社
会经济标尺,将山东区分为六个地区:东部半岛、北部坡地、南部山区、西北部、济宁地区、西南部
(从东到西排列)(参见 Joseph W. Esherick, *The Origins of the Boxer Uprising*, Berkeley, Los
Angeles and London: University of California Press, 1987, pp. 7 - 13)。尽管在 19 世纪末 20 世
纪初发生了大嬗变,彭慕兰和周锡瑞相近的区域划分大致上也适用于明清时代。然而,"区域"
的使用在这里并不意味着描写济宁层级市场系统时的"区域",因为源于商品化和城市化的差
异,并非山东各个区域都具备了这样的性质。

② Gilbert Rozman, *Urban Networks in Ch'ing China and Tokugawa Japan*, pp. 205,
209 - 210.

③ David D. Buck, *Urban Change in China: Politics and Development in Tsinan,
Shantung*, 1890—1949, Madison: The University of Wisconsin Press, 1978, p. 22.

④ 张玉法:《中国现代化的区域研究:山东省,1860—1916》,台北:"中研院"近代史研究所,
1982 年,第 36 页。

⑤ 详见朱年志对明代山东境内的主要驿路和商路的描述。(朱年志:《明代山东水陆物资
运输探析》,曲阜师范大学硕士学位论文,2007 年,第 11—13 页)

开拓了运河地区的城市空间,产生了一个城市化的狭长地带。在这个地带上,由南至北的著名山东运河城市计有峄县、济宁、聊城、德州、临清,均为县或州或府衙门所在地。它们因傍依运河而发生商品化和城市化的巨大变化,并带动各自临近的边缘地区。在这个生意兴盛的贸易地带上,通俗文化也发展起来。明末小说《金瓶梅》被认为是山东西部运河城市市民生活的一种现实主义写照。[1]

从总体上讲,如何评估明清时期山东的经济?从明中期到清晚期,山东的农业产品加工业取得了长足的发展,并引发了传统作物种植业的变革,但专业化生产的重要市镇在山东数量不多。实际上,这种薄弱环节是当时中国多数大区、区或地区和亚地区经济体共同的现象。例外的情形表现在长江三角洲、珠江三角洲以及部分运河流域。其中济宁地区和临清地区在山东和中国北方颇为鹤立鸡群。

在明清时期,一般各省不存在商品流通的独立省内市场网络,而各个地区或亚地区的经济都有各自的轨道和线路。然而,同一行政区划内频繁、有规则的省内交流和交换是可能的。在山东境内,东西部之间的贸易是最重要的商业交换,而东部借此连接到以运河为主干的南北全国商业网络中。山东西部境内地区及亚地区之间的交换则属于运河南北跨区域流通的一部分,其中一个典型的例子即是济宁和临清之间的紧密联系。乾隆五十年的临清州志触及了两地的关系:"临清为四方辐辏之区,地产麦谷,不敷用,犹取资于商贩……其有从汶河来者,济宁一带之粮米也。布帛亦皆来自济宁,舳舻千里,衣粗食粝者取给焉。精美轻赏之物,随粮艘而麇至,盖犹易矣。"[2]这里透露出当时济宁棉纺业水平高于临清的信息,说明了市场机制在区域流通中的主导作用。

(二)国内市场网络上的济宁和济宁地区及其与海外市场的联系

济宁在明清王朝的经济和财政收入结构中获得重要地位。首先,明

---

① 参见王汝梅:《〈金瓶梅〉地理环境与临清》,载于李蓝生、杜明德主编《运河明珠临清》,济南:山东省地图出版社,2001年,第187—191页。

② (清)张度等纂:《临清直隶州志》卷2《建置志·市衢》,乾隆五十年(1785)刻本,第35页。

代漕粮征收伊始,山东和河南就是提供"北粮"仅有的两个省份,而济宁地区在漕粮的征收和运转上承担重要职责。其次,济宁是明清时期征收商税额最高的城市之一,显示了工商业的客观规模。[1]康熙年间济宁本州(不领县)的年商税约 1300 两银。[2]乾隆十二年(1747),上涨了六倍多,高达 7900 两。[3]

更重要的是,作为山东省的一个主要地方产品集散中心,济宁在漕运和运河贸易网络中的战略位置赋予它在跨区域商品流通中突出的枢纽地位,它的南方导向的经济促进了南北经济交换。以乾隆时期粮食的长途贩运为例,山东西南部(包括济宁州、兖州府和曹州府等府、州的大部)输出数百万石的小麦、豆类和杂粮到长江三角洲、直隶(河北)、河南和山东西北部(东昌府)。山东西南部持续输出余粮一直到清末。

济宁及其附近地区的外部联系有助于我们思考在明清时代是否出现民族市场的现象。明清阶段大规模的物资官方运输和地区间商品的差价使得各个地方之间的联系成为可能。大部分长途贸易借助于运河,运河沿线城镇成为这种联系的枢纽。会馆的广泛分布标示着发达的长途贸易的模式。明清政府调节政策以适应这种商品化的发展,其中一个重要的变化是明中期一条鞭法以来赋役的货币化。越来越依赖"看不见的手",国内多数地区都是在市场的基础上日渐融合、壮大。然而,全国经济交往的一般模式还是停留在发达商品化生产的南部(或者更确切地讲,长江三角洲)和北方的消费市场之间;济宁等北方运河城市的商业还是超过了生产。明代中期开始出现一个整合的但尚不成熟的民族市场,经过明清之际的倒退,在清代又复兴并深化。

大运河也承接了明清时期以朝贡形式为主的对外贸易,包括济宁在内的运河港口成为对外贸易的中转点。日本商人的角色十分突出。在明

---

① 明廷从 1425 年开始征收不同于内地商税的"门摊税",系从包括济宁在内的 33 个大工商业城市的零售铺中征收。(参见《纵乐的困惑:明代的商业与文化》,第 117 页)

② 乾隆《济宁直隶州志》卷 6《舆地五·赋役》,第 25 页。

③ 参见许檀对相关史料的统计和分析:具体而言,3120 余两系征收 25 家布店,1,390 余两系征收 21 家绸缎店,近 100 两系征收 4 家药店,100 余两系征收 14 家竹木铺,970 余两系征收 35 家杂货铺。(《明清时期山东商品经济的发展》,第 172—173)

代,日本商旅携带了远远超过朝贡限定的货物,并时常导致贸易纠纷。总的说来,在明代的大部分时期和清代的部分时期日本商船在运河中断断续续地保持着重要性。但是,原始文献中缺乏显示国际贸易对济宁和其他北方运河城市是否具有显著直接影响的证据。济宁的跨区域重要性基本在于它在国内市场网络和王朝财政体系中的位置。

(三)与其他北方运河城市的比较

济宁的崛起反映了北方运河地带城市化和地区经济形态的大势,并具有代表性。对其他北方运河城市的匆匆巡礼不仅有助于我们更好地理解这种城市化类型的含义,也可以使我们看出这些城市之间的区别。

如同济宁,处在山东西北部的临清的崛起、成长和沉浮与漕运紧密相关。元朝改建大运河,至元二十六年(1289)开凿的会通段运河的一个成果是会通镇的兴起。明洪武二年(1369),临清县治迁到会通镇。次年建立了明代最大的粮仓。[①]随着漕运的进行,临清逐步地在全国取得了名声。弘治二年(1489)它被提升为州,乾隆四十二年(1777)进而被提升为直隶州,与山东另一个直隶州济宁在运河上下相望。运河贸易的一个结果是作为城郊的新城的出现,其鼎盛时期是老城的五倍之大。然而,与济宁相比,临清的粮食交易尤其是漕运和漕粮储藏,在商业和经济领域里占主导地位。[②]在临清的手工业领域,政府充当了支配角色。在15世纪之初11个大型官办砖窑建立起来。直到清末临清还是北方制砖业的中

---

① 乾隆《临清直隶州志》卷3《田赋志·仓庾》,第41页。该卷的"解存"、"仓庾"两节含有自明初以来仓储体系沿革的信息。

② 明、清政府在运河沿岸建立了多个粮仓。清代在南京(江宁)、淮安、凤阳、徐州、临清、德州的六个粮仓是全国最大的(Harold C. Hinton, *The Grain Tribute System of China*, 1845—1911, "Economic and Political Studies," Cambridge: Harvard University Press, 1956, p. 12)。郑民德对这些码头所设立的大型运河水次仓进行了探讨,认为它们不仅存储大量漕粮,而且还起到诸多重要社会功能(郑民德:《明清京杭运河沿线漕运仓储系统研究》第四章"明清时期的运河水次仓",南开大学博士学位论文,2013年,第100—131页)。

心。①这种局面说明了临清地方经济对国家更为严重的依赖。②宣德四年（1429），明政府在临清设立钞关征收商税。③在万历年间运河和长江征取"船料"的 8 个最大的钞关中，临清的 83,000 银两的年收益雄踞全国第一。④但是，清代中叶因为政府减少了大运河上的漕粮运转和储藏，城市的繁荣开始萎缩。其关税减少到 5 万至 6 万银两，在各大税关中居于中游。这也意味着临清的商业也压倒了生产。与济宁相比，外地商帮在临清非常强大，主导地方经济和社会的是来自外地的官吏和商人。

在山东西部的运河带上，德州从明初一个军事基地到一个重要运河城市的崛起也是缘自漕运、运河交通和贸易的驱动；东昌府府治聊城尽管很早就是一个行政中心，其商业和经济功能的增加却也是运河运输和贸易驱动的结果。而海河平原上天津的崛起也演示着大运河的中枢作用。天津的前身直沽寨原是金朝（1115—1234）后期建立的一个兵营，延祐三年（1316）改名为海津镇，洪武二年明政府在此设立了三个卫指挥使司，并将之建成了一个土城。漕运的扩大将这个卫城很快变成了一个运河大港。弘治六年（1493）用砖改建城墙，城市格局形成。雍正三年（1725），天津卫被更名为天津州，同年升格为天津府，直属直隶。城市功能上，天津也从一个粮食转运、储藏和贸易中心演变成了一个综合性的工商都会。至道光二十年（1840）前后其城区、城郊人口接近 20 万。之后不久漕运的中断严重摧残了它的繁荣。但 19 世纪末天津迎来了另外一次重生机遇——从一个内陆水运中心转变成了一个由西方驱动的现代经济背景下

---

① 参见王云：《明清临清贡砖生产及其社会影响》，《故宫博物院院刊》2006 年第 6 期，第 61—72 页；严夫章：《明清修建紫禁城用的临清砖》，《故宫博物院院刊》1982 年第 1 期，第 94—96 页。

② 韩书瑞（Susan Naquin）也有类似评价："临清是装卸漕船的六个主要粮仓码头，同时它又成为一个瓶颈。"（Susan Naquin, *Shantung Rebellion*: *The Wang Lun Uprising of* 1774, New Haven and London: Yale University Press, 1981, p. 93）

③ 《明史》卷 81《食货志五》，第 1976 页。从明中期到清晚期的多数时期，临清钞关虽然税额和地位有所变动，但始终在国计民生中占据重要性。参见黑广菊：《明清时期临清钞关及其功能》，《清史研究》2006 年第 3 期，第 52—58 页；向福贞：《明清时期临清钞关的作用及影响》，《聊城大学学报》2009 年第 4 期，第 57—59 页；井扬：《明清临清运河钞关研究》，山东大学硕士学位论文，2008 年。

④ 《明清时期山东商品经济的发展》，第 164 页。

的海滨城市。①以这些北方运河城市为枢纽形成了运河沿岸的城市化地带。这个长带上的各个地区或亚地区因运河贸易而连接起来,但并没有像长江三角洲的情形那样有机地形成一个具有较高一体化、相对统一的大区。这些地区和亚地区各自的层级市场体系的发展程度不尽一致,而是更多地取决于它们各自核心城市的特性。

六、余论:北方运河流域城市化的动力及其限制

在考察明清济宁的城市化过程和经济形式以及人口状况,分析了其在区域内的中心作用和跨区域的中枢功能之后,我们应该可以归纳出构成和左右济宁城市化和城市形态的主要因素,从而反映出同时期北方运河地区城市化和城市形态带有普遍性的特点。

济宁源自运河运输和贸易的城市化与长江三角洲和珠江三角洲的情形大不相同。在长江三角洲,起自最基层的商品化导致了可以被中心地模式所表述的以广大农村市场为起点的自下而上的城市化层级体系,形成了一个比较完备的市场结构:星罗棋布的农村集市及市镇(多数是县行政以下)、县治及多数州治、府治及中心城市(苏州、杭州及南京)。这是一个可以称为内生型的城市化模式。

如济宁的个案显示,在山东西部,甚至可以说在华北平原的运河流域,原本传统农业区的城市化最初是在缺乏本地农村商品化的情况下发生的。虽然缺少本地农村商品性长足发展的基础,但高度发达的复杂水路和陆路交通网络却也可以抚育出城市化所需要的商业和文化。处在南北交流的中间地理位置上的济宁发展了城市化,并获得了作为地区中心的集中性。而且,与江南的情形相似,济宁等一些北方运河城镇的功能和

① 关于天津的资料和论述,参见林纯业:《明代漕运与天津商业城市的兴起》,《天津社会科学》1984年第5期,第87—90页;胡光明:《开埠前天津城市化过程及内贸型商业市场的形成》,《天津社会科学》1987年第2期,第85—91页;陈雍:《明清天津城市结构的初步考察》,天津城市科学研究会等编《城市史研究》第10辑,天津:天津古籍出版社,1995年,第25—63页;张利民:《从军事卫所到经济中心——天津城市主要功能的演变》,刘海岩主编《城市史研究》第22辑,天津:天津社会科学出版社,2004年,第20—37页。

性质也超出了传统政治中心的界定,在城区、城郊以及市镇里从事工商业的民众中,尤其是在职业商帮中,出现了具有某些市民属性的社会组织和结构,尽管无法与中世纪后期以来的西欧城市相比。

一个城市的兴起和衰落,哪怕小幅度的命运起伏,都与环境、技术撞击的平衡紧密相关。然而,所谓环境的变化常常源自政府的决定。明清时期山东西部的经济变迁和发展取决于国家漕运的方针和政策,与此相反的是明中期以来胶东半岛的经济衰落,这种大势持续到 19 世纪中后期。

北方运河城市对国家主导的漕运以及运河贸易的依赖也造成了它们的"寄生性"大于"生产性",亦即区域经济脆弱性的后果。运河运输的任何波动都会影响到运河城市和地区的盛衰。明政府始终致力于维系这一陆地水路系统。而接下来的清政府对沿海运输的某种宽容滋养了东部沿海的经济增长。随着费用低、效率高的更多的商船从事南北贸易,清政府逐步减少了对运河的投入。山东西部运河两岸的城乡从 19 世纪中叶开始急速被边缘化,这是因为运河交通的衰败和漕粮海运的扩大;与此相对应的是清王朝将战略重心放到沿海之后受外国技术和资本影响下的近代经济区的崛起。[①]

概括之,北方运河城市的兴起或扩张是国家政策的一个产物,其城市化道路决定了其经济结构的性格。当然,这些北方运河城市本来的历史、文化差异性也导向它们对国家政策的不尽一致的地方反应。另外,既有的地理、生态、技术等条件也是构成各个城市和地区差异性的因素。明清时期济宁市场的导向主要受运河运输和贸易的牵引。从跨区域贸易和经济功能上看,这产生了南方导向的市场联系,也使得其经济结构与南方的经济结构具有相似性。这也是何以济宁被称为"江北小苏州"的一个缘由。从城市化和城市形态的角度看,颇具自身特色的济宁个案也反映出北方运河城市的一般特点。

Timothy Brook、Michael Szonyi、Stephen Trott、Kenneth Pomeranz、

---

① 参见拙文《清末济宁阻滞边缘化的现代转型》,《清华大学学报》2010 年第 1 期,第 27—37 页。

James Flath、张自义、杜庆生、冯刚、高建军、吕士胜、王志明诸师友在不同阶段对该项研究提供了宝贵意见,审稿专家对本文的改进提出了指导建议,博士生赵卓、张权做了大量资料校对工作,一并致谢。

原载《中国史研究》2016 年第 3 期

论著目录:

论文

1. "A Southern Identity in North China: the Making of Jining Urban Culture in the Late Imperial Period." *Late Imperial China*, Vol. 32, No. 2 (December 2011).

2. "Building Urban Modernity in Hinterland China: Jining's Transition During the Early Republic (1912—1937)." *Journal of Asian History*, 44—1 (August 2010).

3. "Resisting Marginalization in Late Qing China: Local Dynamics in Jining's Initial Modern Transformation, 1881—1911." *East Asia: An International Quarterly*, Vol. issue3(September2009). (URL: http://link. springer. com/article/10. 1007%2Fs12140-009-9081-4)

4. "Interpreting 'Yan'an Culture." *East Asia Forum*, Vol. 8, Fall 1999 & Vol. 9 Fall 2000.

5. 孙竞昊:《明清北方运河地区城市化途径与城市形态探析:以济宁为个案的研究》,《中国史研究》2016 年第 4 期。

6. 孙竞昊:《江南史研究与问题意识:中国社会经济史研究理论的检讨》(与孙杰合作),《浙江大学学报》2016 年第 2 期,人大报刊复印资料复印。

7. 孙竞昊:《中国古代区域史中的国家史》(与孙杰合作),《中国史研究》2014 年第 4 期。

8. 孙竞昊:《明清地方与国家视域中的"海洋"》,《求是学刊》2014 年第 1 期,人大报刊复印资料复印。

9. 孙竞昊:《现代主义、后现代主义与西方中国历史研究的新趋向》,《安徽史学》2013 年第 2 期。

10. 孙竞昊:《中国"西方汉学"教学管见》,《历史教学问题》2012 年第 3 期。

11. 孙竞昊:《明前期济宁崛起的历史沿革背景和区域生态结构述略》,《明史研究论丛》第 10 辑,郑州:大象出版社,2011 年。

12. 孙竞昊:《经营地方:郑与侨与明末清初的济宁士绅社会》,《历史研究》2011 年第 3 期,人大报刊复印资料复印。

13. 孙竞昊:《盐铁会议的岐异与缺憾:兼论中国古代商人资本的性质和历史作用》,《历史教学问题》2010 年第 3 期,人大报刊复印资料复印。

14. 孙竞昊:《康有为的公羊三世说及文化嬗变意义》,《管子研究》1997 年会议特刊。

15. 孙竞昊:《明清江南劳动力市场结构与性能探析——一项关于雇佣劳动现象的历史考察》,《江汉论坛》1997 年第 1 期,人大报刊复印资料复印。

16. 孙竞昊:《明清江南商品经济与分配结构关系探析》,《史林》1996 年第 4 期。

17. 孙竞昊:《明清江南商品市场经济结构与市场机制探析》,《华东师范大学学报》1996 年第 5 期,人大报刊复印资料复印。

18. 孙竞昊:《明清江南地区商人资本市场结构与功能初探——兼析该地区货币财富形态的品性》,《浙江学刊》1996 年第 4 期。

19. 孙竞昊:《明清江南商品经济与消费结构关系探析》,《齐鲁学刊》1995 年第 4 期,人大报刊复印资料复印。

20. 孙竞昊:《明清江南地区商品生产结构的市场窥测》,《学术界》1995 年第 3 期。

21. 孙竞昊:《西学·西教·近代化——对教会大学在中国及相关问题的思索》,《华东师范大学学报》1995 年第 2 期,人大报刊复印资料复印。

22. 孙竞昊:《墨子社会政治思想阐释与平议——兼论墨学的历史命运》,《历史教学问题》1995 年第 2 期。

23. 孙竞昊:《朱元璋的君主专制与民本思想》,《探索与争鸣》1992 年第 5 期。

24. 孙竞昊:《试论孔子的中庸思想及其社会悲剧》,《华东师范大学学报》1989 年第 6 期,人大报刊复印资料复印。

鲍永军

鲍永军，1970年生，浙江临安人。1997年原杭州大学历史系硕士毕业后留系任教，2004年获浙江大学历史学博士学位。2008年任副教授，现为历史系书记兼副主任、中国古代史研究所副所长，浙江省地方志学会常务理事、浙江省历史学会理事。从事中国史学史、古代史、方志学研究，出版专著《绍兴师爷汪辉祖研究》等3部，在《文献》、《社会科学战线》等刊物发表论文40余篇。

汪辉祖史学述论

鲍永军

汪辉祖(1731—1807),字焕曾,号龙庄,晚号归庐,浙江萧山人。汪辉祖著述宏富,在史学、文学、文献学等领域皆有建树,尤邃于史,长于名姓之学。但长期以来,他的学术成就为其吏治之名所掩盖,不大为人注意。《清史列传》《清史稿》等将其列入《循吏传》,张之洞《书目答问·著述家姓名略》、支伟成《清代朴学大师列传》皆遗漏其名,"此犹山阴内史抱典午一代经济才,而世第传其书法也"①。直至民国年间,徐世昌才将其列入《清儒学案》卷二〇一《诸儒学案》。汪辉祖在史学方面贡献良多,是清代浙东史学的重要成员,本文试对其史学活动与成就略作述论。

一、治史经历与学术思想

汪辉祖起家孤寒,46 岁中进士。他在江浙地区佐理州县幕府长达 34年,是誉满全国的一代名幕。后历任湖南宁远知县、道州知州 4 年,是一位声名远扬的清官良吏。因生性耿直,得罪上司,被夺职归里,以读书著述自娱而终。

汪辉祖晚年回顾治学经历说:"余少孤露,先世手泽仅坊刻《古文阶凤》《陈检讨四六》二书。《纲鉴正史约》一部,假诸舅氏,未几归焉。年十四五,见《五经类编》,如得琅嬛秘简。既补博士弟子,家奇贫,衣食出两母十手指,力不能具一卷书,间从友人借读经史古文选本,率意抄撮,不终卷

---

① (清)潘衍桐:《两浙辅轩录续录》卷 11《汪辉祖传》。

辄索去。已而读律糊口,寄迹官中,主人有插架书,稍稍翻阅,官事不易了,未能卒读,读亦无所得也。忝赋鹿鸣,年已三十有九。游京师,侧闻大人先生绪论,甚愧向学之晚,亟走琉璃厂西门,市得《汉书》,归寓读之。南还佐幕,以馆脩益市正史昼夜读。其后稍市他书之涉史事者,旁及诸子而于群经势尚不遑。"①汪辉祖 20 岁开始为衣食奔走,又久困场屋,青壮年时代消磨于繁忙的幕务与举业之中,无暇学业,中年以后才得以进窥治学门径。

乾嘉时代,硕学鸿儒盛极一时。汪辉祖广泛结交各派学者,其师有王杰、纪昀、朱筠,生平好友有邵晋涵、章学诚、鲍廷博、洪亮吉等人,也与钱大昕、王鸣盛、赵翼、杭世骏等人相往来。汪辉祖与这些著名学者切磋砥砺,博采众长,学业日进。其中,章学诚、邵晋涵是浙东史学大家,在他们的影响下,汪辉祖用力专注于史。

汪辉祖在学问方面起步虽晚,但好学深思,治学勤勉超越常人。其子继坊回忆道:"府君生平略无嗜好,惟癖耽经籍。向幕游时,继坊尝侍左右,见府君治官书,每日三、二时便了,暇即浏览书史。同幕诸君或以饮酒、博弈相娱乐,府君终不一过,诸君亦无敢以俗事恩府君。及宦湖南,读史日以卷计,有事不满数,必益烛补之。归里后键户养疴,课继坊等读书,亦自读,往往至夜分不止。吾母苦谏,府君笑应之曰:'吾依书为命,子但见吾废书,当为料理后事。'易箦前三日,犹坐堂中看书,数数折角,若将复阅者。"②鲍廷博《佐治药言跋》亦云:"余尝过其幕斋,经史鳞比,而所为幕学之书,百无一二。客为余言,其佐理官事,率有恒度,虽在剧邑,日不过三、二时便了。暇则读书自娱,辨色起,丙夜方息,不以寒暑少间。遇公宴,必以漏刻补之。"归里后,他虽体弱多病,又苦于近视,仍旧"日以读史自课,亲故来候,均无谐谈谰语","旧苦出位之思,不能收拾,因专校全史姓氏一家。其功虽无关性命,而考核异同,一字不敢放过,实藉为治心之

① (清)汪辉祖:《病榻梦痕录》卷下"乾隆六十年(1795)"条,道光三十年(1850)清河龚裕重刻本。
② (清)汪辉祖:《梦痕录余》,嘉庆十二年(1807)条,道光三十年(1850)清河龚裕重刻本。

学"。^① 汪辉祖曾赋诗云:"结习深深老蠹鱼,精勤聊借补荒疏。消磨岁月经兼史,检点篇章卷更舒。润饰尚期师一字,工夫何忍负三余。十年前与家人约,欲回首时先废书。"^②这是他晚年学术活动的真实写照。

在史学方面,汪辉祖"少时从友人假读《史记》、两《汉书》,犖犖焉粗涉大端。既而衣食奔走,兼攻举子业,不暇卒业。诸史年四十八,始得内版二十一史及《旧唐书》《明史》,通二十三种。五六年来,佐吏余功,以读史自课。顾目力短涩,日不能尽百页,又善忘,掩卷如未过眼。每忆一事辄辗转检阅,旷时不少"。^③ 他 48 岁才开始通读二十三史,数年后,方得邵晋涵寄赠的《旧五代史》抄本。可见,汪辉祖通读二十四史已是 50 余岁。其勤如此,其成就也更加令人敬佩。

汪辉祖著述计有 30 余种 500 余卷,今尚存 15 种,可分为四类。一是正史考订及工具书:《元史本证》50 卷,《史姓韵编》64 卷,《九史同姓名略》72 卷、《补遗》4 卷,《三史同名录》40 卷;二是人物传记:自传年谱《病榻梦痕录》2 卷、《梦痕录余》1 卷,《越女表微录》5 卷、《续录》1 卷,《春陵褒贞录》1 卷,《双节诗文初集》2 卷,《双节堂赠言集录》28 卷,《双节堂赠言续集》22 卷,《双节堂赠言三集》14 卷;三是政书著作:《佐治药言》1 卷,《续佐治药言》1 卷,《学治臆说》2 卷,《学治续说》1 卷,《学治说赘》1 卷,《善俗书》1 卷,《双节堂庸训》6 卷;四是诗文、笔记:《大义村汪氏族谱》、《龙庄先生诗稿》等。此外,《廿四史同姓名录》、《三史同名录》、《二十四史同姓名录》、《逸姓同名录》、《字同名录》、《名字相同录》、《元史正字》、《二十四史希姓录》、《读史掌录》等史著,未能流传,至为可惜! 但现存四部著述,已足以使汪辉祖屹立于史家之林而无愧。

汪辉祖的学术思想有两个特点:

首先,注重经世致用,认为"天下无不可效用之地,儒者无不可致用之

---

① 《梦痕录余》,嘉庆四年(1799)。
② 《梦痕录余》,嘉庆十年(1805)。
③ (清)汪辉祖:《史姓韵编》序。

才"，①"所贵于读书者，期应世经务也"。② 他告诫后学汤金钊，"学必求其可用，凡朝廷大经大法及古今事势异宜之故，皆须一一体究，勿以词章角胜，无益之书不妨少读"，③"学以致用，鉴古适今，读书应事，一一究心"。④ 他读书贵通大义，凡所论述，期实有济于用，"居处宜穷经蕴，在官宜览史事"。他提倡为官为幕者应"涉猎诸史以广识议"，盖"经言其理，史记其事。儒生之学，先在穷经。既入官，则以制事为重。凡意计不到之处，剖大疑、决大狱，史无不备，不必刻舟求剑，自可触类引伸。公事稍暇，当涉猎诸史，以广识议"。⑤ 他的官箴著作《佐治药言》、《学治臆说》流传极广，有裨吏治自不待言；《病榻梦痕录》"所纪皆切于日用，多布帛菽粟之言"；⑥《善俗书》移风易俗，教化民众；《双节堂庸训》是家训名著，影响很大；《越女表微录》、《春陵褒贞录》符合朝廷旌表贞节的意图。

汪辉祖的史学著作，如《元史本证》、《史姓韵编》、《九史同姓名略》、《三史同名录》等，具有很高的实用价值。他很重视史书褒贬惩劝的功能，主张史书应多记载有关劝诫，以发挥经世致用的作用。其序《史姓韵编》云："编录之时，遇其人勋节灿著，传目虽不标明，亦必附载于篇"，"若外戚、若权奸往往亦附所自出，窃于是寓劝惩之意焉"。他在《元史本证·证遗十二·纽璘传》指出："襄加台助上都讨逆，至死不变，允合大义，《元史》不列于《忠义传》，又不附书于此，何以传信！"因而为其补写近一千字的事迹，为《证遗》部分字数最多的一条。《元史本证·证误十九·康里脱脱传》引用钱大昕《元史考异》云："《本纪》所云脱脱也，《传》误以为一人，而贤否混淆矣。"汪辉祖引录《元史考异》原文时，经常把钱大昕有关史实致误之由的说明或批判史家之语删削掉，本例则因记载错误导致了"贤否混淆"，故例外地予以保留。清末张之洞本着"史部举义例雅饬、考证详核者，子部举近古及有实用者"的原则，在《书目答问》中收录汪辉祖著作达

---

① 《病榻梦痕录》卷下"乾隆六十年(1795)"。
② (清)汪辉祖：《双节堂庸训》卷5《读书以有用为贵》，道光三十年清河龚裕重刻本。
③ 《梦痕录余》，嘉庆四年(1799)。
④ (清)汤金钊：《寸心知室诗文经进集》卷6《祭汪龙庄先生文》，清刊本。
⑤ 《学治臆说·暇宜读史》，道光三十年(1850)清河龚裕重刻本。
⑥ 《萧山县志稿》卷30《艺文》，1935年铅印本。

七种之多,卷二《史部·正史》收《元史本证》,《史部·谱录》收《史姓韵编》、《九史同姓名略》、《三史同名录》,卷三《子部·法家》收有《佐治药言》、《续佐治药言》、《学治臆说》。

其次,不尚空谈,主张实事求是。他"每谓史才难得,俗学多乖,昧亥豕之误文,信公羊为反切,乃读从刚日,命彼柔翰,考核同异,折衷是非",以"学求致用,意取阐微"。① 汪辉祖以言心性、发空论为虚,以考事实、证同异为实,钱大昕《元史本证序》谓其"自摅心得,实事求是,不欲驰骋笔墨,蹈前人轻薄褊躁之弊,此所以有大醇而无小疵也","视区区评论书法,任意褒贬,自诡于《春秋》之义者,所得果孰多哉!"在历史编纂学上,汪辉祖主张诚心记实事,反对曲笔隐讳。如在《元史本证·证误十九·燕铁木儿传》中批评此传:"讳其文宗天历二年前种种不臣之实,曲笔如此,何以传信!"并一一指出《元史》的错误疏漏之处,表现出严谨的治学态度。

汪辉祖是清代刑名大家,以办案司法的严谨笃实作风来治学,其史学成就以法学为根基。邓云乡认为汪辉祖"以治律的缜密精神来读史,研究乙部诸书,又以同样的精神来从事史部著述","其功力之深,箆栉之细,甚至是令人难以理解的"。② 近人陈让也指出:汪辉祖之史学是"从法学入者也","使无法学为之基,其方法不能有此精密"。③ 胡适认为汪辉祖"'据供定罪,当恐未真'一条大原则真是中国证据法一个重要理论","做历史考证的人,必须学这种敬慎不苟且的精神,才配担负为千秋百世考定史实的是非真伪的大责任"。④

梁启超认为,在清代年谱中,"其体裁最完整者,莫如汪龙庄之《梦痕录》。惜龙庄学识颇平凡,不足耐人寻味耳。章实斋、邵二云皆龙庄挚友。若彼二人有此详细之自叙,岂非快事!"⑤汪辉祖起家孤寒,又受累于科举、生计,直至中年以后,才稍识治学门径。在学识方面,诚如梁启超所

① (清)吴锡麒:《有正味斋骈体文续集》卷8《汪龙庄同年诔》,嘉庆十三年(1808)刻本。
② 邓云乡:《水流云在杂稿·汪辉祖及其著述》,太原:北岳文艺出版社,1992年,第186页。
③ 陈让:《史学工具书努力者汪辉祖年谱》,《辅仁学志》第1卷第2期。
④ 胡适:《考据学的责任与方法》,《胡适作品集》第15卷,台北:远流出版公司,1986年。
⑤ 梁启超:《中国近三百年学术史》,北京:东方出版社,1996年,第394页。

说,比不上钱大昕、章学诚、邵晋涵等乾嘉第一流学者。但他能以勤补拙,于繁忙的公务之余,以极其精细谨严的精神,致力于《元史》考证与正史姓名工具书的编纂,其成就也非常人所能达到。尽管学识稍逊,如考证《元史》不能旁征博引,只能采用本证法,但他肯下苦功,照样在史学上做出了重要贡献。反观邵晋涵,史才史识卓越,但其精力尽耗于官场应酬之中,结果是学既不传,书亦未著,除了主持编定《四库全书》史部提要外,史学成果几乎一无所有。汪辉祖在佐幕为官之余,取得如此成就,实在令人钦佩!假如少无谋生之累,其成就当不仅至此。

二、《元史本证》内容及其史学价值

《元史》是一部保存蒙元历史资料最丰富、最系统的史书,是研究元朝历史必不可少、不可取代的基本史料。由于成书仓促,且出于众手,编纂草率、考核不精、译名混乱、年代史实乖误等问题相当严重。历代学者对《元史》多有讥议,后世续、补、证、重修《元史》之作很多,"嘉庆间则汪龙庄著《元史本证》五十卷,分《证误》、《证遗》、《证名》三部分,竹汀谓其'自撷新得,实事求是,有大醇而无小疵',推挹可谓至矣"。① 汪辉祖的《元史本证》价值很高,在清代元史学中更具有重要地位。清初人邵远平改编《元史》,成《元史类编》四十二卷;钱大昕有《元史考异》十五卷,考证其谬;乾隆年间武英殿刊本《元史》,亦附有考证。然而,上述各著作,都不是纠谬证误的专书。汪辉祖的《元史本证》五十卷则系专门著作。

(一)《元史本证》的成书

汪辉祖在嘉庆七年正月所做的《元史本证·自序》中,说明了本书撰述的原委、经过及内容大意,序云:"予录三史同名,阅《元史》数周,病其事迹舛阙,音读歧异,思欲略为釐正,而学识浅薄,衰病侵寻,不能博考群书,旁搜逸事,为之纠谬拾遗。因于课读之余,勘以原书,疏诸别纸。……爰取陈第《毛诗古音考》之例,名之曰《本证》。"可见汪辉祖考证《元史》的动机。

---

① 梁启超:《中国近三百年学术史》,北京:东方出版社,1996 年,第 345 页。

汪辉祖《元史本证·自序》云:"自丙辰(1796)创笔,迄于庚申(1800年)","曩者(嘉庆四年)《三史同名录》草稿初成,子继培复为增补,因将《证名》一门并令校录,有及《证误》、《证遗》亦录之","去夏(嘉庆六年夏)《同名录》竣工,随取是编重加排比,付诸剞劂"。① 据《梦痕录余》载,嘉庆四年八月,"仍取《元史本证》自订";嘉庆六年,"先是《元史本证》分《证误》、《证遗》、《证名》三门,草稿甫定,未及覆勘。继培试竣,令重校②,每门皆有增补,成五十卷,十月望日开雕";嘉庆七年"二月二十日,《本证》成"。可见,《元史本证》于嘉庆元年(1796年)始撰;嘉庆五年(1800年)初稿完成,九月后汪继培又重校;嘉庆六年夏,汪辉祖"重加排比,付诸剞劂",十月付梓;嘉庆七年刻成。钱大昕《元史本证序》作于嘉庆七年四月,是在翻阅汪辉祖寄到的新刻本后所写。《元史本证》嘉庆七年初刊本,末有"男继壕校字",则本书可说是汪辉祖在汪继培、汪继壕二子协助下撰成的。黄兆强认为"遍检《本证》全书,其《证误》部分,继培校录(以"继培案"三字起首)者计八十三条;《证遗》部分计六条;《证名》部分则为零条! 此检阅统计结果与辉祖《自序》不相符合",因此,"《证名》部分全系继培一人所为,是以不必于卷中再标示'继培案'字样,以别异于辉祖本人之案语"。③ 此外,周中孚《郑堂读书记》亦指出"继培为本部分唯一撰著者",④这一看法值得商榷。

汪辉祖《自序》中说"方校补《三史同名》、《元史本证》二书,恐难卒业,继培力请代劳,检各稿畀之";⑤"先是《元史本证》分《证误》、《证遗》、《证名》三门,草稿甫定,未及覆勘。继培试竣,令重校,每门皆有增补,成五十卷"。⑥ 由上可见,汪辉祖在阅读《元史》的过程中,先汇录各种资料,然后才区分为三类,在将《元史本证》交给汪继培校补之前,《证名》一门,已经

---

① 汪辉祖撰、姚景安点校:《元史本证》,北京:中华书局,1984 年。
② 嘉庆五年(1800)九月,汪继培乡试不售,故汪辉祖令继培重校《元史本证》,时为嘉庆五年(1800)。黄兆强《汪辉祖年谱》将继培重校一事,系于嘉庆六年(1801)条,误。
③ 黄兆强:《清人元史学探研》,台北:稻香出版社,2000 年,第 216 页。
④ 《清人元史学探研》,第 217 页。
⑤ 《梦痕录余》,嘉庆四年。
⑥ 《梦痕录余》,嘉庆六年。

"草稿甫定"。汪继培的重校,是对"每门皆有增补",而非从零开始。汪辉祖早在《三史同名录》中,就已将所发现的一人多名的情况注出,后来直接成为《证名》一门的内容。试举四例:

1.《三史同名录》卷二十二:

> 也先帖木儿。
>
> 一见卷二十二《武宗纪》大德十一年,福建道宣慰使,为中书参政,升左丞,亦作也先铁木儿。一西台御史大夫,引兵渡河,旋伏诛。亦作也先铁木儿。

《证名三·武宗纪一》:

> 也先帖木儿。参政。也先铁木儿。同《纪》。

《证名四·文宗纪一》:

> 也先帖木儿。西台大夫。也先铁木儿。同《纪》。

2.《三史同名录》卷十九:

> 探马赤。
>
> 一见卷三十二《文宗纪》天历元年,云南平章,后历陕西、广西平章,入中书知枢密院事,为太保,亦作塔马赤,见《顺帝纪》。

《证名四·顺帝纪三》:

> 塔马赤。
>
> 探马赤。《三公表》;案《纪》亦多作"探"。

3.《三史同名录》卷二十一:

> 老的。
>
> 一见卷二十三《武宗纪》至大二年,云南王,案《宗室表·世祖系》,西平王奥鲁赤孙,作老的罕。

《证名六·宗室表》:

> 老的罕。云南王。
>
> 老的。《武宗纪》至大二年,《仁宗纪》首。

4.《三史同名录》卷十九：

桑哥失理。

一见卷一百十三《宰相表》，至正十五年，平章，十六年作桑哥失里。

《证名八·宰相表二》：

平章政事桑哥失理。

桑哥失里。本《表》十六年，《纪》俱作"里"。

汪辉祖在《三史同名录》案语中关于一人异名的部分，都已收入《元史本证·证名》，可见，《证名》一门是汪继培在汪辉祖的草稿基础上增补而成，不可谓其独力完成。

《元史本证·正名》十四卷中，有"案"字的案语共计十一条，与《三史同名录》中汪继培案语吻合，可见这些就是汪继培的案语，例如：

1.《证名四·文宗纪一》：

也速台儿。河南万户，同知枢密院事。

也速答儿。同《纪》元帅，《燕铁木儿传》同。案即阿刺罕子也速迷儿，见虞集《曹南王世德碑》。

《三史同名录》卷二十二：

也速台儿。

一同时河南万户，同知枢密院事。继培案：《纪》元帅也速答儿，是一人。天历二年，山东都万户，知行枢密院事，即阿刺罕子，河南平章也速迷儿，史文未详，见虞集《曹南王世德碑》。

2.《证名十·亦黑迷失传》：

亦黑迷失。

也里迷失（《世祖纪》至元十八年）、亦里迷失、也黑迷失。案"里"俱当作"黑"。

《三史同名录》卷二十二：

也里迷失。

375

一见卷十一《世祖纪》至元十八年。占城行省参政。继培
案：当作也黑迷失，即亦黑迷失。

《元史本证·证名》中的人名部分，实际上是由《三史同名录》汪氏父
子案语中注出的同人异名现象汇集而成。如：

《三史同名录》卷二十一：

火鲁火孙。

一见卷六十五《河渠志·济州河》，至元十八年中书丞相。
（汪辉祖）案《宰相表》作和礼霍孙。《纪》同。继培案：亦作和鲁
火孙（《昂吉儿》、《移剌元臣传》）、火礼霍孙（《程钜夫传》）、火鲁
霍孙（《刘正传》）。

《证名八·宰相表一》：

和礼霍孙。

火鲁火孙、（《河渠志二·济州河》、《选举志一·科目》、《王
约传》）和鲁火孙、（《昂吉儿》、《移剌元臣传》）火礼霍孙、（《程钜
夫传》）火鲁霍孙（《刘正传》）。

周中孚在《郑堂读书记》卷十五《元史本证》条云："后十四卷，其子继
培所补也"，"其《证名》一门，并令后叔（继培号）增补"。周中孚指出《证
名》是继培"增补"而成，并没有"继培为本部分唯一撰著者"之意。汪辉祖
创立《证名》一门，写出初稿，付梓前又"重加排比"，功不可没。汪辉祖《元
史本证·自序》云："曩者《三史同名录》草稿初成，子继培复为增补，因将
《证名》一门并令校录，有及《证误》、《证遗》亦录之"，《三史同名录》的《元
史》部分不仅汇辑异人同名现象，也注出同人异名之处，后者正是《证名》
的主要内容。汪继培对《证误》、《证遗》部分，只是随机录之，是故案语数
量很少。他在增补《三史同名录》时所作案语，主要是指出同人异名现象，
案语条目数量也比汪辉祖多几倍。这些案语后来就成为《证名》一门的主
要内容。因此，《证名》的一小部分条目是汪辉祖的旧稿，多数条目是汪继
培校录出来的，或是增补汪辉祖的旧有条目而成。如：上述《三史同名录》

卷二十一《火鲁火孙》条与《证名八·宰相表一》中的《和礼霍孙》条相比，火鲁火孙的出处，汪辉祖案语只指出见卷六十五《河渠志·济州河》，而《证名》增加了《选举志一·科目》、《王约传》，汪辉祖只指出一个异名，《证名》则增加了三个。

在《元史本证》嘉庆壬戌刊本（祖本）中，"《证误》和《证遗》两部分每卷标题之下均书'萧山汪辉祖学'，《证名》部分每卷标题之下均书'萧山汪辉祖学，男继培补'"。[①] 因为汪继培增补《证误》和《证遗》部分很少，而《证名》则主要出自其手笔，因此汪辉祖不仅在自序中提到"将《证名》一门并令校录"，而且特意在刻本《证名》部分加上"男继培补"四字，以显其功。

钱大昕《廿二史考异》考证《元史》者计十五卷，"时贤订《元史》者，钱宫詹《考异》最称精博，戊午暮秋，始得披读。凡以《元史》本书互证，为鄙见所未及者，悉采案词分隶各卷"。《元史本证》参稽援引《廿二史考异》处甚多，其中标明出处者九十七条，《证误》部分七十七条，《证遗》部分十二条，《证名》部分八条。还有少数条目所考承袭钱大昕而未明言者。此外，汪辉祖在《正误》部分的案语，直接引用乾隆武英殿刊本《元史》所附考证计有四条。

（二）《元史本证》的体例

1. 以《元史》纪、传、志、表互证

汪辉祖自序称"学识浅薄，衰病侵寻，不能博考群书，旁搜逸事，为之纠谬拾遗"，遂以《元史》纪、传、志、表互证，"或举先以明后，或引后以定前，无证见则弗与指摘，非本有则不及推详"。钱大昕序此书也指出"专以本史参证，不更旁引"的特点。汪辉祖征引钱大昕《廿二史考异》，"凡以《元史》本书互证，为鄙见所未及者，悉采案词分隶各卷"，而不及其他。除《廿二史考异》外，《元史本证》提及的其他著作只有两种，一为陶宗仪的《南村辍耕录》，另一为吴澄所撰的一篇墓志，列举如下：

《证名八·三公表一》：

---

① 姚景安：《元史本证点校说明》。

泰定帝二年。

（右丞相）塔失帖木儿。塔失铁木儿（《泰定帝纪》四年后及
《文宗纪》"帖"、"铁"互见）、答失铁木儿（《明宗纪》）、达识帖睦迩
（《乌古孙良桢传》，详陶宗仪《辍耕录》）。

按《元史》没有为塔失帖木儿立传，陶宗仪《辍耕录》卷十三《刚介》则
详细地转载了乌古孙良桢对塔失帖木儿的劾文共五百余字。

《证名十·李恒传》：

散术带（《武宗纪》至大二年）。《传》文未详，见吴澄所撰
墓志。

按散木带是李恒之子，《元史》卷一二九《李恒传》对其只有12字的记
载，而吴澄《吴文正集》卷八十五为散木带所撰的墓志铭，则长达2000
多字。

汪辉祖参考了上述两种书籍，并不是用来考证，而是指引读者获取更
多的人物资料。可见，汪辉祖是严格遵循本证法的体例。

2. 存疑

对于考证中不能确切判断的问题，汪辉祖采取存疑方法，以示慎重，
举例如下：

《证误一·世祖纪三》

（至元）五年七月，以右丞相塔察儿为御史大夫。　案中统
四年元月以塔察儿为左丞相，《宰相表》同。此云"右丞相"，岂
《表》失书抑《纪》误耶？《证误五·仁宗纪一》

卫王阿木哥。案《宗室》、《诸王表》、《顺宗纪》，俱作"魏王"，
此与皇庆二年，延祐二年、三年、五年俱作"卫"，未审孰是。

3. 提示考证详略之处

对于考证中遇到的同一个问题，汪辉祖采用此详彼略的考证方法，并
予以指明，以备读者互参。例如：

《证遗十三·成遵传》

至正十七年，升中书左丞。　　案《宰相表》，是年九月除中丞，详《证误》。

《证误九·地理志四》

云南诸路道肃政廉访司。　　案《纪》在二年，详《证遗》。

4. 征引《廿二史考异》

汪辉祖是用本证法穷考《元史》中有问题的条目，因此将《廿二史考异》中符合这一体例的条目，都引录下来。《元史本证·自序》讲明："钱官詹《考异》最称精博，……凡以本书（按指《元史》）互证，为鄙见所未及者，悉采案词分隶各卷，不辞诮于窃取，幸免耻于攘善。"《本证》引录《廿二史考异》约 97 条，约占全书百分之三。汪辉祖引录《廿二史考异》，有全文转录，亦有摘录的，亦有概括其大意而以己意出之，有时直接引用《考异》作为案语，有时在引录原文前后，加上案语，作进一步考证。

（三）《元史本证》的主要内容

《元史本证》："区以三类：一曰《证误》，一事异词，同文叠见，较言得失，定所适从。其字书为刊写脱坏者，弗录焉。二曰《证遗》，散见滋多，宜书转略，拾其要义，补于当篇。其条目非史文故有者，弗录焉。三曰《证名》，译无定言，声多数变，辑以便览，藉可类求。其汉语之彼此讹舛者，弗录焉。"

一是证误，纠正文字的衍、脱、误、倒，指出《元史》人名、地名、年代、官名、机构名、史事等史实之误，指出编撰疏漏失书、重复记载、详略不当、一人两传、自相矛盾、不符史例、曲笔讳饰之处。

二是证遗。《证遗》部分共 1015 条，补充史实之遗漏。《证遗》篇首序文云："本史之例，五行、地理、百官、诸王、宰相，《纪》琐悉书之，然事当详于《志》、《表》，不必复举所遗也。录其要者如左。"汪辉祖认为有关五行、地理、百官、诸王、宰相等相关内容，应当是记载于《志》、《表》内的，《纪》详载相关内容仍不免有所遗漏的，不必补充。所以，通观《证遗》全篇，补《本纪》只有 2 条，重点在补《志》、《表》、《传》之遗漏，其中以《纪》补充的超过一半,其余条目是《志》、《表》、《传》互补。

《证误》部分有不少条目,《元史》本身并无讹误,其实是汪辉祖所做的史实补充,也可以视为证遗,例如:

> 《证误五·泰定帝纪二》
>
> 八月,兀伯都剌、许师敬并以灾变饥欠乞解政柄。　案兀伯都剌为平章政事,许师敬为左臣,此失书官。
>
> 《证误九·河渠志一·淀山湖》:
>
> 范殿帅、朱、张辈必知其故。　案范殿帅名文虎,朱、张乃朱清、张瑄也。

前者仅具头衔,后者有姓无名,汪辉祖稍作补充,使之明晰。

三是证名。《证名》为《元史本证》最见功力处,亦为全书精华所在,主要是解决同人、同物异译的问题。汪辉祖父子熟读《元史》,共考出同人不同译名、一人二名(汉语姓名、蒙古语姓名)771 个,同地不同译名 98 个,同官不同译名 14 个,蒙古、色目、汉人同氏族不同译名 38 个,同物不同译名 8 个。

《证名一·人》序云:"人名译无定字,今汇而录之:凡见于《后妃》、《宗室》、《诸王》、《公主》、《三公》、《宰相》各《表》及有专《传》者,皆以《表》、《传》为主;有《传》人子孙,亦以《传》为主;余皆以先见者为主,以事定人,以声求字,疑者阙焉。"

汪辉祖父子按照"以事定人,以声求字"的方法,考出大量同名异译者,《证名》部分共 14 卷,此部分就占 11 卷。《证名十三·地》98 条中,来源自《纪》者 75 条,《志》9 条,《传》14 条。内容以地名为主,其次是河川名、海、山名。《证名十四·官》序云:"国语之官,字亦无定,然《纪》、《传》中人名火儿赤、火你赤者往往互书,而名官则别为二(见《兵志二》)。是亦难尽以声求之矣。故录其可知,而阙所疑焉。"本节所辑录异译之官衔仅得 14 个。《证名十四·氏族》序云:"《传》言某氏而《纪》称某部某军,乃部而族者,故并录之;止称某部而未见称氏,或部而不族也,皆附录于后。"由于蒙古人之部落及氏族极难严格区别,作者乃按照蒙古人、色目人及汉人而分别辑录同一氏族之不同译名。《证名十四·杂录》辑录异译之物名八个，如按答、乞列思等等。

《证名》部分为研读《元史》提供了很大便利。姚景安指出："如将其与《三史同名录》中有关《元史》部分合在一起，那末，《元史》同名异译问题，大部分解决了。钱大昕的《考异》虽然也做了这方面的工作，但没有超出《本证》范围。汪辉祖在这方面的开创之功，是应充分肯定的，而且为我们今天进一步做这项工作，打下了良好的基础。"①

（四）《元史本证》的评价

众所周知，元史涉及疆域极广，少数民族译名艰涩混乱，读懂《元史》已非易事，即使不遍考群籍，而用本证法为之纠谬补缺，也需要精深的功力。汪辉祖下苦功熟读《元史》，为《元史》纠谬拾遗，用力甚勤。在汪辉祖撰写《元史本证》之前，元史大家钱大昕《廿二史考异》100卷已于嘉庆二年（1797）付梓刊行，其中《元史考异》就有15卷，考订精湛。在这种情况下，汪辉祖竟能奋其晚景余生，以本证法稽考《元史》而成一家之言，就校勘而言，比钱大昕《考异》更加完备，实在令人敬佩！因《元史》本身疏漏太甚，用本证方法受到很大的局限，难免有一些错误、脱漏之处，主要有以下几个方面。

1. 以武英殿本《元史》之误为《元史》之误

陈垣指出："本校法者，以本书前后互证，而抉摘其异同，则知其中之谬误。吴缜之《新唐书纠谬》，汪辉祖之《元史本证》，即用此法。此法于未得祖本或别本以前，最宜用之。"②本书既系"本证"，版本选取显得极为重要。《元史》的版本，计有明洪武三年（1370）本、嘉靖十一年（1532）南监本、万历三十四年（1606）北监本、清乾隆四年（1739）武英殿本及乾隆四十六年（1781）挖改殿本译名而成之修改本。汪辉祖以乾隆四年之武英殿本为底本，亦尝用南监本及北监本以校勘文字之异同，但最好的本子应是洪武三年的刻本，这是《元史》的祖本。《本证》认为《元史》错误之处，有些是

① 姚景安：《元史本证·点校说明》。
② 陈垣：《校勘学释例》卷6《校例·校法四例》，北京：中华书局，2004年。

殿本翻刻上的问题,洪武本不误,兹举二例:

> 《证误二·世祖纪七》
>
> 复立河中府万全县。案《地理志》,当作"万泉"。

按:洪武本即作"万泉",《元史》不误。

> 《证误二十二·尚文传》:
>
> (大德)七年,召拜中书右丞。案《纪》作"左丞",《宰相表》
> 同,此误。

按:洪武本传文即作"左丞",《元史》不误。

2. 未检阅他书而误断史事

为《元史》纠谬拾遗,最理想的做法是综合运用本证、他证等多种方法。汪辉祖受本证体例的限制,未能广征博引,从而造成一些失误。如:

> 《证误一·世祖纪二》
>
> (中统三年)十一月,升抚州为隆兴府,割宣德之怀安、天成
>
> 及威宁、高原隶焉。案《地理志》,"威宁"当作"咸宁"。

点校本《元史》之《地理志校记》云:"《考史拾遗》云:'《金志》,抚州有威宁县,永安二年以抚州新城镇置。元之兴和路即金抚州,则咸宁乃威宁之讹信矣。'从改。"据《金史·地理志》,可知《元史·地理志》作"咸宁"误,汪辉祖未查阅《金史·地理志》,因此以误为正。

> 《证误四·成宗纪二》
>
> 以行徽政院副使王庆端为中书右丞。案《宰相表》不载,以
> 《本传》证之,盖加官也。"右丞"当作"左丞"。《纪》二年亦作
> "左"丞,此误。

点校本《元史》据方志、文集等资料考证出《本传》作"左丞"误,且《本纪》亦作"右丞"。

3. 翻检《元史》不周以致妄疑

《证误十一·百官志四》

侍正府,秩正二品,至顺二年置。案《纪》当作"从二品"。

按:《元史》卷三五《文宗纪》至顺二年正月,"立侍卫府以总近侍,秩从二品",八月,"升侍正府秩正二品",《志》本不误。

《证误五·英宗纪一》

十月甲午,太白经天。案以上"辛丑"下"戊申"证之,"甲"当作"丙"。

按:《元史》卷四十八《天文志》作"甲辰,太白经天"。

《证误一·世祖纪二》

案《百官志·枢密院》,是年始置断事官二员。

按:《元史》卷八六《百官志二·枢密院》并无这一记载。

4.对原文理解有误导致误判

《证误九·地理志六》

天临路,至元十四年立行省,改潭州路总管府,十八年迁行省于鄂州。案《纪》十六年,"罢潭州行省",此"十八年"疑"十六年"之误。

按:《元史》卷一〇《世祖纪》至元十六年七月,"罢潭州行省造征日本及交趾战船",是所罢者乃造船之役,非罢行省,《本证》句读有误。

《证误五·英宗纪二》

(至治)二年三月己巳,案上"二月己亥朔",此"己巳"当是三月朔。史失书朔。

按:据《二十史朔闰表》,是年三月七日戊辰朔,则己巳为初二,《元史》不误。

5.条目重复。

《证误二十一·郝经传》

祖天挺,元裕尝从之学。

案元好问字裕之,不书名而称字,又删"之"字,皆误。

按:汪辉祖在《正误》之《良吏传》、《高鸣传》、《张德辉传》等处,对"元裕"称呼之误,反复指出。

《证误三·世祖纪九》

三月,罢京兆行省。案"京兆"当作"安西"。

按:隔两条,上述案语又重复出现。

6.归类不当

《证误》与《证遗》中一些条目,归类不当。如:

《证误一·世祖纪三》

(至元)二年十月,太原石抹总管。案名按只,有《传》。

《证误十五·宰相表一》:

参知政事薛。案《纪》名思敬,八月由御史除。

按上两例均与证误,其实为证遗。

此外,有学者指出《元史本证》中有"只标举条目而不作案语者",并举三例,"未知是遗漏,抑版本有缺?"①这一批评不能成立。其实,汪辉祖是先列举几个相关条目,然后在最后一个条目下,统一撰写案语。如:

《证遗九·兵志三》:

河南行省所辖洪泽万户府屯田。

芍陂屯田万户府。

德安等处军民屯田总管府。

案《纪》至元元年,"命屯储御军于河南芍陂、洪泽、德安三处屯种"。

---

① 《清人元史学探研》,第 239 页。

由上例可见,《元史本证》并无缺少案语之条目,只是有时几个条目合写一个案语,黄兆强所举三例均如此。

本书除了有些史实考订有误、前后文偶有抵牾外,《证遗》、《证名》尚多疏漏,不过,从全书来看,上述讹误脱漏所占比例不大,可谓白璧微瑕。

汪辉祖在元人姓名录编纂上也卓有成就,现存尚有《史姓韵编》中之元人姓名韵编,《九史同姓名略》中之元人姓名略,《三史同名录》中之元人部分。汪辉祖还纂有《元史正字》8 卷、《逸姓同名录》1 卷、《字同名录》1 卷、《名字相同录》1 卷及《二十四史希姓录》4 卷,惜已失传,不然,必更有益于元人姓名之检索。然而,《元史本证》五十卷及若干种元人姓名录的著作,已可使汪辉祖在元史研究领域中占有一席之地。

《元史本证》问世以来,受到了历代学者的好评。钱大昕序此书云:"所立《证误》、《证遗》、《证名》三类,皆自摅心得,实事求是,不欲驰骋笔墨,蹈前人轻薄褊躁之弊,此所以有大醇而无小疵也",又"专以本史参证,不更旁引,则以子之矛刺子之盾,虽好为议论者,亦无所置其喙。悬诸国门以待后学,不特读《元史》者奉为指南,即二十三史皆可推类以求之。视区区评论书法,任意褒贬,自诡于《春秋》之义者,所得果孰多哉!"清代张之洞《书目答问》、周中孚《郑堂读书记》均著录此书。当代元史学界也充分肯定此书的实用价值。齐思和指出,汪辉祖的《元史本证》是用治经的方法"专治一史","范围虽然较小,而成绩则比钱(大昕)、王(鸣盛)的书细密得多了"。[①] 李思纯称赞《元史本证》"甚精粹"。[②] 方龄贵指出:"读《元史》,还要取赵翼的《廿二史札记》、钱大昕的《廿二史考异》、《补元史艺文志》、《元史氏族表》、《十驾斋养新录》、汪辉祖的《元史本证》、《三史同名录》中有关部分比对合观,得益必然较多。"[③]杨志玖治元史,"把自己的一部《四部备要》本《元史》标点一遍,并把钱大昕的《元史考异》和汪辉祖的《元史本证》抄到书眉上"。[④] 中华书局点校《元史》,仅《元史本纪》部分的

---

① 齐思和:《近百年来中国史学的发展》,《燕京社会科学》第 2 卷。

② 李思纯:《元史学》,台北:文海出版社,1971 年,第 63 页。

③ 方龄贵:《我和蒙元史研究》,《学林春秋》初编下册,北京:朝华出版社,1999 年,第 701 页。

④ 杨志玖:《我怎样学元史》,《元史三论》,北京:人民出版社,1985 年,第 284 页。

校勘,直接引用《元史本证》的就达 60 余条。《元史本证》已经成为治元史者必不可少的重要参考书。

三、正史姓名工具书

我国姓名录的著作起源甚早,东汉应劭《风俗通·姓氏篇》之后,历代皆有专著,主要有:刘宋何承天《姓苑》,梁元帝《古今同姓名录》,唐林宝《元和姓纂》,南宋黄邦先纂《群史姓纂韵编》,南宋郑樵《通志·氏族略》,明凌迪知《万姓统谱》,明余寅《同姓名录》,明末傅山《两汉书姓名韵》。但直到清乾嘉时期,真正称得上索引专著的屈指可数。清代处于索引的发展期,章学诚与汪辉祖是这一时期的重要索引学家。章学诚曾编制了《明史列传人名韵编》、《历代纪年经纬考》与《历代纪元韵览》,并在《校雠通义》等著作中提出了一系列重要的索引理论。汪辉祖则用 26 年时间,不惮考索钩稽之烦劳,编著历代正史的人名索引或同名索引工具书 5 种,为人们检索和研究历史人物提供了极大便利,并为后人编制同类工具书打下了良好的基础。

索引又称通检、备检、韵编、引得,是将书籍资料中的各种事物名称,如字、词、人名、书名、刊名、篇名、内容主题等,分别摘录,注明出处,按字顺或分类排列,附在一书之后,或单独编辑成书,成为检索图书资料的一种工具。索引的编纂,对学术界贡献巨大。叶圣陶《十三经索引》序云:"一语弗悉其源,则摊书寻检,目光驰骋于纸面,如牧人之侦亡畜,久乃得之,甚矣其惫。"洪业在《引得说》中也指出:"引得者,予学者以游翔于载籍中之舟车也。舟车愈善,则其所游愈广,所入愈深。且减其手足中之劳,而增其师友蹉磨之便,博约深精可期也。"[1]但长期以来,人们普遍不重视索引,"我国古代目录学之最大特色为重分类而轻编目,有解题而无

---

① 洪业:《引得说》,《中国现代学术经典·洪业、杨联陞卷》,石家庄:河北教育出版社,1996年,第 21 页。

引得"。① 学者注重写札记、专著、注释,而不愿意编索引,"清代较有名的学者中编索引的,只有前面提到的汪辉祖,但当时只把他看作二三流人物,挤不进一流行列"。② 其实,编纂索引是一件复杂、琐碎、枯燥无味又要求一丝不苟的工作,"非极精细极有毅力,不能为,不肯为,为亦不精而不适于用也"。③ 汪辉祖正是以精细谨严的治学精神来编制正史工具书的。

（一）《史姓韵编》

汪辉祖在本书自序中,对编纂动机、过程、体例做了说明。

他说:"五六年来,佐吏余功,以读史自课。顾目力短涩,目不能尽百页,又善忘,掩卷如未过眼。每忆一事,辄辗转检阅,旷时不少。计欲摘二十三史中纪载之人,分姓汇录,依韵编次,以资寻览。"因为佐幕忙不过来,于是便"就列传之标名者,先事排纂,则鲍君以文先我为之。第其书,史各为衾,体例未定","遂乞作稿本,合二十三史为一书"。由此可见,汪辉祖是把鲍廷博就各正史汇辑出来的列传名录为蓝本,加以扩充整理,以成本书。原只有二十三史,后"邵编修二云以新葺《旧五代史》钞本见寄,复次第增补之,为卷六十四"。《史姓韵编》以二十四史有传之人,为主要收录对象。此外,"编录之时,遇其人勋节灿著,传目虽不标名,亦必附载于篇。儒林、党锢、孝友传序之所录者,概不敢遗。虽非为传中人详世系,而贤臣名将或并其先人后裔牵连及之,若外戚、若权奸,往往亦附所自出,窃于是寓劝惩之意焉"。

《史姓韵编》共六十四卷,收录二十四史世家、列传及附传所载人名28365 个,姓 748 个。编纂体例严谨,特点鲜明。

一是编次有序,便于检索。

《史姓韵编》以人物的姓氏为序号,将二十四史出现的姓氏按平水韵平声一东、二冬……上声一董、二钟……去声一送、二宋……入声一屋、二

---

① 姚名达:《中国目录学史·结论篇》,上海:上海古籍出版社,2002 年。
② 黄永年:《古籍整理概论》,上海:上海书店出版社,2001 年,第 145 页。
③ 陈让:《史学工具书努力者汪辉祖年谱》,《辅仁学志》第 1 卷第 2 期。

沃……编次,共 106 韵。目录中依次标出卷数、韵部、姓氏,如卷 3 鱼韵,下列姓氏有鱼、疏、疎、余、舒、胥、於、徐、闾、闾邱。这样,可以很快在目录中找到人物的姓氏及其卷数。《史姓韵编》以姓氏为序,合乎常人称谓习惯,比以名字最后一字之韵为序号,更便于检索。汪辉祖采用齐头式序列姓氏,"姓依韵府,名依字典",这一原则成为后世人名索引排序的重要模式。所依的韵是清人作诗通用的佩文韵,科举考试规定要考一种特殊的五言诗"试帖诗",如果押错韵即出韵就无考中希望,因此诗韵在清代知识分子中还是能熟记的,用诗韵来编制索引在当时还是可取的。

索引正文前有总目,如卷一:洪,三人;周,一人;韦七十六人;徐七十八人。卷三:胡,二十三人;卢,五十六人;黎一人;裴,七十二人。姓后数字是收录该姓的人数,这是现代索引卷首的"检字表"的起源。不过总目的缺点,是没有指明相应的正文页次。

《史姓韵编》中同姓的人名按在二十四史中出现的顺序编排,同一史书中同姓者按卷数先后排列。同姓人名排列一处,可使读者了解人物之间的关系。如卷三:

> 徐阶,《明史》卷二百十三,字子升,松江华亭人。
>
> 徐陟,附阶传,阶弟。
>
> 徐璠,附阶传,阶子。
>
> 徐元春,附阶传,目无名,阶孙。
>
> 徐木高,附阶传,目无名,元春孙。

再如卷十五:

> 钱镠,《五代史》卷六十七。《吴越世家》,字具美,杭州临安人,《旧五代史》卷一百三十三《世袭传》。
>
> 钱铢,《五代史》附镠传,目无名,镠弟。
>
> 钱镖,《五代史》附镠传,目无名,镠弟。
>
> 钱元璙,《五代史》附镠传,目无名,镠子。
>
> 钱元瓘,两《五代史》俱附镠传,镠子,字明宝。

钱佐,两《五代史》俱附镠传,元瓘子,字祐。

钱倧,两《五代史》俱附镠传,佐弟。

钱俶,两《五代史》俱附镠传,倧弟,字文德。《宋史》卷四百
八十《吴越世家》,本名(宏)[弘]俶,以犯宣祖偏讳,去之。

如上两例,历史人物世系一目了然。

对于王、张、李、赵、刘等人数较多的姓,目录中分别注出二十四史中
出现的序列,如卷三十三:[十一尤]刘,《史记》至《晋书》;卷三十四:[十一
尤]刘,《宋史》至两《唐书》;卷三十五:[十一尤]刘,两《五代史》至《元史》,
卷三十六:[十一尤]刘,《明史》。这样,如果要检索《史记》至《晋书》中的
刘姓人物,可查韵目[十一尤]卷三十三。

对于二十四史中不以姓名为传目的人物,如汪辉祖序中提到"《史记》
留侯、老子诸篇","则各标本姓,而注曰目作某某"。如卷二十二:"张良,
《史记》卷五十五,目标《留侯世家》,其先韩人。《前汉书》卷四十。"

对于姓氏不可考的人物,别设《佚姓》、《释氏》条,《佚姓》收录台州樵
夫、皂旗张、松江渔翁、陈留老父等24人,《释氏》收录八思巴、僧一行、佛
图澄等32人。

对于史书中大量的少数民族姓名,汪辉祖区别编次,有些收入《姓
编》,有些收入《汇编》,有些则两收之。据"《通鉴纲目续编》改本,惟辽之
耶律、萧,金之完颜并仍其旧",这"三姓之人名,虽多须译改,而姓自定",
照例入《姓编》,耶律入卷二十麻韵,萧入卷十六萧韵,完颜入卷十四寒韵。
其次,对辽、金、元三史"标名不著姓及姓须译改者,俱依韵汇编",归入《汇
编》,而以《明史》中"名姓类三史者附"。纳入《汇编》者,《辽史》有7人,
如:"孩里,《辽史》卷九十七。""奚回离保,《辽史》卷一百十四《逆臣传》。"
《金史》有217人,如:"移剌履,《金史》卷九十五。""乌古论三合,《金史》卷
八十二。"《元史》有331人,如:"吾也而,《元史》卷一百二十。""召烈台抄
兀儿,《元史》卷一百二十三。"《明史》有18人,如:"扩廓贴木儿,《明史》卷
一百二十四"等。《姓编》与《汇编》两收人名有"辽之奚和朔奴、奚回离保,
元之来阿八赤、杨赛因不花、张万家奴、刘哈剌八都鲁之类,姓不须译,而

名须译改,故姓编与汇编两收之"。这类两收的姓名,第一字与汉姓相同,可以方便不熟悉少数民族姓名者检索。

《韵编》中同姓人名按二十四史序列编排。如:卷二"支叔才,《唐书》卷一百九十五";"支渐,《宋史》卷四百五十六";"支俭,《明史》卷二百九十六"。这样也便于考订同姓名者。如:

> 刘贤,见《悼惠王子传》(《前汉书》卷三八),肥子,菑川王。
>
> 刘贤,卷同上(《前汉书》卷五三),附《胶东康王寄传》,目无名。寄子,哀王。
>
> 刘贤,附《旦传》(《前汉书》卷六三),目无名。旦子,定安侯。

二是注释内容丰富。

《史姓韵编》人名下注释内容,主要有出处、字号、籍贯、事迹、官职,还有一些按语。

《史姓韵编》出处统一标明书名、卷数,有时标明篇目,如卷二十二:"张允济,《唐书》卷一百九十七《循吏传》……《旧唐书》卷一百八十五《良吏传》。"对于出于同书同卷的同姓者,一般注明"卷同上",简洁明了。试举例如下:

> 卷四十一:李祐,《唐书》卷二百十四,附藩镇吴少阳传,字庆之,由贼将归诚,历官沧德景节度,检校尚书、左仆射。《旧唐书》卷一百六十一。
>
> 卷三十:汪应辰,《宋史》卷三百八十七,字圣锡,信州玉山人,初名洋,五岁知读书,十岁能诗,年十八岁进士第一人,特改名应辰。历官吏部尚书,以端明殿学士知平江府。

这类简述扩大了读者对人物的了解,而不仅仅知其名而已。注释中还对一人异名作交代,如:

> 卷二十一:杨伯仁,《金史》卷一百二十五《文艺传》伯雄弟,字安道,初名伯英,避太子光英讳,改今名;
>
> 卷六十一:昔里钤部,《元史》卷一百二十二,昔里氏也。钤

部,亦云甘卜,音近互用。

汪辉祖还于注释中指明避讳,人名中"弘"一律改作"宏",以避乾隆(弘历)名讳,"玄"改为"元",避康熙(玄烨)名讳,如卷四十五:"杜宏文,《宋书》附慧质,传目无名,慧度子,敬避庙讳。"

按语内容非常广泛,从而增强了《史姓韵编》的学术性。具体内容包括以下几类。

1. 对人物姓名、世系、事迹的补充考辨,如:

> 卷九:陈矫,按:《晋书·陈骞传》,矫本广陵刘氏,为外祖陈氏所养,因改姓陈,封东乡侯。

> 卷十八:张及,一见宋史卷二百六《艺文志》,撰脉经手诀一卷,案卷二百九十三张咏传,有蜀士张及,当即此人。

> 卷三十:堂溪典,按:《延笃传》作唐溪典,字季度,笃从受《左氏传》,注"唐"与"堂"同。

> 卷五十九:郭谊,按:世宗本姓柴,幼从姑圣穆皇后长太祖家,太祖遂以为子,其子宜从柴姓。然世宗即位后,于本生父柴守礼第以元舅礼之,未尝复姓也,故诸子并入郭氏。

后周宗室在《新五代史》中均姓柴氏,在《旧五代史》中则姓郭氏,所以这条按语对此进行必要的解释。

2. 对原书记载失误的考辨:

> 卷六十一:速不台,按:传中事迹与卷一百二十二雪不台相同,一人两传。

3. 同姓名人物的区分,如:

> 卷十:淳于髡,《史记》卷一百二十六《滑稽传》,齐赘婿,以谲谏齐威王。按:卷七十四《孟子传》,有齐人淳于髡,在梁惠王时终身不仕,是两人。

> 卷二十九:李刚,一见《唐书》卷七十上,宗室系序。武陵房

始祖。一见《唐书》卷七十二,武阳房系,豫曾孙,宜州刺史。一
见《旧唐书》卷一百六十四,李绛传,绛祖,官终邑宰。案《唐书》
卷七十二上,武阳房系,绛祖,城武令,作岗。一见《宋史》卷二十
九《高宗纪》,绍兴九年,湖南安抚大使。一见《宋史》卷三百八十
二《曾几传》,林灵素得宠时,与几皆不附之。

　卷二十九:李商隐,一传在《唐书》卷二百三,字义山,怀州河
内人,大中时,柳仲郢镇东蜀,辟为节度判官、检校工部郎中。一
见《旧唐书》卷一百《裴潾传》,中宗时为御史,劾崔湜郑愔赃。

《史姓韵编》中赵姓收录最多,达二十七卷,人名 5713 个,其中名赵不
惑者有 22 人、赵不愚 24 人。汪辉祖也一一予以区别。

不足之处首先是姓名略有遗漏,未臻大全。乾隆一朝文字狱严酷,避
讳甚严,汪辉祖唯恐一时疏忽招致祸端,故干脆不收帝后。《史记》中《五
帝本纪》至《秦本纪》,《吴太伯世家》至《田敬仲完世家》共 21 卷中的主要
人物,如周公旦、唐叔虞、吕尚皆等先秦王侯也未收录;《汉书·外戚传》、
《后汉书·皇后纪下》所附公主 30 人未收录,即使收入也以传目录入,不
称封号,如卷六十三:世祖一女;《唐书》卷八十三:诸帝公主传;再如"高祖
十九女"、"太宗二十二女"、"元宗二十九女",条目既非封号也非人名,注
释也只有出处卷数,未有简介。章学诚也指出:"阅《隋·经籍志》,有晋代
环济著《吴纪》之书,欲核环济生平,检大著《史姓韵编》,不但无其人,且未
尝收此姓也","然环济《吴纪》,实已见于《隋书》,今不见收,则疑《姓韵》之
遗漏犹不少也"。[①] 此外,《元史》卷一六五《鲜卑仲吉传》附有其子诚、准
传,《南史》卷七十七《恩幸传》有杜文谦传,亦都未收录。人名的遗漏,虽
然为数不多,但也影响到此书的价值。

其次,编纂上也有一些错误。如卷一:"宗景,附夬传,目无名,夬祖。
宋征士,不就","宗炳,《宋书》卷九十三《隐逸传》,字少文,南阳涅阳人"。
按《梁书》卷十九《宗夬传》,宗炳作宗景,此乃姚思廉避唐讳所改,汪辉祖

---

① 《章学诚遗书》卷 29《与汪龙庄简》,北京:文物出版社,1985 年。

误作两人。再如李景、李弼、李俨、陈忠、吴宗周、张冲等,亦皆以一人为二人。再如卷五十六:"寇谦之,附赞传(《魏书》卷四二),目无名,赞弟。"其实《魏书》卷一一四就有《寇谦之传》,可谓翻检不周。

对当代人来说,《史姓韵编》依韵编次,寻检不便,已无多大实用价值,但在现代姓名索引工具书出版之前,《史姓韵编》是中国历史上第一部二十四史人名索引,做出了重大的贡献。该书刊行后,受到学术界的一致好评,认为持此书以检正史极便捷。鲁仕骥在序中称此书"不独为读史者示之阶梯,亦可为读《通志》者导之先路也",冯祖宪在耕余楼聚珍版《史姓韵编》前言云:"合廿四史列传名姓,依韵分编,了如指掌","海内风行"。

《史姓韵编》开我国索引书风气之先,对后世影响至深且巨。台湾开明书店所编《二十五史人名索引》指出:是书"杀青甫竟,誉遍士林,盖操炬火以导夫先路,宜乎其为世称重矣"。20 世纪二三十年代,学界兴起索引运动,学者们纷纷表彰汪辉祖的贡献,万国鼎盛赞清代汪辉祖、章学诚等人是索引的"先觉"。[①] 当代引得创始人洪业亦称《史姓韵编》这一部书真是可宝贵的工具","但就真正为学者省了一分心血,已可谓是一种功德"。[②] 1923 年,胡适在北大《国学季刊发刊宣言》中说:"一部《二十四史》,有了一部《史姓韵编》,可以省多少精力与时间?"[③]他在多次讲演中提及《史姓韵编》,并列入《一个最低限度的国学书目》。梁启雄序《廿四史传目引得》云:"以《二十四史》卷帙之浩繁,设执一古人名而考诸史传,即知其人系于何世何代,检索固以非易,若并世代而不知,则'探海求针'之喻,庶足以方其劳惫耳!甚矣哉寻检之难也。清儒汪氏辉祖固尝有《史姓韵编》之作,其书集《二十四史》中各人之姓名,依韵编次,于寻检考索,不无裨助。惜其书编排尚欠精密,且稍伤繁复芜累。现行各种印本,又均舛伪百出,故检索之劳,未克殚祛。"[④]尽管此书有缺陷,但直至 1934 年,瞿

---

① 万国鼎:《索引与序列》,《图书馆学季刊》1928 年第 2 卷第 3 期。

② 王钟翰编:《中国现代学术经典·洪业卷》,石家庄:河北教育出版社,1996 年,第 9 页。

③ 胡适:《国学季刊发刊词》,载《胡适作品集》第 7 集,台北:联经出版事业公司,1986 年,第 129 页。

④ 梁启雄:《廿四史传目引得序》,香港:太平书局,1964 年。

兑之在《汪辉祖传述序》中仍然指出:"他创作一部《史姓韵编》,可以说至今还没有一部比他更好的二十四史索引。"1935 年,文史学家王伯祥为读者、学者着想,让周振甫、卢芷芬在《史姓韵编》的基础上,增补改编成《二十五史人名索引》。

需要指出的是,有学者认为此书"要其无大发明,较凌迪知《万姓统谱》,旁及郡县志书者,殊嫌搜罗未广。'无补费精神',正为是编道也。今以其行世久,故录存之"。[①] 这个评价不符合事实,《史姓韵编》是正史人名索引,怎能"旁及郡县志书"去广泛搜罗呢? 何况该书在历史上的作用也是不容置疑的,不可以今天的标准去苛求古人。此外,还有学者提出:"除了学问根柢之外,治学的态度也非常重要。假使态度不严谨,不客观,再新的理论方法都没有用,不可能有好的研究成果。譬如说,汪辉祖是清代乾隆年间著名的史学家和文学家,可是在编《史姓韵编》的时候,一时不小心误把旧刻本《世说新语》的题款'临川王义庆',读为'临川、王义庆',因此把刘义庆立目为王义庆,传为笑柄。这是一个值得我们警惕的例子。"[②]这种说法更是无稽之谈。众所周知,《史姓韵编》是二十四史人名索引,与"旧刻本《世说新语》的题款'临川王义庆'"毫无关系。《史姓韵编》原则上只收入"列传之标名者",而刘义庆在《南史》与《宋书》中均附于《刘道规传》,并未标名,故《史姓韵编》未予收录,当然更不会为子虚乌有的王义庆立目。

(二)《九史同姓名略》

我国古代同姓名现象泛滥成灾,为了区别,历代皆有同名录之作。梁元帝萧绎有《古今同姓名录》二卷,收录 382 个姓名。明代余寅的《同姓名录》十二卷,共集录同姓名 1608 个,涉及 2705 人。汪辉祖独辟小径,专一编辑正史同名录三种,今存两种。

汪辉祖首先辑成《九史同姓名略》七十二卷、补遗四卷。所谓九史,指

[①] 王云五主编:《续修四库全书提要·子部·史姓韵编》,台北:商务印书馆,1972 年,第 1705 页。

[②] 吴宏一:《中国文学研究的困境与出路》,《文学评论》1999 年第 6 期,第 70—78 页。

的是新旧两唐书,新旧五代史,宋、辽、金、元四史及《明史》。有关本书之编纂缘起及过程,据其自序,略述如下。

汪辉祖早年读《旧唐书》时,以"其所叙姓名,间与《新唐书》详略不同",由是"随读随录,用备参考。嗣读《旧五代史》钞本,亦如之。循是而读唐宋各史,无不摘写"。后来翻看到历代说部各书,虽然也有采录同姓名而编书的,但失诸简陋,余寅《同姓名录》亦难惬人意,故有意新编。本书列有《例言四则》如下:

——录同姓名,辨异也。有专传者,稍详行迹。如仅散见他文,则官名、地名之类,摘录一处,余不复详。同在一史,录其时世,史既不同,灼然异矣,时世亦简略焉。

——《唐书·世系表》多与传异。往往表不著官,而人名、官名错见纪、志、列传,无从订其异同,录俟考辨。其间群从兄弟,往往同名;甚有同父之子,名亦相同,疑有一误,无可证定,仍并录之,于《宋史》亦然。

——辽、金、元三史之同名者多不著姓,疑亦国族,但考订未真,概不敢入。

——九史交涉之际,或一名而两三史互见。其官职较然不同者无论矣,间有疑似之处,亦录以备考,俟遍校《史记》及《南北史》后详加辨正,冀成完书。

——姓依韵府,名依字典;恭遇圣祖仁皇帝、世宗宪皇帝庙讳、皇上御名,仍各归字典本部,遵书钦定字样,而添注敬避。

《九史同姓名略》采录九部正史纪、传、志、表所载同姓名人物,每条下注明卷次、时代、籍贯、字号、生平事迹等以资区别,收同姓名 10743 个,同姓名者 29000 余人。考订精详,可以用来纠正当今中华书局版《二十四史人名索引》中的一些错误。彭作桢称此书"体例为最善,不但姓名依韵次,人名亦依《康熙字典》编旁,最便考览"。[①]

---

① 彭作桢:《古今同姓名大辞典序》,上海:上海书店,1983 年。

《九史同姓名略》继往开来,为后人编纂同名书籍提供了参考。清同治年间,刘崇华编成《历代同姓名录》一书,收入同姓名 2594 个,涉及8010 人。彭作桢 1936 年编著出版《古今同姓名大辞典》,在历代同姓名专著的基础上,收集 403 姓 16000 多个姓名,涉及 56700 多人。

(三)《三史同名录》

汪辉祖于本书卷四十《叙录》云:"录同姓名者,辨其似也,至辽、金、元三史,则不能复以姓统名,盖辽金诸部,各有本姓,史文或系或不系。元之蒙古色目,例不系姓,故惟以名之同者录之,此变例也。"三史中"族以名行,人不系姓,而又取于官、于地、于事、于物、于姓氏,国俗相沿,语必叠字,对音翻译,文难数通,以视汉字、汉语者,广隘难易,相悬万万,袭蹈故常,渐难别白",人名"当时既难辨晰,后世益鲜考据,于是贤否相混,彼我合并","史臣且不能无误,而欲读史者展卷了如,抑又安能。此则论世知人,不容不早别者也"。编纂体例如下:

1. 辽、金、元三史,不以姓统名,盖辽金诸部,各有本姓,史文或系或不系。元之蒙古色目,例不系姓,故唯以名之同者录之。

2. 辽金以名为纲,而以异姓者分列之;辽金以所录人名,元以蒙古色目及辽金部族为主,而以汉姓者附存之。色目虽有汉姓,实则俱以名行,与蒙古同。汉人南人,间有不系姓者,亦仍史文录之,不书附字。

3. 首字以韵相次,次字以部相从,订其异同,各为次第。复旁考五代、宋、明诸史,以资参证。

4. 凡音近字别,转辗相同者,辄移韵部,附于初见条后。其名之互异,及姓之或系或不系者,悉考著之。

如卷十九"忙兀台"条下,用小字注出忙兀台的不同译音,计有忙兀带、忙古带、忙古歹、忙古台、蒙古带等 9 个。

5.正文中人名下用小字注出同名人数,如拜住(十二)、教化(十四)、阿里(十七)、伯颜(十九)、孛罗(二十二)、也先帖木儿(二十三)、脱脱(二十三)、不花(二十四)、脱欢(三十二)。

6.简要注出人名出处、事迹并考辨。如:

卷十七:阿剌忒纳失里(三)

——见卷三十二《文宗纪》，天历元年，豫王。案《宗室表》太祖系，察合台六世孙。继培案：亦作阿忒答纳失里。《诸王表》阿剌纳失里，《武宗纪》至大三年。

——见卷三十五《文宗纪》，至顺二年，诸王乞八兄豫王。继培案：《宗室表》世祖系，奥鲁赤曾孙，作阿忒思纳失里，此与上豫王相涉而误。

——见卷三十八《顺帝纪》，至元元年，高丽王。《考异》云："即王焘，见《朝鲜史》。"

卷三：雅里（二）

——见卷三十《天祚帝纪》，帝子，耶律。

——见卷三十四《兵卫制》，太祖六世祖。继培案：《世表》作泥里，一作涅里，亦作泥里、耶律。

卷三十二：伯牙伦（二）

——见卷二十《成宗纪》，大德六年，诸王。

——见卷二十三，《武宗纪》，至大三年，世祖官人。

卷四：斡（五）

萧二：-见卷七《穆宗纪》，应历十五年林牙，传在卷八十四，作斡。案斡字书内多误作斡，二人名，纪传亦互见，未知孰是。一见卷二十九《天祚帝纪》，宝大元年太师。

耶律三：一见卷十八《兴宗纪》，重熙六年使宋。一在《耶律那也传》，那也父。一在《耶律世良传》，世良小字，并见卷九十四。

上例解读为：三史中名字为"斡"者，共有五人，其中萧姓二人，耶律姓三人，即有两个萧斡，三个耶律斡。

7. 共收录人名 1474 个，《辽史》同名五卷，人名 171 个；《金史》同名十卷，人名 294 个；《元史》同名二十卷，人名 560 个。异史同名各止一人，及一史已有同名，而他史别出一人者，为总录二卷，人名 106 个。《五代史》、

《宋史》、《明史》人名之合于三史者,为附录二卷,人名132个;同名异译人名211个;列各卷人名总目,为叙录一卷。

8.本书三史,用乾隆四年武英殿刊本。"若夫译音无定,旧史多舛。馆臣奉诏釐正,一洗沿袭之陋,辉祖僻处草茅,未由仰见,录内人名,仍以武英殿旧刊为据。"

乾隆四十六年(1781),颁布《钦定辽金元三史国语解》四十六卷,这是我国首次出现的统一译名索引,此书以索伦语正《辽史》,以满洲语正《金史》,以蒙古语正《元史》,分君名、军名、部族、地理、职官、人名、名物等门类,著其名义,详其字音。此次对辽、金、元三史译名的更改,错误百出,张元济百衲本《元史》跋云:"有时所改之名,不能适如原用字数,于是取上下文而损益之,灭裂支离,全失本相。"《钦定辽金元三史国语解》颁布当年,就已经有挖改殿本译名而成之新版《元史》①。"《元史》中的人名有译自蒙古文,也有译自阿拉伯文、畏吾儿文、藏文和他种文字的,不是蒙文而用蒙古文来改,就不免张冠李戴、指鹿为马了","因时代不同,读音也很有差别,用清代的蒙古语读音去改译元代的蒙古人、地名,也很不妥当。因此,《元史》被改得面目全非"。②

汪辉祖所编《三史同名录》嘉庆六年才刊印,却未采用新版三史,个中原因,汪辉祖自称"僻处草茅,未由仰见",故"录内人名,仍以武英殿旧刊为据",实为托词。在乾隆五十五年刊刻的《史姓韵编》中,汪辉祖已经使用新版三史,提出:辽、金、元、明四史中,少数民族标名不著姓者、姓须改译而名不变者,入《汇编》;姓不须译改而名须译改者,《汇篇》及《姓篇》两收之。这一体例,就是为了方便新版读者,依旧可以利用《姓篇》来检索人名。嘉庆八年,他说:"向读《元史》,尝取明南北监本以校新刻本,颇有异同。撰《元史正字》。"③此处的新刻本就是指乾隆四十六年殿本之挖改本。《三史同名录》与《史姓韵编》不同,只录名,不系姓,新版三史名既已

---

① 《元史·出版说明》,北京:中华书局,1976年。
② 韩儒林:《关于西北民族史中的审音与勘同》,收于《穹庐集》,上海:上海人民出版社,1982年,第214页。
③ 《梦痕录余》,嘉庆八年(1803)。

改，读者自然无法利用依据旧本编纂的《三史同名录》。汪辉祖除非编两种《三史同名录》，否则不可能在一书中，同时兼顾新旧两种版本的读者。既然无法解决这一问题，就唯有选择自己熟悉的旧版来编。同时，又不敢无视《钦定辽金元三史国语解》的存在，就只好托词回避。赵翼于乾隆六十年刊行《廿二史札记》，所据也是武英殿版旧史，他在书后以补遗方式开列《新旧译名对照表》，借以向统治者作一交代，以免获咎。但汪辉祖是在编人名录，不可能以赵翼之法搪塞人口，干脆就说未见新版。

辽、金、元三史中，少数民族人名同名异译是一大难题。四库馆臣云："元托克托等修宋辽金三史，多袭旧文，不加刊正"，"盖旧俗已漓，并色目诸人亦不甚通其国语，宜诸史之伪谬百出矣。迨及明初，宋濂等纂修《元史》，以八月告成，事迹挂漏，尚难殚书数。前代译语，更非所谙。三史所附国语解，颠舛支离，如出一辙，固其宜也"。①有学者提出可用异文（同音不同字）翻译，来区别诸部人的同姓名者，然同姓名者太多，异文数量不足并且难以统一。汪师韩《韩门缀学》认为可以将史书同名者列为类传，实际也不可行。章学诚认为，要化解这一难题，只有像汪辉祖这样编辑同名录一法，"将全史所载，毋论有传无传之人，凡有同名，详悉考别，勒为专篇，与《国语解》并编列传之后，岂不轩目豁心，可为久法"。② 章学诚还指出："龙庄是书，盖三易其稿，再涉寒暑，有苦心矣。前人谓元有五伯颜，或广至九伯颜，以为详矣。今龙庄所考，盖同名伯颜，几二十人，视前人所考，不啻倍蓰，此则书之精详，不可不著者也。"③周中孚也肯定此书问世后，"于是三史所载，毋论有传无传之人，凡有同名，详悉考别，既博且精，得未曾有"，"俾读史者轩目豁心，可为久法"。④ 中华书局编纂《元史人名索引》时，"为了区分同名人物和解决异译问题，编者曾参考了汪辉祖的《三史同名录》、《元史本证》"等书。⑤ 方龄贵认为："读《元史》，还要取赵

① 《四库全书总目》卷四 46《史部·正史类二·钦定辽金元三史国语解》，北京：中华书局，1997 年。

② 《章学诚遗书》卷 8《三史同名录序》。

③ 《章学诚遗书》卷 8《三史同名录序》。

④ （清）周中孚：《郑堂读书记》卷 62《三史同名录》，北京：中华书局，1997 年。

⑤ 《元史人名索引·前言》，北京：中华书局，1982 年。

翼的《廿二史札记》,钱大昕的《廿二史考异》、《补元史艺文志》、《元史氏族表》、《十驾斋养新录》,汪辉祖的《元史本证》、《三史同名录》中有关部分比对合观,得益必然较多。"①

当然,《三史同名录》错误疏漏之处在所难免,杨志玖就指出:"《元史》上同名的太多,回回人同名的更多,给分辨造成困难。清人汪辉祖的《三史同名录》、中华书局《元史人名索引》对此做了许多分辨工作,很费功力,但也不尽如人意。我有时也不同意他们而自行其事。"②他曾举一例说明:《元史》卷31《明宗纪》载:"仁宗延祐三年(1316),封武宗长子和世琼(即明宗)为周王,令其出镇云南,行至延安,有武宗旧臣沙不丁等来会。"汪辉祖《三史同名录》卷19"沙不丁"条引上三卷有关记载后说:"疑俱即此人";中华书局《元史人名索引》第223页"沙不丁"条亦并上三卷记载为一人。按,以江浙左丞何以竟称"旧臣",甚难理解:旧臣多指在皇帝左右侍奉的近臣,沙不丁远在江浙,似难以接近武宗。又,《三史同名录》以卷101《兵志·站赤》至元二十四年七月提及的沙不丁为广东宣慰司为另一人,误。查原文:"七月,给中兴路、陕西行省、广东宣慰司,沙不丁等官铺马圣旨一十三道。"汪氏盖误连广东宣慰司与沙不丁为一句而误。《索引》不误。③

《三史同名录》是我国第一部少数民族译名索引,虽然存在译名不统一的缺略,但在解决三史同名异译这个难题方面,汪辉祖的开创之功与成就值得充分肯定。

四、其他史学成就

(一)自传年谱《病榻梦痕录》与《梦痕录余》

《病榻梦痕录》与《梦痕录余》是汪辉祖自定年谱,是他晚年回顾一生

---

① 方龄贵:《我和蒙元史研究》,《学林春秋》初编下册,第701页。
② 丁明俊:《深切怀念杨志玖教授》,《回族研究》2002年第3期,第91—96页。
③ 杨志玖:《回回人与元代政治》(五)(下)《行中书省的回回》,《回族研究》1995年第2期,第9—26页。

而写的自传。这部年谱按年月记事,内容丰富,包括生平经历、言行思想、家人家事、师友交往、社会环境、人情风俗、经济状况等等,是我国古代少见的高质量年谱。

咸丰年间学者杨希闵以为:"其体,年谱也;其归趣,学谱也,此乾嘉自来不多得之书。"①后世学者也对此书多有好评。瞿兑之《汪辉祖传述》序云:"尤其使现代的人看了不胜惊服的,就是他的一部自传——《病榻梦痕录》。中国文人的自传,很少有成整部书的。他的书不独自己描写自己的性情好尚,发抒自己的思想,记录自己的遗传环境、一生经历,而且将时代背景的一切社会制度风俗,小至于衣服饮食器用,无一不很忠实地写出来。我们看这部书,不独可以了解他个人,并且可以了解他的时代,不但当他一部《汪辉祖传》,而且可以当他一部乾隆六十年中社会经济小史。"

胡适一生大力倡导传记文学,他从纪实求真的角度,充分肯定了汪辉祖《病榻梦痕录》在保存社会政治、经济和思想文化史料上的价值意义。胡适对《病榻梦痕录》的推崇,几乎到了无以复加的程度。他在演讲传记文学时,几乎言必提《病榻梦痕录》。他说:"二千五百年中,只有两部传记可算是第一流:汪辉祖的《病榻梦痕录》及《梦痕录余》,王懋竑的《朱子年谱》";②《病榻梦痕录》及《梦痕录余》与《罗壮勇公年谱》,"是中国最近一二百年来最有趣味的传记","是两部了不得、值得提倡的传记"。③ 在他70岁时,还是认为"中国自传与好的只有两部书,汪辉祖《汪龙庄遗书》里的《病榻梦痕录》、《梦痕录余》"与《罗壮勇公年谱》。④ 关于这部年谱的史料价值,胡适指出:"我们读了以后,不但可以晓得司法制度在当时是怎样实行的,法律在当时是怎样用的,还可以从这部自传中,了解当时的宗教信仰和经济生活";⑤"这一部书最重要的是关于当时社会情形及经济状

---

① (清)杨希闵:《重刊汪龙庄先生〈病榻梦痕录〉序》,《病榻梦痕录》,同治十一年(1872)刻本。
② 胡适:《中国的传记文学》,耿云志、李国彤编《胡适传记作品全编》第4卷,上海:东方出版中心,1999年,第208页。
③ 姜义华编:《胡适学术文集·中国文学史》,北京:中华书局,1998年,第604页。
④ 胡颂平编:《胡适之先生年谱长编初稿》第9册,台北:联经出版事业公司,1984年,第3220页。
⑤ 姜义华编:《胡适学术文集·中国文学史》,北京:中华书局,1998年,第605页。

况的记载。如米的价钱,从江苏经安徽到北京沿途的见闻都写出来;如哪处卖男女,男的比女的又多卖多少钱。还有西班牙的'站人钱'可以换多少银子,以及当时浙江、湖南的政治情形,科举法律的制度,也都写出来。这是值得特别介绍的一本部书"。①

汪辉祖《病榻梦痕录》以编年体形式,记录自己一生主要活动经历,写了自己为人处事的准则,当官做幕的经历,定案推理的方法,是我们今天研究其人最基本的资料。此外,书中还记载了不少江浙一带的旱涝灾情、经济状况乃至消费习惯、风俗人情变迁等资料,史料价值很高。

在《病榻梦痕录》中,有许多关于社会经济状况变迁的记载,如赋税额、钱价、米价、田价、棉花价、刻书价、参价等等。中国台湾地区学者林满红与日本学者岸本美绪,曾围绕汪辉祖上述关于乾隆粮价的记载,展开了一场争论。②卫挺生在胡适指点下,引用《病榻梦痕录》的相关资料,认为汪辉祖"嘉庆元年所谓'倭婆'番洋,当即此也,此实开墨西哥鹰洋之始","汪龙庄谓其幼时尚不闻番银之名,与史迹甚合"。③黄永年也指出:"'洋钱'即外国银圆,外国银圆鸦片战争前已在我国流通的事实,最早是胡适从清人汪辉祖在嘉庆时撰写的《病榻梦痕录》中看到的。"④此外,经君健据汪辉祖所载,考察了清代塾师、幕友、官员收入水平的差异,撰成《束脩与俸禄——读〈病榻梦痕录〉札记》一文。⑤

瞿兑之编《中国社会史料丛钞》中,乾隆末年服饰之变、明清间刻书工价、洋银、参价四条,就摘自《病榻梦痕录》。郑天挺也认为此书重要,亟待整理,在给邓云乡回信中说:"来示知在整理《佐治药言》与《病榻梦痕录》,快慰之至。"⑥陈祖武评价说:"录中所记,既有个人亲历,又有师友学行,及时事

① 杜春和编:《胡适演讲录》,石家庄:河北人民出版社,1999年,第221页。

② 林满红:《世界经济与近代中国农业——清人汪辉祖一段乾隆粮价论述之解析》,载《近代中国农村经济史论文集》,台北:"中央研究院"近代史研究所,1989年;岸本美绪《评林满红〈世界经济与近代中国农业——清人汪辉祖一段乾隆粮价论述之解析〉》、林满红:《与岸本教授论清乾隆年间的经济》,均载"中央研究院"近代史研究所集刊第28期,1997年。

③ 卫挺生:《清季中国流行之货币及其沿革》,《清华学报》1924年第2期,第153—220页。

④ 黄永年:《二百年前江南社会的剪影》,《北京日报》理论周刊,2002年6月24日。

⑤ 《上海社会科学院学术季刊》1989年第4期,第164—169页。

⑥ 邓云乡:《水流云在杂稿·汪辉祖及其著述》,太原:北岳文艺出版社,1992年,第175页。

风俗,知人论世,足资取材。在众多的清人年谱中,汪氏之作,无愧上乘。"①可见,时至今日,仍有将《病榻梦痕录》与《梦痕录余》整理出版的必要。

(二)妇女传记

汪辉祖重视读志用志,而列女传是旧方志人物传的重要组成部分。他先后撰成《越女表微录》六卷、续补一卷,搜罗绍兴府山阴、会稽、萧山、余姚、诸暨、嵊县、上虞、新昌各县近 400 余名贞节烈妇女,"俟异日修志乘时,亦可以资采择"。② 对照乾隆五十七年本《绍兴府志》卷六十五《越女传》、卷六十七《节烈表》,几乎一字不漏照抄《越女表微录》。此外,光绪二十五年本《余姚县志》卷二十五《列女传》,也从《越女表微录》采录事实。光绪二十四年本《上虞县志校续》卷十七《列女传·张氏》,明确提到:"此传府志、县志俱本汪辉祖《表微录》。"汪辉祖还撰有《春陵褒贞录》一卷,记载宁远、道州两任扁表幽隐节孝妇女,镌成即寄宁道以备修志时采入。嘉庆六年,嘉兴知府修府志,见《病榻梦痕录》记蒋虞氏事,行秀水查案,档案年久遗失,遂据录载入列女门。

汪辉祖为报答父母的养育之恩,"手撰父母行状,乞言天下能文章者,以殁身为期","自达官贵人下至穷巷布衣,无论识与不识,拜跪陈请,展转邮寄不远千里,笺简尺牍,酬答往复,一生精力,毕萃于此"。③ "录中之言,或乞之十余年而得,或乞之二十余年而后得。"④《双节堂赠言集录》共三集 64 卷,乾隆四十五年(1780)至嘉庆十七年(1812)刊刻。汪辉祖发起的这场乞言活动,得到名流学者的大力支持,初刻后"作者务求尽善,重寄新篇,如钱文端公易诗为诔,沈归愚宗伯易五言古诗为七古,杭堇浦太史易序为十一言诗"。⑤ 官员从大学士、督抚以下至县教谕,文人从进士、举人、国子监生到处士,几乎将能文者网罗殆尽。又集中了当时几乎所有的

---

① 陈祖武:《汪辉祖》,载《清代人物传稿》上编第 10 卷,北京:中华书局,2001 年,第 187 页。

② 卢文弨:《〈越女表微录〉序》,道光三十年(1850)清河龚裕重刻本。

③ 王宗炎:《晚闻居士遗集》卷八,《汪龙庄行状》,道光十一年(1850)杭州爱日轩陆贞一仿宋写刻本。

④ 《双节堂赠言续集》卷末,《双节堂祭文》,乾隆四十五年至嘉庆十七年(1780—1812)刻本。

⑤ 《双节堂赠言集录》卷首,乾隆四十五年至嘉庆十七年(1780—1812)刻本。

祭文形式,如传、行状、诔、墓志铭、墓表、辞、述事、书后、寿序、祭文、诗、赋、赞记、连珠等等。有些作者将赠言收入文集,部分作者没有文集行世,有的未将此类文章收入自己文集,故此书不仅对研究清人的贞节观有重要意义,而且也有一定的史料价值。

(三)政书家训

《佐治药言》、《续佐治药言》、《学治臆说》、《学治续说》以及《学治说赘》,对清代地方行政制度与方法作了很好的总结整理,构建了一个为官从政的理论体系,为清代后期官幕必读之官箴书,对于地方政治和实际运作有很大影响。

《善俗书》一卷记载宁远县风俗,内容包括学校教育、经济、社会治安、教化等。

《双节堂庸训》六卷是汪辉祖晚年所撰家训,言简意赅,通俗易懂,流传广泛。

汪辉祖的著述具有较高的史料价值,是研究清代政治尤其是幕府制度、司法、经济、文化、社会生活诸方面的宝贵资料。《梦痕录余》嘉庆六年(1801年)有关章学诚去世的消息,这是章学诚卒年与生平绝笔的最可靠记载。笔者从汪辉祖的有关著述中,还发现了章学诚的四篇佚文。[①] 陈垣藏有汪辉祖手札七封,胡适专门写了题记,蔡元培专门写有考证论文。陈垣生平最后一篇论文《两封无名字年月的信》,[②]就是运用汪辉祖《梦痕录余》史料,考证出乃王杰所撰。汪辉祖著述中的资料,不仅国内学者广泛使用,国外学者也在论著中征引。

汪辉祖在史学家卓有贡献,同时与清代浙东史学章学诚、邵晋涵等著名史家为终身挚友,学术交往密切,所以,笔者在2003年章学诚国际学术研讨会首次提出汪辉祖也是浙东史学的重要成员,[③]这一观点已经得到

① 参见拙著:《章学诚佚文一篇》,载《古籍整理研究学刊》2003年第2期,第49—51页;《章学诚佚文三则》,《文献》2003年第2期,第112页。
② 陈垣:《陈垣集》,北京:中国社会科学出版社,2000年。
③ 参见拙著《论章学诚与汪辉祖》,载中国历史文献研究会编《章学诚国际学术研讨会论文集》,北京:北京图书馆出版社,2004年。

一些史学界同仁的认可。

论著目录

一、著作

1. 鲍永军:《绍兴师爷汪辉祖研究》,北京:人民出版社,2006 年。

2. 鲍永军:《史学大师章学诚传》,杭州:浙江人民出版社,2007 年。

3. 鲍永军:《一代名幕汪辉祖》,杭州:杭州出版社,2014 年。

4. 鲍永军:《中国史学史教程》(合撰),福州:福建人民出版社,2006 年。

二、论文

1. 鲍永军:《汪辉祖史学成就初探》,《浙江学刊》1996 年第 5 期,人大复印资料《历史学》1996 年第 12 期转载。

2. 鲍永军:《王世贞史学理论探析》,《杭州师范学院学报》2001 年第 3 期。

3. 鲍永军:《王世贞的史学思想》,《史学史研究》2001 年第 3 期。

4. 鲍永军:《清代名幕汪辉祖》,《浙江档案》2002 年第 4 期。

5. 鲍永军:《章学诚佚文一篇》,《古籍整理研究学刊》2003 年第 2 期。

6. 鲍永军:《试论永嘉事功学派的史学思想》,《史学史研究》2003 年第 2 期。

7. 鲍永军:《章学诚佚文三则》,《文献》2003 年第 2 期。

8. 鲍永军:《论南宋永嘉事功学派史学的基本特征》,《浙江历史论丛》第 1 辑,杭州:杭州出版社,2004 年。

9. 鲍永军:《绍兴师爷汪辉祖》,《文史知识》2005 年第 7 期。

10. 鲍永军:《略论蔡东藩在通俗史学上的贡献》,《蔡东藩研究》,北京:中国文史出版社,2005 年。

11. 鲍永军:《史姓韵编》评介,仓修良主编《中国史学名著评介》第三卷,济南:山东教育出版社,2006 年。

12. 鲍永军:《元史本证》评介,仓修良主编《中国史学名著评介》第三卷,济南:山东教育出版社,2006 年。

13. 鲍永军:《仓修良教授访谈录》,《史学史研究》2006 年第 2 期,人大复印资料《历史学》2006 年第 9 期转载。

14. 鲍永军:《试论明清史学的发展及其特征》,《历史文献研究》第 25辑,武汉:华中师范大学出版社,2006 年。

15. 鲍永军:《论欧阳修的谱牒学贡献》(合撰),《社会科学战线》2007年第 6 期。

16. 鲍永军:《汪辉祖著述考》,《文献》2007 年第 4 期。

17. 鲍永军:《"史志同源"等于否定方志学科》,《中国地方志》2008 年第 12 期。

18. 鲍永军:《高似孙生平事迹考辨》,《社会科学战线》2009 年第11 期。

19. 鲍永军:《旧志整理述论》,《中国地方志》2015 年第 10 期。

20. 鲍永军:《吴泽先生与通俗史学研究》,《史学理论与史学史集刊》2015 年卷。

杜正贞

杜正贞，1976 年生，浙江遂昌人。2001 年北京师范大学历史系硕士毕业，2005 年香港中文大学哲学博士学位。2008 年起为浙江大学历史系副教授。主要研究方向为社会史、法律史。出版专著《村社传统与明清士绅：山西泽州乡土社会的制度变迁》、《浙商与晋商的比较研究》，参编《龙泉司法档案选编》。曾在《历史研究》、《历史人学学刊》、《近代史研究》、《文史》、《政法论坛》、《学术月刊》等发表论文多篇。

从诉讼档案回到契约活动的现场：
以晚清民初的龙泉司法档案为例

杜正贞

一、诉讼档案与契约研究

根据张传玺《中国历代契约汇编考释》的《导论》,对于契约的现代学术研究,发端于 1914 年王国维出版的《流沙坠简》中对汉魏券契的考证。而对明清契约的开创性研究,则归功于傅衣凌在 20 世纪中期开始的卓越工作。[①] 由于明清契约数量巨大,不论在契约类型还是所涉及的区域分布上,都超越之前时代,因此研究成果也最为丰富。

以往对明清契约的研究,大致可以分为两种路径:

一种是傅衣凌教授开创的社会经济史研究,即通过契约研究中国传统社会经济关系,尤其是土地关系和宗族结构的演变。[②] 随着区域史研究的兴起,研究者开始注重一个家户、村庄或区域内的系统性的契约材料,致力于根据契约梳理和复原区域内较长时段的社会经济演变过程。

另一种是法律史的方向,即通过契约材料,"在法制或行政实践的角度上希望了解不动产或家族关系等私法方面的惯行"。[③] 这两种取向的

---

① 张传玺主编:《中国历代契约会编考释》,北京:北京大学出版社,1995 年,第 7 页。

② 参见傅衣凌:《明清农村社会经济》,北京:生活·读书·新知三联书店,1961 年;杨国桢:《明清土地契约文书研究》,北京:中国人民大学出版社,2009 年;郑振满:《明清福建家族组织与社会变迁》,长沙:湖南教育出版社,1992。

③ 〔日〕岸本美绪:《明清契约文书》,收于《明清时期的民事审判与民间契约》,北京:法律出版社,1998 年,第 282 页。

契约研究,都力图从契约文书的内部,分析社会经济的行为和结构,其研究常常呈现给读者一种理性、规范的传统社会经济图景。近年来,西方学者进而暗示,中国传统社会经济中已经蕴含了近似于近代西方社会的契约因素,在法律层面上有着显著意义的契约关系的发展,在西方法输入之前就已相当成熟。① 但这种带着走向"近代化"("西方化")的历史预设,把中国传统社会的契约,作为近代西方契约在中国的对应者的思路,在帮助我们理解中国传统契约时所能起到的正面作用和负面制约,正在越来越清晰地显示出来。②

在目前已经浩如烟海的契约资料和研究的背景下,如何深化我们对中国传统契约以及相关的社会经济结构的认识? 反思我们脑海中根深蒂固的、西方的"契约"概念,回到这些契约文书产生、发挥作用、流动、消灭的过程,以及这个过程所存在和联系的整个社会文化背景,可能是一条可行的思路。岸本美绪就曾指出,除了上述两个研究方向以外,"作为一种更为本源的探究,在旧中国社会里,支持着私人之间契约关系的观念或秩序究竟是什么,这个问题值得认真考虑。从这个角度出发,则相对于契约文书中写下的内容而言,从外部支撑着契约关系的社会秩序或契约文书发挥作用的社会空间本身构成了更为重大的课题"。③

回到契约产生、流动的过程,有两层意思。首先,从区域历史的角度来说,每个地区在经济活动中,从没有或较少使用契约到开始普遍使用契约,这本身就是一个特别重要的历史现象。David Faure 曾经注意到,地方社会在交易中对于契约的使用,可能经历过一个从口头契约到书面契约的过程,这个过程在某些地区可能开始得相当晚近。对于珠江三角洲来说,这是与明朝国家在这里建立里甲系统有关的:为了获得与土地财产相关联的赋税凭证,以及在土地诉讼中获得官方的保障,人们开始订立契约并缴纳契税。而在此之前,人们在交易中更加强调的是买卖双方私人

① 曾小萍、欧中坦等编:《早期近代中国的契约与产权》,杭州:浙江大学出版社,2011 年。
② 参见巩涛对上书的批评,《地图上的图案:试论清代法律文化中的"习惯"与"契约"》,邱澎生等主编:《明清法律运作中的权力与文化》,台北:"中央研究院",2009 年。
③ 〔日〕岸本美绪:《明清契约文书》,收于《明清时期的民事审判与民间契约》,第 283 页。

间的关系。① 近年来，对于清水江流域契约文书的研究，也发现这一地区契约的使用是与当地林业的开发和商品化相伴发生的现象。随着契约的普遍使用，整个地方社会也发生了很大的变化。②

其次，从每一件契约的产生过程来说，契约文书只是契约订立和使用过程中的一个环节的作品，如果我们仅仅局限于对契约文书的解读，就会忽略它订立前协商（包括订立者之间的社会历史关系和可能存在的纠纷、诉讼）的细节和订立后契约文书的使用状态。只有追踪契约的整个生命过程，才能对契约以及与此相关的经济活动、社会关系有完整的理解。这就要求我们在契约文书之外，寻找相关史料，这也是目前社会经济史学家特别强调对契约的"归户"，或者对契约的"在地化"的研究的原因。通过将契约置回到它所产生和运作的时空，我们才有可能寻找到契约之间的联系，以及与契约文书相关的其他材料，如族谱、科仪、碑刻、文集等等，这些史料会提供很多在契约文书之外的信息，这些信息对于我们理解契约绝不是无关紧要的。例如在契约文书中署名的中见人、书契人，如果仅依靠契约文书，我们很难确切地知道他们与立契双方的关系。但是借助族谱、诉讼档案等资料，我们就有机会得到这些信息。这将有助于我们理解这件契约产生的社会关系，包括其中可能包含的非经济、非理性的因素。

在这种取向的契约研究中，诉讼档案无疑是一种非常有用的史料。契约在中国传统诉讼中，是最重要的证据。清代各种状纸的"状式条例"中，都有类似"告争田产，必须粘呈印契，否则不予受理"的规定。③ 所谓印契，就是经过契税，盖有官印的契约。但民间出于逃避契税、赋役等目的，仍然大量使用未经官府登记和认可的白契，并且在实际的地方诉讼中，白契作为证据也被承认。所以，我们在诉讼档案中会发现大量的契约，其中有契约原件，但以契约抄件为主。可贵的是，这些契约都是"镶

---

① David Faure, Contractual Arrangements and the Emergence of a Land Market in the Pearl River Delta, 1500 to 1800, 洪丽完、陈秋坤主编：《契约文书与社会生活（1600—1900）》，台北："中央研究院"台湾史研究所筹备处，2001 年，第 265—283 页。

② 梁聪：《清代清水江下游村寨社会的契约规范与秩序》，北京：人民出版社，2008 年。

③ 参见吴铮强、杜正贞、张凯：《龙泉司法档案晚清诉状格式研究》，《文史》2011 年第 4 辑，第 185—214 页。该文中关于"印契"的理解有错误，在此更正。

嵌"在具体的事件和时空环境中的。在档案中,我们可以看到,它们不是孤零零的契约文书,而是一群人物、村庄、宗族的社会经济生活的一部分,同时它们还是这个诉讼事件的一部分。于是,我们就可以据此重回契约产生和发挥作用的历史现场,探讨传统社会的契约秩序和观念。

二、从龙泉诉讼档案看晚清民初契约的运行

(一)从诉讼档案回到契约订立的现场

在传统社会,契约的订立是一个小型的仪式。公元 6 世纪的契约中有"各自署名为信,沽酒各半"的话,人们用饮酒和宴会的形式来表示对契约的慎重和宣告,这一传统可谓源远流长。[①] 但契约文书本身形成固定的文书格式之后,难以在其中反映契约订立的场景,包括双方商议的过程、口头的约定甚至氛围等等,这些对于理解契约的性质、执行非常重要。

以龙泉诉讼档案中的"民国二年(1913)季岐峰控何显宽昧良噬租案"为例。[②] 该案缘起于季广昊于光绪二十五年(1899)向亲家何盛荣购买水田,先后由何盛荣和嗣子何显宽等承佃。不料何显宽等连年欠租,季广昊之子季岐峰遂以"玩佃昧良、迭欠租谷"呈控。但何显宽等则以季岐峰"造契侵占"辩诉,"乞吊季仁秋(岐峰)所执伪契内四字号之上手源流,伊果何盛荣出卖,何姓必有受买及上手各契,饬令仁秋将何姓受买及源流,伊向何姓推粮割单,逐一先呈核对,若仅一纸伪契,便敢侵占诬渎,民间有契有粮之业,均要被人占绝"。[③] 虽然在诉讼档案中,双方提供的契约原件都没有保留下来,但根据两造的状词,季岐峰的证据是一张卖契和何盛荣卖地后领佃时的领契,而何显宽一方则提供了这些田土的历手老契。

① 韩森:《传统中国日常生活中的协商:中古契约研究》,南京:江苏人民出版社,2009 年,第 24 页。曾小萍对晚清自贡商业契约的研究说明,合同的签订仍然伴有盛大的宴饮。(参见曾小萍:《对战前中国产权的评论》,收于《早期近代中国的契约与产权》,第 25 页)

② 该案相关档案保存于龙泉市档案馆,卷宗号 M003-01-1277、M003-01-4916、M003-01-15307。

③ "民国三年(1914)七月四日何显宽等为遵传辩诉事民事辩诉状",龙泉市档案馆藏,卷宗号 M003-01-1277。

按照田土买卖的必须呈缴上手老契的惯例,以及契税和推收过户的法令,原告季岐峰的证据显然是不利的。但是季岐峰在呈状中这样描述这桩田土买卖契约订立的过程:

> 民父原始受买该田,两家本系亲戚,开始彼此客客,推就成立买卖契约,当时面议似作债务之抵押物,递年完租二十石,作为利息。所以上手老契未递检交,粮亦未曾推割,欲预为将来之取赎。不过因前时之口许,殊不知该相手方,口蜜腹剑,顿起昧良,竟将田租连年叠噬不完。若民胞妹长在伊家,籍作衣食费用,以善言直说,未使不可不应,将民胞妹私行贩卖赚钱,实难隐忍。每忆早向与计,奈系连续至戚。民胞姊又适与何显宽为室姊,虽早故,戚谊长存,所以容缓。乞今现租谷亦被吞噬满头,不得不向理论追收。讵恶辈寻获上手契据未交,竟敢以造契侵占等谎呈辩。况民间成立买卖契约均有见中代笔,岂能平空捏造?民向何盛荣受买契据,见中尚在,代笔人是伊等至戚,人虽死,笔迹尚存,足可对照。①

根据这一描述,由于订立契约的双方关系亲密,此项田土买卖,是以债务抵押的方式来进行的。换言之,虽然契约的形式是活卖契,但也可以解释为是以土地作为抵押的借款。其实际的操作是,土地原主人签订土地卖契,获得了一笔款项,但仍然耕种这块土地,每年向银主缴纳田租作为这笔款项的利息。因此,上手契据并未缴交,也并未推收过户。土地买卖中的活卖和以土地抵押的借款,这两者的性质本来就很模糊。如果仅以契约文书来看,有时候往往不容易辨别。事实上,即便是当时的县知事也没有凭契约对这起交易的性质做出判断。于是,县知事催传了契约上列名的中见人,据中见人蒋土生禀状:"原始季广昊与何盛荣两家系属至戚,成立买卖契约,渠自两家,面说清楚。民与方马成等在何马养(即盛

① "民国三年(1914)七月卅一日季岐峰为控何显宽诬告捏造律有专条事民事诉状",龙泉市档案馆藏,卷宗号 M003-01-1277。

荣)家,均现成画押,在见是实。当时上手老契,因有连业未交,系存何马养家。随向何马养立领字一纸。民亦与方马成等在见,均系属实。"①根据中见人对契约签订现场的描述,认定这是活卖而非抵押,但根据活卖可以取赎的规矩,知县判令何显宽缴洋三十元与季岐峰,田由何显宽等管业。

我们并不知道(事实上知县可能也并没有判断)究竟哪一方所言是实,也许他们都在撒谎,包括那位所谓的中见人。但这并不是问题的关键,我们有兴趣的是,案件展现了在传统时代,一件契约产生的环境和人们对契约的观念。首先,契约文书本身很可能并不是交易的完整记录,在契约订立现场也许有过很多口头的约定。例如关于上手契是否缴纳? 契税和推收过户如何安排? 甚或契约中写明"其钱即日亲收足讫,并无短少分文",但实际上是否协商分期支付? 等等。对这些问题,双方达成的共识,可能均依靠在一种"彼此客客"的氛围之下的口头承诺。其次,契约条款包括这些口头承诺的有效性,是依靠熟人社会的关系得到保障的。很多田土买卖仍然是发生在熟人社会中,不仅买卖的双方之间本来就存在着复杂且可能历史久远的私人关系,而且契约的中见人也是这个熟人社会中的一员。契约订立之后,也仍然在这样一个熟人社会中运作。换言之,契约的有效性,并不完全依靠契约文书本身的证明力,而更多是这个熟人社会的具体环境。例如季岐峰的姐夫是否在世,其姐姐寡居后在何家的境遇等等。再次,就像以往很多研究者已经指出的,契约的真实性非常依赖中见人的证明,也即中见人对于契约订立现场的回忆和陈述。换言之,契约的真实性,在很大程度上也需要复原它订立的现场,才能证明。中见人的离世,会造成契约"死无对证"的状态。确定远年契约,尤其是那些没有经过官府契税、登记的白契的真实性,是一个技术上的难题。在《大清律例》中就有控争远年坟山,"其所执远年旧契及碑谱等项,均不得

---

① "(民国三年,1914)十月十五日(批)蒋土生为遵传到案质对事禀状",龙泉档案馆藏,卷宗号 M003-01-4916。

执为凭据"的条例。① 中国传统的契约镶嵌在具体而生动的社会关系中，一旦远离了这个社会关系（不论是在空间上还是时间上），对契约的理解就存在着危险，这不论对于当时人还是今天的研究者，都是如此。

（二）从诉讼档案观察契约订立后的流动、使用状况

在中国传统社会中，契约在订立之后，作为凭证，被妥善保管。不仅买卖、继承、赠与等产业的转移行为，需要以转移契约为必要的手续，而且契约还可以作为抵押物而存在、诉讼中作为证据被呈验。换言之，契约会在分家、交易、纠纷、诉讼等场合，被翻检出来，重新阅读、检核，并在不同的人手中流转。

在契约的流动中，存在着灭失、被篡改和被伪造的风险。抢夺、藏匿、盗窃、诱骗、篡改契据的事情时常出现在各种纠纷场合中。例如"光绪二十九年（1903）殷韩氏诉廖永年等蓄谋罩占控争山业案"，70岁的孀妇殷韩氏诉称：因为儿子殷美进被引诱赌博输钱，偷窃家中的山契抵当。被告廖永辉等即据此山契捏造杜卖山契，并将该处山产出拼给山客。② "宣统元年刘绍芳、刘朝高等杉木互控案"，涉案一方曾这样描述兄弟阋墙、争抢契箱的行为："不顾父之生死，即将存储各契票箱擅自抢去。生父于廿三日弃世，殡殓方毕，不思父死骨肉未寒，故请堂兄绍文到家，将箱持出，检分各契，惟分生名下关内各契失落数纸，及上赖村众田山契票一捆亦失落无存……"③ "宣统元年（1909）毛樟和、毛景隆等田谷抢割案"，据毛樟和的诉状，被告毛景隆曾以两张土地卖、找契据为抵押，向他借款。毛景隆在规定期限内不能还债，反而将所抵押土地卖给第三方卓心田为业。但毛景隆则称，这两张契约是他在一次买卖中遗失的。④ "民国七年（1918）季仙护等控季盛荣乘阋抢据等案"的情节更加离奇。季盛荣所买山场的上手老契。被季庆堂捡得，季庆堂根据这张老契伪造光绪二十八年

---

① 薛允升：《读例存疑》（重刊本），台北：成文出版社，1970年，第277页。

② 包伟民主编：《龙泉司法档案选编（第一辑 晚清部分）》，北京：中华书局，2012年，第32—81页。

③ 《龙泉司法档案选编（第一辑 晚清部分）》，第160页。

④ 《龙泉司法档案选编（第一辑 晚清部分）》，第406—444页。

(1902)卖契,一并到县署投税。这件老契后又被季仙护从季庆堂妻毛氏手中骗得,并以此契与季盛荣置换得一张他所需要的契约。后毛氏怕丈夫责备,要求索回老契,季仙护遂至季盛荣家企图盗窃,却误将其他契约盗出。季盛荣发现季仙护偷盗后,曾由季仁维等调解和息。但季庆堂返家后,即串同季仙护将伪契撕毁,控告季庆堂抢契毁契、串套骗契。最后,季庆堂、季仙护被判诬告、伪造及偷盗契约罪。[①]

　　在这些案件中,契约似乎总是处于岌岌可危的状态,契约所证明的交易和权利关系也因此处在不确定之中。虽然诉讼文书所反映的,可能是现实生活中较为极端的情况,但它透露出人们对契约的焦虑和紧张,这种情绪出现的背景就是整个契约运行的环境。更重要的是,这些契约诉讼还显示,传统的司法并没有为消除这些危险的状态和保护契约所约定的权利关系做出足够的努力。例如,遭到篡改或者伪造的伪契案件在诉讼档案中相当常见。但是在晚清的龙泉司法档案中,作伪者常常不受到惩处。[②] 直至民国法律的完善和司法执行能力的加强,才使此状况有所改善。

　　事实上,即便契约文书被安全、完整地保存下来,它们同样要在使用过程中面对不断被重新诠释和修改的命运。在以契约链来证明土地权利的传统制度下,由于上手远年契约动则上溯至数百年前,这期间产业的情况、名称等等都会发生变化,这就导致各件契约文书之间以及契约文字与实际状况之间常常难以吻合。在这种情形下,当事人之间往往就因对契约的解释分歧而发生纠纷。"民国二年(1913)—八年(1919)季焕文和季肇岐田业案",根据《浙江高等分庭民事判决四年第一百三十七号》,季肇岐一方所呈交的证据中包括自乾隆十二年(1747)延续至民国的各式契约15张,另有推收底册、世系图等;季焕文一方的证据则包括康熙三十六年(1697)以来的 24 张契约和图纸等。但法院的判决书也承认,要凭借这些

---

①　该案档案存于龙泉市档案馆,卷宗号 003-01-3140、003-01-5585、003-01-5611、003-01-9971、003-01-11130、003-01-14622、003-01-17284。

②　参见杜正贞、吴铮强:《地方诉讼中的契约应用与契约观念——从龙泉司法档案晚清部分看国家与民间的契约规则》,《文史》2012 年第 1 辑,第 207—225 页。

契约来确定山田的交易历史和现在的权属,是非常困难的:"各处山田亩分,向与平田亩分,大小不同。……如果依法丈量,决不符合。难一。""况从事丈量,必先坐位确定,四址分明,方有范围,本件契约,不载四至,从何丈量。难二。""坵形断续,可用人工改并,被控告人季门前十三坵数始于康熙年间,变迁二百余年,坵形尤不可恃。难三。"①而且"各处地形前小而后大,各处土名前略而后详",在同一块土地不同时代的交易契约中,对这块土地的大小、四至、土名的描述都可能不同。更重要的是,契约中记录的田亩大小、方位、坵数等等,是不可能由第三方测量而确证的,它只是存在于交易双方的相互认可之中。

"民国十一年(1922)周陈养等与张绍鹏等山场纠葛案"是另一个例子。该案双方就争议山场提供了自康熙五年(1666)至民国十一年(1922)间的各式契约共14件。②原被两造互相攻击对方契约的瑕疵,尤其是其中所记录的山地土名不同,在实地究竟是指何处山林?双方都有不同的理解。如张绍鹏在辩诉状中说:"乞察不动产所有权以契据为最强有力之基础。民等太祖受买叶水寿柱上山场,系在嘉庆年间,成立源流契据,前清已税,确凿足凭。与周陈养粘呈道光十五年(1835)受买叶为贵为亮契据,各自土名,毫不相涉,万难任其指东作西。况查伊契并非正契,亦无界址,前清又未税过。突于民国三年(1914),已经民等收回管业之后,四年始行投验,预萌侵占,显然可知。"③龙泉县知事暨承审官只能派出承发吏前往实地查验,并绘制查勘图。但根据承发吏的《为遵谕查勘据实报告事》,④当地父老对所争山产的土名本就有不同的说法,因此无法根据契约上的土名判断何人的契约是有效的。

概言之,以土地买卖契约这种交易的凭据,充当产权凭证的传统制度,自有其弱点。虽然每一张契约文书都言之凿凿,展示清晰的权利和义

---

① "浙江高等分庭民事判决四年第一百三十七号",龙泉档案馆藏,卷宗号 M003-01-13076。

② "浙江永嘉地方审判厅卷证标目单",龙泉档案馆藏,卷宗号 M003-01-10054。

③ "民国十一年(1922)六月十六日张绍鹏为强阻强抢无法无天事辩诉状",龙泉档案馆藏,卷宗号 M003-01-9821。

④ "为遵谕查勘据实报告事",龙泉档案馆藏,卷宗号 M003-01-9821。

务规定,但将这些契约放回到它们实际运行的过程中,尤其是契约中所记载的事物或权利,在经历了数百年间的人事变迁和交易、析分、转移之后,实在很难再依据契约链,确定现时的权利归属。于是,不管是在民间的纠纷调解中还是诉讼法庭上,当人们拿出契约来证明自己的权利时,就需要对契约进行补充性的解释。契约中所说名为某某的土地,现在被叫作什么,位于哪里;契约中所说的作为界限的山冈,实际上是哪条;契约中所说的这块土地在哪一年已经被水淹没不存;等等。而当这些依赖于乡村社会中的共识才能确认的解释,有不同版本时,基本就只能靠重新协商、订立新的契约来解决问题了。

(三)诉讼档案展现契约运行的法律环境的变化

契约纠纷在进入诉讼程序之后,就面临一个重要的问题,即国家法律是否以及如何在构建契约秩序中发挥作用。如前所述,契约一直被作为民事纠纷中重要的证据。但事实上,司法者对契约证据的处置是很个人化的。我们看到前述诉讼案例中,当事人虽然提交了相当数量的契约证据,最后的结果却并非是以契约为依据做出判决。这里的主要原因,一方面有关中国契约的特殊结构;另一方面则是由传统民事审判的特点决定的。寺田浩明对这两方面都有精彩的研究。首先,他看到明清时期的契约并不仅仅是双方自由合意的结果,"在日常生活频繁的契约缔结行为中,当事者双方的互相合意及合同的成立,多多少少总要依靠第三者的居中'说合'已成为一种具有普遍意义的结构"。[1]在这种结构之下,并没有契约只能由当事人自己的意思来确定或撤销的观念。其次,清代的民事审判"地方官受理人民的诉讼,并不是按照某种客观的规范来判定当事双方谁是谁非,而是提示一定的解决方案来平息争执,进而谋求双方的互让以及和平相处"。[2] 因此,在面对契约纠纷时,地方官所做的,往往并不完全是按照双方原有的契约来裁断,而常常是从"情理"出发,发挥"首唱"的

---

① [日]寺田浩明:《明清时期法秩序中"约"的性质》,收于《明清时期的民事审判与民间契约》,第176页。

② [日]寺田浩明:《权利与怨抑——清代听讼和民众的民事法秩序》,收于《明清时期的民事审判与民间契约》,第194页。

作用,为当事人重新定约。

在民国初年,诉讼中对契约纠纷的处理,仍然受到这种模式的影响。宗族和官府都会以"情理"来调解契约纠纷,包括否定原有的契约。"民国四年(1915)吴时标与吴开震等互争田业案",吴开训生前将田业出卖于吴开震等人,立有契据,并缴交上手老契,但其中一张加找契存留在嗣子吴时标手中,未曾缴交,因此在契约上批明,如果日后寻获,也做无效废纸。但吴开训死后,吴时标就与吴开震等因此起了纠纷。吴开震等人被诉伪立卖契,图占田产。宗族在调解中并没有去追究卖契的真伪:"无论开震、时青契账之真伪,但其受买孤人之业,族众、嗣子并无一人在见,殊觉不是。况契价又未足到。共相酌议,向时标另立补契一纸,时青等补出十五元,并前未收之款,共洋五十七元,以偿时标丧葬之费,两相平允。"最后县知事的判决,也与族议的调解没有根本的不同。传统契约行为中对"正义"的考虑,是从"情理"出发的,而所谓"情理"并非有一种标准或规则,而是"代表了对调和当事人际关系的重视和一种衡平的感觉"。

但我们也在之后的诉讼档案中看到了变化。在整个北洋时期,还并没有一部系统的契约法出现,大理院通过解释例和判决例,对契约的主体资格、双方的意思表示以及买卖典当田宅契约、借贷契约中的诸种行为进行了规定。[①] 地方司法机关对契约纠纷的处置也开始发生变化。"民国十一年(1922)周金泽控卓炳光藉契套价活业掯赎案",周金泽控诉卓炳光乘其不在家,"以民父亲(即周光宇)年迈懵懂可欺,狡串代笔在见诸人向民父套去加找契一纸,作价洋银一十九元,契立本旧历十月间;又套去补契一纸,作价洋三十一元,契立本旧历十二月间。两款银洋其实一毫未付"。[②]《大清律例》中有"若取与不合,用强生事,逼取求索之赃并还主"和"若虚钱实契典买,及侵占他人田宅者……"两条,[③]这两条关于契约中双方意思表示的法令非常笼统,常常成为当事人反悔契约的理由。但大

---

① 参见李倩:《民国时期契约制度研究》,北京:北京大学出版社,2005年。

② "民国十二年(1923)一月九日周金泽为控卓炳光套契误期捏契抵饰事民事书状",龙泉档案馆藏,卷宗号 M003-01-17098。

③ 《读例存疑》(重刊本),第 96、275 页。

理院对于什么样的行为是欺诈、恐吓,怎样证明契约是由双方当事人同意等,做出了更细致和可操作性的定义。[①] 在该案中,龙泉县知事公署民事庭经过调查,"讯周光宇立杜契在场之中人叶方礼、代笔姜永传均称,去年清契是原告之父周光宇亲自在场立的,价洋系周光宇收去云云。并由被告将周光宇于民国二年立与毛世涵清契呈案,内有周光宇亲押核对无异",[②]驳回了周金泽的要求。周金泽上诉至永嘉地方审判厅,也被驳回,"至该田时价究值若干,找洋既为上诉人周光宇所自愿,找洋多寡,伊子本无翻异之余地"。[③] 在确定了找清契的确是由周光宇本人签订之后,周金泽关于他父亲老迈昏聩以及找价过低等理由,就均不被司法机关所考虑,而是认定契约有效。

与传统理讼模式下,地方官员在契约纠纷中扮演调解人、"首唱"者的角色不同,民国以后,随着"契约自由"观念的确立,强调契约是"主体"间通过"自我意志"达成的"自我决定",当然必须为"主体"所遵守,这一理念成为司法解决契约纷争的基础,[④]这就开始将契约从其他各种社会关系和情境中剥离出来,司法官员的角色也转变为仲裁者。当然,近代国家契约法和司法实践的转变,以及它们与民间契约秩序之间的关系是复杂的,需要我们利用诉讼档案做出更多细致的研究。

三、结　语

近年来,中外学者对中国传统时期契约的探讨,已经获得了一些极具洞察力的观点。除了前述日本学者寺田浩明关于"约"的性质的论点之外,孔迈隆(Myron Cohen)还提醒我们在中国契约研究中,应该区分"社

---

① 《民国时期契约制度研究》,第97—98页。

② "民国十二年(1923)三月二十九日龙泉县知事公署民事庭谕",龙泉档案馆藏,卷宗号M003-01-11320。

③ "永嘉地方审判厅民事第二审判决十二年上字第五二二号",龙泉档案馆藏,卷宗号M003-01-11320。

④ 参见周伯峰:《民国初年"契约自由"概念的诞生——以大理院的言说实践为中心》,北京:北京大学出版社,2006年。

会的"和"法律的"面相,他精确地指出,传统契约"与其说是法律性质的,不如说是社会性的",这些契约由缔约人之间的社会联系而非法律获得保障。① 巩涛(Jerome Bourgon)则对"契约"、"习惯"、"权利"等等一套自西方法律史中发展出的知识架构移用到对清代法律的理解上心存疑虑。"契约作为西方法律文化中的法理构念,其重要性不在其隐藏了真实的权力分布状态,亦不在其提出了社会关系应照样模铸的理想形式。其抽象的、法律式的外形是为了提供能让彼此冲突的利益能在最少的暴力下——也就是说,以文明、民事的方式——对抗并达成妥协的架构而设计的。因此,讨论清代法律文化中的契约,便不应局限于推敲契据字句、详读案件,或是收集与契约之经济与社会功效有关的证据。而必须对清代的法律从业人员与作者,检验其是否在法律文化里建立起一套使他们能文明化、民事化契约及其所涉入之社会关系的概念或观念。"他通过研究清代法律专家(幕友、讼师、刑部官员)等留下的文字,得到的结论显然是否定性的。官员们一直在理讼时利用和处理契约文书,但他们的出发点并不是保障严格定义的财产权,而是社会控制。②

那么在社会层面上,契约的实质是什么呢? 契约显然在传统社会经济生活中相当常见,而且即便穷乡僻壤的百姓也充分明了契约的重要性,近些年陆续在一些偏远的山村发现大规模的契约遗存,就可以证明这一点。那些年代久远且具有相当好的连续性和整体性的契约被小心地放在契箱中,历经各种磨难和变革保存至今。它们那样安静、整齐地待在木箱或竹笼中,似乎从它订立伊始就是这样。但这显然不是事实。回到契约文书在社会中的实际使用过程,我们会发现,契约似乎永远都处于一种流动的、可协商的、被重新解读或修改的状态中,而且由于所谓的地方性"习惯"缺乏制度化的确认机制,而常常沦为一种"说辞",围绕契约的协商和解读可以是随意和个别化的。契约本身就是众多纠纷争斗的源头,讨

---

① 孔迈隆:《晚清帝国契约的构建之路——以台湾地区弥浓契约文件为例》,收于《早期近代中国的契约与产权》,第 34 页。

② 巩涛:《地图上的图案:试论清代法律文化中的"习惯"与"契约"》,邱澎生等主编:《明清法律运作中的权力与文化》,台北:"中央研究院",2009 年。

价还价、争夺会无休止地发生,"找价"行为所获得的广泛容忍就是最好的例子。曾小萍虽然对传统契约在产权保护上的作用如此乐观,她也还是承认:"在整个帝国晚期和民国初期,除了债务合同以外,政府避免以惩罚性手段来迫使合同履行。相反,合同双方都同意确立一个具有新条款的新合同。"①这种"人们持续的缔结合同以及持续的因违约诉求衙门"的现象,难道不应该引起我们的关注么?

极端地说,每一次契约的订立似乎只是为下一次的协商提供了一个文件,它更像是一种"备忘录"。这也就是为什么单张的契约不能成为管业的凭证,而必须由上手契构成一个完整的契约链,才能在纠纷和诉讼中被承认的原因。但是,一方面,所谓完整的、无瑕疵的契约链,在实际中几乎是不存在的;另一方面,每一张契约文书作为上手契都有无限的生命,只要存在,就有被利用的价值。我们在诉讼档案中得到的印象,并不是人们在纠纷时拿不出契约证据,而是这些契约证据之庞杂和断裂,超越了司法机构认证的能力。概言之,契约在作为管业凭证上的作用,常常让脱离了传统语境的现代人感觉焦虑和沮丧。但是,这就是中国传统契约运行的常态,它必然有与其相配合的社会经济环境和发展过程,这是我们需要进一步探讨的。

论著目录

一、著作

1. 杜正贞:《村社传统与明清士绅:山西泽州乡土社会的制度变迁》,上海:上海辞书出版社,2007 年。

2. 杜正贞:《浙商与晋商的比较研究》,北京:中国社会科学出版社,2008 年。

二、论文

1. 杜正贞:《太阳生日:东南沿海对崇祯之死的历史记忆》(第二作者),《北京师范大学学报(社科版)》1999 年第 6 期。

---

① 曾小萍:《对战前中国产权的评论》,收入《早期近代中国的契约与产权》,第 29 页。

2. 杜正贞:《政治史、整体史、自下而上的历史观——〈叫魂〉三人谈》(第二作者),《民俗研究》2000 年第 2 期。

3. 杜正贞:《上海城墙的兴废:一个功能与象征的表达》,《历史研究》2004 年第 6 期。

4. "'Birthday of the sun': historical memory in southeastern coastal China of the Chongzhen emperor's death", in Time, temporality, and imperial transition : East Asia from Ming to Qing, ed. and trans. by Lynn A Struve, pp. 244 - 276 (Honolulu: Association for Asian Studies and University of Hawaii Press, 2005).(第二作者)

5. 书评:The Man Awakened from Dreams:One Man's Life in a North China Village,1857—1942,《历史人类学学刊》2005 年第 2 期。

6. 杜正贞:《地方传统的建构与文化转向——以宋金元时期的山西泽州为中心》,《历史人类学学刊》2006 年第 1 期。

7. 书评:Time, temporality, and imperial transition : East Asia from Ming to Qing,《历史人类学学刊》2006 年第 2 期。

8. 杜正贞:《从护国寺庙市的起源看北京庙市在明末清初的演变》,《中国文化研究所学报》第 46 期,2006 年。

9. 杜正贞:《区域社会史视野下的明清泽潞商人》(第一作者),《史学月刊》2006 年第 9 期,人大复印资料《明清史》2006 年第 11 期转载。

10. 杜正贞:《作为士绅化与地方教化之手段的宗族建设——以明代王艮宗族为中心的考察》,《江苏社会科学》2007 年第 5 期。

11. 杜正贞:《于祠祈梦的习俗与故事》,《民俗研究》2009 年第 2 期。

12. 杜正贞:《龙泉司法档案的主要特点与史料价值》,《民国档案》2011 年第 1 期,《人大复印报刊资料档案学》2011 年第 4 期全文转载。

13. 杜正贞:《晚清民国时期的祭田轮值纠纷——从浙江龙泉司法档案看亲属继承制度的演变》,《近代史研究》2012 年第 1 期,《人大复印报刊资料 中国现代史》2012 年第 5 期全文转载。

14. 杜正贞:《地方诉讼中的契约应用与契约观念——从龙泉司法档案晚清部分看国家与民间的契约规则》,《文史》2012 年第 1 辑。

15. 杜正贞:《龙泉司法档案中的族产纠纷》,《浙江档案》2013 年第3 期。

16. 杜正贞:《近代龙泉土地交易中的契约习惯和契约诉讼》,《浙江档案》2013 年第9 期。

17. 杜正贞:《龙泉司法档案晚清诉状格式研究》(第二作者),《文史》2011 年第4 期。

18. 杜正贞:《从诉讼档案回到契约活动的现场——以晚清民初的龙泉司法档案为例》,《浙江社会科学》2014 年第1 期。

19. 杜正贞:《民国时期的族规与国法——龙泉司法档案中的季氏修谱案研究》,《浙江大学学报(人文社会科学版)》2014 年第1 期。

20. 杜正贞:《晚清民国庭审中的女性——以龙泉司法档案供词、笔录为中心的研究》,《文史哲》2014 年第3 期,《人大复印报刊资料 近代史》2014 年第8 期全文转载。

21. 杜正贞:《民国的招赘婚书与招赘婚诉讼——以龙泉司法档案为中心的研究》,《政法论坛》2014 年第3 期。

22. 杜正贞:《宋代以来寡妇立嗣权问题的在研究——基于法典、判牍和档案等史料的反思》,《文史》2014 年第2 辑。

23. 杜正贞:《民国法律、诉讼和社会语境下的"习惯"——以"异姓承嗣"为例》,李在全主编:《近代中国的法律与政治》,北京:社会科学文献出版社,2016 年。

24. 杜正贞:《区域社会中作为信仰、制度与民俗的"社"——基于近十年晋东南研究的反思》,《学术月刊》2016 年第12 期。

秦桦林

秦桦林，1981 年生，山东青岛人。2014—2017 年于浙江大学历史系博士后流动站从事研究。现为浙江大学历史系中国古代史研究所讲师，从事敦煌学、简帛学研究。

"敦煌学"一词的术语化过程

秦桦林

1930 年以来,从事敦煌学研究的学者最为耳熟能详的一句名言,便是陈寅恪在《敦煌劫余录序》(以下简称"陈序")中写下的"敦煌学者,今日世界学术之新潮流也"[①]。一般认为,"第一个使用敦煌学这个名词的是中国的陈寅恪……这个名称从此就沿用下来"[②]。

1989 年,池田温在《敦煌学与日本人》一文中首先提出异议:"'敦煌学'一词什么时候、由谁开始使用的还不是很明确……石滨纯太郎在大阪怀德堂夏期讲演(1925 年 8 月)时,已经使用过若干回'敦煌学'这个词,如此看来,'敦煌学'一词在 20 世纪 20 年代已经在部分地区开始使用了。"[③]池田温依据的是 1943 年出版的石滨纯太郎所撰《东洋学之话》一书。2000 年,王冀青发表《论"敦煌学"一词的词源》(以下简称"王文"),根据东洋文库所藏石滨纯太郎《敦煌石室的遗书》小册子(1925 年印),进一步具体论证了他使用"敦煌学"一词要早于陈寅恪,并推测陈寅恪很可能"在 1930 年写序时已知道此前日本已有'敦煌学'一词的存在"[④]。该文引起强烈反响,有的学者认为王文的观点"可以说是在池田温先生的结

① 陈寅恪:《敦煌劫余录序》,《中央研究院历史语言研究所集刊》第 1 卷 2 期(1930 年),第 231 页。

② 季羡林:《敦煌学》,季羡林主编《敦煌学大辞典》,上海:上海辞书出版社,1998 年,第 17 页。

③ [日]池田温:《敦煌学与日本人》,池田温著,张铭心、郝轶君译《敦煌文书的世界》,北京:中华书局,2008 年,第 56 页。

④ 王冀青:《论"敦煌学"一词的词源》,《敦煌学辑刊》2000 年第 2 期,第 127 页。

论基础上,又有所发展"①,有的则认为"没有证据表明陈寅恪先生使用'敦煌学'一词是否受到了石滨纯太郎的影响"②。以上虽为细事,但亦有关敦煌学史该如何书写的宏旨,正如方广锠所言:"这虽然只涉及一个名词的首创权,但确是敦煌学史上不可回避的问题。"③

众所周知,在词汇史研究中,尽量搜罗爬梳现存所有文献,从中寻找出某词的始见用例,对于确定某词的出现时间来说,自然是客观、有效的方法。但对于词汇中的特殊门类——"术语"进行研究,除了使用上述文献排比的方法,还应将某一术语落实到具体的学术史中考察其来龙去脉。一般来说,某个赋予特定含义的新名词,从个别学者初步提出到学术界逐渐接受,进而演变成一门学科的专用术语,无疑需要经过一定时间的积累和该学科自身的发展过程。如果我们从术语接受的角度来重温早期敦煌学史,会发现"敦煌学"一词的术语化(terminologicalization)过程本身就是中国现代学术史的重要组成部分。

一、"敦煌学"一词的提出

石滨纯太郎(1888—1968)能在 1925 年首次提出"敦煌学"一词,绝非偶然。1921 年起,石滨氏即涉足敦煌文献的研究,发表有《书敦煌本老子道德经义疏残卷后》④、《法成に就いて》⑤等论文。1924 年,他随内藤湖南前往伦敦、巴黎等地调查敦煌文献以及欧洲汉学研究状况。可见,他对于敦煌写卷以及当时西方汉学界的研究动向都有着比较充分的了解,完全具备提出"敦煌学"一词的知识背景。加之石滨纯太郎正值盛年,敢于提

---

① 方广锠:《从"敦煌学"的词源谈起——兼为王冀青先生补白》,《方广锠敦煌遗书散论》,上海:上海古籍出版社,2010 年,第 56 页。

② 郝春文:《论敦煌学》,《光明日报》2011 年 2 月 17 日,第 11 版。

③ 方广锠:《从"敦煌学"的词源谈起——兼为王冀青先生补白》,《方广锠敦煌遗书散论》,上海:上海古籍出版社,2010 年,第 56 页。

④ [日]石滨纯太郎:《书敦煌本老子道德经义疏残卷后》,《"支那"学》第 1 卷 11 号(1921年),第 68 页。

⑤ [日]石滨纯太郎:《法成に就いて》,《"支那"学》第 3 卷 5 号(1923 年),第 61—65 页。

出新说。早在 1920 年,他便发表《西夏学小记》①,率先提出"西夏学"②一词,表现出敏锐的学科自觉意识。因此,他后来能在演讲中使用"敦煌学"这一新名词,足可谓水到渠成,并非突发奇想。

石滨纯太郎有关敦煌学的论文其实并不多,这与他后来学术方向的转移不无关系,大约 1930 年起他将绝大部分精力投入对蒙文、藏文、满文以及西夏文等中国少数民族语言文献的解读。石滨氏对于二战之后日本西域研究的振兴贡献极大,1953 年他与羽田亨一道倡议成立了"西域文化研究会",组织京都、东京两地的学者,整理大谷探险队收集品,并陆续出版《西域文化研究》③六巨册,引起国际学术界的瞩目。遗憾的是,石滨氏本人的学术成果多以论文形式发表,生前仅有《东洋学之话》④、《"支那"学论考》⑤结集发行,且均未再版,至今亦无其全集被编纂。这在一定程度上大大限制了石滨氏学术成果的流传。即便对于日本学者来说,石滨纯太郎也是一个在学术史上亟待深入研究的人物。⑥ 只有了解了以上情况,才能理解为什么神田喜一郎会在《追悼石滨纯太郎博士》中说:"博士并没有公开发表著述及论文。他的研究只在极少数专家之间公开,一般人根本无法了解其价值……也正因为如此,博士本人在世间没有什么名气。"⑦

神田喜一郎称自己与石滨纯太郎"交往已有半个世纪,情同手足"⑧,并称赞石滨氏为"敦煌学研究的大家,他归国后于大正十四年夏天在大阪怀德堂的夏季讲座上,以《敦煌石室的遗书》为题进行了三次演讲;演讲笔

---

① 　[日]石滨纯太郎:《西夏学小记》,《"支那"学》第 1 卷 3 号(1920 年),第 67—69 页。

② 　史金波:《二十世纪日本西夏学研究》,杜建录主编《二十世纪西夏学》,银川:宁夏人民出版社,2005 年,第 250 页。

③ 　西域文化研究会编:《西域文化研究》第 1—6 册,京都:法藏馆,1958—1963 年。

④ 　[日]石滨纯太郎《东洋学の话》,大阪:创元社,1943 年。

⑤ 　[日]石滨纯太郎《"支那"学论考》,大阪:全国书房,1943 年。

⑥ 　[日]堤一昭《石濱纯太郎をめぐる学術ネットワークの研究》,大阪:大阪大学大学院文学研究科共生文明论讲座堤一昭研究室,2013 年。

⑦ 　[日]神田喜一郎著,高野雪等译:《敦煌学五十年》,北京:北京大学出版社,2004 年,第 124 页。

⑧ 　[日]神田喜一郎著,高野雪等译:《敦煌学五十年》,北京:北京大学出版社,2004 年,第 124 页。

记整理成一小册单行本出版,后来再次整理润色后收入教授的《东洋学之话》中,成为学习敦煌学的必读书"①。不过正如石滨纯太郎"博士本人在世间没有什么名气"一样,被誉为"学习敦煌学的必读书"的《东洋学之话》似乎在日本也长期声闻不彰,若不是池田温于1989年重新提及,几乎被世人遗忘。

难以想象,《敦煌石室的遗书》这样一本"属于'非卖品',印数很少"②并且传播范围十分有限的小册子会对包括陈寅恪在内的中国学者产生深远的影响。即便如王文所说:"从对'敦煌学'一词理解的深度和广度上讲,石滨纯太郎1925年在长篇讲演中的阐述显然要超过陈寅恪1930年在短序中的阐述。"③那么是否像王文所推测的那样,陈寅恪可能受到石滨纯太郎的启发,"是第一个将'敦煌学'一词从日本引入中国的学者"④呢?我们的答案是否定的。

首先,我们来看陈寅恪与石滨纯太郎之间的交谊。池田温指出:"陈先生和日本学人之交往一般不甚密切,而有亲密关系者,当系石田干之助、石滨纯太郎两氏……石田、石滨两先生俱对东亚边疆及中亚语言和东西文化交流史特怀兴趣,可谓陈先生之同行,自然交情密切。"⑤不仅如此,石滨纯太郎与陈寅恪之间的交往还有更深一层的文化情感基础,那就是二人在治学方面都非常敬仰王国维。1927年王氏殁后,陈寅恪在告别会上"行三跪九叩大礼"⑥,他撰写的《清华大学王观堂先生纪念碑铭》⑦传

---

① [日]神田喜一郎著,高野雪等译:《敦煌学五十年》,北京:北京大学出版社,2004年,第23页。

② 王冀青:《论"敦煌学"一词的词源》,《敦煌学辑刊》2000年第2期,第113页。

③ 王冀青:《论"敦煌学"一词的词源》,《敦煌学辑刊》2000年第2期,第118页。

④ 王冀青:《论"敦煌学"一词的词源》,《敦煌学辑刊》2000年第2期,第127页。

⑤ [日]池田温:《陈寅恪先生和日本》,《纪念陈寅恪教授国际学术讨论会文集》,广州:中山大学出版社,1989年,第123页。

⑥ 姜亮夫:《忆清华国学研究院》,《姜亮夫全集》第24册,昆明:云南人民出版社,2002年,第81页。

⑦ 陈寅恪:《清华大学王观堂先生纪念碑铭》,《金明馆丛稿二编》,北京:生活·读书·新知三联书店,2001年,第246页。

诵至今。石滨纯太郎则在日本发起成立了学术组织"静安学社"①,以资纪念。1934年,石滨纯太郎、石田干之助以"静安学社"名义编辑、刊行了《东洋学丛编》第1册,卷首刊载王国维肖像与遗书,以示崇敬之情。陈寅恪亦应邀寄去《须达起精舍因缘曲跋》一文。② 尽管陈寅恪与石滨纯太郎订交的确切时间还有待详考,但以二人的交往而论,如果前者确曾受到后者提出"敦煌学"一词的启发,陈寅恪似乎没有必要在文章中不加以说明。

其次,陈寅恪向来对日本学者的研究成果十分重视。池田温指出陈寅恪"著作中言及日本人论著颇多,使吾人得知先生对日本学术界之关注"③。池田温举出的第一个例子便是陈寅恪于1927年所作《大乘稻芉经随听疏跋》:"详见Journal Aaiatique' Série11' Tome 4、《史林》第八卷第一号、《"支那"学》第三卷第五号,伯希和及日本羽田亨、石滨纯太郎诸君考证文中。"④可知1927年时陈寅恪即已注意到石滨纯太郎于1923年发表的有关敦煌文献研究的论文,⑤他对后者的名字并不陌生。石滨纯太郎于1925年作的那场演讲是受大阪怀德堂的邀请。这是一家颇具历史的文化组织,⑥1924年起出版有学术刊物《怀德》。由于该刊物是在并非学术中心的大阪发行,其学术声望自然无法企及东京出版的《东洋学报》、《"支那"学》等知名学刊。但就是这样一家日本地方学术刊物,陈寅恪也曾予以留意。据罗常培记述:"我写完这一章以后,承陈寅恪先生以日本昭和七年(1932)十月三日怀德堂堂友会所发行的《怀德》第十号见示,其中有两篇财津桃溪的遗著,一篇是《敦煌出土汉藏对音材料与〈韵

---

① [日]石滨纯太郎:《静安学社》,陈平原、王枫编《追忆王国维》,北京:中国广播电视出版社,1997年,第382页。

② 陈寅恪:《须达起精舍因缘曲跋》,静安学社编《东洋学丛编》第1册,东京:刀江书院,1934年,第225—228页。

③ [日]池田温:《陈寅恪先生和日本》,《纪念陈寅恪教授国际学术讨论会文集》,第118页。

④ 陈寅恪:《大乘稻芉经随听疏跋》,《金明馆丛稿二编》,北京:生活·读书·新知三联书店,2001年,第287—288页。

⑤ [日]石滨纯太郎:《法成に就いて》,《"支那"学》第3卷5号(1923年),第61—65页。

⑥ [日]汤浅邦弘编:《怀德堂事典》,大阪:大阪大学出版会,2001年。

〈镜〉之比较(其一)》,一篇是《唐代音与日本所传音之比较》。"①不难想见,假使陈寅恪在1930年以前曾经读过怀德堂于1925年印行的石滨氏《敦煌石室的遗书》小册子,他必然会在《敦煌劫余录序》中有所提及。

再次,1944年时,陈寅恪对自己提出"敦煌学"一词有明确回忆:"寅恪昔年序陈援庵先生《敦煌劫余录》,首创'敦煌学'之名,以为一时代文化学术之研究必有一主流,敦煌学今日文化学术研究之主流也。凡得预此潮流者,谓之'预流'。"②此文最初刊登在《张大千临摹敦煌壁画展览特集》一书中。③陈寅恪明确地声称自己于1930年"首创'敦煌学'之名",作为一位严谨的、具有高度学术自尊的学者,他断不会轻用"首创"二字。这表明在《敦煌劫余录序》发表之后,石滨氏似乎也从未将自己的那本非卖品小册子寄赠给陈寅恪,故而陈寅恪无从得见。陈寅恪的论著即使存在与他人观点不谋而合之处,也会郑重说明。比如《隋唐制度渊源略论稿》第七章附记:"此章作于一九四〇年春季,其年夏季付商务印书馆印刷,久未出版,至一九四三年春季著者始于桂林广西大学图书馆得见一九四〇年出版之《东方学报》第一一卷第一册仁井田陞氏《吐鲁番发见之唐代庸调布及租布》一文,与此章所论略同。特附记岁月先后于此,以免误会。"④抗日战争期间,在访书条件极其不便的情况下,陈寅恪仍不忘关注日本学者的研究成果,足见其一贯的治学态度。由此益可知,陈寅恪1930年时的确是独立提出"敦煌学"一词的,与石滨纯太郎毫不相涉。

陈寅恪少年时即负笈海外,游学欧美近15年时间,深受西方学术新风气的熏陶,尤其是对西方汉学界的研究情况可谓了若指掌⑤。归国后又长期从事与敦煌写本有关的研究工作。他的求学经历与研究成果,使

---

① 罗常培:《唐五代西北方音》,《罗常培文集》第2卷,济南:山东教育出版社,2008年,第105页。

② 陈寅恪:《大千临摹敦煌壁画之所感》,《陈寅恪集·讲义及杂稿》,北京:生活·读书·新知三联书店,2002年,第446页。

③ 四川美术协会编:《张大千临摹敦煌壁画展览特集》,成都:西南印书局,1944年。

④ 陈寅恪:《隋唐制度渊源略论稿》,北京:生活·读书·新知三联书店,2001年,第174页。

⑤ 陈怀宇:《在西方发现陈寅恪:中国近代人文学者的东方学与西学背景》,北京:北京师范大学出版社,2013年,第1—4页。

其同样具备足够的独立提出"敦煌学"一词所需的全部知识背景。因此，所谓陈寅恪"将'敦煌学'一词从日本引入中国"的假说，不能成立，今后似可休矣。

二、"敦煌学"一词的术语化

无论是 1925 年的石滨纯太郎，还是 1930 年的陈寅恪，当他们分别独立提出"敦煌学"这一名词时，都只能算作各自的一家之言，还称不上公认的术语，尚有待学术界的接受与认同。那么作为学科名的"敦煌学"一词究竟经历了怎样的术语化过程呢？

从传播与接受的角度看，"敦煌学"这一新名词在中、日两国所引起的反响是截然不同的。石滨纯太郎于 1925 年发表有关讲演后，日本学术界似乎反响平平。截至 1953 年，他那本《敦煌石室的遗书》小册子，除了神田喜一郎《敦煌学五十年》①、小野胜年撰写的《东洋历史大辞典》"敦煌石窟"条之外，②鲜有日本学者在论著中提及、征引。可见，"敦煌学"一词在 1950 年之前的日本学术界缺乏足够的认同度，显然并不具备发展成为专用术语的必要条件。这恐怕与《敦煌石室的遗书》小册子自身的局限性（行文体例为演讲记录、出版方式为非卖品以及印刷数量十分有限）不无关系。

反观只有短短九百四十余字的陈序（1930 年 4 月撰写，同年 6 月发表），自面世伊始，便不胫而走，传诵宇内。这与《敦煌劫余录》的著作性质、出版方式密切相关。《敦煌劫余录》是当时首部检索一馆所藏大宗敦煌写卷的工具书，本身就是重要的学术成果。并且该书是作为"中央研究院历史语言研究所专刊"公开发行的，③出版单位为国立学术机关，主编者陈垣、作序者陈寅恪又都是知名史学家，无怪乎甫一面世，便引起海内

---

① ［日］神田喜一郎：《敦煌学五十年》，《龙谷史坛》第 38 号（1953 年），第 1—9 页。

② 平凡社编：《东洋历史大辞典》第 6 卷，东京：平凡社，1939 年，第 569 页。

③ 陈垣编：《敦煌劫余录》，北平：中央研究院历史语言研究所，1931 年。

外学者的高度关注。加之陈序又单独刊登在《中央研究院历史语言研究所集刊》①、《学衡》②等学术刊物上，进一步扩大了传播范围。因此，就学术影响力而言，石滨氏的小册子实在难以望其项背。

《敦煌劫余录》出版后不久，伯希和即在《通报》上撰文对该书进行报道。③ 不过耐人寻味的是，伯希和并不采用《敦煌劫余录》扉页的英译书名*"An Analytical List of the Tun—huang Manuscriprts in the National Library of Peiping"*，而是依照汉语直接拼写作*"Touen—houang kie yu lou"*。据时任史语所考古组主任的李济回忆，"英文的名称，没有直接把中文的意思译出来，显然是义宁陈先生的主意"④。伯希和对此英译书名不置可否，并且未对陈序提出的"敦煌学"一词表示任何意见。由此可见，推动"敦煌学"一词术语化进程的，恐怕并不是以伯希和为代表的西方汉学家。事实上，在伯希和逝世（1945年）后的最初几年中，似乎也没有哪家西方汉学杂志在刊登的纪念文章里将伯希和称之为"敦煌学"专家的。

我们认为，中国学者才是推动"敦煌学"一词逐步升格为术语的中坚力量。池田温指出："向达在北京大学中文系中国古文献专业的讲义《敦煌学六十年》(1959?)⑤里认为，'敦煌学'一词是陈寅恪先生所提出的。"⑥此说实不尽然。早在1940年10月12日和11月16日，向达就在昆明的北京大学文科研究所分两次做了题为《敦煌学导论》的长篇演讲，演讲纪要刊登在1941年6月出版的《图书季刊》上。⑦ 文中第四节"敦煌学研究

---

① 陈寅恪：《敦煌劫余录序》，《中央研究院历史语言研究所集刊》第1卷2期(1930年)，第231—232页。

② 陈寅恪：《敦煌劫余录序》，《学衡》第74期(1931年)，第7—9页。

③ ［法］Paul Pelliot, Livres Reçus, T'oung Pao, Vol. 28, No. 3—5 (1931), pp. 481—482.

④ 李济：《敦煌学的今昔》，《李济文集》第5卷，上海：上海人民出版社，2006年，第61页。

⑤ 池田温推测《敦煌学六十年》讲义印行于1959年，恐不确。北京大学图书馆学系开设的"敦煌学六十年讲座"课程由王重民、向达于1962年合开(参李世娟《王重民与北京大学图书馆学系的建立》，《王重民先生百年诞辰纪念文集》，北京：北京图书馆出版社，2003年，第201页)。向达于1964年3月24日在中山大学亦曾做了题为《敦煌学六十年》的演讲，演讲提纲后刊登在《中国敦煌吐鲁番学会研究通讯》1985年第1期，第16—17页。

⑥ ［日］池田温：《敦煌学与日本人》，《敦煌文书的世界》，第56页。

⑦ 《国立北京大学文科研究所第三、第四两次公开学术讲演》，《图书季刊》新第3卷1—2期合刊(1941年)，第136—142页。

梗概"云:"敦煌学之名,创自陈寅恪先生。广义言之,则汉晋之坠简,西域之古史古文字俱可并摄于斯学之内。"①此时距离陈序的发表仅仅过去十年时间。该纪要足有七页之多,《敦煌学导论》原稿的篇幅显然更为可观,②只可惜未能完整地保存下来。抗战期间,向达有数篇署名论文都刊登在《图书季刊》上。该刊由北平图书馆创办,向达身为著名教授,此前又长期供职于北平图书馆,所以他与《图书季刊》的联系自然十分密切。此篇演讲纪要的供稿者应该就是向达本人,阎万钧所编《向达先生著译系年》也是将此文归之于向达名下。③ 因此,尽管《敦煌学导论》的原稿现已不存,但这篇择录精华的演讲纪要对于敦煌学史仍然不失为一份重要的文献。

众所周知,判断一门新兴学科确立的标志之一,便是学术界出现了由领衔专家撰写的回顾学科发展状况、阐述研究对象和研究方法的相关论述。④ 向达有意识地使用"敦煌学"作为学科名,并撰述导论性质的长文,堪称对陈序所提出的"敦煌学"概念最为积极的回应。向达不止一次强调了同样的观点。1944 年,向达发表《唐代俗讲考》,文中亦称:"时贤因为之特创一'敦煌学'之新名辞(注:见陈寅恪先生《敦煌劫余录序》)。"⑤陈寅恪对于知音见赏,由衷高兴,"寅恪昔年序陈援庵先生《敦煌劫余录》,首创'敦煌学'之名……近日向觉明先生撰《唐代俗讲考》,足证鄙说之非

---

① 《国立北京大学文科研究所第三、第四两次公开学术讲演》,《图书季刊》新第 3 卷 1—2 期合刊(1941 年),第 138 页。

② 据周法高回忆,向达"在对日抗战时写过一篇《敦煌学导论》,脍炙人口,曾经在西南联大讲演此题,听众一两百人,把一个大教室都挤满了。可是由于他不善言辞,照本宣读,一直读到十点钟熄灯还没有讲完,把大家都听得害怕了。到了第二次续讲时,门可罗雀,急得研究所的助教邓广铭先生把工友都请去听讲凑数"(周法高:《记昆明北大文科研究所》,王世儒、闻笛编《我与北大》,北京:北京大学出版社,1998 年,第 519—520 页)。文中称演讲分两次举行,这与纪要中的记录相吻合。周法高的回忆也足以印证向达的原文篇幅之巨。

③ 阎万钧编:《向达先生著译系年》,阎文儒、陈玉龙编《向达先生纪念论文集》,乌鲁木齐:新疆人民出版社,1986 年,第 825 页。

④ [俄]格里尼奥夫著,郑述谱、吴丽坤等译:《术语学》,北京:商务印书馆,2011 年,第 219—220 页。

⑤ 向达:《唐代俗讲考》,《文史杂志》第 3 卷 9—10 期合刊(1944 年),第 40—41 页。

妄"①。

需要指出的是,将"敦煌学"一词的发明权归之于陈寅恪,不仅仅是向达个人的意见。1943年,时任伪北京大学文学院教师的傅芸子在《三十年来中国之敦煌学》一文中也阐述了同样的看法。② 傅芸子长期在日本任教,对日本学术界十分熟悉,文章又是发表在沦陷区刊物上。如果傅芸子曾受到石滨纯太郎《敦煌石室的遗书》的影响,他大可以将"敦煌学"的发明权归之于日本学者。由此亦可知,石滨氏那本小册子的影响力非常有限,即使是曾在京都大学任教长达十年之久的傅芸子也不甚了解。

在20世纪40年代初,不光是向达、傅芸子等从事敦煌文献研究的学者对陈寅恪所提出的"敦煌学"一词纷纷表示认同,就连当时一些并非主要从事这方面研究的学者也普遍接受和使用这个词。例如于右任从1941年10月至12月历时三个月考察西北地区,其间亲履敦煌莫高窟,赋有《敦煌纪事诗》八首,其六云:"斯氏伯氏去多时,东窟西窟亦可悲! 敦煌学已名天下,中国学者知不知?"这组诗后刊登在1943年5月出版的《说文月刊》西北文化专号上。③ 该杂志主编卫聚贤曾随于右任一同考察,卫氏返回重庆后,在中央大学历史系以《敦煌石室》为题进行演讲,演讲稿亦发表于同期《说文月刊》,此文开篇便言:"'敦煌学'在世界各名大学中已列为课程,但在中国因其中所藏之写经不存,地址又远在西陲,是以很少有人前往探究。"④虽然文辞不无夸张之处,但他认为"敦煌学"一词系指一门学科,这层意思表达得十分清楚。同期《说文月刊》还刊登有董作宾的论文《敦煌纪年》,文中称:"敦煌石室写本经卷,与汉简、殷契,同为近数十年新兴之学问,自发现至于今,皆尚在整理研究之程途,石室经卷,且已自成为'敦煌学'也。"⑤可见"敦煌学"的概念在当时的中国学术界已经深入人心。以上诸例足以说明,"敦煌学"一词在中国学者中间获

① 陈寅恪:《大千临摹敦煌壁画之所感》,《陈寅恪集·讲义及杂稿》,第446页。
② 傅芸子:《三十年来中国之敦煌学》,《中央亚细亚》第2卷第4期(1943年),第50页。
③ 于右任:《敦煌纪事诗》,《说文月刊》第3卷第10期(1943年),第6页。
④ 卫聚贤:《敦煌石室》,《说文月刊》第3卷第10期(1943年),第21页。
⑤ 董作宾:《敦煌纪年》,《说文月刊》第3卷第10期(1943年),第83页。

得的认同度大幅提高,该词作为专用术语的地位得到进一步巩固和加强。

我们知道,术语的形成不仅应建立在一定认同度的基础上,同时还应满足语言的国际性要求。① 敦煌学自诞生之初便是一门国际化程度很高的学问,但"敦煌学"这个名词自石滨纯太郎与陈寅恪分别独立提出后,在很长一段时间里,传播和使用的范围大体局限在汉字文化圈内。陈寅恪、石滨纯太郎皆学贯东西、精通外语,不知在他们二人的心目中,"敦煌学"一词究竟该如何翻译成英文? 在他们的著作中未找到相应答案,《敦煌劫余录》也未附载陈序的英语译文。我们赞成王文的观点:"现在西方文献中有诸如 Dunhuang Studies 之类的专门术语,有些人甚至创造出了迄今尚未被普遍接受的 Dunhuangology 之类的词汇,都是很晚才出现的,其目的也无非是想作为汉字'敦煌学'一词的对应词。"② 不过需要指出的是,尽管 Dunhuang Studies(初期拼写作 Tunhuang Studies③)是当前英语文献中约定俗成的提法,但 Dunhuangology(初期拼写作 Tunhuangology)一词较之前者,反而很可能最先出现。1949 年 2 月,邓嗣禹在哈佛大学主办的《远东研究季刊》上发表综述性论文《中国史学五十年》,文中称:"A new term, *Tun-huang hsüeh* 敦煌学 or 'Tunhuangology' has been created. "④ 这大概是最早使用 Tunhuangology 一词的例子,从该例可明显看出,英文单词 Tunhuangology 的确是从汉语翻译而来。邓嗣禹 1935 年毕业于燕京大学历史系,1942 年获哈佛大学博士学位,他在《中国史学五十年》中称"陈寅恪可能是当今中国最伟大的历史学家",敬仰之情可谓溢于言表,文中所举"敦煌学"这一术语是受陈寅恪的影响,可以确定无疑。

由以上不难看出,在整个 40 年代,众多中国学者普遍倾向于接受、认

---

① [俄]格里尼奥夫著,郑述谱、吴丽坤等译:《术语学》,第 39 页。

② 王冀青:《论"敦煌学"一词的词源》,《敦煌学辑刊》2000 年第 2 期,第 110 页。

③ 笔者所见较早使用"Tunhuang studies"的英语论文,是 1966 年 D. C. Twitchett 撰写的关于王重民、刘铭恕所编《敦煌遗书总目索引》的书评(Bulletin of the School of Oriental and African Studies, University of London, Vol. 29, No. 1, p. 178)。此短语大概在 20 世纪 60 年代才开始在英语世界中流行。

④ [中]S. Y. Teng, Chinese Historiography in the Last Fifty Years, *The Far Eastern Quarterly*, Vol. 8, No. 2, p. 142.

同和使用陈序所提出的"敦煌学"概念,从而使得"敦煌学"一词较快地完成了从新名词到专用术语的转化,并作为"学科名"被确立下来。有的学者甚至还主动把该词翻译成英文,努力向西方学术界推介与传播。这在一定程度上反映出中国学者积极创立新学科的群体自觉意识以及奋起追赶西方主流学术界的迫切愿望。

在这一术语化过程中,中国学者对"敦煌学"内涵的思考也在不断加深。1930年,当陈序提出"敦煌学"概念时,"主要是指对敦煌藏经洞出土文书的研究"[①]。而1940年时,向达《敦煌学导论》已经认为:"广义言之,则汉晋之坠简,西域之古史古文字俱可并摄于斯学之内。"[②]1944年,陈寅恪云:"自敦煌宝藏发见以来,吾国人研究此历劫仅存之国宝者,止局于文籍之考证,至艺术方面,则犹有待。大千先生临摹北朝、唐五代之壁画,介绍于世人,使得窥见此国宝之一斑,其成绩固已超出以前研究之范围……其为'敦煌学'领域中不朽之盛事,更无论矣。"[③]前瞻性地指出"敦煌学"不应仅仅局限在对出土文献的研究方面,还应该积极拓展到艺术领域。1983年,姜亮夫带有总结性地指出:"敦煌学之内涵,当以千佛岩、榆林诸石窟之造型艺术与千佛洞所出诸隋唐以来写本、文书为主。而爰及古长城残垣、烽燧遗迹、所出简牍,及高昌一带之文物为之辅。"[④]将敦煌、吐鲁番等地的出土文献、石窟艺术和考古遗址进行通盘的考虑,正是循着中国学术界20世纪40年代以来的学术思路发展而来。

三、"敦煌学"一词术语化的背景

"敦煌学"一词在20世纪三四十年代的中国学术界能够较快地完成术语化的过程,这与中国当时所处的学术背景和历史环境息息相关。

[①] 荣新江:《敦煌学与唐研究》,《辨伪与存真》,上海:上海古籍出版社,2010年,第263页。

[②] 《国立北京大学文科研究所第三、第四两次公开学术演讲》,《图书季刊》新3卷1—2期合刊(1941年),第138页。

[③] 陈寅恪:《大千临摹敦煌壁画之所感》,《陈寅恪集·讲义及杂稿》,第446页。

[④] 姜亮夫:《敦煌学之文书研究》,《姜亮夫全集》第14册,昆明:云南人民出版社,2002年,第433页。

（一）学术背景

在中国传统学术范畴里，以出土文献和器物为主要研究对象的学问是"金石学"。20世纪上半叶，围绕四大考古发现之一的甲骨文所产生的新学问，被称作"甲骨学"。[①] 这个术语在构词方式上与"金石学"非常类似，同为"器物名＋学"。从学术渊源来看，"甲骨学"的发轫也与"金石学"存在密切的联系。[②]

而"敦煌学"的提出则与此不同。从词语结构上看，该词是"以地名学"，一望而知并不是直接导源自中国传统学术，而是更多的受西方近代学术的影响。19世纪以来，西方国家对埃及、近东、中亚地区表现出了异常浓厚的兴趣，先后组织了一系列目的不一的探险、考察和考古活动，从而发现了大量古代遗址及出土文物。围绕众多的考古材料，西方学者迅速建立了诸如"埃及学"（Egyptology）、"亚述学"（Assyriology）等新兴学问。周一良指出"敦煌学"一词明显是有意模仿上述学科名，[③]神田喜一郎亦认为"敦煌学实际上是中亚学（中央アジア学）中的一部分内容"[④]。因此，就学术渊源而言，"敦煌学"一词的产生实际上与西方当时蓬勃发展的"东方学"存在千丝万缕的联系。

可见，"敦煌学"一词的提出者无疑应熟谙西方近代考古学、比较语言学等基本情况与研究手段。石滨纯太郎、陈寅恪都恰好具备相应的知识背景，又均有研究敦煌写本的切身体会，无怪乎二人能够分别独立提出"敦煌学"的概念。

西方学者一般将敦煌文献研究纳入"汉学"（Sinology）或"东方学"（Oriental Studies）的框架体系中，日本学者则是将其视为属于所谓"东洋学"或"'支那'学"的范畴（比如石滨纯太郎便把自己有关敦煌文献研究的论文收入个人论文集《东洋学之话》、《"支那"学论考》中），把"敦煌学"作

---

① 董作宾：《甲骨学五十年》(1)，《大陆杂志》第1卷3期（1950年），第1页。神田喜一郎称自己的《敦煌学五十年》正是效仿董作宾的论文题目而来（神田喜一郎《敦煌学五十年》，第2页）。

② 王宇信：《中国甲骨学》，上海：上海人民出版社，2009年，第2页。

③ 周一良：《何谓"敦煌学"》，《文史知识》1985年第10期，第54—55页。

④ ［日］神田喜一郎著，高野雪等译：《敦煌学五十年》，第3页。

为一门独立学科的诉求其实并不突出。在欧美"东方学"和日本"东洋学"的学术话语语境中,研究对象大都被设定为"他者"(the other),这种学术立场自然是中国学者不能接受的。此外,中国学者一般也不会像西方学者那样宣称自己研究的是"汉学"(Sinology)。因为在中国传统学术里,"汉学"一词有其特定含义,该词往往与"宋学"并举。而通常使用的"国学"一词其含义又相当笼统,在学术日趋分科的情况下,中国学者的确有创立新名词以指称敦煌文献研究这门新学问的实际需要。这无疑是推动"敦煌学"一词趋向术语化的内在动力。

众所周知,敦煌文献流散到异国他邦的残酷现实给所有中国学者的刺激很深。罗振玉于 1909 年致汪康年的信中便表露了这种心迹:"兹有一极可喜、可恨、可悲之事告公,乃敦煌石室所藏唐及五代人写本、刻本古书是也。此书为法人伯希和所得,已大半运回法国,此可恨也。"①正如陈序所言:"敦煌者,吾国学术之伤心史也。"②这种发自民族自尊心的情感,外国学者难以体会。就石滨纯太郎而言,他提出"敦煌学"一词,出发点很可能只是"东方学"式的"以地名学"。而对于有切肤之痛的中国学者来说,之所以普遍认同陈序所提出的"敦煌学"概念,不无"因地铭耻"的潜意识在其中发挥作用。正如陈寅恪在 1928 年致傅斯年的信中所言:"国史之责托于洋人,以旧式感情言之,国之耻也。"③这也是推动"敦煌学"一词术语化进程的不宜忽视的学术情感因素。

(二)历史环境

陈序于 1930 年即刊出,但"敦煌学"一词的术语化过程,其加速进行主要集中在 1940—1945 年的抗战时期,这与中国当时所处的历史环境有关。在大半国土沦于敌寇的情况下,主要依靠两大块区域坚持抗战——大西南与大西北,两者互成掎角之势。国民政府与文化机构主要集中在大西南;大西北则与苏联接壤,又存在中国共产党领导的陕甘宁边区。正

---

① 《汪康年师友书札》(三),上海:上海古籍出版社,1988 年,第 3169 页。
② 陈寅恪:《敦煌劫余录序》,《中央研究院历史语言研究所集刊》第 1 卷 2 期(1930 年),第 231 页。
③ 《陈寅恪集·书信》,北京:生活·读书·新知三联书店,2001 年,第 24 页。

是缘于西北重要的国防地位,身处西南的政府要员和文化人,甚至一般群众,上上下下都对西北地区寄予厚望,高度重视。许多重要人士纷至沓来,甚至形成所谓"西北考察热"。①

1941 年 10—12 月,国民党元老于右任赴西北进行为期三个月的考察。期间亲临莫高窟,在对敦煌艺术赞叹之余,也对洞窟缺乏妥善保护,濒于坍塌的状况印象深刻,忧心忡忡。返渝后,于右任向政府建议设立"敦煌艺术学院",由教育部负责筹办。他于 1942 年 2 月发表《建议设立敦煌艺术学院》一文,认为"若再不积极设法保存,世称敦煌文物,恐遂湮销。非特为考古家所叹息,实是民族最大之损失"②。于右任身为政府高官,又是著名文人,具有不可替代的号召力与影响力,此文一经刊布,引起社会各界的强烈反响。同年 4 月,中央研究院组成"西北史地考察团",人物极一时之选。曾在 1940 年底举行《敦煌学导论》长篇演讲的北大教授向达即是团员之一。考察团工作成绩斐然,成员劳榦、石璋如对莫高窟各石窟逐一进行了测绘、记录。向达更是在敦煌坚持考察工作长达九个月时间,期间目睹张大千破坏壁画的行为,撰写了《论敦煌千佛洞的管理研究以及其它连带的几个问题》,大声疾呼尽快将莫高窟收归国有,由学术机构负责管理。此文经傅斯年推荐,于 1942 年 12 月 27—30 日在重庆《大公报》上连载,一时间成为舆论热议的焦点。1943 年 5 月,卫聚贤策划推出了《说文月刊》西北文化专号,刊载 6 篇有关敦煌学方面的论文,对于促进抗战时期中国敦煌学研究的繁荣,功不可没。1944 年 1 月,经过长期筹备,"国立敦煌艺术研究所"正式成立,莫高窟保护工作从此走上正轨。同年 1—5 月,张大千在成都、重庆两地举行"张大千临摹敦煌壁画展览",引起轰动,包括陈寅恪、蒙文通在内的许多知名学者纷纷撰文予以评论,③堪称当时文化界的盛事。

由以上可以看出,尽管处在艰苦的抗战时期,西南地区仍然掀起了一

---

① 夏鼐:《敦煌考古漫记》,天津:百花文艺出版社,2002 年,第 8 页。
② 于右任:《建议设立敦煌艺术学院》,《文史杂志》第 2 卷第 2 期(1942 年),第 42 页。
③ 四川美术协会编:《张大千临摹敦煌壁画展览特集》,成都:西南印书局,1944 年。

股关注西北、关注敦煌的文化热潮,并且前后持续多年。"敦煌学"一词正是受此热潮的推动,广泛传播与普及,从而加快了术语化的进程。在国家民族危亡之秋,一批有识之士心系敦煌,充分反映出为民族文化存亡续绝的良苦用心。可见,"敦煌学"这一术语的最终确立,与此特定历史条件不可截然分开。

四、小　结

综上所述,石滨纯太郎、陈寅恪是各自独立提出"敦煌学"一词的,所谓后者受前者启发的假说不能成立。从术语接受的角度看,尽管陈寅恪提出"敦煌学"一词的时间较晚,但影响巨大,自成体系。中国学术界在民族危亡的特定历史条件下,普遍倾向于接受、认同和使用陈序所提出的"敦煌学"概念,从而使得"敦煌学"一词在 20 世纪 40 年代较快地完成术语化过程,并作为学科名被确立下来,且沿用至今。尤其值得注意的是,"敦煌学"这一术语很可能由中国学者率先完成英译,向西方学术界推广。

透过术语的形成来重温学术史,我们认为,20 世纪三四十年代的中国学者们之所以积极推动建立"敦煌学"这一新学科,很大程度上是希望寻求中国学术与世界学术的衔接点,通过借鉴西方史学理论和研究方法,突破本国旧有的西北史地之学的框架,以期尽快完成中国传统学术的现代转型,从而不断提升整体的研究水平,并最终推动具有中国气派的相关论著"得列于世界敦煌学著作之林"[①]。

原载《敦煌研究》2014 年第 6 期,第 129—136 页;人大复印资料《历史学》2015 年第 3 期全文转载

论著目录

1. 秦桦林:《敦煌〈抱朴子〉残卷的抄写年代及文献价值》,《敦煌研

---

① 陈寅恪:《敦煌劫余录序》,《中央研究院历史语言研究所集刊》第 1 卷 2 期(1930 年),第 231 页。

究》2013 年第 6 期。

2. 秦桦林：《敦煌本〈抱朴子〉研究概况及校勘举隅》，《中国典籍与文化》2013 年第 3 期。

3. 秦桦林：《东洋文库藏敦煌写卷〈唐人杂钞〉拾遗》，《敦煌研究》2012 年第 3 期。

4. 秦桦林：《吐鲁番文献ＴＩＤ1015 号刻本韵书残页小考》，《语言研究》2013 年第 2 期。

5. 秦桦林：《德藏吐鲁番文献〈龙龛手鉴·禾部〉残页小考》，《文献》2011 年第 3 期。

6. 秦桦林：《黑水城出土宋刻〈初学记〉残页版本考——兼论宋元时期江南至塞外的"书籍之路"》，《浙江大学学报（人文社科版）》2016 年第 2 期。

7. 秦桦林：《黑水城文献刻本残叶定名拾补二则》，《文献》2015 年第 6 期。

8. 秦桦林：《敦煌、吐鲁番、黑水城出土史籍刻本残页考》，《敦煌研究》2013 年第 2 期。

图书在版编目(CIP)数据

浙大史学精粹.第二辑.中国古代史卷 / 刘进宝主编. —
杭州：浙江大学出版社,2019.1
ISBN 978-7-308-16874-8

Ⅰ.①浙… Ⅱ.①刘… Ⅲ.①中国历史－古代史－文
集 Ⅳ.①K0-53 ②K220.7-53

中国版本图书馆 CIP 数据核字(2017)第 092676 号

浙大史学精粹(第二辑)——中国古代史卷

刘进宝 主编

责任编辑	胡　畔(llpp_lp@163.com)
责任校对	宋旭华
封面设计	春天书装
出版发行	浙江大学出版社
	(杭州市天目山路 148 号　邮政编码 310007)
	(网址:http://www.zjupress.com)
排　　版	浙江时代出版服务有限公司
印　　刷	浙江新华数码印务有限公司
开　　本	710mm×1000mm　1/16
印　　张	28
字　　数	434 千
版 印 次	2019 年 1 月第 1 版　2019 年 1 月第 1 次印刷
书　　号	ISBN 978-7-308-16874-8
定　　价	56.00 元